V&R

Die DDR im Blick der Stasi

Die geheimen Berichte an die SED-Führung

Herausgegeben von Daniela Münkel
im Auftrag des Bundesarchivs

Die DDR im Blick der Stasi 1973

Die geheimen Berichte an die SED-Führung

Bearbeitet von Irina Stange

Vandenhoeck & Ruprecht

Mit 6 Abbildungen

Hinweis:
Der gesamte Berichtsjahrgang 1973 ist unter https://1973.ddr-im-blick.de in Form einer elektronischen Datenbank abrufbar, die komfortable Recherchemöglichkeiten bietet.

Umschlagabbildung: Unweit des Ostberliner Fernsehturms wirbt ein bunt bemalter Bus der Freien Deutschen Jugend für die X. Weltfestspiele der Jugend und Studenten, die vom 28. Juli bis zum 5. August 1973 in Ostberlin stattfanden.
Quelle: picture-alliance/dpa, Chris Hoffmann, 25.7.1973.

Informationen zum Bundesarchiv und zur Edition:
www.stasi-unterlagen-archiv.de und www.ddr-im-blick.de

Bibliografische Information der Deutschen Nationalbibliothek:
Die Deutsche Nationalbibliothek verzeichnet diese Publikation in der Deutschen Nationalbibliografie; detaillierte bibliografische Daten sind im Internet über https://dnb.de abrufbar.

Satz: SchwabScantechnik, Göttingen
Druck und Bindung: Hubert & Co, Ergolding
Diese Publikation und die Online-Datenbank wurden mit EB.Suite realisiert.
© Ovidius GmbH, Berlin, 2017
Printed in the EU

Vandenhoeck & Ruprecht Verlage | www.vandenhoeck-ruprecht-verlage.com
E-Mail: info@v-r.de

ISSN 2198-4301
ISBN 978-3-525-37512-9

Inhalt

Vorwort

Daniela Münkel

Die DDR im Blick der Stasi
Die geheimen Berichte an die SED-Führung 1953 bis 1989

Das Jahr 1973 war für die DDR vor allem durch Erfolge in der Außenpolitik gekennzeichnet und brachte die lang ersehnte internationale Anerkennung: Das Inkrafttreten des Grundlagenvertrages zwischen der Bundesrepublik und der DDR 1973 führte nicht nur zur Einrichtung ständiger Vertretungen in beiden Ländern, sondern auch zur Aufnahme in die UNO. Darüber hinaus erkannten nun ca. 70 Staaten die DDR offiziell an. Innenpolitisch führten die deutsch-deutschen Vertragswerke zu einem massiven Anstieg der Reisen von Bundesbürgern und Westberlinern in die DDR, was die Staatssicherheit mehr als beunruhigte. Durch die partielle Durchlässigkeit der Grenzen gingen auch die Zahlen der Fluchten von DDR-Bürgern und Bürgerinnen wieder in die Höhe. Ein Highlight des Jahres war für die SED-Führung die Ausrichtung der »Weltfestspiele der Jugend und Studenten« vom 28. Juli bis 5. August 1973 in Ostberlin – ein großer Propagandacoup. Die von Honecker nach seinem Machtantritt verkündete »Einheit von Wirtschafts- und Sozialpolitik« wurde weiter vorangetrieben und mit einem großen »Wohnungsbauprogramm« flankiert. Auch über den Tod des ehemaligen Staatschefs Walter Ulbricht am 1. August 1973 berichtet die Stasi – wenn auch zeitversetzt. All dies und noch einige mehr sind die zentralen Themen der 330 Berichte der Staatssicherheit an die SED-Führung des Jahres 1973. Hinzu kommt, wie in fast jedem Jahr, eine ausführliche Berichterstattung über die Aktivitäten der Kirchen und die Lage der Wirtschaft.

Die Berichte der ZAIG, die 36 Jahre lang in unterschiedlichen Formen und Frequenzen angefertigt wurden, sind eine zeitgeschichtliche Quelle von hohem historischem Wert. Sie offenbaren den spezifischen Blick der Stasi auf und in die DDR: Hinweise auf vermeintliches oder wirkliches oppositionelles Verhalten sind dort ebenso zu finden wie die Beschreibung von Problemlagen in Wirtschaft und Versorgung, die Wiedergabe von Stimmungen in der Bevölkerung sowie Statistiken zu Devisenumtausch, Ausreise- und Fluchtfällen. Scheinbar Triviales steht hier neben den größeren und kleineren »Schwierigkeiten«, die sich bei der Etablierung und Aufrechterhaltung der SED-Herrschaft und dem Aufbau des »real existierenden Sozialismus« ergaben. Es entfaltet sich ein breit gefächertes Spektrum, eine Art Tiefenbohrung in die DDR-Gesellschaft, geprägt von der geheimpolizeilichen Sicht, die vor allem darauf bedacht war, politisch abweichendes Verhalten und sicherheitsrelevante Probleme aufzudecken und zu neutralisieren. Darüber hinaus mussten die MfS-Verantwortlichen aber auch ihre besondere »Parteiergebenheit« und politisch-ideologische Festigkeit unter Beweis stellen, was ihren Blick trüben konnte und sie zeitweise daran hinderte, über politische Stimmungen und Missstände völlig ungeschminkt zu informieren. Dabei ist jedoch zeitlich zu differenzieren: In der Frühzeit waren die Berichte viel weniger ideologisch überformt und damit authentischer als in den 1970er-Jahren. Manche Berichte sind auch als Zeugnisse einer politisch-ideologischen Selbstvergewisserung zu verstehen. Der Wert der hier edierten Quelle ist ambivalent: In den unterschiedlichen Schwerpunkten, die die Staatssicherheit in ihrer Berichterstattung über die Jahrzehnte hinwegsetzte, spiegeln sich in komprimierter Form objektive Problemlagen von Gesellschaft, Politik und Ökonomie. Gleichzeitig offenbaren sich der spezifische Tunnelblick und die ideologisch bedingten Wahrnehmungsverzerrungen der Staatssicherheit. All dies schmälert nicht den Wert der Berichte, muss aber bei ihrer Interpretation berücksichtigt werden.[1]

Bei den geheimen Berichten des MfS an die SED-Führung handelt es sich, mit Ausnahme der ersten Jahre, nicht in erster Linie um allgemeine Stimmungs- und Lageberichte – diese sind zwar zu finden, aber selten in dichter Abfolge. Bei dem Gros der Texte handelt es sich um Meldungen von Einzelvorkommnissen und deren »Analyse«. Ein direkter Vergleich mit den vom Sicherheitsdienst der SS seit 1938 verfassten »Meldungen aus dem Reich« ist demzufolge nur bedingt möglich.[2]

Das Berichtswesen der DDR-Staatssicherheit an die SED-Führung unterlag zwischen 1953 und 1989 mannigfaltigen Veränderungen. Dies gilt für den Aufbau und den Charakter der Berichte genauso wie für den organisatorischen Rahmen ihrer Entstehung.[3] Auch hier lässt sich wie insgesamt für das Ministerium für Staatssicherheit ein Ausbau- und Professionalisierungsprozess konstatieren.

Am Beginn der regelmäßigen Berichtsserie an die SED-Führung standen der Aufstand vom 17. Juni 1953 und die daraus resultierenden Reaktionen der Partei- und Staatsführung. Um für nachfolgende Zeiten zu gewährleisten, dass die Parteiführung rechtzeitig über »sicherheitsrelevante« Entwicklungen informiert wird, installierte der neue Chef der Staatssicherheit, Ernst Wollweber, im August 1953 ein hierarchisch von unten nach oben organisiertes Informationssystem: vom Kreis über den Bezirk bis hin zur Zentrale in Berlin. In der

1 Zum Quellenwert von MfS-Unterlagen allgemein vgl. Engelmann, Roger: Zum Quellenwert der Unterlagen des Ministeriums für Staatssicherheit. In: Henke, Klaus-Dietmar; Engelmann, Roger (Hg.): Aktenlage. Die Bedeutung der Unterlagen des Staatssicherheitsdienstes für die Zeitgeschichtsforschung. Berlin 1995, S. 23–55; zu den ZAIG-Berichten vgl. u. a. Münkel, Daniela: Die DDR im Blick der Stasi 1989. In: APuZ 21–22/2009, S. 26–32.

2 Vgl. Boberach, Heinz (Hg.): Meldungen aus dem Reich. Die geheimen Lageberichte des Sicherheitsdienstes der SS. 17 Bde., Herrsching 1984.

3 Zu Veränderungen von Aufbau und Struktur der »Zentralen Auswertungs- und Informationsgruppe« (ZAIG) im MfS sowie zur Entwicklung des Berichtswesens vgl. ausführlich Engelmann, Roger; Joestel, Frank: Die Zentrale Auswertungs- und Informationsgruppe (MfS-Handbuch). Hg. BStU. Berlin 2009.

MfS-Zentrale und in den Bezirksverwaltungen wurden Informationsgruppen gebildet, die aus einer Vielzahl von Einzelinformationen die zur »Lagebeurteilung« relevanten Sachverhalte auswählen sollten. So entstand ein »Informationsdienst zur Beurteilung der Situation« mit einem festen Gliederungsschema, der bis Ende 1954 fast täglich, phasenweise auch mehrmals täglich, produziert wurde. Danach wurde die Berichtsfrequenz auf zweimal wöchentlich festgelegt und im November 1955 auf einmal alle zwei Wochen reduziert. Außerdem gab es in der Anfangszeit die Serie »Sonderinformationen«, die in der Edition als Vorläufer der Hauptserie »Informationen« behandelt wird, und eine »Analysen« genannte Serie von 14-täglichen Überblicksberichten bzw. ausführlichen, zeitlich übergreifenden Berichten zu Einzelthemen.

Im Jahr 1957 geriet die Informationstätigkeit der Stasi in den Strudel der Auseinandersetzungen zwischen Ernst Wollweber und Walter Ulbricht.[4] Letzterer war insbesondere über die Stimmungsberichte erbost,[5] die er als »Schädigung der Partei« und Instrument, welches die »Hetze des Feindes legal« verbreite, bezeichnete.[6] Der »Informationsdienst« wurde zum Ende des Jahres 1957 eingestellt, das Stimmungs- und Lageberichtswesen der Staatssicherheit stark eingeschränkt. Die Schwerpunkte der Berichterstattung wurden nunmehr auf die sogenannte Feindtätigkeit und Mängel in der Produktion gelegt.

Zu einer Neuordnung und Systematisierung des MfS-Berichtswesens kam es dann in den Jahren 1959/60: Die »Zentrale Informationsgruppe« (ZIG) war nun die zuständige Instanz für das gesamte Informationswesen der Staatssicherheit inklusive der HV A (Hauptverwaltung A – Aufklärung). Im Dezember 1960 erließ Erich Mielke, der seit November 1957 an der Spitze des Ministeriums für Staatssicherheit stand, den Befehl 584/60, mit dem die Informationstätigkeit des Ministeriums auf eine neue Grundlage gestellt wurde. Die »Informationsarbeit« wurde wieder als eine Kernaufgabe des MfS festgeschrieben. Hieraus resultierte auch eine personelle Expansion der ZIG. Die Berichte, die jetzt wieder Bevölkerungsstimmungen enthalten sollten, befassten sich darüber hinaus vor allem mit den Themen »Feindtätigkeit«, »Republikflucht« sowie Missständen aller Art in der DDR-Ökonomie. Im Unterschied zur Anfangszeit des Berichtswesens der Staatssicherheit kam der Analyse jetzt ein stärkeres Gewicht im Rahmen der »Informationstätigkeit«

4 Vgl. Engelmann, Roger; Schumann, Silke: Der Ausbau des Überwachungsstaates. Der Konflikt Ulbricht – Wollweber und die Neuausrichtung des Staatssicherheitsdienstes der DDR 1957. In: Vierteljahrshefte für Zeitgeschichte 43(1995)2, S. 341–378.

5 Zu den Stimmungsberichten vgl. ausführlich: Münkel, Daniela; Bispinck, Henrik (Hg.): Dem Volk auf der Spur … Staatliche Berichterstattung über Bevölkerungsstimmungen im Kommunismus. Deutschland – Osteuropa – China (Analysen und Dokumente; 50). Göttingen 2018.

6 Sitzung des Kollegiums des Ministeriums für Staatssicherheit vom 7. Februar 1957, dokumentiert in: Engelmann, Roger; Schumann, Silke: Der Ausbau des Überwachungsstaates. Der Konflikt Ulbricht – Wollweber und die Neuausrichtung des Staatssicherheitsdienstes der DDR 1957. In: Vierteljahrshefte für Zeitgeschichte 43(1995)2, S. 357.

zu.[7] Mit dieser Umstrukturierung ging eine besonders strenge Handhabung des Geheimschutzes der Berichterstattung einher, das heißt, die Berichte durften nur an namentlich genannte Adressaten oder deren engste Mitarbeiterinnen und Mitarbeiter ausgehändigt und mussten nach Kenntnisnahme zurückgegeben werden. Außerhalb der Führungshierarchie des MfS bekamen in der Regel Mitglieder des Politbüros, des Sekretariats des ZK der SED sowie des Ministerrates die Informationen zugestellt. Ein analoges Informationswesen bestand in den Bezirken und Kreisen.

Die nächste wichtige Veränderung folgte im Jahr 1965: Mit der Einrichtung eines einheitlichen Auswertungs- und Informationssystems im MfS wurde die ZIG in die »Zentrale Auswertungs- und Informationsgruppe« (ZAIG) umgebildet, was für die Diensteinheit einen bedeutenden Kompetenzzuwachs und längerfristig auch einen Expansionsschub zur Folge hatte. Neu war nun vor allem, dass Bewertung und Zuordnung von Informationen einen zentralen Stellenwert erhielten und die Informationsflüsse innerhalb des MfS-Apparates präzise geregelt wurden. Einen weiteren Einschnitt bildete die Zeit von 1969 bis 1974: Die ZAIG expandierte erneut und wurde nun endgültig zu einem »Funktionalorgan des Ministers« ausgebaut. Der Einsatz der EDV professionalisierte das Informations- und Auswertungswesen des MfS in den folgenden Jahren weiter. Im Jahr 1972 wurde das Aufgabenprofil der ZAIG dann nochmals neu konturiert: Zentral blieben die permanente Analyse der »politisch-operativen Lage« sowie die Informationstätigkeit für die Partei- und Staatsführung. Diese Aufgaben wurden im Bereich 1 der ZAIG thematisch spezialisierten Arbeitsgruppen zugeordnet, zu denen im Jahr 1981 noch eine weitere hinzukam, die sich überwiegend um die Themen Kirche, Kultur und politische Dissidenz kümmerte.[8] Nun hatte sich für das Informations- und Auswertungswesen der Staatssicherheit eine Struktur herausgebildet, die bis zu ihrer Auflösung Ende 1989 Bestand haben sollte.

Was die Form der Berichte betrifft, so unterlagen auch diese deutlichen Veränderungen. Ab Juni 1956 bildeten die Einzelinformationen eine durchnummerierte Reihe mit lückenlos überlieferten Verteilern, die erkennen lassen, dass der überwiegende Teil dieser Berichte neben den internen Empfängern auch an Vertreter der politischen Führung ging. Aus dieser Berichtsreihe entwickelten sich dann Ende der 1960er- und Anfang der 1970er-Jahre drei nicht scharf voneinander abzugrenzende Serien: die Serie »Informationen«, die für die politische Führung bestimmt war, sowie die Serien »K« (Verschiedenes, ab 1969) und »O« (Reaktionen der Bevölkerung, ab 1972), in die hochrangige Be-

7 Insgesamt wurden nun fünf Berichtsformen festgelegt: »Sofortmeldung«, »Ergänzungsmeldung«, »Einzelinformation«, »Bericht«, »Militärische Sonderinformation«. Alle diese Formen sind der Hauptserie der Berichterstattung, den »Informationen« zuzuordnen.

8 Die Zuständigkeitsbereiche der Arbeitsgruppen waren daneben u. a. folgende: internationale Themen, Spionage- und Terrorabwehr, Volkswirtschaft und Verkehr, Flucht, Ausreise, grenzüberschreitender Verkehr sowie Militärabwehr.

richte aufgenommen wurden. Die Reihen erschienen in unregelmäßigen Abständen mit einem Gesamtumfang von ca. 350 Berichten pro Jahr.

Die »Informationen« waren die zentrale Berichtsreihe des MfS, mit der vor allem die Mitglieder des SED-Politbüros über einzelne sicherheitspolitische Ereignisse und Vorgänge in Kenntnis gesetzt wurden. Die O-Reihe entstand möglicherweise deshalb, weil die Berichterstattung über die Bevölkerungsstimmung auch unter Erich Honecker eine heikle Angelegenheit blieb. Das MfS fertigte primär zur Information der eigenen Leitungsebene Berichte mit einem internen Verteiler über die Reaktionen der DDR-Bevölkerung auf bestimmte Ereignisse an. Dennoch gingen einige dieser Dokumente auch an Erich Honecker und andere hochrangige Vertreter der politischen Führung. Die Berichte, die nach der Prüfung durch die Verantwortlichen des MfS nicht als »Information« klassifiziert und ausgefertigt wurden, wurden in der ZAIG-Mappe K zur Ablage gebracht. Die übrigen Adressaten waren im Regelfall die Stellvertreter des Ministers für Staatssicherheit sowie andere hochrangige Leiter von MfS-Diensteinheiten.

Die Berichtsreihen, die sich auf das DDR-Inland beziehen, werden vollständig ediert. Nicht erfasst werden die Berichte, die sich mit dem Ausland, in der Regel dem westlichen Ausland – mit einem Schwerpunkt auf der Bundesrepublik –, befassen und von der HV A erstellt wurden.[9]

Dazu wird die Edition in zwei unterschiedlichen Publikationsformen zugänglich gemacht: einer Buchversion im Umfang von 320 Seiten, die eine ausführliche Einleitung und im Dokumententeil eine Auswahl des jeweiligen Gesamtjahrganges präsentiert, und einer Datenbank (https://1973.ddr-im-blick.de), auf der der komplette Jahrgang hinterlegt ist und die komfortable Recherchemöglichkeiten bietet. Ein Jahr nach Erscheinen eines Bandes wird der jeweilige Jahrgang auch im Internet unter www.ddr-im-blick.de zugänglich sein. Damit werden auch jahrgangsübergreifende Recherchen möglich.

Die Erstellung jedes einzelnen Jahrganges ist immer aufs Neue eine große Herausforderung, die nur mit einem funktionierenden Team zu leisten ist und jedem Einzelnen viel abfordert. Dafür sei allen gedankt. Mein ganz besonderer Dank geht an die Bearbeiterin dieses Jahrgangs Irina Stange. Ein großer Dank geht auch an Martin Stief für vielfältige Unterstützung. Des Weiteren gilt es Heike Thiel, Oliver Lesting und Benjamin Fiechter für ihr besonderes Engagement bei den Recherchen zu danken. Ebenso gilt mein Dank Ina Herrmanowski, Sandra Golm und Kristina Steinmetz für ihre engagierte Mit- und Zuarbeit. Gleiches gilt für das Publikationssachgebiet mit Ralf Trinks und Christiane Neumicke sowie für die Kolleginnen der Bibliothek des Stasi-Unterlagen-Archivs, die nahezu jedes noch so abseitig erscheinende Buch beschafften.

9 Die Listen der sogenannten Westberichte, die sehr große Überlieferungslücken von knapp 50 % aufweisen, sind mit Titel und Signatur auf der auf der Homepage des Stasi-Unterlagen-Archivs recherchierbar (www.stasi-unterlagen-archiv.de).

Einleitung 1973

Irina Stange

1. Das Jahr 1973: Ein historischer Überblick

Die erste Hälfte der 1970er-Jahre ist sowohl von vielen Zeitgenossen in der Bundesrepublik als auch in der Rückschau als eine Zeit des politischen, gesellschaftlichen und wirtschaftlichen Wandels beurteilt worden.[1] Besonders das Jahr 1973 sticht dabei hervor aufgrund einer Häufung globaler Krisen in einem einzigen Jahr wie dem Militärputsch in Chile am 11. September 1973 oder dem »Jom-Kippur-Krieg« gegen Israel und der daraus resultierenden Ölkrise im Herbst des Jahres 1973. Hinzu kamen die Beendigung des Krieges und der Truppenabzug der US-Regierung aus Vietnam sowie die sogenannte Watergate-Affäre des US-amerikanischen Präsidenten Richard Nixon, die die USA in eine tiefgreifende Verfassungskrise stürzte. Im Winter 1973/74 folgten schließlich auf die Ereignisse im Nahen Osten eine Rezession in den USA und Großbritannien sowie eine weltweite Wirtschaftskrise.

Innerhalb des Ostblocks waren auch die sowjetischen Satellitenstaaten von politischen und wirtschaftlichen Krisen betroffen. Ereignisse wie der »Prager Frühling« 1968 in der Tschechoslowakei oder der »Dezember-Aufstand« 1970 in Polen hatten die sozialistischen Regime unerwartet erschüttert. Die SED-Führung fürchtete noch Jahre nach diesen Ereignissen ähnliche Unruhen in der DDR. Das Jahr 1973 war für die SED hingegen außenpolitisch ein Erfolgsjahr, denn die Prozesse der internationalen Entspannung und der deutsch-deutschen Annäherung mündeten in die Ratifizierung des »Grundlagenvertrages«.[2] Er legte die Basis für die von der SED seit Langem ersehnte internationale Anerkennung der DDR. Mit Inkrafttreten des »Grundlagenvertrages« nahmen die Bundesregierung und die DDR-Regierung Verhandlungen über die Einrichtung ständiger Vertretungen im jeweils anderen Land auf. Dem

1 Vgl. Hacke, Jens: Der Staat in Gefahr. Die Bundesrepublik der 1970er-Jahre zwischen Legitimationskrise und Unregierbarkeit. In: Geppert, Dominik; Hacke, Jens (Hg.): Streit um den Staat. Intellektuelle Debatten in der Bundesrepublik 1960–1980. Göttingen 2008, S. 188–206, hier 189 f. Zu den politischen und gesellschaftlichen Wandlungsprozessen in der Bundesrepublik der frühen 1970er-Jahre auch Doering-Manteuffel, Anselm; Raphael, Lutz: Nach dem Boom. Perspektiven auf die Zeitgeschichte seit 1970. Göttingen 2008, insbes. S. 27; Conze, Eckart: Die Suche nach Sicherheit. Eine Geschichte der Bundesrepublik Deutschland von 1949 bis in die Gegenwart. München 2009, insbes. S. 361–461; Weber, Petra: Getrennt und doch vereint. Deutsch-deutsche Geschichte 1945–1989/90. 1. Aufl., Bonn 2020, insbes. S. 457–824.

2 Der Vertrag über die Grundlagen der Beziehungen zwischen der Bundesrepublik Deutschland und der Deutschen Demokratischen Republik wurde am 21.12.1972 geschlossen und im Mai 1973 in der Bundesrepublik bzw. im Juni 1973 in der DDR ratifiziert. Damit wurde die Existenz der beiden deutschen Staaten sowohl auf diplomatischer als auch auf völkerrechtlicher Ebene faktisch anerkannt. Dies eröffnete der DDR neue internationale Handlungsspielräume.

deutsch-deutschen Vertragswerk folgte schließlich im September 1973 die Aufnahme der beiden deutschen Staaten in die UNO. Infolgedessen erkannten rund 70 Staaten die DDR offiziell als souverän an.[3] Parallel dazu trat die Entspannungspolitik im geteilten Europa in eine neue Phase. Im November 1972 war die »Konferenz für Sicherheit und Zusammenarbeit in Europa« (KSZE) mit ihrer ersten Verhandlungsrunde in Helsinki ins Leben gerufen worden. Sie sollte die bis dahin geschlossenen bilateralen Verträge auf eine multilaterale Basis stellen. Sowohl die Bundesrepublik als auch die DDR waren hier vertreten. Dabei kam nicht nur den KSZE-Verhandlungen selbst eine große Bedeutung innerhalb der internationalen Entspannungsprozesse zu, auch die Kontakte und Gespräche am Rande der Verhandlungen waren für die bis dahin weitgehend isolierte DDR willkommene Gelegenheiten, die Aufnahme wirtschaftlicher oder diplomatischer Beziehungen mit anderen europäischen Mächten zu eruieren. Im Juli 1973 traten die KSZE-Verhandlungen in die zweite von insgesamt drei Phasen ein.

Erich Honecker, der seit zwei Jahren an der Spitze der SED stand, inszenierte sich als der unumschränkt starke Mann in der DDR. Der Tod seines Vorgängers Walter Ulbricht am 1. August 1973 fand hingegen öffentlich kaum Widerhall. Das Ableben des früheren SED-Parteichefs ging im Trubel der »Weltfestspiele der Jugend und Studenten« nahezu unter. Diese Weltfestspiele, die vom 28. Juli bis 5. August 1973 nach 22 Jahren zum zweiten Mal in der DDR-Hauptstadt stattfanden, inszenierte die SED-Führung als propagandistischen Höhepunkt des Jahres. Inmitten der internationalen Entspannungsprozesse sollten sie die DDR als weltoffen, tolerant und friedliebend präsentieren. Damit fügte sich die SED-Propaganda nahtlos in die internationalen Friedensbeteuerungen aus der Sowjetunion ein. Dort veranstaltete die KPdSU im Oktober 1973 einen »Weltkongress der Friedenskräfte« in Moskau, um sich als global führende Friedensmacht zu präsentieren.

Die Vereinbarungen des »Grundlagenvertrages« mündeten 1973 in eine Reihe von Neuregelungen im grenzüberschreitenden Verkehr zwischen der DDR und der Bundesrepublik bzw. Westberlin. So erweiterte die SED-Führung die Besuchsmöglichkeiten für Bundesbürger erheblich, wodurch sich die Einreisezahlen aus der Bundesrepublik 1973 verdoppelten.[4] Ab dem 5. Juli 1973

3 Vgl. Bröckermann, Heiner: Landesverteidigung und Militarisierung. Militär- und Sicherheitspolitik der DDR in der Ära Honecker 1971–1989 (Militärgeschichte der DDR, Bd. 20). Berlin 2011, S. 61 f. Zur Diskrepanz zwischen internationaler Anerkennung und fehlender internationaler Aufwertung insbesondere in den westeuropäischen Staaten und den USA vgl. Weber, Petra: Getrennt und doch vereint. Deutsch-deutsche Geschichte 1945–1989/90. Bonn 2020, S. 482 f.

4 Allein im Jahr 1973 reisten rund 2,3 Millionen bundesdeutsche Staatsbürger in die DDR ein. Vgl. Bröckermann, Heiner: Landesverteidigung und Militarisierung. Militär- und Sicherheitspolitik der DDR in der Ära Honecker 1971–1989 (Militärgeschichte der DDR, Bd. 20). Berlin 2011, S. 60. Zur langfristigen Tendenz siehe auch Süß, Walter; Selvage, Douglas: Staatssicherheit und KSZE-Prozess. MfS zwischen SED und KGB (1972–1989). Göttingen 2019, S. 56 f.

war ein Tagesaufenthalt bis 24 Uhr möglich und es trat ein erleichtertes Einreiseverfahren für das grenznahe Gebiet in Kraft.[5] Zudem erweiterte die SED-Führung die Besuchsmöglichkeiten von DDR-Bürgern in nichtsozialistischen Staaten und Westberlin in »dringenden Familienangelegenheiten«.[6] Da allerdings nur nahe Verwandte zu familiären Großereignissen wie Geburten oder Hochzeiten und besonderen Ehejubiläen sowie aus schwerwiegenden Gründen, etwa bei lebensgefährlichen Erkrankungen oder Todesfällen von Angehörigen, und nur unter Vorlage eines schriftlichen Nachweises Besuchsanträge stellen konnten, war der Kreis der berechtigten Personen klein. Damit blieb die SED-Führung weit hinter den Erwartungen vieler DDR-Bürger zurück, die auf deutliche Reiseerleichterungen im Zuge der deutsch-deutschen und internationalen Entspannung gehofft hatten.

Infolge dieser Reise- und Grenzabkommen nahmen 1973 zwar die deutsch-deutschen Kontakte zu, doch auch die Zahl der Fluchtversuche von Ost- nach Westdeutschland erhöhte sich.[7] Denn enttäuschte Hoffnungen auf Reiseerleichterungen, neue Fluchtwege über die seit 1972 vereinbarten Transitstrecken[8] oder engere Kontakte zu westdeutschen Angehörigen konnten zu einer Verstärkung des Wunsches nach dauerhafter Ausreise führen. Insbesondere die Abwanderung von Fachkräften ohne Ausreisegenehmigung, vor allem von Ärzten und medizinischem Personal, stieg bis Mitte 1973 stark an. Ein medial groß inszenierter Schauprozess vom 30. Oktober bis 5. November 1973 am Stadtgericht von Ostberlin gegen drei gefasste Fluchthelfer wegen »staatsfeindlichen Menschenhandels« sollte ein Exempel statuieren und weitere Fluchtwillige abschrecken.[9]

Zugleich zielte Honeckers neuer Politikansatz der »Einheit von Wirtschafts- und Sozialpolitik«[10] darauf ab, die Lebensbedingungen sowie den materiellen

5 Vgl. Anordnung Nr. 2 über Einreisen von Bürgern der BRD in die DDR v. 14.6.1973. In: GBl. I 1973, S. 269 f.

6 Vgl. ebenda, S. 269. Dazu auch Anordnung über Regelungen im Reiseverkehr von Bürgern der DDR v. 17.10.1972. In: GBl. II 1972, S. 653 f.

7 Marion Detjen berichtet von über 6 500 DDR-Flüchtlingen allein im Jahr 1973, was im Vergleich zu den Vorjahren und den Folgejahren einem Anstieg um rund 1 000 Personen entsprach. Vgl. Detjen, Marion: Ein Loch in der Mauer. Die Geschichte der Fluchthilfe im geteilten Deutschland 1961–1989. Berlin 2005, S. 269.

8 Transitstrecken waren die durch das »Transitabkommen« vom 3.6.1972 definierten Verkehrswege für den Grenzverkehr zwischen der Bundesrepublik und Westberlin. Vgl. Bekanntmachung über das Inkrafttreten des Abkommens zwischen der Regierung der Deutschen Demokratischen Republik und der Regierung der Bundesrepublik Deutschland über den Transitverkehr von zivilen Personen und Gütern zwischen der Bundesrepublik Deutschland und Berlin (West) v. 3.6.1972. In: GBl. II 1972, S. 349–354.

9 Vgl. Menschenschmuggel auf internationalen Fluglinien. Dritter Tag im Prozess vor dem Stadtgericht Groß-Berlin. In: ND v. 2.11.1973, S. 2.

10 Vgl. Programm der Sozialistischen Einheitspartei Deutschlands. In: Protokoll der Verhandlungen des IX. Parteitages der SED vom 18. bis 22.5.1976, Bd. 2. Berlin 1976, S. 209–266, hier 221–224.

Wohlstand und damit die allgemeine Zufriedenheit der Bevölkerung zu steigern. Dies sollte wiederum eine Erhöhung der Arbeitsmotivation und damit vor allem der Arbeitsproduktivität bewirken.[11] Ab 1972 sanken die Arbeitszeiten und Mieten, erfolgten Rentenerhöhungen und die Einführung flächendeckender Kindertagesbetreuung. Zudem sollte das im März 1973 vom SED-Politbüro beschlossene »Wohnungsbauprogramm« bis 1990 den allgemeinen Wohnraummangel in der DDR beseitigen. Im Zuge dessen entstanden landesweit großflächig Neubauten in Plattenbauweise – bis September 1973 allein rund 300 000 neue Wohnungen.[12]

Zugleich erhöhte sich der Druck auf diejenigen, die sich dem staatlichen Anpassungszwang entzogen. Denn gesellschaftliche, wirtschaftliche oder kirchenpolitische Konflikte im Innern der DDR sollten keinesfalls den außenpolitischen Entspannungskurs beeinträchtigen. Im Fokus standen 1973 daher vor allem die christlichen Kirchen in der DDR, die um ihre Position in der sozialistischen Gesellschaft rangen. Gleichzeitig gewannen sie als international breit vernetzte Vermittlungspartner 1973 kurzzeitig eine neue politische Bedeutung für die SED-Führung.

2. Ausgewählte Themenfelder der Berichte

Die Mitarbeiter des Ministeriums für Staatssicherheit (MfS) befanden sich 1973 in einem Dilemma. Denn ihre Sicherheitsvorstellungen widersprachen einer internationalen Öffnung der DDR, insbesondere gegenüber der Bundesrepublik. Ein- und Durchreisebestimmungen, Handels- und Wissenschaftskooperationen, zunehmende Ost-West-Kontakte sowie internationale Veranstaltungen und Zusammenkünfte erschwerten eine aus Sicht vieler MfS-Mitarbeiter notwendige Abschottung der DDR-Bevölkerung gegen die Einflüsse »des Gegners« in Westdeutschland und den USA. Die Berichtsthemen spiegeln diese Sorgen deutlich wider. Denn von den insgesamt 330 edierten Inlandsinformationen des Jahres 1973 der Zentralen Auswertungs- und Informationsgruppe (ZAIG) berichten mehr als die Hälfte über grenzüberschreitenden Reiseverkehr und Grenzvorfälle wie Fluchten, ungesetzliche Grenzübertritte von West nach Ost, Steinwürfe über oder Beschädigungen an Grenzanlagen. Weitere zentrale Berichtsthemen lassen sich unter die Bereiche Kirchen (35 Berichte) sowie Wirtschaft und Industrie (24 Berichte) subsummieren. Zudem gibt es im Jahrgang 1973 eine gesonderte Berichtsreihe mit eigener Nummerierung zu den Ereignissen während der Weltfestspiele in Ostberlin. Der Tod des einstigen ersten Mannes in der SED, Walter

11 Vgl. Wolle, Stefan: Alltag und Herrschaft in der DDR 1971–1989. 3., akt. Aufl., Berlin 2009, S. 271 f.; Steiner, André: Von Plan zu Plan. Eine Wirtschaftsgeschichte der DDR. Schriftenreihe der Bundeszentrale für politische Bildung, Bd. 625. Bonn 2007, S. 165 f.

12 Vgl. Bodie, George: Die DDR im Jahr 1973. Erfurt 2021, S. 30.

Ulbricht, am 1. August 1973 während der X. Weltfestspiele war den ZAIG-Mitarbeitern hingegen nur eine Information wert.[13]

2.1 Die Welt zu Gast in Ostberlin – die Weltfestspiele

In das Konzept der weltpolitischen Öffnung fügte sich die Ausrichtung der »Weltfestspiele der Jugend und Studenten« vom 28. Juli bis 5. August 1973 in Ostberlin nahtlos ein. Ganz im Zeichen der Entspannung war die DDR-Hauptstadt zum Austragungsort ernannt worden. Hier sollten im Sommer 1973 im Sinne einer »Manifestation für antiimperialistische Solidarität, Frieden und Freundschaft«[14] neun Tage lang nationale und internationale Delegationen zusammenkommen. In gemeinsamen Wettkämpfen würden sie gegeneinander antreten, über den Erhalt des Friedens diskutieren und sich im Rahmen vielfältiger kultureller Veranstaltungen kennenlernen.[15] Die internationalen Gäste sollten »in Berlin eine weltoffene Stadt vorfinden [...], die für den freien Austausch von Meinungen und Informationen ein gutes Klima bietet«.[16]

Vor und während des Festivals sollte nichts dem Zufall überlassen bleiben. Gemeinsam mit dem Ministerium des Innern (MdI) und dem Ministerium für Nationale Verteidigung (MfNV) hatten MfS-Mitarbeiter monatelang minutiös an einem Sicherheitskonzept gefeilt.[17] Die Absicherung der Weltfestspiele sah dabei nicht nur einen Einsatz im Großraum Ostberlin vor, sondern sie erstreckte sich auf die gesamte DDR. Denn »[a]n keiner Stelle darf etwas Ernstes passieren«.[18] Insgesamt sollen rund 27 000 MfS-Mitarbeiter im Einsatz gewesen sein.[19] Dennoch lag der Fokus zweifellos auf Ost-

13 Vgl. Information 781/73.

14 Abschlussbericht über den Verlauf der X. Weltfestspiele der Jugend und Studenten in der Hauptstadt der Deutschen Demokratischen Republik v. 31.8.1974; BArch, DY 30/52340, o. Pag.

15 Die Weltfestspiele, die erstmals 1947 stattfanden und deren Veranstaltungsort international rotierte, richteten sich vor allem an sozialistisch und antiimperialistisch orientierte Jugendliche weltweit. Die Veranstaltung diente als pompöse Demonstration des globalen Zusammenhaltes einer jungen Generation, die sich mit den Werten und Idealen der kommunistischen Sowjetunion identifizierte. Vgl. Bodie, George: Die DDR im Jahr 1973. Erfurt 2021, S. 37–39.

16 Leiter der Aktion »Banner«: Instruktion, o. D.; BArch, MfS, AGM 1758, Bl. 2–7, hier 2.

17 Allein in Berlin seien während des Festivals 1 500 MfS-Angestellte und rund 1 300 Kräfte der Volkspolizei (VP) vor Ort gewesen. Vgl. Leiter der Zentralen Koordinierungsgruppe: Rapport Nr. 5 über den Stand der Vorbereitung der Maßnahmen zur Gewährleistung der Sicherheit während der X. Weltfestspiele v. 27.7.1973; BArch, MfS, AGM 2229, Bl. 60–69, hier 65; Zentrale Koordinierungsgruppe: Rapport Nr. 4 über den Stand der Vorbereitung der Maßnahmen zur Gewährleistung der Sicherheit während der X. Weltfestspiele v. 25.7.1973; ebenda, Bl. 70–80, hier 70 u. 79.

18 Einführende Bemerkungen zur Informierung über den »Gesamtplan der Maßnahmen zur Gewährleistung der Sicherheit während der X. Weltfestspiele« (Beratung am 5.7.1973); BArch, MfS, ZAIG 4853, Bl. 1–15, hier 7.

19 Vgl. Lehmann, Steffi: Jugendpolitik in der DDR. Anspruch und Auswirkungen. Extremismus und Demokratie, Bd. 35. Baden-Baden 2019, S. 386.

berlin, das auch in der täglichen ZAIG-Berichterstattung an die Partei- und Staatsführung während des Festivals im Zentrum stand.[20]

Alle DDR-Delegierten waren eingehend überprüft worden um sicherzustellen, dass sie »von ihrer bisherigen Entwicklung und Haltung her weitgehende Gewähr dafür bieten, unsere Republik würdig zu vertreten«. Ausgeschlossen wurden Personen, deren Überprüfung aus Sicht der MfS-Mitarbeiter Hinweise auf »mangelnde politische Zuverlässigkeit, dekadentes Auftreten oder unmoralisches und rowdyhaftes Verhalten« erbracht hatten.[21] Vorbeugende Maßnahmen wie Verhaftungen, die Anweisung von Arbeitsmaßnahmen oder die Verweigerung der Festivalteilnahme sollten das Fernbleiben von Personen garantieren, die bereits im Vorfeld als potenzielle »Störenfriede« ausgemacht worden waren.[22] Die MfS-Mitarbeiter wollten jegliche den Ablauf der Weltfestspiele beeinträchtigende Zwischenfälle unterbinden. Insbesondere Provokationen durch jugendliche Besucher standen im Fokus. In den täglichen ZAIG-Berichten über den Verlauf der Weltfestspiele finden sich zahlreiche Berichte über Randale oder Belästigung bis hin zu Körperverletzung von Festivalteilnehmern durch zumeist alkoholisierte Jugendliche.[23]

Während die Mitarbeiter der Staatssicherheit und der Volkspolizei ganz im Sinne der SED unliebsame Teile der eigenen Bevölkerung zu einem großen Teil im Vorfeld ausschlossen, gestaltete sich dies bei den eingeladenen internationalen Besuchern schwieriger. Wer kommen würde, ließ sich nicht exakt vorhersagen, da ganz im Zeichen der propagierten Weltoffenheit vor allem kurzfristig Einreiseerlaubnisse erteilt wurden.[24] Vom 20. Juli bis 10. August 1973 galten für ausländische Teilnehmer weniger restriktive Grenzkontrollen sowie keine zeitlichen oder örtlichen Beschränkungen.[25] Diese von der SED-Führung für

20 Vgl. die Informationen 706/73, 709/73, 714/73, 721/73, 730/73, 738/73, 741/73, 748/73, 753/73, 762/73, 767/73 und 783/73.

21 Einführende Bemerkungen zur Informierung über den »Gesamtplan der Maßnahmen zur Gewährleistung der Sicherheit während der X. Weltfestspiele« (Beratung am 5.7.1973); BArch, MfS, ZAIG 4853, Bl. 1–15, hier 3. Zahlreiche Personen wurden aus den Delegationen der Bezirke nachträglich wieder ausgeladen, da sie den »Sicherheitsanforderungen nicht entsprachen«, so etwa aus Karl-Marx-Stadt (204 Personen), Dresden (148 Personen) oder Erfurt (105 Personen). ZOS: 2. Bericht über die politisch-operative Lage im Zusammenhang mit der Aktion »Banner« v. 20.6.1973; BArch, MfS, AGM 2591, Bl. 2–33, hier 26.

22 Nach Falco Werkentin wurden im Vorfeld der Weltfestspiele allein rund 600 Personen in psychiatrische Einrichtungen, rund 980 Jugendliche in Jugendwerkhöfe und rund 1 500 Kinder in Spezialheime eingewiesen. Vgl. Werkentin, Falco: Das sozialistische Strafgesetzbuch der DDR vom Januar 1968. In: Deutschland Archiv 4/2008, S. 645–655, hier 651.

23 Vgl. die Informationen 706/73, 709/73, 714/73 und 783/73.

24 Etwa 70 Delegationen meldeten ihre Ankunft erst an den Grenzübergangsstellen zur DDR an. Vgl. Einführende Bemerkungen zur Informierung über den »Gesamtplan der Maßnahmen zur Gewährleistung der Sicherheit während der X. Weltfestspiele« (Beratung am 5.7.1973); BArch, MfS, ZAIG 4853, Bl. 1–15, hier 14.

25 Vgl. Generalstaatsanwalt der DDR und Chef der Deutschen Volkspolizei im MdI: Entwurf der gemeinsamen Anweisung über die Verfahrensweise bei Straftaten und Verfehlungen durch Teilnehmer an den X. Weltfestspielen der Jugend und Studenten in der Hauptstadt

die Zeit der Spiele eingeräumten Erleichterungen[26] erschwerten den DDR-Sicherheitskräften die umfassende Planung eines Sicherheitskonzepts.[27] Die ZAIG berichtete bereits zu Beginn des Monats Juli u. a. an Erich Honecker und die KGB-Außenstelle in Berlin-Karlshorst, dass bislang rund 23 000 Einreisen aus der Bundesrepublik, aus Westberlin und aus anderen nichtsozialistischen Staaten genehmigt worden seien. Zu erwarten sei allerdings, dass während des Festivals mindestens weitere rund 135 000 Personen erst unmittelbar vor ihrem Grenzübertritt eine Einreisegenehmigung beantragen würden.[28] Besonders die Tatsache, dass »im Prinzip für die Teilnehmer Meinungs- und Redefreiheit« gewährt werden sollte, wie es in einem MfS-internen Hinweispapier hieß, versetzte die Staatssicherheit in höchste Alarmbereitschaft. MfS-Mitarbeiter rechneten damit, dass die »breite Palette vielfältiger Meinungen und Auffassungen« nicht nur »zum Ausdruck kommen«, sondern »aufeinanderprallen werde [...]«.[29]

Insbesondere die Zusammensetzung der bundesrepublikanischen Delegation verfolgten die MfS-Mitarbeiter genau. Nach Informationen des Auslandsgeheimdienstes, der Hauptverwaltung A (HV A), gingen sie davon aus, dass zahlreiche politische und gesellschaftliche Gruppierungen aus der Bundesrepublik und Westberlin versuchen würden, »die Weltfestspiele für die Propagierung und Verbreitung ihrer feindlichen Theorien, Ideologien und Ansichten auszunutzen und zu missbrauchen«.[30] Erstmals wollten sich zahlreiche Jugendverbände der Bundesrepublik an einer Delegation zum DDR-Festival beteiligen.[31] Unter den 791 westdeutschen Delegierten befanden sich auch Angehörige parteinaher Jugendorganisationen.[32] Wie zahlreiche Inlands- und Auslandsberichte des Jahrganges zeigen, planten nach MfS-Informationen politische Gruppierungen wie die SPD-nahen »Jungsozialisten«, die CDU-nahe »Junge Union« sowie KPD/ML-nahe Organisationen Störaktionen wie die Auslösung von politischen Diskussionen auf öffentlichen Plätzen und Veran-

der DDR, Berlin, aus anderen Staaten und Westberlin v. 13.3.1973; BArch, MfS, AGM 1758, Bl. 9–14, hier 12.

26 Vgl. Entscheidungsvorbereitung zu Problemen bei der Einweisung der Sicherungskräfte und ihres operativ-taktischen Verhaltens während der X. Weltfestspiele v. 7.7.1973; BArch, MfS, AGM 1758, Bl. 27–33, hier 27.

27 Vgl. Einführende Bemerkungen zur Informierung über den »Gesamtplan der Maßnahmen zur Gewährleistung der Sicherheit während der X. Weltfestspiele« (Beratung am 5.7.1973); BArch, MfS, ZAIG 4853, Bl. 1–15, hier 14.

28 Vgl. Information 642/73.

29 Hinweise für Dienstbesprechung zur Aktion »Banner« v. 26.7.1973; BArch, MfS, ZAIG 4920, Bl. 1–24, hier 6.

30 ZOS: 2. Bericht über die politisch-operative Lage im Zusammenhang mit der Aktion »Banner« v. 20.6.1973; BArch, MfS, AGM 2591, Bl. 2–33, hier 2.

31 Vgl. Mit allen über alles. In: Der Spiegel v. 22.7.1973.

32 Vgl. Abschlussbericht über den Verlauf der X. Weltfestspiele der Jugend und Studenten in der Hauptstadt der Deutschen Demokratischen Republik v. 31.8.1974; BArch, DY 30/52340, o. Pag.

staltungen oder Flugblattverteilungen.[33] Waren konkrete Vorhaben bekannt, wurden Personen auch an den Grenzübergangsstellen zurückgewiesen.[34] So berichtete die ZAIG von mehr als 303 Einreiseverweigerungen während des Festivals an den Grenzübergangsstellen.[35] Damit ließen sich jedoch nicht alle Zwischenfälle vorbeugend vermeiden. Die SED-Führung bereitete sich deshalb mit speziell geschulten Funktionären vor allem aus den Reihen der FDJ auf organisierte Gegenreden vor.[36] Ihr Einsatz bildete eine wesentliche Säule des Sicherheitskonzeptes der Aktion »Banner«, wie die interne Bezeichnung für die MfS-Festivalplanungen lauteten. Unter den FDJ-Mitgliedern befanden sich auch getarnte MfS-Mitarbeiter, deren verdeckte Einsätze sicherstellen sollten, dass »jedes offene Eingreifen von Sicherungskräften, besonders die Anwendung repressiver Maßnahmen« vermieden wurde.[37]

Die Planungen gingen auf, denn das MdI meldete noch am Abend des 6. August, dass »[d]er Anfall von Straftaten in der Hauptstadt [...] während des gesamten Verlaufes der X. Weltfestspiele gering« gewesen und »[s]chwere Straftaten [...] nicht bekannt« geworden seien.[38] Auch der Minister für Staatssicherheit Erich Mielke bilanzierte einen Tag nach Abschluss des Festivals, dass die für die Sicherheit zuständigen Kräfte »unter komplizierten Bedingungen und unter hoher physischer und psychischer Belastung eine vorbildliche Arbeit« geleistet und ihren Sicherungsauftrag »allseitig und unter allen Lagebedingungen [...] erfüllt« hätten.[39] In der Rückschau bejubelte die SED-Führung mehr als 1 500 erfolgreich durchgeführte Veranstaltungen, die von rund acht Millionen Gästen aus 134 Ländern besucht worden seien. Sie zeigte sich zufrieden und feierte das Festival später als »hervorragendes internationales Ereignis und ein[en] große[n] politische[n], ideologische[n] und organisatorische[n] Erfolg«.[40]

Die ZAIG arbeitete während der Weltfestspiele auf Hochtouren und erhielt eigens für den Zeitraum des Großereignisses einen zeitweiligen operativen Ein-

33 Vgl. Information 481/73 v. 31.5.1973; BArch, MfS, ZAIG 2180, Bl. 2–14; Informationen 709/73, 714/73, 721/73, 730/73, 737/73, 738/73, 741/73, 748/73, 753/73, 762/73 und 783/73.

34 Vgl. Auswertung der Einreisen maoistischer Kräfte Westberlins und der BRD (am 30. Juli 1973 in die Hauptstadt Berlin) am 31. Juli in der Technischen Hochschule in Westberlin; BArch, MfS, ZAIG 38648, Bl. 35 f.; Aktivitäten maoistischer Organisationen zur Störung der Weltfestspiele v. 30.7.1973; BArch, MfS, ZAIG 38648, Bl. 37–39.

35 Vgl. die Informationen 741/73, 748/73 und 753/73.

36 Vgl. Hinweise für Dienstbesprechung zur Aktion »Banner« v. 26.7.1973; BArch, MfS, ZAIG 4920, Bl. 1–24, hier 8 f.

37 Ebenda, Bl. 7.

38 MdI: Bericht über die Ordnung und Sicherheit während der Durchführung der X. Weltfestspiele entsprechend dem Plan der Maßnahmen v. 6.8.1973; BArch, MfS, AGM 2229, Bl. 4–6, hier 5.

39 Erich Mielke an Erich Honecker v. 6.8.1973; BArch, DY 30/2514, Bl. 143 f.

40 Abschlussbericht über den Verlauf der X. Weltfestspiele der Jugend und Studenten in der Hauptstadt der Deutschen Demokratischen Republik v. 31.8.1974; BArch, DY 30/52340, o. Pag.

satzstab. Hier sollten alle eingehenden Informationen zur Aktion »Banner« ausgewertet werden. Zudem waren in der ZAIG seit 25. Juli drei Einsatzgruppen im Drei-Schicht-System tätig, die die Informationen an die Partei- und Staatsführung vorbereiteten, die Berichterstattungen des Auslands zu den Weltfestspielen auswerteten und den ständigen Kontakt zum Zentralen Operativstab (ZOS) aufrechterhielten.[41] Darüber hinaus unterstützten insgesamt zehn Mitarbeiter der ZAIG in 24-Stunden-Schichten seit dem 24. Juli den ZOS, um hier gemeinsam mit Delegierten aus den Bezirksverwaltungen und des ZOS rund um die Uhr über die Lage während des Festivals zu berichten. Sowohl die Einsatzgruppen in der ZAIG als auch des ZOS waren in die Fertigung und Verteilung der gesonderten Berichtsreihe von zwölf einzeln nummerierten ZAIG-Informationen »über Probleme und Vorkommnisse der Sicherheit und Ordnung« während des Festivals eingebunden. Diese täglichen Berichte gingen u. a. an den Abteilungsleiter für Sicherheitsfragen beim ZK der SED Herbert Scheibe, den Innenminister Friedrich Dickel und die KGB-Außenstelle in Berlin-Karlshorst. Sie enthielten von den ZOS-Lagegruppen ausgewählte Sofort- und Ergänzungsmeldungen. Außerdem flossen Informationen aus den Lageberichten des MdI und des MfNV ein.[42] Die ZAIG-Informationen der gesonderten Berichtsreihe zu Vorkommnissen während der Weltfestspiele beinhalteten sowohl Schilderungen von Einzelereignissen als auch zusammenfassende Lageeinschätzungen. Die durchschnittlich zwei Seiten umfassenden Berichte erwähnen etwa Vorkommnisse wie Sachbeschädigung, Flugblattverteilungen oder Prügeleien und Körperverletzungen sowie erfolgreiche oder vereitelte Fluchtversuche.[43] Dabei dienten sie jedoch nicht nur der Unterrichtung der Partei- und Staatsführung, vielmehr hatten sie auch die Botschaft zu kommunizieren, dass die »Sicherheit und Ordnung jederzeit gewährleistet«[44] sei, wie es in neun von zwölf Berichten hieß.

Alle ZAIG-Informationen des Jahres 1973 in den Blick genommen zeigt sich, dass die ZAIG ihre Berichterstattung im Zuge der Weltfestspiele deutlich intensivierte. Meldungen über Grenzzwischenfälle nahmen sprunghaft zu. Während die MfS-Mitarbeiter derartige Ereignisse zuvor und danach nur vereinzelt an ausgewählte Personen der Partei- und Staatsführung berichteten, gingen im Zeitraum vom 23. Juli bis 6. August beinahe täglich Informationen dazu heraus. Insgesamt versandte die ZAIG in dieser Zeit zwölf Infor-

41 Vgl. Leiter der ZAIG: Einsatzplan zur Aktion »Banner« gemäß Befehl 13/73 des Genossen Minister v. 5.5.1973; BArch, MfS, ZAIG 12537, Bl. 65–70.

42 Vgl. Maßnahmenplan zur Organisierung der Auswertungs- und Informationstätigkeit während der Aktion »Banner«. Entwurf, o. D.; BArch, MfS, ZAIG 12537, Bl. 31–56, hier 31–35. Auch das MdI hatte eine tägliche Berichtsreihe zu den Weltfestspielen. Zu den MdI-Berichten vgl. etwa BArch, MfS, AGM 2229.

43 Vgl. die Informationen 706/73, 709/73, 714/73, 721/73, 730/73, 738/73, 741/73, 748/73, 753/73, 762/73, 767/73 und 783/73.

44 Informationen 721/73, 730/73, 738/73, 741/73, 748/73, 753/73, 762/73, 767/73 und 783/73.

mationen zu grenzprovokatorischen Handlungen mehrheitlich aus Westberlin gegen die Grenzbefestigungsanlagen der DDR. Darunter beispielsweise ein Beschuss von Grenzsoldaten mit Luftgewehren oder das Abfeuern von Blitzknallern von der Westberliner Seite nach Ostberlin.[45] Alle Informationen zu diesem Thema waren in dieser Zeit an den KGB-Standort in Berlin-Karlshorst und, bis auf eine Ausnahme, ebenfalls an Erich Honecker adressiert. Fälle von Grenzprovokationen waren keineswegs neu. Seit der Grenzschließung gehörten solche Aktionen zwar zum Tagesgeschäft im MfS und die Zahl der Ermittlungsverfahren war zuletzt sogar leicht rückläufig,[46] doch vor dem Hintergrund der deutsch-deutschen Entspannung und schließlich im Rahmen der Weltfestspiele reagierten die Sicherheitsorgane wieder deutlich sensibler, wie die ZAIG-Informationen zeigen.

Ähnlich sah es für die Berichtslage zu Flucht- und Schleusungsversuchen aus. Seit Beginn des Festival-Monats Juli hatte sich die Anzahl der ZAIG-Informationen über vereitelte oder geglückte Fluchten und über Fluchthelfer deutlich erhöht. Insgesamt 19 Berichte über Fluchten und Fluchtversuche verließen während der Weltfestspiele die ZAIG. Damit machten sie einen Anteil von 20 Prozent an der Gesamtheit aller ZAIG-Informationen zu Fluchten im Jahr 1973 aus. Insgesamt 16 waren an Honecker adressiert, von denen er laut Verteiler acht als einziger externer Empfänger und acht gemeinsam mit anderen externen Empfängern erhielt wie dem sowjetischen Geheimdienst KGB, der von der ZAIG über fünf Einzelfälle unterrichtet wurde.

Andere Zwischenfälle wie eine Bombendrohung gegen ein Taxiunternehmen in Berlin-Weißensee,[47] randalierende Angehörige einer FDJ-Ordnungsgruppe in Berlin-Köpenick sowie einbrechende und brandschatzende Jugendliche im Bezirk Magdeburg[48] berichteten die ZAIG-Analysten hingegen gar nicht. Auch die von MfS-Mitarbeitern verhinderte Selbstverbrennung eines Arbeiters als Protest gegen seine abgelehnten Ausreiseanträge während der Weltfestspiele fanden keinen Eingang in die ZAIG-Informationen,[49] ebenso wenig wie ein an einen Baum gebundener sowjetischer Soldat, der zuvor unter starkem Alkoholeinfluss randaliert hatte und von DDR-Bürgern überwältigt, entkleidet und gefesselt worden war.[50] Warum über diese teils

45 Vgl. Information 707/73.

46 Vgl. HA IX: Analyse über die Entwicklung und die Wirksamkeit der politisch-operativen Arbeit der Linie IX im Jahre 1973 v. Januar 1974; BArch, MfS, HA IX 2857, Bl. 1–156, hier 7.

47 Vgl. ZOS: 4. Bericht über die politisch-operative Lage während der Aktion »Banner« entsprechend der »Ordnung über die politisch-operative Informationstätigkeit« gemäß Befehl 13/73 v. 26.7.1973; BArch, MfS, AGM 2591, Bl. 81–97, hier 92.

48 Vgl. ZOS: 5. Bericht über die politisch-operative Lage während der Aktion »Banner« entsprechend der »Ordnung über die politisch-operative Informationstätigkeit« gemäß Befehl 13/73 v. 27.7.1973; BArch, MfS, AGM 2591, Bl. 102–115, hier 110.

49 Vgl. ebenda, Bl. 111 f.

50 Vgl. ZOS: Information 255/73; BArch, MfS, ZAIG 11444, Bl. 21 f.

politisch hochbrisanten Vorfälle seitens der Staatssicherheit in ihren Berichten geschwiegen wurde, kann hier nicht abschließend geklärt werden.

2.2 Walter Ulbricht

Während sich die DDR im Taumel der X. Weltfestspiele befand, verstarb am 1. August 1973 der einstige Generalsekretär der SED und Staatsratsvorsitzende Walter Ulbricht. Das Ableben des bereits seit längerer Zeit schwer kranken Ulbricht traf die SED-Führung nicht unerwartet. Dennoch kam sein Tod denkbar ungelegen. Denn das von langer Hand geplante Propagandaspektakel der X. Weltfestspiele in Ostberlin sollte durch nichts getrübt werden. Große Staatstrauer oder gar die Unterbrechung des Festivals zu Ehren eines Mannes, den sein Nachfolger Erich Honecker am liebsten der Vergessenheit preisgegeben hätte, kamen nicht infrage.[51] Schon längst stellte Ulbricht im SED-Staat keinen Machtfaktor mehr dar, obwohl er bis zu seinem Tod Ehrenvorsitzender seiner Partei und Staatsratsvorsitzender geblieben war. Auf vielen politischen Gebieten ging Honecker neue Wege und setzte damit Kontrapunkte zu seinem Vorgänger, insbesondere in den Bereichen der Außen-, Wirtschafts- und Sozialpolitik.[52] Erniedrigungen durch die eigenen Parteigenossen und öffentliche Darstellungen als gebrechlicher und kranker alter Mann taten ihr Übriges, um Ulbricht bereits zu Lebzeiten als politischen Machtfaktor endgültig zu demontieren.[53]

Während ostdeutsche Zeitungen Nachrufe, Beileidsbekundungen und Fotoserien zum Verstorbenen druckten,[54] gingen die Feierlichkeiten der Weltfestspiele ungetrübt weiter. Fadenscheinige Ausflüchte, eine Fortführung der Großveranstaltung sei ausdrücklicher Wunsch des einstigen SED-Generalsekretärs gewesen und eine Verschiebung der Trauerfeier in seinem Sinne, marginalisierten das Leben und Ableben Ulbrichts beinahe.[55] Die üblichen Trauerzeremonien sollten erst nach dem Hauptstadtfest, eine Woche nach Ulbrichts

51 Zu einer ähnlichen Einschätzung kommt auch Kowalczuk, Ilko-Sascha: Walter Ulbricht. Der kommunistische Diktator (1945–1973). München 2024, S. 712 f.

52 Vgl. dazu etwa Kaiser, Monika: Machtwechsel von Ulbricht zu Honecker. Funktionsmechanismen der SED-Diktatur in Konfliktsituationen 1962–1972. Zeithistorische Studien, Bd. 10. Berlin 1997; Tullner, Mathias: Walter Ulbricht. Demontage eines lebenden Denkmals des Weltkommunismus. In: Großbölting, Thomas; Schmidt, Rüdiger (Hg.): Der Tod des Diktators. Ereignis und Erinnerung im 20. Jahrhundert. Göttingen u. a. 2011, S. 137–156.

53 Vgl. ebenda, S. 137–156, hier 144–149; Kowalczuk, Ilko-Sascha: Walter Ulbricht. Der kommunistische Diktator (1945–1973). München 2024, S. 687–691 u. 694–705. Zu nicht versandten Wahlbriefen und der Verteilung von Ulbrichts Krankenberichten an alle ZK-Mitglieder vgl. Herf, Jeffrey: Unerklärte Kriege gegen Israel. Die DDR und die westdeutsche radikale Linke 1967–1989. 2. Aufl., Göttingen 2019, S. 445–454.

54 Vgl. u. a. Das Kämpferleben Walter Ulbrichts hat sich vollendet. Nachruf. In: ND v. 2.8.1973, S. 1.

55 Vgl. Ständige Kommission des Internationalen Vorbereitungskomitees zum Ableben Walter Ulbrichts. In: Berliner Zeitung v. 2.8.1973, S. 1.

Tod erfolgen. Dies war nicht nur ungewöhnlich spät, sondern auch die nur dreistündige öffentliche Aufbahrung und die lediglich für einen Tag verordnete Staatstrauer entsprachen nicht den damals üblichen Gepflogenheiten für die Würdigung eines ehemals höchsten kommunistischen Partei- und Staatsfunktionärs.[56]

Ungewöhnlich ist ebenfalls, dass die Mitarbeiter der ZAIG zunächst keine Berichte zum Ereignis fertigten. Erst auf den 6. August 1973, einen Tag vor den öffentlichen Trauerzeremonien, datiert eine fünfseitige Information »über Reaktionen und Meinungsäußerungen im Zusammenhang mit dem Ableben des Genossen Walter Ulbricht«.[57] Laut diesem Stimmungsbild sei die »Anteilnahme« am Tod und die »Wertschätzung« für Ulbrichts Leistungen in der DDR-Bevölkerung sehr groß. Während die Mehrheit der wiedergegebenen Stimmen den Umgang der SED-Führung mit Ulbrichts Ableben und die ungewöhnlich spät abgehaltenen Zeremonien zu seinen Ehren gutheißen würde, gebe es in der gesamten DDR auch kritische Einzelmeinungen. So würden Einzelne anzweifeln, dass Ulbricht tatsächlich eine Fortsetzung des Festivals gewünscht habe und stattdessen einen taktischen Zug der Partei- und Staatsführung vermuten. Die kurze Dauer der Zeremonien habe ebenso kritische Reaktionen hervorgerufen wie der eher zurückhaltende Nachruf auf Walter Ulbricht im »Neuen Deutschland«, der dessen Leistungen als ehemaliger Generalsekretär des ZK der SED nur unzureichend gewürdigt habe. Die Information geht zudem auf Gerüchte und Einzelmeinungen zum Machtkampf innerhalb der SED ein, der 1971 zum Machtwechsel von Ulbricht zu Honecker und seitdem sukzessive zum endgültigen Machtverlust und zur Marginalisierung Ulbrichts geführt hatte. So erwähnt die ZAIG-Information im Kern durchaus zutreffende Spekulationen zu den Ursachen der »politischen Abwertung« Ulbrichts seit 1971, der »Meinungsverschiedenheiten mit den Genossen der KPdSU« und »Machtkämpfe innerhalb der Partei- und Staatsführung der DDR« zugrunde gelegen hätten. Infolgedessen sei der einstige erste Mann in der SED unter anderem durch die Umbenennung von nach ihm benannten Betrieben und Einrichtungen aus dem öffentlichen Bild der DDR getilgt worden. Gemeint war hier sicherlich auch, dass nur wenige Tage vor Beginn der Weltfestspiele deren zentraler Austragungsort, das »Walter-Ulbricht-Stadion« in Ostberlin, in »Stadion der Weltjugend« umbenannt worden war. Solche Demütigungen hätten, so der ZAIG-Bericht, zu Ulbrichts raschem körperlichen Verfall und seinem frühen Tod erheblich beigetragen.

Dieses Meinungsbild, das inhaltlich erstaunlich umfassend den Komplex des Ulbricht-Todes beleuchtet, wurde extern lediglich an die KGB-Vertretung in Ostberlin verteilt. Die gerade erst beendeten Weltfestspiele, die ange-

56 Vgl. dazu auch Kowalczuk, Ilko-Sascha: Walter Ulbricht. Der kommunistische Diktator (1945–1973). München 2024, S. 713–716.

57 Vgl. Information 781/73.

spannte Situation an den DDR-Grenzen und das anhaltende Problem der Fluchtversuche überlagerten und dominierten hingegen die Berichterstattung des MfS an die SED-Führung.

2.3 Reisen und Fluchten

Der vermeintlichen Öffnungspolitik nach außen standen Schließungs- und Abschottungstendenzen im Innern gegenüber. Parteiführung und Geheimpolizei waren sich einig, dass die internationalen Öffnungstendenzen nicht zu einem Anstieg der Zahl von Ausreisewilligen führen durften. Ihnen war bewusst, dass viele DDR-Bürger angesichts der deutsch-deutschen und internationalen Entspannungsprozesse auf Erleichterungen sowohl für Besuchsreisen ins nichtsozialistischen Ausland als auch für dauerhafte Ausreisen aus der DDR hofften.[58] Doch die Möglichkeiten, eine Reisegenehmigung zu erhalten, waren und blieben äußerst beschränkt. Lediglich aufgrund eines dringenden familiären Anlasses konnten etwa nahe Angehörige einen Antrag auf eine zeitlich begrenzte Besuchsreise stellen. Darüber hinaus hatten nur Rentner und Personen, die nachweislich dauerhaft arbeitsunfähig waren, die Chance auf eine Ausreise. Rechtliche Regelungen für ein geordnetes Verfahren zur Beantragung einer dauerhaften Ausreise in die Bundesrepublik unterblieben hingegen weiterhin.[59] Ausreiseanträge an staatliche Institutionen der DDR hatten oftmals Repressionen im Alltag zur Folge. Ihre Bearbeitung erstreckte sich häufig über mehrere Jahre und sie wurden oftmals negativ beschieden.[60] Zahlreiche Personen, die die DDR endgültig verlassen wollten, suchten zudem nach anderen Wegen in die Bundesrepublik. Im Jahr 1973 stieg die Zahl der Personen, die Fluchtversuche aus der DDR unternahmen, nach MfS-Angaben von 1 148 im Vorjahr auf nun 3 601 sprunghaft an.[61]

58 Vgl. Der Chef der Bezirksbehörde der Deutschen Volkspolizei Leipzig an den Oberst der VP im MdI Karl-Heinz Schmalfuß am 24.1.1974; BArch, DO 1/11150, Bl. 99–109, hier 102. Bereits 1969, im Vorfeld des »Moskauer Vertrages« hatten die beiden höchsten MfS-Funktionäre Erich Mielke und Markus Wolf Einspruch gegen eine ostdeutsche Entspannungspolitik mit westeuropäischen Partnern erhoben. Zu groß erschienen ihnen die Gefahren der Spaltung des Ostblocks und der internationalen Isolation der DDR und damit der innenpolitischen Destabilisierung. Vgl. Süß, Walter; Selvage, Douglas: Staatssicherheit und KSZE-Prozess. MfS zwischen SED und KGB (1972–1989). Göttingen 2019, S. 41. Diese Bedenken kamen 1972 im Zuge der Unterzeichnung des Grundlagenvertrages erneut zur Sprache. Vgl. Heidenreich, Ronny: Einleitung. In: Die DDR im Blick der Stasi 1972. Hg. v. Münkel, Daniela. Göttingen 2024, S. 13–67, hier 17.

59 Zur undurchsichtigen, rechtlich nicht geregelten und zum Teil willkürlichen Genehmigungspraxis in der DDR von Besuchsreisen und dauerhaften Ausreisen vgl. Hürtgen, Renate: Ausreise per Antrag: Der lange Weg nach drüben. Eine Studie über Herrschaft und Alltag in der DDR-Provinz. Göttingen 2014, S. 62–68.

60 Vgl. ebenda, insbes. S. 195–222.

61 Vgl. Auskunft über die Entwicklung des ungesetzlichen Verlassens der DDR im Jahr 1973 v. 8.1.1974; BArch, MfS, ZAIG 4669, Bl. 31–35, hier 31. Dabei handelte es sich allein um die

Zu einem kleinen Politikum entwickelte sich die geglückte Tunnelflucht zweier Brüder mit ihren Familien von Klein Glienicke in Ostberlin nach Westberlin, wenige Tage vor der Eröffnung der Weltfestspiele. Aufgrund der zeitlichen Nähe zur Großveranstaltung in Ostberlin rief der Fall ein großes öffentliches Interesse hervor. Der Berliner Senat bestätigte das erfolgreiche Unterfangen erst rund zwei Wochen später, nachdem bereits zahlreiche Pressemedien über den Fall berichtet hatten. Seine Zurückhaltung befeuerte die öffentliche Berichterstattung zusätzlich. Während die Flüchtlinge bereits kurz nach ihrer Flucht nach Westdeutschland ausgeflogen wurden, untersuchten die MfS-Mitarbeiter den Tunnelabschnitt minutiös und verschärften ihre Gefahreneinschätzung für diesen Abschnitt. Die ZAIG unterrichtete nicht nur den Minister für Nationale Verteidigung Heinz Hoffmann, sondern auch Erich Honecker und die KGB-Vertretung in Berlin-Karlshorst.[62] Es sollte die letzte Tunnelflucht der DDR-Geschichte bleiben.

Die ZAIG-Mitarbeiter informierten allerdings längst nicht über jeden brisanten Fluchtfall. Selbst Fluchten von prominenten Personen wurden nicht systematisch berichtet. Somit muss die Frage weiterhin offenbleiben, nach welchen Auswahlkriterien Fluchten und Fluchtversuche in die ZAIG-Informationen einflossen. Denn die insgesamt 94 Fluchtberichte der ZAIG im Jahr 1973 an die Partei- und Staatsführung decken nur einen Bruchteil der tatsächlichen Vorfälle ab. Während innerhalb der vier Sommermonate von Juni bis September insgesamt 63 Fluchtberichte aus der ZAIG hinausgingen, verteilten sich die übrigen 31 Berichte auf die restlichen Monate, wobei am 5. Oktober der letzte abgeschlossen wurde. Im November und Dezember ließen sich erstaunlicherweise keine Berichte zu dieser Thematik finden, obwohl von einem Ende der Fluchtversuche in dieser Zeit nicht auszugehen ist und im Herbst 1973 der mehrtägige, medial begleitete Prozess gegen drei Fluchthelfer am Stadtgericht Ostberlin stattfand.[63]

2.3.1 Von Ost nach West – Fluchthelfer im Fokus

Auffällig ist, dass sich 60 von insgesamt 94 Fluchtberichten mit dem Handeln von Fluchthelfern befassen. Dies ist nicht verwunderlich, da die Mehrzahl der

Fälle, die im MfS registriert wurden. Tatsächlich muss diese Zahl jedoch deutlich höher veranschlagt werden. Karl F. Schumann berichtete 1995 etwa von insgesamt 6 522 Flüchtlingen im Jahr 1973. Vgl. Schumann, Karl F.: Flucht und Ausreise aus der DDR insbesondere im Jahrzehnt des Untergangs. In: Materialien der Enquete-Kommission, Bd. V/3. Berlin 1995, S. 2359–2405, hier 2399. So auch Detjen, Marion: Ein Loch in der Mauer. Die Geschichte der Fluchthilfe im geteilten Deutschland 1961–1989. Berlin 2005, S. 269.

62 Vgl. Information 720/73.

63 Vgl. Menschenhändler vor Gericht. Prozess vor dem Strafsenat Ia beim Stadtgericht von Groß-Berlin begann. In: Berliner Zeitung v. 31.10.1973, S. 2; Menschenschmuggel auf internationalen Fluglinien. Dritter Tag im Prozess vor dem Stadtgericht Groß-Berlin. In: ND v. 2.11.1973, S. 2.

1973 geflohenen Personen nach MfS-Auswertung mit Unterstützung von Fluchthelfern das Land verlassen hatte.[64] Die Schleuser verstießen mit ihrem Handeln gegen geltendes Recht in der DDR, weshalb sie hier als staatsfeindliche Menschenhändler strafrechtlich verfolgt wurden.[65] Die ZAIG-Mitarbeiter informierten vor allem über längerfristig aktive »Fluchthilfeorganisatoren«,[66] die sie pauschal als »Menschenhändlerbanden« bezeichneten. Organisatoren wie Horst Dawid[67] und Wolfgang Löffler,[68] Hasso Herschel[69] oder Joachim Pudelski[70] hatten ihre kommerzielle Fluchthilfe zumeist seit den 1960er-Jahren auf- und ausgebaut. Politische Motive waren dabei ebenso ausschlaggebend wie finanzielle oder individuell-biografische. Ihre Arbeitsprozesse wie die Annahme von Fluchtaufträgen, die Planung der Fluchtwege, -mittel und -methoden hatten sie seitdem professionalisiert. Sie beschäftigten häufig mehrere Personen, die etwa als Kuriere Informationen oder Dokumente an Fluchtwillige in der DDR übermittelten oder die Schleusungen etwa mit umgebauten Autos oder gefälschten Ausweisen durchführten. Die Kuriere und Schleuser selbst unterschieden sich ebenfalls stark voneinander. Neben erfahrenen Profis

64 Vgl. Auskunft über die Entwicklung des ungesetzlichen Verlassens der DDR im Jahr 1973 v. 8.1.1974; BArch, MfS, ZAIG 4669, Bl. 31–35, hier 32 u. 34.

65 Vgl. § 105 StGB (Staatsfeindlicher Menschenhandel): »Wer es 1. mit dem Ziel, die Deutsche Demokratische Republik zu schädigen; 2. in Zusammenhang mit Organisationen, Einrichtungen, Gruppen oder Personen, die einen Kampf gegen die Deutsche Demokratische Republik führen, oder, mit Wirtschaftsunternehmen oder deren Vertretern unternimmt, Bürger der Deutschen Demokratischen Republik in außerhalb ihres Staatsgebietes liegende Gebiete oder Staaten abzuwerben, zu verschleppen, auszuschleusen oder deren Rückkehr zu verhindern, wird mit Freiheitsstrafe nicht unter zwei Jahren bestraft.« Ministerium der Justiz (Hg.): Strafgesetzbuch der Deutschen Demokratischen Republik – StGB. Berlin 1968, S. 46.

66 Detjen, Marion: Ein Loch in der Mauer. Die Geschichte der Fluchthilfe im geteilten Deutschland 1961–1989. Berlin 2005, S. 254.

67 Horst Dawid, Jg. 1933, Fluchthelfer und Maler, ab 1961 Betreiber eines Reisebüros in Westberlin gemeinsam mit Wolfgang Löffler, ab 1961 zunehmend Fluchthelfer, ab 1963 gemeinsam mit Löffler professioneller kommerzieller Fluchthhelfer, 1966 zeitweise Haft in Westberlin. Vgl. die Informationen 196/73, 586/73 und Bericht K2/43 (o. D.).

68 Wolfgang Löffler, Jg. 1925, Fluchthelfer, ab 1961 Betreiber eines Reisebüros in Westberlin gemeinsam mit Horst Dawid, ab 1961 zunehmend Fluchthelfer, ab 1963 gemeinsam mit Dawid professioneller kommerzieller Fluchthelfer, 1966 in Westberlin zeitweise inhaftiert. Vgl. die Informationen 196/73, 264/73, 278/73, 283/73, 586/73 und Bericht K2/43 (o. D.). Dazu auch Detjen, Marion: Ein Loch in der Mauer. Die Geschichte der Fluchthilfe im geteilten Deutschland 1961–1989. Berlin 2005, S. 122 f., 160, 262, 275 u. 290.

69 Hasso Herschel, Jg. 1935, Fluchthelfer, 1953 Teilnahme am Aufstand in Dresden und anschließend kurze Haft, 1955–60 Haft, 1961 Flucht aus der DDR, 1962–72 Fluchthelfer u. a. mithilfe von selbst gegrabenen Tunneln, umgebauten Autos oder gefälschten Pässen. Vgl. die Informationen 196/73, 586/73, 662/73 und Bericht K2/43 (o. D.). Dazu auch Detjen, Marion: Ein Loch in der Mauer. Die Geschichte der Fluchthilfe im geteilten Deutschland 1961–1989. Berlin 2005, S. 150 u. 255 f.

70 Joachim Pudelski, Jg. 1938, Maurer und Autohändler, 1962 Kurier der Fluchthelfergruppe um Detlef Girrmann, 1962–64 DDR-Haft, Freikauf durch Bundesregierung, ab 1964 bis in die 1980er-Jahre kommerzieller Fluchthelfer, 1966 vorübergehend inhaftiert in der Bundesrepublik. Vgl. die Informationen 339/73, 484/73, 586/73 und Bericht K2/43 (o. D.).

konnten auch unbezahlte Idealisten oder ehemalige DDR-Häftlinge darunter sein, ebenso wie Vorbestrafte oder Beschäftigungslose.[71] Auch sogenannte Diplomatenschleuser konnten für einen »Fluchthilfeorganisator« tätig werden.[72] Diese Fluchthelfer verfügten aufgrund ihrer Zugehörigkeit zu einer diplomatischen Mission in der DDR über einen Diplomatenpass und durften die deutsch-deutsche Grenze vergleichsweise ungehindert passieren.[73] Manche arbeiteten konstant für einen Auftraggeber, andere nahmen nur vereinzelt Aufträge an oder wechselten zwischen den einzelnen Organisatoren. Mitunter schleusten auch Einzelpersonen Ausreisewillige aus der DDR aus.[74] Diese Fälle sind gleichfalls höchst heterogen. Familienangehörige oder Freunde finden sich ebenso als Fluchthelfer wie in Eigeninitiative handelnde ehemalige DDR-Häftlinge, Idealisten oder Diplomaten.

Die Vermutung liegt nahe, dass die ZAIG-Informationen zu Fluchtfällen in erster Linie dazu dienen sollten, auf das Vorgehen der Fluchthelfer aufmerksam zu machen und damit auf Lücken im Grenzregime hinzuweisen. So verschickten die ZAIG-Mitarbeiter im Juli 1973, knapp vier Wochen vor Beginn der X. Weltfestspiele in Ostberlin, eine umfängliche Information an Honecker, den ZK-Sekretär für Sicherheit Paul Verner und den KGB in Berlin-Karlshorst, in der sie eine ausführliche Auswertung der bisherigen Fälle von Fluchthilfe durchführten. Doch bei einer reinen Auswertung beließen es die ZAIG-Mitarbeiter nicht. Vielmehr liest sich die Information wie ein einziges Plädoyer gegen die Entspannungspolitik und die deutsch-deutschen Grenzabkommen. Die Berichterstatter stellten vor allem das »Transitabkommen« sowie die Reise- und Besuchervereinbarungen mit Westberlin als die größten Einfallstore für Schleuser heraus. Seit dem Inkrafttreten des »Transitabkommens« im Juni 1972 habe das MfS Festnahmen von 531 Personen wegen des Versuchs oder der Beihilfe zum ungesetzlichen Verlassen der DDR verzeichnet. Rund 40 Prozent der Festgenommenen (164 Personen) seien Kontakte zu sogenannten Menschen-

71 Vgl. Detjen, Marion: Ein Loch in der Mauer. Die Geschichte der Fluchthilfe im geteilten Deutschland 1961–1989. Berlin 2005, S. 254 u. 262. Zu den politischen Motiven der Fluchthelfer insbesondere vor dem Hintergrund der deutsch-deutschen Entspannungspolitik vgl. ebenda, S. 278.

72 Vgl. die Informationen 90/73, 92/73, 523/73, 805/73 und 958/73.

73 Informationen zu Schleusungen etwa durch Angehörige der US-Armee gelangten allerdings in der Mehrheit nicht über den offiziellen Verteilerweg zur Partei- und Staatsführung, sondern wurden allein MfS-intern an zuständige Stellen verteilt. Vgl. Information über die Ausschleusung von DDR-Bürgern durch Angehörige bzw. Zivilangestellte der in Westberlin stationierten US-Streitkräfte, 1973 (handschriftlich: Anfang April); BArch, MfS, ZAIG/4665, Bl. 1–5; Information über Menschenhandel durch Angehörige und Zivilangestellte der in Westberlin stationierten US-Streitkräfte, o. D. (handschriftlich: 7.5.73); BArch, MfS, ZAIG/4665, Bl. 6–9; Information über die versuchte Ausschleusung von Bürgern der DDR durch Angehörige und Zivilangestellte der in Westberlin stationierten US-Streitkräfte v. 18.5.1973; BArch, MfS, ZAIG/4665, Bl. 10 f.

74 Vgl. Detjen, Marion: Ein Loch in der Mauer. Die Geschichte der Fluchthilfe im geteilten Deutschland 1961–1989. Berlin 2005, S. 253 f.

händlerbanden nachgewiesen worden, wobei mit 110 Personen der weitaus größte Teil davon 1973 gefasst worden sei.[75] Mit diesen statistischen Auswertungen gaben die ZAIG-Mitarbeiter den höchsten Stellen in der DDR – den Adressaten Honecker und dem KGB – handfeste Argumente für eine deutliche Verschärfung der Maßnahmen gegen die Schleuserproblematik im Jahr 1973 an die Hand. Das zurückbehaltene Honecker-Exemplar dieser Information in den Akten der SED zeigt, dass die hier vermittelten Informationen Aufmerksamkeit erregten. Denn gerade die statistischen Angaben zu den Festnahmen sind darin handschriftlich unterstrichen oder umkreist.[76] Dabei fasste die Information Aspekte zusammen, die innerhalb des MfS schon lange bekannt waren. Dies betraf nicht nur Schleusermethoden wie Pass- und Dokumentenfälschungen, präparierte Autos oder Ähnliches, sondern zeigte auch die Tatsache, dass gut ausgebildetes Fachpersonal, insbesondere medizinisches und medizinisch-technisches Personal unter den Flüchtlingen deutlich überwog.[77]

2.3.2 Fluchtschwerpunkte

Mit insgesamt 19 Berichten informierten die ZAIG-Mitarbeiter im Jahr 1973 besonders häufig über Fluchtversuche von Medizinern oder Naturwissenschaftlern, deren Ausschleusung 1973 sprunghaft anstieg.[78] Der Weg in das westeuropäische Ausland führte oftmals über Fluchthelfer, für die die fluchtbereiten Ärzte und Wissenschaftler attraktive, weil zahlungsfähige Kunden waren.[79] Fluchtanreize aus der Bundesrepublik von Vertretern staatlicher Einrichtungen oder von Berufsverbänden wie etwa Unterstützung beim Neuanfang, die Auszahlung von vergleichsweise hohen finanziellen Übergangsgeldern oder die Hilfe bei der Arbeitssuche würden laut MfS-Angaben illegale DDR-Ausreisen insbesondere unter dem medizinischen Fachpersonal erheblich begünstigen.[80] In der DDR würden hingegen die Klagen über Missstände

75 Vgl. Information 586/73.

76 Vgl. Honecker-Exemplar der Information 586/73; BArch, DY 30/52233, o. Pag.

77 Allein vom 1.7.1972 bis 18.6.1973 hätten 284 Personen aus dem Gesundheitswesen (darunter 157 Ärzte, 63 Angehörige des mittleren medizinischen Personals und 34 Medizinstudenten) die DDR ungesetzlich verlassen. Vgl. Information 586/73.

78 Die Anzahl der in diesem Jahr ausgeschleusten Ärzte habe sich im Vergleich zum Vorjahr mehr als verdoppelt auf insgesamt 215 Personen. Auch seien 96 Angehörige des medizinischen Personals, 73 Angestellte aus dem Hoch- und Fachschulbereich sowie 47 Lehrer und Erzieher geflohen. Vgl. HA XX/AIG: Schleusungen/ungesetzliche Grenzübertritte im Jahr 1973 v. 21.1.1974; BArch, MfS, HA XX/7211, Bl. 189 f.

79 Vgl. Detjen, Marion: Ein Loch in der Mauer. Die Geschichte der Fluchthilfe im geteilten Deutschland 1961–1989. Berlin 2005, S. 275 f. Daher ermittelten nicht nur die MfS-Mitarbeiter gezielte Kontaktaufnahmen mit medizinischem Personal durch Fluchthelfer. Auch »Der Spiegel« schreibt davon, dass Fluchthelfer ausgeschleuste Mediziner nach weiteren möglichen Fluchtkandidaten ausfragen würden. Vgl. Eben Vertrauen. In: Der Spiegel v. 22.7.1973.

80 Analyse der politisch-operativen Lage im Bereich des Gesundheitswesens der DDR v. Januar 1974; BArch, MfS, HA XX/7211, Bl. 109–177, hier 113. Vgl. dazu auch Information 857/73.

im Gesundheitswesen zunehmen. Die ZAIG-Mitarbeiter berichteten etwa im Rahmen einer Information über eine Mitarbeiterversammlung im Krankenhaus Berlin-Friedrichshain im September 1973 an Erich Honecker und Paul Verner. Kritikpunkte wie eine anhaltend hohe Arbeitsbelastung und mangelnde Unterstützung des Krankenhauspersonals im Arbeitsalltag durch Vorgesetzte waren hier ebenso zur Sprache gebracht worden wie Mängel in der Vereinbarkeit von Beruf und Privatleben durch Wohnraummangel, zu geringe Löhne oder fehlende Kinderkrippen- und Kindergartenplätze vor Ort.[81] Über weitere Klagen, etwa die zum Teil unzureichende Versorgung mit Medikamenten, Raummangel, veraltete Technik, fehlende berufliche Perspektiven sowie zu starre Vorgaben für die medizinische Forschung, berichtete die ZAIG hingegen nicht an die Partei- und Staatsführung. Dabei waren die Probleme seit langer Zeit bekannt und ein nicht unwesentlicher Grund für die Unzufriedenheit des medizinischen Personals.[82]

Auffällig sei laut MfS-Analysen, dass viele der bereits ausgeschleusten und der auf der Flucht gefassten Personen aus den medizinischen Bereichen zuvor in Kontakt miteinander gestanden hätten. Für die MfS-Mitarbeiter lag die Vermutung nahe, dass sich hier Empfehlungsnetzwerke für Schleusungsaktivitäten herausgebildet hatten.[83] In Einzelfällen konnte ermittelt werden, dass ausgeschleuste Personen Listen für weitere Schleusungskandidaten erstellten, die dann von den Fluchthelfern gezielt kontaktiert wurden.[84] Dies deuten auch die ZAIG-Mitarbeiter im August 1973 in einem als Information für Paul Verner und Werner Lamberz vorgesehenen Veranstaltungsvorschlag an. Denn seit Oktober 1972 seien 18 Ärzte und fünf Krankenpfleger bzw. Personen des medizinisch-technischen Personals aus dem Krankenhaus Berlin-Friedrichshain aus der DDR geflohen. Weitere Fluchtversuche seien verhindert worden. Daher plädieren die Autoren in ihrer Information an die Partei- und Staatsführung für eine Zusammenkunft ausgewählter leitender Funktionäre des Krankenhauses, um diese nicht nur für die Problematik zu sensibilisieren, sondern auch ihren Blick auf die Fluchtursachen zu schärfen. Ziel solle es sein, den Anwesenden Kenntnisse und Argumente an die Hand zu geben, damit diese »politisch-ideologische Unklarheiten« unter ihren Mitarbeitern ausräumen könnten. Auf diese Weise solle dem Anreiz von Fluchthelferangeboten und von Abwerbungs-

81 Vgl. Information 924/73.

82 Bereits im März 1972 hatten die für das Gesundheitswesen zuständigen Mitarbeiter der Staatlichen Plankommission eingestanden, dass die Probleme im Gesundheits- und Sozialwesen im Zeitraum von 1971 bis 1975 nicht oder nur unbefriedigend gelöst werden könnten. Vgl. SPK, Sektor Gesundheitswesen v. 13.3.1972; BArch, DQ 1/26844, o. Pag.

83 Vgl. HV A, Abt. VII: Zur Analyse der politisch-operativen Lage im Bereich des Gesundheitswesens der DDR (Ministerbefehl VVS MfS 008/Nr. 814/73 v. 27.9.1973) v. 30.10.1973; BArch, MfS, HA XX/7211, Bl. 220–236. Diese These bestätigte auch »Der Spiegel«, der sogar von einem »Trend in der Fluchtbewegung« schrieb: Eben Vertrauen. In: Der Spiegel v. 22.7.1973.

84 Vgl. etwa Verwaltung für Staatssicherheit von Groß-Berlin: Schlussbericht zum Operativ-Vorgang »Transit« v. 10.12.1974; BArch, MfS, HA XX/AKG 5824, Bl. 19–28.

versuchen aus der Bundesrepublik bzw. Westberlin die Basis entzogen werden. Erstaunlich ist, dass die MfS-Mitarbeiter hier nicht nur aktiv einen Vorschlag unterbreiten, sondern auch sogleich eine konkrete Veranstaltungsplanung vorlegen. So schlagen sie aufgrund der »großen politischen Bedeutsamkeit des gesamten Problems« den Gesundheitsminister Ludwig Mecklinger als Veranstalter und Hauptredner vor. Auch unterbreiten sie weitere Rednervorschläge wie den Generalstaatsanwalt von Ostberlin oder Personen aus dem Ärztekollegium. Darüber hinaus nennen sie Themen und Inhalte, die in der Veranstaltung unbedingt zur Sprache gebracht werden sollten wie Abwerbungsmethoden, die Beeinflussung durch bereits geflohene Kollegen oder skrupellose Vorgehensweisen der Fluchthelfer zur Werbung und Schleusung von Ausreisewilligen.[85] Der Vorschlag stieß augenscheinlich auf offene Ohren, denn nur neun Tage später wurde die Veranstaltung im Krankenhaus Berlin-Friedrichshain durchgeführt. Rund 90 Personen des Gesundheitswesens der Hauptstadt nahmen daran teil. Die Veranstaltung wurde im MfS genaustens beobachtet und die ZAIG-Mitarbeiter berichteten darüber. Die Information sollten nicht nur der ZK-Sekretär für Wissenschaft Kurt Hager oder der ZK-Sekretär für Sicherheit Paul Verner, sondern auch Erich Honecker erhalten.[86]

Bei den Fluchten von Medizinern oder medizinischem Fachpersonal in die Bundesrepublik bzw. Westberlin handelte es sich 1973 keineswegs um eine neue Problematik. Dennoch wirft die zeitliche Entstehung der Berichte Fragen auf. Denn mehr als die Hälfte aller Informationen zu Fluchtversuchen von Angehörigen medizinischer Bereiche verließ in den Monaten August und September die ZAIG.[87] Bei einer genaueren Betrachtung des politischen Kontextes zeigt sich, dass die ZAIG-Informationen damit unmittelbar vor oder während einer Zeit herausgingen, als eine ganze Reihe an Maßnahmen im Gesundheitsbereich durchgeführt wurden und damit ein politisches Interesse an der Thematik bestand. Denn im September 1973 beschloss das SED-Politbüro gemeinsam mit dem Ministerrat und dem FDGB-Bundesvorstand den Ausbau und die Verbesserung der medizinischen Versorgung vor Ort, etwa durch die Steigerung der Anzahl von Arzt- und Facharztpraxen.[88] Die für 1974 geplante Einrichtung eines Kultur- und Sozialfonds sollte darüber hinaus Ausstattung und Arbeitsbedingungen in den medizinischen und Gesundheitseinrichtungen verbessern.[89] Zudem initiierte das Ministerium für Gesundheitswesen im September 1973 weitere Mitarbeitergespräche und -versammlungen, die Unzu-

85 Vgl. Information 857/73.

86 Vgl. Information 924/73.

87 Vgl. die Informationen 799/73, 805/73, 807/73, 857/73, 872/73, 924/73, 982/73 und die Berichte K1/41a v. 6.8.1973 und K1/41b v. 28.8.1973.

88 Vgl. Anlage zur 74. Sitzung des Präsidiums des Ministerrats v. 27.9.1973. Weitere Maßnahmen zur Durchführung des sozialpolitischen Programms des VIII. Parteitages der SED; BArch, DC 20-I/4/2945, Bl. 53–68.

89 Vgl. ebenda, Bl. 66.

friedenheiten und andere Probleme eruieren sowie gezielt von Fluchten abschrecken sollten.[90]

Einen Monat später legte der Minister für Staatssicherheit Erich Mielke einen gemeinsam mit Kurt Hager verfassten Beschluss[91] im SED-Politbüro zur »strafrechtliche[n] Verfolgung und Wiedereingliederung der wegen versuchtem illegalen Verlassen der DDR angefallenen Angehörigen der medizinischen Intelligenz und des mittleren medizinischen Personals«[92] vor. Dieser Beschluss setzte einerseits auf Abschreckung durch rigide Bestrafung von Fluchthelfern, andererseits sollte die Partei- und Staatsführung mildtätiges Entgegenkommen gegenüber denjenigen signalisieren, die auf der Flucht gefasst worden waren oder denen konkrete Fluchtpläne nachgewiesen werden konnten und die zusagten, zukünftig auf Fluchtversuche zu verzichten und freiwillig an einer Reintegration in das Rechts- und Gesellschaftssystem der DDR teilzunehmen. In diesen Fällen der Kooperation sollten künftig nur Bewährungsstrafen mit Haftentlassung sowie eine berufliche Wiedereingliederung in einen geeigneten Bereich des Gesundheitswesens, jedoch möglichst nicht am alten Arbeitsplatz, zum Einsatz kommen.[93] Auch bei Personen mit »uneinsichtige[m] Verhalten[...]« sollte künftig eine berufliche Wiedereingliederung priorisiert werden, während Ausweisungen aus der DDR »nur in Einzelfällen vorzunehmen« seien.[94]

Die sowohl sozial- und gesundheitspolitischen als auch strafrechtlichen Maßnahmen zur Beseitigung von Problemen und damit letztlich auch zur Abschwächung der Fluchtwelle im Gesundheitswesen schienen Erfolge zu zeitigen. Denn die MfS-Statistiken verzeichneten im Herbst 1974 einen Rückgang der Fluchten in medizinischen Bereichen um rund 50 Prozent.[95] Jedoch blieben die unzureichende Ausstattung des medizinischen Sektors, die dadurch verursachten Unzufriedenheiten und die nicht zuletzt damit im Zusammen-

90 Vgl. Braun, Jutta: Politische Medizin. Das Ministerium für Gesundheitswesen der DDR 1950–1970. Göttingen 2023, S. 225.

91 Vgl. Kurt Hager; Erich Mielke: Vorlage für das Politbüro des ZK v. 9.10.1973; BArch, MfS, HA XX/1895, Bl. 241–245.

92 Anlage Nr. 3 zum Protokoll Nr. 45/73 des Politbüros des ZK der SED v. 23.10.1973. Strafrechtliche Verfolgung und Wiedereingliederung der wegen versuchtem illegalen Verlassen der DDR angefallenen Angehörigen der medizinischen Intelligenz und des mittleren medizinischen Personals; BArch, DY 30/J IV 2/2/1473, Bl. 21–23.

93 Der Einsatz im Bereich der medizinischen Aus- oder Weiterbildung ebenso wie in Leitungspositionen sowie Reisegenehmigungen für das westliche Ausland waren bis zum Ablauf der Bewährungszeit ausgeschlossen.

94 Anlage Nr. 3 zum Protokoll Nr. 45/73 des Politbüros des ZK der SED v. 23.10.1973. Strafrechtliche Verfolgung und Wiedereingliederung der wegen versuchtem illegalen Verlassen der DDR angefallenen Angehörigen der medizinischen Intelligenz und des mittleren medizinischen Personals; BArch, DY 30/J IV 2/2/1473, Bl. 21–23, hier 22.

95 Vgl. Zur Entwicklung des ungesetzlichen Verlassens von Angehörigen der medizinischen Intelligenz und anderer Personen aus dem Bereich des Gesundheitswesens v. 30.10.1974; BArch, MfS, HA XX/2100, Bl. 32–38, hier 32.

hang stehende Ausreise- und Fluchtbewegung von Ärzten und medizinischem Personal bis zum Ende der SED-Diktatur ein ungelöstes Problem.[96]

2.4 Kirche und Religion

Auch kirchenpolitisch stand das Jahr 1973 ganz im Zeichen der Entspannungspolitik. Denn inmitten der Bemühungen, die weltweite Anerkennung der DDR zu erreichen, erlangten die von der SED ansonsten weltanschaulich und politisch bekämpften christlichen Kirchen kurzzeitig eine neue Relevanz. Als global verbundene bzw. vernetzte Institutionen boten sie zum einen die Möglichkeit der Vermittlung und Förderung von diplomatischen Beziehungen mit anderen Staaten – dies galt insbesondere für die katholische Kirche in der DDR mit ihrer direkten Anbindung an den Vatikan. Zum anderen bargen sie das Potenzial, den Einfluss der sozialistischen Staaten innerhalb der weltweit organisierten kirchlichen Institutionen wie dem »Ökumenischen Rat der Kirchen« zu stärken und damit die internationale Anerkennung der DDR zu befördern.[97] Zudem war das Jahr 1973 von wenigen offen ausgetragenen Konflikten zwischen der Partei- und Staatsführung und den Kirchen in der DDR geprägt. Insgesamt 35 Informationen berichten über Ereignisse und Versammlungen der christlichen Kirchen in der DDR.

2.4.1 Die evangelischen Kirchen in der DDR

Insgesamt 22 ZAIG-Informationen berichteten der Partei- und Staatsführung im Jahr 1973 über Debatten und Ereignisse in den evangelischen Kirchen der DDR. Elf von ihnen informieren über Synoden und Versammlungen einzelner Landeskirchen, des Bundes der Evangelischen Kirchen in der DDR, der Evangelischen Kirche der Union sowie der Konferenz der Kirchenleitungen. Hinzu kommen Berichte über Reaktionen auf kirchenpolitisch relevante Maßnahmen und Entscheidungen, über ökumenische Planungen und Veranstaltungen oder Ereignisse in der Bekennenden Evangelisch-Lutherischen Kirche Sachsens. Ein Themenschwerpunkt ist der Konflikt um den Görlitzer Bischof Hans-Joachim Fränkel, der mit seinen staatskritischen öffentlichen Reden seit Langem das Missfallen der Partei- und Staatsführung erregte. Seine Auftritte wurden als Provokation gegen die SED-Führung interpretiert, weshalb die MfS-Mitarbeiter sie genauestens dokumentierten und die ZAIG über sie berichtete. Im Frühjahr 1973 hatte sich Fränkel auf der Synode der

96 Vgl. Information 395/89.

97 Vgl. Staatssekretär für Kirchenfragen: Information 6/73 zur Präambel der Dienststelle des Staatssekretärs für Kirchenfragen für das II. Halbjahr 1973 v. 10.7.1973; BArch, DO 4/2500, Bl. 239–245, hier 241. Dazu auch Goeckel, Robert F.: Die offizielle Religionspolitik und die evangelischen Kirchen in der DDR. In: Lepp, Claudia; Nowak, Kurt (Hg.): Evangelische Kirche im geteilten Deutschland (1945–1989/90). Göttingen 2001, S. 161–177, hier 168.

evangelischen Kirche des Görlitzer Kirchengebietes scharf gegen eine Vereinnahmung der Kirchen durch den Staat, gegen Schwangerschaftsabbrüche und die Diskriminierung christlicher Kinder im Bildungswesen, für eine verstärkte Kommunikation zwischen West- und Ostdeutschland und die Durchlässigkeit von Grenzen ausgesprochen.[98] Im Herbst 1973 folgte ein provokanter Vortrag vor dem Landesbruderrat der Bekennenden Evangelisch-Lutherischen Kirche Sachsens, in dem Fränkel an die christliche Standhaftigkeit gegenüber dem sozialistischen Regime appellierte und historische Parallelen zu christlichen Widerstandsbestrebungen während des nationalsozialistischen Regimes zog. Er leitete aus dem Evangelium eine »öffentliche Verantwortung« der evangelischen Kirchen ab, sich zu »Fragen des öffentlichen Lebens« zu äußern und energisch für die eigenen Positionen einzustehen.[99] Damit widersprach Fränkel den Versuchen der SED-Führung, Glaubensfragen auf den privaten Bereich zu beschränken. Fränkels Verständnis von einem kritischen, toleranten und glaubensfreundlichen Sozialismus sowie sein unangepasstes und regimekritisches Auftreten eckten zunehmend bei der SED-Führung an. Seine Auftritte erhielten dadurch zusätzliche politische Brisanz, dass sie in der westdeutschen Öffentlichkeit rezipiert wurden. Gespräche zwischen dem Staatssekretär für Kirchenfragen Hans Seigewasser und Fränkel erbrachten 1973 keine Übereinkunft, da Fränkel sich weigerte, seine Aussagen öffentlich zu widerrufen.[100]

Einen weiteren Berichtsschwerpunkt stellten die Aktivitäten des 1969 gegründeten »Bundes der evangelischen Kirchen in der Deutschen Demokratischen Republik« dar, der als oberstes Gremium von insgesamt acht evangelischen Landeskirchen in der DDR den Anspruch erhob, seine Gliedkirchen zu vereinen und ein gemeinsames Handeln zu fördern.[101] Dem Jahr 1973 kam hier eine besondere Bedeutung zu, da der Bund im Frühjahr seine erste Synode beendete und im Herbst seine zweite Synode eröffnete. Daher begann das Jahr mit abschließenden Diskussionen um Positionspapiere und Vorlagen und endete mit organisatorischen und personellen Neuaufstellungen. Eines der zentralen Themen des Jahres blieb trotz dieser Umbruchsphase die Auseinandersetzung um das Selbstverständnis der evangelischen Kirchen im sozialistischen Staat. Insbesondere die 1973 im Bericht der Konferenz der Kirchenleitung (KKL) gebrauchte Formel von der »Kirche im Sozialismus« stand im Fokus

98 Vgl. Information 336/73. Dazu auch Hans-Joachim Fränkel: Vortrag auf der 3. Ordentlichen Tagung der 6. Provinzialsynode der Evangelischen Kirche des Görlitzer Kirchengebietes vom 30.3. bis 2.4.1973. Ein Wort zur öffentlichen Verantwortung der Kirche in der gegenwärtigen Stunde; BArch, DO 4/437, Bl. 157–169.

99 Vortrag von Bischof Fränkel in der Annenkirche Dresden v. 8.11.1973; BArch, DO 4/437, Bl. 128–131, hier 129. Vgl. dazu auch Information 1172/73.

100 Vgl. u. a. Abt. I: Information über ein Gespräch mit Bischof Fränkel am 9.4.1973; BArch, DO 4/437, Bl. 145–154.

101 Vgl. Ordnung des Bundes der Evangelischen Kirche in der Deutschen Demokratischen Republik von 1969. In: BArch, DO 1/87286, Bl. 2–8.

der Diskussionen.[102] Erstmals 1968 durch Hans Seigewasser artikuliert, sorgte sie weniger für Klarheit als für Widersprüche. Während die Partei- und Staatsführung sie vor allem aufgriff, um bei den Kirchen eine staatsloyale Haltung anzumahnen, diente sie vielen Kirchenvertretern dazu, ihre Handlungsspielräume zu definieren.[103] In diesem Sinne griffen die Mitglieder der KKL diese Formel 1973 als einen Vorschlag auf, den kirchlichen Standpunkt in der DDR zu präzisieren. »Kirche im Sozialismus« bedeutete demnach, die eigene Existenz in einem sozialistischen System »anzunehmen« als »Bürger eines sozialistischen Staates und Glieder einer sozialistischen Gesellschaft«. Sie waren folglich bereit, das bestehende politische System und seine Machtverhältnisse zu akzeptieren und sich ihm nicht entgegenzustellen. Die Formel ginge aber auch mit der Erkenntnis einher, dass es keine »sozialistische Kirche«, also keine staatliche Übereinkunft mit den Kirchen geben werde und geben könne. Die Kirchen würden in der DDR gesellschaftliche Themen aufgreifen und sich bei Notlagen engagieren. Sie würden sich aber nicht im Sinne einer Staatskirche explizit auf die Seite des Staates stellen. »Kirche im Sozialismus« bedeutete zudem, kirchliche Sichtweisen zu vertreten und Abweichungen oder gar Widersprüche zur parteipolitischen Linie auszuhalten. Die Kirchenvertreter nahmen als Repräsentanten von sozialistischen Staatsbürgern für sich das Recht in Anspruch, diese Abweichungen und Widersprüche sowohl im Gespräch mit der Partei- und Staatsführung als auch öffentlich zu artikulieren.[104] Die Mitglieder der KKL leiteten somit aus dieser Formel für sich die Berechtigung auf gesellschaftliche Teilhabe über den kirchlichen Raum hinaus ab. Damit widersprachen sie allerdings der politischen Linie der Partei- und Staatsführung, die die Kirchen aus allen Bereichen des öffentlichen gesellschaftlichen Lebens hinausdrängen und lediglich auf religiöse Handlungen beschränken wollte. Die Auslegung der Formel und die Stellung der evangelischen Kirchen blieb über das Jahr 1973 hinaus nicht nur zwischen der SED-Führung und den Kirchenleitungen, sondern auch unter den Kirchenvertretern selbst umstritten.

In dem Konflikt um die Stellung der evangelischen Kirchen in der DDR kommt ein Widerspruch zum Ausdruck, der sich auch auf anderen Konfliktfeldern zeigt, die 1973 keineswegs neu waren. Dabei handelte es sich vor allem um die Themen Wehrdienst und Bausoldaten, Schwangerschaftsabbruch, Religionsunterricht und Konfirmation sowie die Diskriminierung von Chris-

102 Bericht der Konferenz der Kirchenleitungen an die Synode v. Mai 1973. Vorlage 6; BArch, DO 4/445, Bl. 420–444, hier 421. Dazu auch Information 486/73.

103 Vgl. Pollack, Detlef: Kirche in der Organisationsgesellschaft. Zum Wandel der gesellschaftlichen Lage der evangelischen Kirchen in der DDR. Stuttgart 1994, S. 246.

104 Bericht der Konferenz der Kirchenleitungen an die Synode v. Mai 1973. Vorlage 6.; BArch, DO 4/445, Bl. 420–444, hier 421 f. Vgl. dazu auch Brechenmacher, Thomas: Im Sog der Säkularisierung. Die deutschen Kirchen in Politik und Gesellschaft (1945–1990), Sonderausgabe der Schriftenreihe der Bundeszentrale für politische Bildung, Bd. 10795. Bonn 2022, S. 94 f.; Pollack, Detlef: Kirche in der Organisationsgesellschaft. Zum Wandel der gesellschaftlichen Lage der evangelischen Kirchen in der DDR. Stuttgart 1994, S. 246–248.

ten im sozialistischen Alltag, insbesondere im Bildungswesen. Neu hinzu kam die Debatte um die Einführung eines neuen Jugendgesetzes 1974, das verstärkt auf die Heranbildung der Kinder und Jugendlichen zu sozialistischen – und damit atheistischen – Persönlichkeiten abzielte.[105]

Auch der Streit um die 1971 in Kraft getretene sogenannte Veranstaltungsverordnung setzte sich in den Kirchen und damit auch in den ZAIG-Informationen des Jahres 1973 fort.[106] Die Verordnung schrieb die grundsätzliche Anmeldung von öffentlichen Veranstaltungen bei der Deutschen Volkspolizei vor. Davon ausgenommen waren »religiöse Handlungen oder dienstliche Zusammenkünfte« in kircheneigenen Räumlichkeiten. Welche religiösen Handlungen unter diese Ausnahme fielen und welche nicht, wurde gesetzlich vorgeschrieben. Dies sahen viele kirchliche Vertreter als staatliche Bevormundung, Eingriff in kirchliche Belange und weiteres Mittel der Reglementierung an. Im Mai 1973 kam es schließlich zu einem Kompromiss zwischen dem Vorsitzenden des Bundes der Evangelischen Kirchen in der DDR, Albrecht Schönherr, und dem Staatssekretär für Kirchenfragen, Hans Seigewasser. Fortan sollten die genehmigungsfreien kirchlichen Veranstaltungen um das Bibelrüsten für Kinder und Jugendliche sowie das Konfirmandenrüsten erweitert werden.[107] Mit diesem Kompromiss ließ sich der Konflikt um die Veranstaltungsverordnung für das Jahr 1973 beilegen. Konflikte zwischen Vertretern der Partei- und Staatsführung und den evangelischen Kirchen um die Ausrichtung und die Inhalte von kirchlichen Veranstaltungen sollten jedoch auch in der Folgezeit das Verhältnis zwischen der SED und den evangelischen Kirchen begleiten.

2.4.2 Katholische Kirche

Im Gegensatz zu den evangelischen Kirchen nimmt die Berichterstattung der ZAIG zur katholischen Kirche in allen Berichtsjahren eine vergleichsweise untergeordnete Position ein. Dies ist grundsätzlich auch für das Jahr 1973 zu konstatieren. Während sich allerdings in den vorherigen und nachfolgenden Jahren durchschnittlich lediglich vier ZAIG-Informationen pro Jahr mit Ereignissen und Themen in der katholischen Kirche der DDR befassten, gingen 1973 mit insgesamt zwölf Berichten überdurchschnittlich viele an die Partei- und Staatsführung hinaus. Von diesen informierten fünf über die Vorbereitung oder

105 Vgl. Gesetz über die Teilnahme der Jugend an der Gestaltung der entwickelten sozialistischen Gesellschaft und über ihre allseitige Förderung in der Deutschen Demokratischen Republik – Jugendgesetz der DDR – v. 28.1.1974. In: GBl. I 1974, S. 45–59. Das neue Jugendgesetz wurde sowohl in der katholischen als auch den evangelischen Kirchen breit und kritisch debattiert. Vgl. die Informationen 987/73 und 1188/73.

106 Vgl. Verordnung über die Durchführung von Veranstaltungen v. 26.11.1970. In: GBl. II 1970, S. 69–71.

107 Vgl. Der Vorsitzende des Bundes der Evangelischen Kirchen in der DDR an den Staatssekretär für Kirchenfragen Hans Seigewasser v. 12.5.1973; BArch, DO 4/1582, Bl. 55.

Durchführung von innerkirchlichen Zusammenkünften wie die Pastoralsynode,[108] die Konferenz der katholischen Bischöfe in der DDR[109] oder die Ordinariatssitzung des Bistums Berlin.[110] Daneben finden sich Berichte über die Aufnahme diplomatischer Beziehungen zwischen dem Vatikan und der DDR,[111] Reaktionen aus der katholischen Kirche in der DDR zu kirchen- und jugendpolitischen Fragen[112] oder Berichte über öffentliche Veranstaltungen.[113]

Die Vermutung liegt nahe, dass diese kurzzeitige größere Bedeutung der katholischen Kirche in der ZAIG-Berichterstattung aus der internationalen Entspannungspolitik und dem Streben der SED nach der Aufnahme diplomatischer Beziehungen zum Vatikan resultierte. Die SED-Führung hatte ein großes Interesse an guten Beziehungen zum Heiligen Stuhl, da sie die Einrichtung einer DDR-eigenen Bischofskonferenz anstrebte. Zudem sollte die Verselbstständigung der durch die deutsch-deutsche Teilung getrennten Jurisdiktionsbezirke Erfurt, Magdeburg, Schwerin und Meiningen erreicht werden, deren Bischofssitze in der Bundesrepublik lagen und die in der DDR bis dahin nur kommissarisch verwaltet worden waren. Bislang hatte der Vatikan der Einrichtung eigenständiger Bistümer in Ostdeutschland nicht zugestimmt, da dies einer Anerkennung der DDR als souveräner Staat gleichgekommen wäre. Bereits am Rande der KSZE in Helsinki 1972 war es zu Gesprächen zwischen den Delegierten aus dem Vatikan und aus der DDR gekommen.[114] Somit begann das Jahr 1973 mit der Erwartung, dass der Vatikan und die DDR bald diplomatische Beziehungen aufnehmen und diplomatische Vertretungen austauschen würden.[115]

Doch während die ZAIG-Mitarbeiter zu Beginn des Jahres noch darüber informierten, überlagerten in der Folgezeit andere Themen wie die Durchführung der Pastoralsynode, die katholischen Reaktionen auf die bevorstehende Einführung des Jugendgesetzes 1974 sowie Jugend- und Studentenpfarrerveranstaltungen die Berichterstattung.[116] Als der Vatikan allerdings im Juli 1973 dem Einsatz dauerhafter Apostolischer Administratoren und eines Weihbischofs in der DDR zustimmte, berichteten die ZAIG-Mitarbeiter er-

108 Vgl. die Informationen 251/73 und 1124/73.
109 Vgl. Information 726/73.
110 Vgl. die Informationen 987/73 und 1116/73.
111 Vgl. Information 64/73.
112 Vgl. die Informationen 950/73 und 1105/73.
113 Vgl. die Informationen 567/73, 644/73 und 1156/73.
114 Dazu vor allem Cerny-Werner, Roland: Vatikanische Ostpolitik und die DDR. Göttingen 2011, S. 164–173.
115 Vgl. Information 64/73.
116 Dieser Befund deckt sich mit dem von Cerny-Werner konstatierten nachlassenden Interesse der SED-Führung an einer Weiterführung der Verhandlungsgespräche mit dem Vatikan über die Aufnahme diplomatischer Beziehungen seit Beginn des Jahres 1973. Vgl. Cerny-Werner, Roland: Vatikanische Ostpolitik und die DDR. Göttingen 2011, S. 192 f.

neut über diesbezügliche Entwicklungen in der katholischen Kirche.[117] Denn diese Form der apostolischen Administratur als dem Papst unmittelbar unterstellte – eigentlich zeitlich befristete – Leitung eines Bischofssitzes stellte einen wichtigen Kompromiss dar. Dennoch bemühte sich die Partei- und Staatsführung auch in den folgenden Jahren um eine endgültige Anerkennung der DDR-Gebiete als Bistümer. Auch die Verhandlungen zur Aufnahme diplomatischer Beziehungen zwischen dem Vatikan und der SED-Führung setzten sich über das Jahr 1973 hinweg fort.[118] Beide Vorhaben konnten trotz zahlreicher Bemühungen seitens der SED bis zum Ende der DDR nicht mehr abschließend geklärt werden, da nicht zuletzt die Partei- und Staatsführung in der UdSSR diplomatische Beziehungen mit dem Vatikan unterband.[119]

Einen weiteren Themenschwerpunkt innerhalb der ZAIG-Berichterstattung über die katholische Kirche in der DDR stellten die innerkirchlichen Zusammenkünfte dar. Denn auch die Vertreter der katholischen Kirche rangen in ihren Sitzungen um ihre Stellung und ihr Selbstverständnis sowie um ein gemeinsames Vorgehen gegen die Auflösungstendenzen und die Marginalisierung ihrer Kirche in der sozialistischen DDR. Eine wichtige Rolle kam hierbei 1973 der Pastoralsynode zu. Diese Versammlung von hochrangigen Vertretern der Jurisdiktionsbezirke der katholischen Kirche in der DDR war seit 1969 vorbereitet worden, begann 1973 und dauerte bis 1975 an. Anders als bei den evangelischen Kirchen berichteten die MfS-Mitarbeiter hier allerdings nicht über alle Sitzungen. Vielmehr setzt sich eine Information mit den Vorbereitungen der Synode[120] und eine mit der zweiten Synodensitzung im Oktober 1973 auseinander,[121] während die Berichterstattung zur Auftaktsitzung im März 1973 unterblieb. Ein genauerer Blick zeigt, dass die Informationen vor allem innerkirchliche Debattenbeiträge wiedergeben, die die Stellung der eigenen Kirche und das Wirken in der DDR thematisieren. Unter den Kirchenvertretern bestand Einigkeit darüber, sich selbst als eine Diasporakirche in einem atheistischen Umfeld zu definieren. Doch über die Schlussfolgerungen aus dieser Erkenntnis herrschte Uneinigkeit. Während einige Synodale für eine ertragende und theologisch fokussierte Zurückhaltung plädierten, sprachen sich andere für einen stärkeren innerkirchlichen und in die Gesellschaft hineinwirkenden Diskurs über Freiheit und Selbstbestimmung und damit auch für eine stärkere Auseinandersetzung mit dem politischen System der DDR aus.[122] Gerade die

117 Vgl. Information 726/73.

118 Vgl. Delegation der ESK-Genf: Vermerk über ein Gespräch mit Herrn Silvestrini v. 14.12.1973; BArch, DO 4/4930, Bl. 2–5.

119 Vgl. Schäfer, Bernd: Staat und katholische Kirche in der DDR. 2., durchges. Aufl., Köln 1998, S. 314; zu den anhaltenden Bemühungen der SED um den Vatikan bis zum Ende der 1980er-Jahre auch ebenda, S. 314–323.

120 Vgl. Information 251/73.

121 Vgl. Information 1124/73.

122 Vgl. ebenda.

Errichtung der ständigen apostolischen Administraturen verliehen diesen Fragen nun eine neue Brisanz. Denn damit wurden die ostdeutschen Bistumsgebiete nicht nur von den westdeutschen Bistumssitzen unabhängig, sondern die katholische Kirche in der DDR konstituierte sich nun faktisch als eigenständig. Daher setzten sich die katholischen Versammlungen vorrangig mit den Themen »Leben aus dem Glauben in der Welt von heute« und »Glaube heute« auseinander. Wie in den protestantischen Kirchen konnte die Frage der Selbstverortung auch in der katholischen Kirche im Jahr 1973 nicht gelöst werden. Das Ringen um ein eigenes Selbstverständnis sollte sich bis zum Ende der DDR fortsetzen und die Kirchen ebenso wie die Staatssicherheit anhaltend beschäftigen.

2.5 Industrie und Wirtschaft

Mit der Öffnung der DDR zu westlichen Staaten, insbesondere zur Bundesrepublik, mehrten sich in der Partei- und Staatsführung die Befürchtungen hinsichtlich einer erleichterten Kontaktaufnahme zwischen westdeutschen Bürgern und Geheimnisträgern in der DDR, insbesondere aus den Bereichen der Wirtschaft, Forschung und Entwicklung. Die Sorgen der SED-Führung waren groß, die neuen Reisebestimmungen und der damit einhergehende Anstieg grenzüberschreitender Kontakte könnten den Verrat von Betriebs- und Staatsgeheimnissen erleichtern.[123] Dies spiegelt sich auch in den ZAIG-Informationen, die nicht nur über Vergehen in der Industrie und Wirtschaft berichteten, sondern vor allem auch über sicherheitsrelevante Verbindungen von DDR-Unternehmen oder einzelnen Akteuren zu westdeutschen Firmen und Institutionen. Im Jahr 1973 informierten sie vornehmlich über staatsgefährdende Handlungen leitender Angestellter in Industrie- und Außenhandelsbetrieben. Dabei traten bestimmte Delikte auffallend häufig in Erscheinung wie der Missbrauch von Amtsbefugnissen, Verstöße gegen die Rechtsbestimmungen zum Außenhandel, die Schaffung von Abhängigkeitsverhältnissen zu Handelspartnern in nichtsozialistischen Staaten oder die Ausnutzung von Handelsbeziehungen in das nichtsozialistische Ausland zum eigenen Vorteil. Insbesondere Geheimnisverrat, die Bevorzugung westdeutscher vor RGW-Kooperationspartnern oder der Einsatz schad- bzw. mangelhafter westdeutscher Produkte in DDR-Betrieben hatten nach MfS-Einschätzung zu einer massiven Schädigung der DDR-Wirtschaft 1973 geführt. Hinzu kamen der Vorwurf der Bestechlichkeit oder Verstöße gegen die Reisekaderordnung.

123 Vgl. Information zur Gewährleistung von Sicherheit und Ordnung in den Staats- und Wirtschaftsorganen nach den mit der BRD und dem Westberliner Senat abgeschlossenen Vereinbarungen von 1972; BArch, DC 20/27774, Bl. 1–5. Zur Verschärfung der Bestimmungen für Geheimnisträger auch Wolle, Stefan: Alltag und Herrschaft in der DDR 1971–1989. 3., akt. Aufl., Berlin 2009, S. 192. Zu der Haltung der Partei- und Staatsführung Schiefer, Mark: Profiteur der Krise. Staatssicherheit und Planwirtschaft im Chemierevier der DDR 1971–1989 (Analysen und Dokumente, Bd. 52). Göttingen 2018, S. 191 f.

In diesem Zusammenhang war besonders die Glas- und Keramikindustrie in den Blick geraten. Wiederholt war es hier zu Vorfällen gekommen, die nicht nur die Staatssicherheit, sondern auch das SED-Politbüro beschäftigten.[124] Von insgesamt sieben ZAIG-Informationen zu »feindlichen Handlungen« in Industriebetrieben befassten sich drei mit Unternehmen aus diesem Sektor. Eine herausgehobene Stellung nimmt hier der Industriezweig »Technisches Glas« ein, der unter anderem für die Produktion von optischen Glaserzeugnissen für den wissenschaftlichen Gerätebau, von Rohrleitungen und technischen Glasanlagen für die Lebensmittel- oder chemische Industrie oder von Hauswirtschaftsglas verantwortlich war. Diesem industriellen Bereich kam in der DDR eine große Bedeutung zu, denn viele andere Forschungs- und Industriezweige waren in ihrer täglichen Arbeit auf die hier produzierten Waren angewiesen. Da es in einzelnen Betrieben 1973 wiederholt zu Qualitätsmängeln sowie einer Untererfüllung des Produktions- und Forschungsplanes gekommen war, berichtete nicht nur die ZAIG über betroffene Betriebe, sondern auch der Ministerrat beschäftigte sich 1973 mit der weiteren Entwicklung des Industriezweiges »Technisches Glas«.[125] Die hier bestehenden Probleme führten sowohl die MfS-Mitarbeiter als auch die Berichterstatter des Ministerrats hauptsächlich auf zwei Problemkomplexe zurück: unzureichende Führungsarbeit sowie »Sorglosigkeit gegenüber gezielter Feindtätigkeit kapitalistischer Konzerne«.[126] So berichteten die ZAIG-Mitarbeiter im Mai 1973 über kriminelle Aktivitäten im »VEB Glaswerk Schott und Genossen Jena«, wo leitende Mitarbeiter Forschungs- und Entwicklungsergebnisse an westliche Geheimdienste und Unternehmen weitergegeben hätten. Bei diesen Vorwürfen kam jedoch eine Besonderheit des VEB zum Tragen. Denn der Betrieb ging auf das 1884 gegründete Unternehmen »Glastechnisches Laboratorium Schott & Genossen« in Jena zurück, das nach 1945 enteignet und durch seinen ursprünglichen Besitzer Erich Schott 1952 in Mainz wieder neu aufgebaut worden war. Zwischen den Mitarbeitern des in der DDR verbliebenen Betriebes und der Firmenleitung des in Mainz neu angesiedelten Unternehmens bestanden auch noch in den 1970er-Jahren Geschäftsbeziehungen. Diese beäugten die MfS-Mitarbeiter seit Langem argwöhnisch. Nun, 1973, warfen sie der in der DDR ansässigen Firma »illegale Kooperationsbeziehungen« vor. Diese hätten etwa die Preisvergabe für die hauseigenen Produkte negativ beeinflusst, zum Ankauf von veral-

124 Vgl. Bericht über die Entwicklung und Bekämpfung der Kriminalität in den Jahren 1971/72. Anlage Nr. 3 zum Protokoll Nr. 17/73 der Sitzung des Politbüros des ZK der SED v. 24.4.1973; BArch, DY 30/J IV 2/2/1445, Bl. 52–73.

125 Vgl. Büro des Ministerrates: Beschluss zum Bericht über die Entwicklung des Industriezweiges »Technisches Glas« einschließlich des VEB Jenaer Glaswerk Schott & Gen. Jena; BArch, DY 30/52131, o. Pag.

126 Bericht über die Entwicklung des Industriezweiges »Technisches Glas«. In: Büro des Ministerrates: Beschluss zum Bericht über die Entwicklung des Industriezweiges »Technisches Glas« einschließlich des VEB Jenaer Glaswerk Schott & Gen. Jena; BArch, DY 30/52131, o. Pag.

teten oder unausgereiften Maschinen geführt sowie das Ansehen und die Marktfähigkeit des Industriezweiges »Technisches Glas« international nachhaltig geschädigt. Zudem sei das westdeutsche Unternehmen durch Mitarbeiter des VEB bevorteilt worden, da es beim Export bestimmter Waren bevorzugt worden sei sowie Sonderprovisionssätze und Geheiminformationen erhalten habe. Den Höhepunkt bildete hierbei die Enttarnung von zwei Agenten westlicher Geheimdienste, die über viele Jahre hinweg technische Störungen verursacht, Geheimnisse verraten und den Import von funktionsuntüchtigen Maschinen erwirkt haben sollten. Weitere Delikte wie Dokumentenfälschung, Veruntreuung von Geldern, Bestechung, illegale Warenexporte, Beihilfe zur Republikflucht für Glasfacharbeiter rundeten den Vorwurf ab, dass die Mainzer Unternehmensleitung die Mitarbeiter des ostdeutschen VEB zur Sabotage des eigenen Unternehmens angestiftet hätte, um die firmeneigene Konkurrenz im Osten auszuschalten und sich eine weltweite Monopolstellung insbesondere in den sozialistischen Ostblockstaaten zu sichern.[127]

Im November 1973 folgte schließlich eine Information, in der der bereits im Mai beschuldigte ehemalige Generaldirektor des »VEB Glaswerk Schott und Genossen Jena« dem ehemaligen Direktor für Beschaffung und Absatz im »VEB Kombinat Baukeramik« dabei behilflich gewesen sein soll, Dokumente zu fälschen und unerlaubte Produktexporte in die Bundesrepublik und nach Westberlin durchzuführen. Auch in diesem VEB hätten Mitarbeiter westdeutsche Unternehmen bevorzugt und ihnen Preisnachlässe von bis zu 50 Prozent gewährt, Exportlieferungen falsch deklariert oder ungerechtfertigte Reklamationen angenommen. Sowjetische Firmen hätten hingegen zum Teil Ware minderer Qualität erhalten.[128]

Ähnliche Berichte lassen sich auch zu anderen Wirtschaftsbereichen finden. Sie behandeln in der Mehrzahl Fälle von Bevorteilung nichtsozialistischer, insbesondere westdeutscher Unternehmen zum Nachteil der DDR-Volkswirtschaft. Die Beschuldigten hätten sich auch hier zumeist der Dokumentenfälschung, Daten- und Finanzmanipulation, der Bestechung und des Geheimnisverrates schuldig gemacht und als »Feinde des Sozialismus« erwiesen. Selbst strukturelle Probleme in den Kombinaten und Betrieben wurden nicht selten den aus der Sicht der MfS-Mitarbeiter kriminell handelnden Personen mit angelastet. Damit fügen sich auch die ZAIG-Berichte zur Wirtschaft und Industrie in der DDR in die große Erzählung der MfS-Mitarbeiter des Jahres 1973 ein, nach der die internationale Entspannung und die politische Öff-

127 Vgl. Information 417/73.
128 Vgl. Information 1106/73.

nung der DDR zur Bundesrepublik schwerwiegende Sicherheitsgefahren mit sich bringen würden, die letztlich das Risiko einer deutlichen Schwächung der politischen und gesellschaftlichen Stabilität im Land in sich bargen.[129]

3. Die ZAIG im Jahr 1973

Wissen ist Macht – dessen waren sich die MfS-Mitarbeiter bei der Informationsverteilung an Funktionäre der Staats- und Parteiführung bewusst. Die ZAIG stellte hierbei eine entscheidende Schnittstelle zwischen den einzelnen Fachabteilungen, dem Minister für Staatssicherheit und der Partei- und Staatsführung dar. Personell war sie im Jahr 1973 mit insgesamt 58 hauptamtlichen Mitarbeitern allerdings trotz ihrer großen Bedeutung im MfS aus Sicht ihres Abteilungsleiters Werner Irmler nur unzureichend ausgestattet.[130] Denn nachdem Minister Erich Mielke 1968 den Umbau der ZAIG zu einem ihm direkt unterstellten »Funktionalorgan«[131] befohlen hatte, waren die Mitarbeiterzahlen im darauffolgenden Jahr zwar sprunghaft von 38 auf 58 Mitarbeiter angestiegen. Seitdem stagnierten sie jedoch, obwohl die ZAIG etwa mit der Hinzugewinnung des Bereichs »Einsatzvorbereitung und effektive Nutzung der EDV und der Mikrofilmtechnik« im Jahr 1969 auf insgesamt drei Bereiche angewachsen war.[132] Weitere Aufgabenzuwächse wie die Sammlung, Prüfung und Aufbereitung von zentralen Leitungsentscheidungen im MfS oder die einheitliche operative Statistik folgten.[133] Zudem führten sowohl die deutsch-deutschen Vertragswerke wie der »Grundlagenvertrag« oder das »Transitabkommen« als auch die Reisevereinbarungen mit der VR Polen und der ČSSR[134] zu einem ungeplanten zusätzlichen Anstieg des Arbeitsaufkommens in der ZAIG.[135] Insgesamt 14 geplante Neueinstellungen im Jahr 1973 sollten die

129 Vgl. dazu vor allem Schiefer, Mark: Profiteur der Krise. Staatssicherheit und Planwirtschaft im Chemierevier der DDR 1971–1989 (Analysen und Dokumente, Bd. 52). Göttingen 2018, S. 191–200.

130 Ersatz- und Erweiterungsbedarf 1973–75, Diensteinheit ZAIG, o. D.; BArch, MfS, ZAIG 7347, Bl. 38.

131 Erich Mielke: Befehl 30/68 v. 31.7.1968; BArch, MfS, BdL/Dok. 1293.

132 Vgl. Engelmann, Roger; Joestel, Frank: Die Zentrale Auswertungs- und Informationsgruppe (MfS-Handbuch). Hg. BStU. Berlin 2009, S. 59 u. 62; Stief, Martin: Die ZAIG – Nachrichtenzentrale der Stasi. In: Münkel, Daniela; Heidenreich, Ronny; Stief, Martin (Hg.): Geheimdienste, Politik und Krisen im Kalten Krieg (Analysen und Dokumente, Bd. 61). Göttingen 2025, S. 77–93, hier 86.

133 Vgl. Engelmann, Roger; Joestel, Frank: Die Zentrale Auswertungs- und Informationsgruppe (MfS-Handbuch). Hg. BStU. Berlin 2009, S. 61.

134 Dazu siehe Heidenreich, Ronny: Einleitung. In: Die DDR im Blick der Stasi 1972. Hg. v. Münkel, Daniela. Göttingen 2024, S. 13–67, hier 29–31.

135 Werner Irmler an Abteilungsleiter für Finanzen v. 11.8.1972; BArch, MfS, ZAIG 7347, Bl. 68 f. Dazu auch Engelmann, Roger; Joestel, Frank: Die Zentrale Auswertungs- und Informationsgruppe (MfS-Handbuch). Hg. BStU. Berlin 2009, S. 63.

personellen Engpässe beheben,[136] doch die vorhandenen Planstellen konnten nicht mit geeigneten Mitarbeitern besetzt werden.[137] Denn an die ZAIG-Mitarbeiter wurden hohe Anforderungen gestellt. Um ausreichend qualifiziert zu sein, sollten sie zuvor in den Auswertungs- und Informationsgruppen der Bezirksverwaltungen Kenntnisse und Erfahrungen gesammelt haben.[138] Sie sollten zudem neben dem Grundlagenwissen zur politisch-operativen Arbeit, mehrjährigen praktischen Erfahrungen und der richtigen politischen Einstellung auch ein »selbstständiges und schnelles Reaktionsvermögen auf aktuelle politische Ereignisse und Entwicklungen« sowie die Befähigung »zum Erkennen politisch-operativer Schwerpunkte und wesentlicher Zusammenhänge« mitbringen.[139] Zudem bestand für MfS-Mitarbeiter die Möglichkeit, nach einem Studium direkt in die ZAIG einzutreten. So veranlasste der ZAIG-Leiter Irmler im September 1972 die Einstellung von ausgewählten Studenten der Juristischen Hochschule Potsdam-Eiche, die nach einem Auswahlverfahren ab Sommer 1973 ihren Dienst beginnen sollten.[140]

4. Berichterstattung im Jahr 1973

Der ZAIG kam einerseits die Funktion einer serviceorientierten Informationszentrale zu, die Wissen nicht selbst generierte, sondern aus den Fachbereichen sammelte, speicherte und sowohl für interne als auch externe Funktionäre aufbereitete.[141] Andererseits waren die ZAIG-Mitarbeiter an dem mehrstufigen Selektionsverfahren im Vorlauf der Fertigstellung einer Information aktiv beteiligt. So entschied Erich Mielke in der Regel selbst, was wann berichtswürdig war. Da Mielke seit 1971 Kandidat des SED-Politbüros war, konnte er nicht nur die dortigen Debatten unmittelbar verfolgen, sondern erhielt seitdem u. a.

136 Ersatz- und Erweiterungsbedarf 1973–75, Diensteinheit ZAIG, o. D.; BArch, MfS, ZAIG 7347, Bl. 38.

137 Zu Problemen der Personalgewinnung und -erhalt in der ZAIG vgl. Engelmann, Roger; Joestel, Frank: Die Zentrale Auswertungs- und Informationsgruppe (MfS-Handbuch). Hg. BStU. Berlin 2009, S. 63

138 Bereits zuvor war das Personal der ZAIG vornehmlich aus den Bezirksverwaltungen heraus rekrutiert worden. Vgl. ebenda, S. 60.

139 Leiter der HA Kader und Schulung an Bezirksverwaltung für Staatssicherheit, Abteilung Kader und Schulung in Potsdam, Magdeburg, Karl-Marx-Stadt, Erfurt, Rostock und Frankfurt/Oder v. 22.11.1972; BArch, MfS, ZAIG 7347, Bl. 61.

140 Vgl. Werner Irmler an HA Kader und Schulung v. 7.9.1972; BArch, MfS, ZAIG 7347, Bl. 66; Werner Irmler an Leiter HA Kader und Schulung v. 3.10.1972; BArch, MfS, ZAIG 7347, Bl. 65. Zur Personalstruktur und dessen Qualifikationen vgl. Engelmann, Roger; Joestel, Frank: Die Zentrale Auswertungs- und Informationsgruppe (MfS-Handbuch). Hg. BStU. Berlin 2009, S. 60.

141 Vgl. Münkel, Daniela: Einleitung. In: Münkel, Daniela; Heidenreich, Ronny; Stief, Martin (Hg.): Geheimdienste, Politik und Krisen im Kalten Krieg (Analysen und Dokumente, Bd. 61). Göttingen 2025, S. 7–24, hier 10.

auch die Materialien und Sitzungspläne.[142] Für die langfristigen Planungen innerhalb der ZAIG stellen gerade diese Pläne eine wichtige Basis dar. Denn nach der Themenauswahl durch den Minister erhielt sie die Übersichten zur Weitergabe an die Fachbereiche. Dies geht aus einem Anschreiben des ZAIG-Leiters Werner Irmler an alle MfS-Hauptabteilungs- und Abteilungsleiter vom August 1973 hervor, mit dem er allen »im Auftrag des Genossen Minister« Auszüge aus dem Arbeitsplan des SED-Politbüros für das zweite Halbjahr 1973 übersandte. Über die aus diesen Auszügen ersichtlichen »zur Beratung und Beschlussfassung stehenden Probleme« hatte dann eine Abstimmung aller Hauptabteilungs- und Abteilungsleiter im MfS zu erfolgen. Diese sollte eruieren, welche Informationen und Materialien der Minister selbst als Politbürokandidat bzw. später -mitglied benötigen würde und »zu welchen Problemen eine entsprechende Informierung der Parteiführung erfolgen müsste«.[143] Nach diesem Abstimmungsprozess der höchsten Hierarchien im MfS entschieden die operativen Mitarbeiter, leitenden Kader und Auswerter in den Fachabteilungen und Bezirksverwaltungen über die konkreten Inhalte der weiterzugebenden Ermittlungsergebnisse, die sie dann über ihre jeweiligen Hauptabteilungs- bzw. Abteilungsleiter in Berichtsform an die ZAIG weitergaben. Gleich einem »institutionellen Nadelöhr«[144] setzten dann die Auswerter und Analysten in der ZAIG bei der Verarbeitung der zusammengetragenen Informationen wiederum eigene Schwerpunkte, die sich aus einem Konglomerat an operativen Leitungsvorgaben, sicherheitspolitischen Agenden sowie tagespolitischen Notwendigkeiten ergaben und die nicht zuletzt die Erwartungen des abzeichnenden Ministers erfüllen mussten.[145]

Doch die ZAIG-Informationen waren keine reine Unterrichtung der Partei- und Staatsführung. Sie dienten auch dazu, politische Themen zu setzen und auf Entwicklungen aufmerksam zu machen, die im MfS als (sicherheits-)politisch relevant eingestuft worden waren.[146] Mithilfe der ZAIG-Informationen versuchten die MfS-Mitarbeiter folglich auch, die Parteiführung für ihre sicherheitspolitischen Bedenken zu sensibilisieren und damit Einfluss

142 Vgl. Heidenreich, Ronny: Einleitung. In: Die DDR im Blick der Stasi 1971. Hg. v. Münkel, Daniela. Göttingen 2023, S. 12–56, hier 52 f.

143 Werner Irmler: Schreiben an Haupt-/selbst. Abteilungsleiter im Hause. Arbeitsplan des Politbüros des ZK der SED für das 2. Halbjahr 1973 v. 10.8.1973; BArch, MfS, HA XX 5134, Bl. 33.

144 Müller-Enbergs: Helmut. Geschichte der HV A und ihrer Militärspionage. Analysen und Fallstudien (BF informiert, Bd. 44). Berlin 2021, S. 9.

145 Dies geht auch aus einer Gesprächsnotiz vom September 1973 hervor: HA XX/AIG: Ergebnisse einer Aussprache zum politisch-operativen Schwerpunktkomplex medizinische Intelligenz bei Genossen Oberst Dr. Irmler v. 6.9.1973; BArch, HA XX 2100, Bl. 19–21.

146 Vgl. Münkel, Daniela: Einleitung. In: Dies.; Heidenreich, Ronny; Stief, Martin (Hg.): Geheimdienste, Politik und Krisen im Kalten Krieg (Analysen und Dokumente, Bd. 61). Göttingen 2025, S. 7–24, hier 13 f.

auf politische Entscheidungen zu nehmen.[147] So erreichte Honecker im Februar 1973 ein Bericht, der sein Augenmerk auf mögliche Gefahren beim Abschluss von bilateralen Verträgen mit kapitalistischen Staaten lenken sollte. Die Verfasser machten darin auf mögliche vertragliche Spielräume aufmerksam, die zugunsten einer Ausdehnung der Reise-, Ein- und Ausfuhrbestimmungen von und nach Westberlin für diplomatische Vertretungen sowie der Reise- und Aufenthaltsregelung von Missionsangestellten ausgelegt werden könnten. Zu große Spielräume für Mitglieder der ausländischen Missionen wie visafreies Reisen innerhalb und über die DDR-Grenzen hinweg sowie Immunität für alle Missionsangestellten würden den Interessen, insbesondere den Sicherheitserfordernissen der DDR entgegenstehen.[148] Damit brachten die MfS-Autoren nicht nur ihren Drang zur umfassenden Kontrolle aller vorhandenen und wahrscheinlichen Sicherheitsrisiken im Land und an dessen Grenzen zum Ausdruck, sondern verknüpften sicherheitspolitische Informationen auch mit dem eigenen, der internationalen Entspannungspolitik entgegenstehenden politischen Kurs. Die neue internationale Lage ließ innerhalb der Staatssicherheit neue sicherheitspolitische Fragen entstehen. Insgesamt schlugen sich die voranschreitende internationale Anerkennung der DDR, der Grundlagenvertrag und die Reiseerleichterungen sowie die Weltfestspiele in Ostberlin im Jahr 1973 in einem erhöhten Informationsaufkommen in der ZAIG nieder. Denn mit 330 Inlandsinformationen an die Partei- und Staatsführung ist das Berichtsjahr 1973 eines der Spitzenjahre, was die Zahl der Inlandsmeldungen anbelangt.

Die ZAIG war im MfS allerdings nicht die einzige Stelle, die Informationen an die Partei- und Staatsführung weitergab. Vielmehr bestanden zahlreiche informelle Kanäle zwischen den einzelnen MfS-Fachabteilungen sowie den Parteiorganisationen im MfS und Personen der Partei- und Staatsführung, über die auch Berichte weitergereicht und Informationen ausgetauscht wurden.[149] Dies spiegelt sich nicht zuletzt partiell in den Verteilern der ZAIG-Informationen wider. Denn hier lassen sich hinter manchen Namen kurze Vermerke darüber finden, dass diese Information über die zuständige Fachabteilung des MfS und nicht durch die ZAIG an den Empfänger ausgegeben wurde.[150]

147 Dies stellte keine Besonderheit dar, sondern zeigte sich in der Arbeit der MfS-Mitarbeiter allgemein wiederholt. Vgl. Suckut, Siegfried: Generalkontrollbeauftragter der SED oder gewöhnliches Staatsorgan? Probleme der Funktionsbestimmung des MfS in den sechziger Jahren. In: Suckut, Siegfried; Süß, Walter: Staatspartei und Staatssicherheit. Zum Verhältnis von SED und MfS (Analysen und Dokumente, Bd. 8). Berlin 1997, S. 151–168, hier 156–158.

148 Vgl. Information 192/73.

149 Dazu auch Suckut, Siegfried: Generalkontrollbeauftragter der SED oder gewöhnliches Staatsorgan? Probleme der Funktionsbestimmung des MfS in den sechziger Jahren. In: Suckut, Siegfried; Süß, Walter: Staatspartei und Staatssicherheit. Zum Verhältnis von SED und MfS (Analysen und Dokumente, Bd. 8). Berlin 1997, S. 151–168, hier 167.

150 Dies spiegeln Vermerke wie »(ü. HA XX)« oder »/HA XX« wider. Vgl. dazu vor allem Stief, Martin: Die ZAIG – Nachrichtenzentrale der Stasi. In: Münkel, Daniela; Heidenreich, Ronny; Stief, Martin (Hg.): Geheimdienste, Politik und Krisen im Kalten Krieg (Analysen und Doku-

Die Informationen der ZAIG an MfS-externe Personen trugen einen formalisierten Charakter, denn ihre Niederschrift erfolgte nach klaren Vorgaben. Der Dokumentenkopf war standardisiert hinsichtlich des Layouts, der Titelvergabe, der fortlaufenden Nummerierung innerhalb eines Jahres sowie der Datierung. Die Texte selbst folgten einem festgelegten Schema mit einer kurzen Einführung mit den wichtigsten Informationen zum konkreten Ereignis, einem ausführlicheren Hauptteil zu den Hintergründen des Ereignisses und der dabei handelnden Personen sowie einer abschließenden kurzen Passage mit Informationen zu den bisher eingeleiteten und noch geplanten Sicherheitsmaßnahmen.[151] Unterschiedliche Schreibstile und inhaltliche Wiederholungen innerhalb eines Textes lassen in manchen Informationen zudem den Schluss auf mehrere Autoren zu, während andere Berichte aus einem Guss zu sein scheinen. Zahlreiche überklebte oder herausgeschnittene Stellen und zum Teil unterschiedliche Korrekturstile innerhalb eines Dokumentes zeugen von einem umfassenden Korrekturwesen.[152] Die Ausgabe der Informationen an die im Verteiler genannten Personen wurde ebenso schriftlich dokumentiert wie ihre Rückgabe. Quartalsweise gefertigte »Übersichten über Informationsrücklauf« hielten diejenigen Berichte fest, die ihren vorgeschriebenen Weg nicht zurückfanden,[153] denn nicht alle externen Empfänger retournierten die als »geheim« deklarierten Berichte auch.

Wann eine Information erstellt wurde, variierte dabei von Fall zu Fall stark. Unter den Informationen, die über ein konkretes, klar zu datierendes Ereignis berichteten, befanden sich solche, die noch am Tag des berichteten Ereignisses oder binnen 48 Stunden entstanden. Andere hingegen wurden im Jahr 1973 bis zu 52 Tage nach den wiedergegebenen Geschehnissen abgeschlossen. Diese bis zu fast zwei Monate später erfassten Ereignisse waren unterschiedlichste Begebenheiten wie die Tagung der Konferenz der Kirchenleitungen der evangelischen Kirche in der DDR (52 Tage),[154] die Konferenz der katholischen Studentenpfarrer der Bundesrepublik und der DDR in Ostberlin (40 Tage),[155] der Verbleib eines DDR-Physikers nach einer dienstlichen Auslandsreise in der Bundesrepublik (35 Tage)[156] oder Steinwürfe aus Westberlin gegen die DDR-Grenzanlagen (32 Tage).[157] Insgesamt wurden

mente, Bd. 61). Göttingen 2025, S. 77–93, hier 88–90; Heidenreich, Ronny: Einleitung. In: Die DDR im Blick der Stasi 1971. Hg. v. Münkel, Daniela. Göttingen 2023, S. 12–56, hier 51 f.

151 Zu den hohen formellen Ansprüchen des ZAIG-Leiters Werner Irmler an das Berichtswesen seiner Abteilung vgl. Stief, Martin: Die ZAIG – Nachrichtenzentrale der Stasi. In: Münkel, Daniela; Heidenreich, Ronny; Stief, Martin (Hg.): Geheimdienste, Politik und Krisen im Kalten Krieg (Analysen und Dokumente, Bd. 61). Göttingen 2025, S. 77–93, hier 91 f.

152 Vgl. etwa Informationen 586/73, 740/73, 788/73 oder 844/73.

153 Vgl. etwa BArch, MfS, ZAIG 5636.

154 Vgl. Information 194/73.

155 Vgl. Information 1156/73.

156 Vgl. Information 292/73.

157 Vgl. Information 733/73.

1973 zehn Berichte einen Monat oder später nach dem berichteten Ereignis abgeschlossen, während 33 Informationen eine Woche bis einen Monat später entstanden. Die Mehrzahl der Informationen über ein konkretes Ereignis berichteten der Partei- und Staatsführung hingegen binnen einer Woche oder schneller. So entstanden 70 Inlandsberichte nach drei bis sieben Tagen und 93 Informationen innerhalb von 48 Stunden.

Ein genauerer Blick auf die Datierung der ZAIG-Informationen des Jahres 1973 zeigt, dass sich Informationskonjunkturen ausfindig machen lassen. Denn in den fünf Monaten April (31), Juni (28), Juli (52), August (54) und September (36) entstanden besonders viele Inlandsberichte.[158] Zudem kam es montags wiederholt zu einer Berichtshäufung. Die Vermutung liegt nahe, dass zu Wochenbeginn die angehäuften Ereignisse des Wochenendes berichtet wurden. Insgesamt 104 Informationen berichteten über Ereignisse des vorhergehenden Wochenendes von Freitagabend bis Sonntagabend. Die Mehrzahl von ihnen, 45 Berichte, wurden am darauffolgenden Montag abgeschlossen, während etwa dienstags mit 20 oder donnerstags mit acht Informationen deutlich weniger verfasst wurden. An den arbeitsreduzierten Samstagen entstanden monatlich durchschnittlich nur eine bis zwei Inlandsinformationen – in den Monaten März, September und Oktober gar keine. Nur am ersten Sommerferienwochenende vom 7. bis 9. Juli 1973 und am Wochenende der X. Weltfestspiele vom 27. bis 29. Juli 1973 entstanden, wenig verwunderlich, auch sonntags insgesamt acht Inlandsberichte.

Ein genauer Blick in das Postausgangsbuch der ZAIG und die Zuteilung der Berichte am Beispiel Erich Honeckers zeigt, dass Honecker in 46 von insgesamt 52 Wochen Berichte aus der ZAIG erhielt. Während manche Monate wie Januar, Oktober, November oder Dezember hier eher von Auslandsberichten dominiert waren, überwog etwa im Juni die Inlandsberichterstattung an den obersten SED-Funktionär. Die Informationsverteilung folgte dabei allerdings nicht unbedingt der zeitlichen Abfolge des politischen Prozesses. Denn Honecker erhielt dienstags, am Sitzungstag des Politbüros, mit insgesamt 22 Inlandsinformationen und donnerstags, am Sitzungstag des Ministerrates, mit insgesamt 21 Informationen im Jahr 1973 sogar weniger Berichte aus der ZAIG als an den Wochentagen Montag (28) und Freitag (25). Nur der Mittwoch erscheint mit insgesamt zehn Berichten vergleichsweise ruhig. Es lässt sich somit kein formales Verfahren erkennen, nach dem Honecker an bestimmten Tagen zu bestimmten Themen unterrichtet worden wäre. Ebenso konnte kein Muster in der Anzahl der verteilten Berichte ausgemacht werden. An einem Tag konnte Honecker nur einen Bericht erhalten, während er an einem anderen Tag bis zu 13 Informationen aus der ZAIG bezog.[159]

158 Berücksichtigt wurden hier nur die Informationen, die eine exakte Datierung aufweisen.

159 Vgl. ZAIG Postausgangsbuch. Informationen vom 3.11.1972 bis 31.12.1973; BArch, MfS, ZAIG 8518.

5. Verteiler und Rezeption

Wie groß das Interesse der Adressaten an den Informationen war und ob sie in die politischen Prozesse der Partei- und Staatsführung einflossen, lässt sich im Nachhinein nur schwer feststellen. Vereinzelte Zufallsfunde von nicht zurückgegebenen Exemplaren wie dem oben angeführte Honecker-Exemplar[160] zeigen allerdings, dass sie gelesen wurden. Inwiefern die ZAIG-Berichtsinhalte Themen oder Debatten in den jeweiligen Parteisitzungen beeinflussten, ließ sich bislang nicht nachvollziehen. Da ihre Ausgabe allerdings nicht in allen Fällen regelmäßig und systematisch erfolgte, bestätigt sich auch hier die bereits in anderen Bänden aufgestellte These der »anlassbezogene[n] Informationspolitik«,[161] fokussiert auf den Parteichef. So erhielt Honecker aus dem Jahr 1973 insgesamt 478 ZAIG-Informationen, von denen sich 121 Berichte mit Inlandsereignissen beschäftigten. Damit erhielt er auch 1973 im Vergleich zu den übrigen 59 externen Empfängern von Inlandsinformationen mit Abstand die meisten ZAIG-Berichte. Hier überwogen die Themen Grenzkonflikte und Flucht mit 56 Fluchtberichten und 24 Berichten zu Grenzvorfällen deutlich vor Ein- und Ausreisestatistiken (11), Informationen zu regimekritischer »Hetze« (5), zu kirchenpolitischen Angelegenheiten (5), zu Terror (2) oder Unfällen (2) sowie Brandlegung (1) oder Gewaltverbrechen (1). Dieser Befund deckt sich mit der vorherigen Feststellung, dass die Flucht- und Grenzproblematiken 1973 deutlich im politischen Fokus standen.

Nach Honecker waren der ZK-Sekretär für Sicherheitsfragen Paul Verner in 79 und die KGB-Außenstelle Berlin-Karlshorst in 63 Informationsverteilern als Empfänger vorgesehen. Damit bestätigt sich im Jahr 1973 ein Forschungsbefund, der sich bereits im Vorjahr gezeigt hatte, nämlich eine deutlich angestiegene anlassbezogene Unterrichtung des KGB durch das MfS.[162] Auch im Jahr 1973 ließ sich der sowjetische Geheimdienst vornehmlich über die Folgen der neuen Ausreise-, Besuchs- und Durchreisebestimmungen unterrichten. Daher stellten Informationen zu Flucht- und Grenzzwischenfällen sowie Ein- und Ausreisen hier Themenschwerpunkte dar. Zudem interessierte sich der KGB – wenig überraschend – für die aktuelle Sicherheitslage in Ostberlin und der DDR während der Weltfestspiele. Insgesamt elf von zwölf Berichten hierzu erhielt seine Außenstelle in Berlin-Karlshorst. Abgesehen von Honecker gingen insgesamt 157 Informationen aufgeteilt an 14 Mitglieder des SED-Politbüros.

Ein weiterer Schwerpunkt lag auf der Informierung von Ministern und Ministeriumsangehörigen. Hier sollten 25 Personen 1973 aufgeteilt insgesamt 127 Informationen erhalten. Auch für das Jahr 1973 bestätigt sich, dass die Informa-

160 Vgl. Honecker-Exemplar der Information 586/73; BArch, DY 30/52233, o. Pag.

161 Heidenreich, Ronny: Einleitung. In: Die DDR im Blick der Stasi 1971. Hg. v. Münkel, Daniela. Göttingen 2023, S. 12–56, hier 53.

162 Vgl. Heidenreich, Ronny: Einleitung. In: Die DDR im Blick der Stasi 1972. Hg. v. Münkel, Daniela. Göttingen 2024, S. 13–55, hier 53.

tionen den jeweils thematisch zuständigen Funktionären zugesandt wurden.[163] So erhielt Hans-Joachim Hoffmann, bis 1973 Abteilungsleiter für Kultur beim ZK der SED und anschließend Minister für Kultur, insgesamt fünf Informationen, die sich alle mit Themen und Personen des Kunst- und Kulturbetriebes in der DDR beschäftigten. Auch der Minister für Nationale Verteidigung Heinz Hoffmann erhielt im Jahr 1973 insgesamt 24 Berichte, die alle über Grenzvorfälle und Angelegenheiten der NVA informierten. Allerdings ist es bemerkenswert, dass weder Hans-Joachim Hoffmann noch Heinz Hoffmann alle Informationen erhielten, die für ihren Aufgabenbereich relevant gewesen wären. Welche Gründe Mielke bewogen, die zuständigen Funktionäre in den Verteiler aufzunehmen oder auszuschließen, bedarf weiterer Forschungen.

Abschließend ist darauf hinzuweisen, dass die Verteiler auf den Informationen in vielen Fällen von den tatsächlichen Empfängerkreisen abweichen. Eine Durchsicht des für 1973 aufgesetzten Postausgangsbuchs der ZAIG, in dem alle aus der ZAIG hinausgegangenen Informationen und ihre Empfänger verzeichnet sind, zeigt, dass in vielen Fällen Personen des Verteilers nicht als Empfänger im Postausgangsbuch aufgenommen sind oder Personen eine Information erhielten, die gar nicht im Verteiler standen.[164] So hatte etwa Paul Verner auch noch im Jahr 1984 eine Information über den privaten Ostberlin-Besuch von Hilda Heinemann, der Ehefrau des damaligen Bundespräsidenten, einbehalten, obwohl er auf dieser Information gar nicht im Verteiler stand.[165] In anderen Fällen erhielten laut Postausgangsbuch zusätzliche Personen zwar Materialien zu einzelnen Informationen, aber nicht die Informationen selbst, obwohl sie nicht im Verteiler standen.

6. Druckauswahl und Formalia

In dieser Buchausgabe liegt eine Auswahl der edierten Dokumente des Jahres 1973 vor. Die Zusammenstellung umfasst sowohl standardmäßige Berichte als auch Exemplare mit besonderen formalen oder inhaltlichen Auffälligkeiten. In ihrer Gesamtheit sollen sie einen Eindruck von der innenpolitischen Dynamik des Jahres und der Vielfalt der wiedergegebenen Ereignisse vermitteln. Die Abschriften aller edierten Berichte des Jahres 1973 sind vollständig auf der Website https://1973.ddr-im-blick.de abrufbar. In Form einer Datenbank ist hier auch eine elektronische Volltextrecherche möglich.

Die Wiedergabe der Dokumente folgt grundsätzlich dem Original. Die Rechtschreibung ist den heute gültigen Regeln angeglichen. Während kleinere

163 Vgl. Stief, Martin: Die ZAIG – Nachrichtenzentrale der Stasi. In: Münkel, Daniela; Heidenreich, Ronny; Stief, Martin (Hg.): Geheimdienste, Politik und Krisen im Kalten Krieg (Analysen und Dokumente, Bd. 61). Göttingen 2025, S. 77–93, hier 88.

164 Vgl. BArch, MfS, ZAIG 8518.

165 Vgl. Information 888/73; von Gen. Verner noch nicht zurückgegebene Informationen v. 1.2.1984; BArch, ZAIG 5636, Bl. 90–92, hier 91.

Tipp- und Rechtschreibfehler stillschweigend korrigiert werden, bleiben größere Orthografie- und Grammatikfehler aus Gründen der Quellenauthentizität unverändert und sind mit einer erläuternden Fußnote versehen. Ungewöhnliche Abkürzungen werden stillschweigend in übliche umgewandelt oder ausgeschrieben. Eventuelle Unterstreichungen, Randvermerke und Einkreisungen werden im Dokumentenkopf erwähnt, wenn sie gleichmäßig einen Großteil des Textes betreffen. Auf besondere Markierungen einzelner Wörter oder Sätze wird in einem Fußnotenkommentar aufmerksam gemacht.

Der Jahrgang 1973 weist in den Dokumentenköpfen einige Besonderheiten auf. Dazu gehören die bereits erwähnten Weiterleitungsvermerke in den Verteilern, die Hinweise auf die Kommunikationskanäle des MfS in den Staats- und SED-Apparat geben. Zum anderen weisen viele Berichte zwei Datierungen auf, die in der Regel einige Tage voneinander abweichen. Es handelt sich sehr wahrscheinlich um das Datum der Bestätigung der Verteilervorschläge, die nicht in der ZAIG, sondern wahrscheinlich im Vorzimmer des Ministers erfolgten. In vielen Fällen sind die späteren Daten mit dem Tag des Postausgangs bei der ZAIG identisch. Die abweichenden Datierungen sind unter »Vermerke« erwähnt. Weist der Bericht nur ein Datum auf, wird dies wie üblich als Datum der Berichtsabfassung angenommen.

Gemäß § 32a des Stasi-Unterlagen-Gesetzes wurden die in den Texten erwähnten Personen der Zeitgeschichte sowie Amts- und Funktionsträger öffentlicher Institutionen vor der Veröffentlichung von Informationen zu ihrer Person benachrichtigt, wenn die Angaben nach einer Einordnung verlangen oder über ihre reine Funktionstätigkeit hinausgehen. Betroffene, die nicht zu diesen Personenkreisen gehören, wurden um eine Einwilligung für die Publikation von Daten zu ihrer Person gebeten. Um den Schutz der Persönlichkeitsrechte zu gewährleisten, war es bei einigen wenigen Berichten notwendig, Passagen, Personennamen oder Adressenangaben zu anonymisieren. Die Aussagekraft der Quellen wird dadurch aber in keiner Weise beeinträchtigt, da es sich hierbei in der Regel um weniger relevante Angaben handelt. Die mitunter sehr aufschlussreichen Anmerkungen und Richtigstellungen von Personen, die sich auf Nachfrage zu den sie betreffenden Aussagen der Berichte äußerten, wurden den Dokumenten als Fußnotenkommentar hinzugefügt.

7. Schlussbemerkungen

Rund zwei Jahre nach dem Wechsel von Walter Ulbricht zu Erich Honecker an der Spitze des SED-Politbüros befand sich die SED-Führung 1973 vermeintlich auf Erfolgskurs. Der internationale Entspannungsprozess und die deutsch-deutschen Verständigungen hatten endlich die ersehnte weltweite Anerkennung der DDR als souveräner Staat und die Aufnahme diplomatischer Beziehungen mit einer Vielzahl an Ländern erbracht. Der »große sowjetische Bruder« war angesichts politischer, militärischer und ökonomischer Krisen westlicher

Staaten scheinbar im Aufwind. Im Verbund mit ihm konnte die SED-Führung sich und ihre DDR während der X. Weltfestspiele in Ostberlin, dem propagandistischen Höhepunkt des Jahres, als friedliebend und weltoffen präsentieren. Doch ansteigende Flüchtlingszahlen insbesondere unter gut ausgebildeten Fachkräften aus systemrelevanten Bereichen, öffentlichkeitswirksame Grenzprovokationen und oppositionelles Verhalten sowie Fälle von Wirtschaftsspionage traten im Jahr 1973 gehäuft auf. Sie bestätigten die MfS-Mitarbeiter in ihrem ablehnenden Kurs gegen die internationale Entspannung. Obwohl sie nach außen hin die Öffnungspolitik ihrer Partei mittragen musste, war die Staatssicherheit in ihrem Innern äußerst angespannt. Als kompensatorisches Gegengewicht nutzten die MfS-Mitarbeiter u. a. ihre Berichte an die Partei- und Staatsführung dazu, unablässig auf (ihre) Grenzen der politischen Entspannung hinzuweisen und auf eine Rücknahme allzu großer Freizügigkeit hinzuwirken. Zugleich zogen sie die repressiven Schrauben gegenüber fluchtgefährdeten und nicht regimekonformen Personengruppen an. Doch letztlich konnten sie die internationale Entspannungspolitik nicht aufhalten, die zwei Jahre später schließlich in die Schlussakte von Helsinki münden und damit der Flucht- und Oppositionsbewegung nicht nur im eigenen Land neuen Auftrieb geben sollte.

8. Anhang: Adressaten der Berichte 1973

Tabelle 1: Adressaten der Berichte 1973 außerhalb des MfS

Name, Vorname, Funktion	Information Nr. (auch der O- bzw. K-Berichte)	Anzahl
Arndt, Otto (Jg. 1920) Minister für Verkehrswesen und Generaldirektor der Deutschen Reichsbahn	268, 329, 362, 609, 800, 885	6
Axen, Hermann (Jg. 1916) Politbüro-Mitglied, ZK-Sekretär für Außenpolitik	192, 627, 1105, 1166	4
Barth, Willi (Jg. 1899) Leiter der Arbeitsgruppe Kirchenfragen beim ZK	18, 64, 123, 194, 251, 317, 322, 334, 336, 359, 452, 478, 486, 495, 496, 546, 588, 622, 644, 650, 726, 740, 858, 950, 987, 1124, 1156, 1172, 1188, 1204, 1285, 1316	32
Böhme, Hans-Joachim (Jg. 1931) Minister für Hoch- und Fachschulwesen, ab 1973 ZK-Mitglied	338	1

Name, Vorname, Funktion	Information Nr. (auch der O- bzw. K-Berichte)	Anzahl
Böhm, Siegfried (Jg. 1928) Minister der Finanzen	812, 1088	2
Dickel, Friedrich (Jg. 1913) ZK-Mitglied, Minister des Innern und Chef der Deutschen Volkspolizei	263, 310, 363, 383, 390, 539, 579, 648, 684, 709, 714, 721, 730, 738, 741, 748, 753, 762, 767, 783, 848, 868, 983, 1057, 1189, 1287, 1306, 1314	28
Donda, Arno (Jg. 1930) Präsident der Staatlichen Zentralverwaltung für Statistik	1056, 1186, 1286	3
Ewald, Georg (Jg. 1926) ZK-Mitglied, Minister für Land-, Forst- und Nahrungsgüterwirtschaft	238, 470, 565, 572, 659, 686	6
Ewald, Manfred (Jg. 1926) Präsident des Deutschen Turn- und Sportbundes	96	1
Fichtner, Kurt (Jg. 1916) stellv. Vorsitzender des Ministerrats (zuständig für Grundfonds- und Investitionspolitik)	308, 310, 540, 554	4
Fischer, Oskar (Jg. 1923) stellv. Außenminister, ab 1973 hier Staatssekretär	192, 972, 994	3
Florin, Peter (Jg. 1921) ZK-Mitglied, Staatssekretär im Außenministerium und 1. stellv. Außenminister der DDR	104, 784, 802, 805, 811, 822, 848	7
Greiner-Petter, Werner (Jg. 1927) Minister für Glas- und Keramikindustrie	417, 1106, 1139	3
Grüneberg, Gerhard (Jg. 1921) Politbüro-Mitglied, ZK-Sekretär für Landwirtschaft	238, 470, 565, 572, 659, 686, 973, 991	8

Name, Vorname, Funktion	Information Nr. (auch der O- bzw. K-Berichte)	Anzahl
Hager, Kurt (Jg. 1912) Politbüro-Mitglied, ZK-Sekretär für Wissenschaft, Bildung und Kultur	84, 274, 292, 317, 322, 338, 428, 459, 857, 924, 937, 965, 980, 1040, 1067a	15
Hellmann, Rudolf (Jg. 1926) ZK-Abteilungsleiter für Körperkultur und Sport	96	1
Herrmann, Joachim (Jg. 1928) ZK-Mitglied, Chefredakteur »Neues Deutschland«	519	1
Hoffmann, Hans-Joachim (Jg. 1929) bis 1973 ZK-Abteilungsleiter für Kultur, ab 1973 Minister für Kultur	84, 428, 937, 965, 980	5
Hoffmann, Heinz (Jg. 1910) ZK-Mitglied, Minister für Nationale Verteidigung	4, 29, 117, 375, 382, 406, 466, 516, 619, 641, 663, 667, 720, 727, 730, 738, 741, 748, 753, 762, 767, 956, 993, 1318	24
Honecker, Erich (Jg. 1912) Erster ZK-Sekretär (Parteivorsitzender), Vorsitzender des Nationalen Verteidigungsrates	4, 15, 17, 89, 102, 104, 192, 196, 243, 264, 265, 268, 278, 283, 298, 310, 316, 321, 329, 336, 338, 339, 349, 363, 367, 382, 383, 385, 389, 390, 400, 406, 411, 417a, 422, 464, 466, 474, 484, 503, 507, 516, 539, 540, 542, 543, 546, 554, 561, 562, 570, 586, 589, 591, 598, 612, 618, 620, 631, 641, 642, 653, 662, 666, 667, 668, 670, 687, 692, 693, 696, 699, 704, 707, 716, 720, 724, 727, 728, 732, 736, 737a, 752, 755, 766, 770, 772, 779, 782, 791, 922, 924, 935, 939, 940, 946, 947, 950, 956, 957, 959, 962, 972, 974, 981, 982, 987, 992, 993, 995, 999, 1000, 1003, 1014, 1016, 1017, 1190, 1204, 1306, 1314, 1318	121
Jarowinsky, Werner (Jg. 1927) ZK-Sekretär für Handel und Versorgung	243, 407, 417	3

Name, Vorname, Funktion	Information Nr. (auch der O- bzw. K-Berichte)	Anzahl
Keßler, Heinz (Jg. 1920) Stellv. des Ministers für Nationale Verteidigung und Chef des Hauptstabs der NVA	770	1
KGB Berlin-Karlshorst (»AG«)	104, 122, 124, 161, 224a, 264, 268, 310, 316, 328, 329, 339, 363, 382, 383, 389, 390, 464, 500, 511, 540, 561, 586, 627, 641, 642, 662, 696, 699, 704, 706, 707, 709, 714, 716, 720, 721, 728, 730, 732, 733, 736, 737a, 738, 741, 747, 748, 752, 753, 755, 766, 767, 770, 779, 781, 782, 783, 802, 811, 814, 950, 1040, 1190	63
Kleiber, Günther (Jg. 1931) ab 1973 Minister für Allgemeinen Maschinen-, Landmaschinen- und Fahrzeugbau, ZK-Mitglied, stellv. Vorsitzender des Ministerrates	310, 417, 474	3
Kohl, Michael (Jg. 1929) bis 1973 Staatssekretär für westdeutsche Fragen beim Außenministerium, ab 1973 bevollmächtigter Botschafter der Ständigen Vertretung der DDR in der Bundesrepublik	15, 144, 192, 224a, 277, 328, 389, 406, 411, 466, 561, 814, 888	13
König, Herta (Jg. 1929) stellv. Ministerin im Ministerium der Finanzen	1195, 1205, 1212, 1236, 1258, 1279, 1298, 1317	8
Krack, Erhard (Jg. 1931) Minister für Bezirksgeleitete Industrie und Lebensmittelindustrie	164	1
Krolikowski, Werner (Jg. 1928) Politbüro-Mitglied, ZK-Sekretär für Wirtschaft	1099, 1101, 1106, 1119, 1139, 1213, 1303, 1309	8

Name, Vorname, Funktion	Information Nr. (auch der O- bzw. K-Berichte)	Anzahl
Kuhrig, Heinz (Jg. 1929) bis 1973 Staatssekretär im Rat für landwirtschaftliche Produktion und Nahrungsgüterwirtschaft, ab 1973 Minister für Land-, Forst- und Nahrungsgüterwirtschaft	973, 991	2
Lamberz, Werner (Jg. 1929) Politbüro-Mitglied, ZK-Sekretär für Agitation und Propaganda	94, 363, 383, 390, 519, 561, 586, 612, 696, 731, 737, 742, 802, 806, 811, 827, 857, 884, 924, 1040	20
Markowski, Paul (Jg. 1929) ZK-Mitglied, Leiter der ZK-Abteilung Internationale Verbindungen	627, 805, 822	3
Mecklinger, Ludwig (Jg. 1919) Minister für Gesundheitswesen	924, 1285	2
Mitdank, Joachim (Jg. 1931) Abteilungsleiter Westberlin/ Bundesrepublik im Ministerium für Auswärtige Angelegenheiten	466, 666, 667	3
Mittag, Günter (Jg. 1926) Politbüro-Mitglied, bis 1973 ZK-Sekretär für Wirtschaft, ab 1973 1. stellv. Vorsitzender des Ministerrates	21, 30, 31, 79, 89, 233, 238, 243, 268, 276, 329, 349, 407, 417, 519, 540, 570, 609, 627, 995, 1099, 1101, 1119, 1213, 1303, 1309	26
Mückenberger, Erich (Jg. 1910) ZK- und Politbüro-Mitglied, Vorsitzender der Zentralen Parteikontrollkommission des ZK der SED	459	1
Naumann, Konrad (Jg. 1928) ZK- und Politbüro-Mitglied, 1. Sekretär der SED-Bezirksleitung Berlin	30, 84, 364, 367, 392, 459, 530, 609, 924, 1016	10
Neumann, Alfred (Jg. 1909) Politbüro-Mitglied, 1. stellv. Vorsitzender des Ministerrates	15	1

Name, Vorname, Funktion	Information Nr. (auch der O- bzw. K-Berichte)	Anzahl
Norden, Albert (Jg. 1904) ZK-Mitglied, im Politbüro Abteilungsleiter für Auslandsinformation und Leiter der Westkommission	742, 995	2
Poppe, Helmut (Jg. 1926) stellv. Minister für Nationale Verteidigung und Chef der Rückwärtigen Dienste	1318	1
Prey, Günter (Jg. 1930) ZK-Mitglied, Minister für Wissenschaft und Technik	238	1
Rauchfuß, Wolfgang (Jg. 1931) ZK-Mitglied, stellv. Vorsitzender des Ministerrats	30, 243, 276, 407	4
Roscher, Paul (Jg. 1913) Sekretär der SED-Bezirksleitung Karl-Marx-Stadt	1213	1
Scheibe, Herbert (Jg. 1914) ZK-Abteilungsleiter für Sicherheit	4, 6, 29, 102, 117, 144, 145, 156, 161, 293, 375, 406, 500, 516, 648, 663, 706, 709, 714, 721, 730, 738, 741, 748, 753, 762, 767, 783, 1318	29
Schürer, Gerhard (Jg. 1921) ZK-Mitglied, Vorsitzender der Staatlichen Plankommission	238	1
Schwanitz, Wolfgang (Jg. 1930) Stellvertreter Operativ des Leiters der Verwaltung Groß-Berlin	827, 857, 924	3
Sindermann, Horst (Jg. 1915) ZK- und Politbüro-Mitglied, stellv. Vorsitzender des Ministerrates, ab 3.10.1973 dessen Vorsitzender	4, 21, 30, 31, 79, 102, 104, 238, 243, 349, 407, 417, 539, 540, 554, 561, 570, 589, 609, 620, 642, 806, 875, 884, 1099, 1101, 1106, 1119, 1139, 1204, 1213, 1303, 1306, 1309, 1314	35

Name, Vorname, Funktion	Information Nr. (auch der O- bzw. K-Berichte)	Anzahl
Sölle, Horst (Jg. 1924) Minister für Außenhandel und Innerdeutschen Handel	233, 243, 407, 417, 1119	5
Stauch, Gerhard (Jg. 1924) Leiter der Zollverwaltung	293	1
Steger, Otfried (Jg. 1926) ZK-Mitglied, Minister für Elektrotechnik und Elektronik	79, 570	2
Stoph, Willi (Jg. 1914) Politbüro-Mitglied, bis 1973 Vorsitzender des Ministerrats, ab 1973 Vorsitzender des Staatsrats	117, 159, 161, 164, 238, 243, 308, 310, 338, 349, 363, 383, 390, 407, 417, 474, 641, 987, 995, 999, 1003	21
Verner, Paul (Jg. 1911) Politbüro-Mitglied, ZK-Sekretär für Sicherheitsfragen und Leiter der Jugendkommission im SED-Politbüro	18, 64, 96, 117, 122, 123, 144, 145, 156, 159, 161, 194, 334, 452, 478, 486, 496, 503, 519, 546, 586, 588, 589, 642, 644, 650, 726, 731, 733, 734, 737, 788, 799, 800, 802, 803, 805, 806, 807, 808, 810, 811, 814, 818, 819, 822, 827, 829, 832, 833, 844, 848, 849, 855, 857, 858, 869, 870, 872, 874, 875, 884, 885, 886, 887, 896, 907, 908, 924, 935, 987, 1105, 1124, 1156, 1172, 1188, 1204, 1218, 1316	79
Wansierski, Bruno (Jg. 1904) Stellv. Leiter der ZK-Abteilung für Sicherheitsfragen	265	1
Warnke, Herbert (Jg. 1902) ZK- und Politbüro-Mitglied, 1. Vorsitzender des FDGB-Bundesvorstandes	995	1
Weiz, Herbert (Jg. 1924) ZK-Mitglied, stellv. Vorsitzender des Ministerrats	292	1
Willerding, Klaus (Jg. 1923) stellv. Außenminister	92, 725	2

Name, Vorname, Funktion	Information Nr. (auch der O- bzw. K-Berichte)	Anzahl
Winzer, Otto (Jg. 1902) ZK-Mitglied, Außenminister	17, 156, 192, 321, 506, 523, 641, 652, 687, 691, 693, 758, 884, 907, 922, 940	16
Wyschofsky, Günther (Jg. 1929) ZK-Mitglied, Minister für chemische Industrie	238, 243, 407, 1099, 1309	5

Tabelle 2: Name und Funktion der Adressaten innerhalb des MfS 1973

Name, Vorname, Funktion	Information Nr. (auch der O- und K-Berichte)	Anzahl
Abteilung Agitation Halle, Günter (Jg. 1927) Leiter	833	1
Abteilung Finanzen	1195, 1205, 1212, 1236, 1258, 1279, 1298, 1317	8
Abteilung X (Internationale Verbindungen)	156, 506, 540, 554, 641, 725, 784, 805, 848	9
Abteilung X (Internationale Verbindungen) Damm, Willi (Jg. 1930) Leiter	K1/40	1
Arbeitsgruppe des Ministers (AGM)/Fahndungsführungsgruppe (FFG)	747	1
Bezirksverwaltung für Staatssicherheit Berlin	848	1
Bezirksverwaltung für Staatssicherheit Berlin Wichert, Erich (Jg. 1909) Leiter	30, 84, 144, 364, 367, 392, 530, 609, 810, 1307, 1315	11

Name, Vorname, Funktion	Information Nr. (auch der O- und K-Berichte)	Anzahl
Bezirksverwaltung für Staatssicherheit Berlin Müller, Helmut (Jg. 1930) 2. Sekretär	1307, 1315	2
Bezirksverwaltung für Staatssicherheit Frankfurt/Oder	503, 803	2
Bezirksverwaltung für Staatssicherheit Halle Schmidt, Heinz (Jg. 1930) Leiter	808	1
Bezirksverwaltung für Staatssicherheit Karl-Marx-Stadt Gehlert, Siegfried (Jg. 1925) Leiter	96, 1213	2
Bezirksverwaltung für Staatssicherheit Leipzig Hummitzsch, Manfred (Jg. 1929) Leiter	822	1
Bezirksverwaltung für Staatssicherheit Magdeburg	819	1
Bezirksverwaltung für Staatssicherheit Potsdam	829	1
Bezirksverwaltung für Staatssicherheit Rostock	6	1
Hauptverwaltung A Wolf, Markus (Jg. 1923) Leiter	737, 994, K1/41a	3
Hauptverwaltung A (Spionage), Sektor Wissenschaft und Technik	474, 884, 935	3
Hauptabteilung I (NVA, Grenztruppen)	29, 375, 389, 406, 466, 516, 619, 620, 641, 663, 666, 667, 704, 720, 727, 736, 737a, 752, 755, 770, 833, 844, 896, 959, 974, 993, 1318	27

Name, Vorname, Funktion	Information Nr. (auch der O- und K-Berichte)	Anzahl
Hauptabteilung VI (Passkontrolle, Tourismus, Interhotel)	92, 117, 328 (Auszug), 362, 363, 364, 383, 389, 390, 530, 539, 542, 805, 814, 832, 888, 981, 982, 1056, 1173, 1186	21
Hauptabteilung VI Fiedler, Heinz (1929) Leiter	196, 642, 1287	3
Hauptabteilung VI, Auswertungs- und Informationsgruppe (Leiter)	642	1
Hauptabteilung VII (Ministerium des Innern, Deutsche Volkspolizei)	579, 684, 720, 727, 814, 829, 833, 844, 848, 868, 884, 896	12
Hauptabteilung VIII (Beobachtung, Ermittlung)	888, 1000, 1014, 1017	4
Hauptabteilung IX (Untersuchungsorgan)	4,6,17,29,92,102,117,238, 243,265,278,283,293,298,308, 310,316,317,321,339,367,375, 385,406,407,411,417,422,466, 470,484,500,503,506,507,516, 542,543,562,586,589,591,598, 618,619,620,631,641,652,653, 662,663,666,667,668,670,686, 692,693,704,720,724,725,734, 772,788,791,799,803,805,807, 808,810,819,829,832,844,848, 857,869,870,872,874,875,886, 887,896,907,908,939,940,946, 947,957,962,972,981,982,992, 993,995,999,1000,1014,1016, 1017,1106,1139,1166,1318	110
Hauptabteilung IX Fister, Rolf (Jg. 1929) ab 1973 Leiter	264, K1/41a	2
Hauptabteilung XVIII (Volkswirtschaft)	233, 540, 1099	3

Name, Vorname, Funktion	Information Nr. (auch der O- und K-Berichte)	Anzahl
Hauptabteilung XVIII Kleine, Alfred (Jg. 1930) Leiter	30	1
Hauptabteilung XVIII Mittig, Rudi (Jg. 1925) Leiter	470, 474, 478, 484, 486, 495, 496, 500, 503, 507, 937, 950, 962, 965, 972, 973, 980, 981, 982, 987, 991, 995, 999, 1000, 1003, 1014, 1016, 1017, 1318	29
Hauptabteilung XIX (Verkehr, Post, Nachrichtenwesen)	609, 855	2
Hauptabteilung XX (Staatsapparat, Kirchen, Kultur, Untergrund)	459, 464, 848, K1/41a, K1/41b	5
Hauptabteilung XX Kienberg, Paul (Jg. 1926) Leiter	196	1
Hoffmann – nicht zuordbar	620, 666, 706, 709, 714, 721	6
Minister für Staatssicherheit Mielke, Erich (Jg. 1907)	89, 233, 277, 328, 338, 363, 382, 383, 390, 400, 539, 586, 641, 642, 662, 696, 699, 704, 707, 753, 767, 781, 783, 857, 924, 994, 1173, K1/41a, K2/5	29
Minister für Staatssicherheit Beater, Bruno (Jg. 1914) Stellvertreter	4, 15, 192, 196, 224a, 466, 484, 507, 523, 542, 543, 554, 579, 586, 642, 648, 652, 653, 662, 663, 666, 667, 704, 706, 709, 714, 716, 720, 721, 724, 728, 730, 732, 733, 734, 736, 737, 737a, 738, 741, 748, 752, 753, 755, 762, 767, 781, 782, 783, 788, 803, 805, 806, 807, 808, 810, 814, 819, 822, 829, 832, 833, 844, 855, 857, 869, 870, 872, 874, 886, 887, 888, 896, 907, 908, 922, 924, 935, 939, 940, 946, 957, 959, 962, 972, 981, 982, 983, 992, 993, 1000, 1003, 1014, 1017, 1056, 1057, 1286, 1287, K2/37, K1/41a, K1/41b, K2/5	102

Name, Vorname, Funktion	Information Nr. (auch der O- und K-Berichte)	Anzahl
Minister für Staatssicherheit Scholz, Alfred (Jg. 1921) Stellvertreter	620, 642, 706, 709, 714, 716, 720, 721, 728, 730, 732, 733, 736, 737, 737a, 738, 741, 748, 753, 762, 767, 782, 783	23
Minister für Staatssicherheit Schröder, Fritz (Jg. 1915) Stellvertreter	6, 17, 18, 21, 30, 31, 64, 79, 84, 89, 92, 96, 102, 104, 122, 123, 144, 159, 164, 194, 196, 233, 238, 243, 251, 264, 265, 268, 276, 283, 292, 308, 316, 317, 321, 322, 329, 334, 336, 338, 339, 359, 362, 363, 367, 383, 385, 390, 400, 407, 411, 417, 422, 428, 452, 546, 565, 570, 572, 586, 588, 589, 591, 598, 609, 612, 618, 622, 627, 631, 642, 644, 650, 652, 653, 659, 662, 668, 670, 686, 687, 692, 693, 696, 706, 709, 714, 716, 720, 721, 724, 725, 726, 728, 730, 731, 732, 733, 734, 736, 737, 738, 740, 741, 742, 748, 753, 762, 766, 767, 772, 779, 781, 782, 783, 788, 791, 799, 800, 802, 803, 805, 806, 807, 808, 810, 811, 812, 819, 822, 828, 832, 848, 849, 855, 857, 858, 869, 870, 872, 874, 875, 885, 886, 887, 908, 924, 1040, 1099, 1101, 1105, 1106, 1119, 1124, 1139, 1156, 1172, 1173, 1188, 1204, 1213, 1218, 1285, 1303, 1309, 1316, K1/41a	159
Minister für Staatssicherheit Carlsohn, Hans (Jg. 1928) Leiter Sekretariat	96, 1105, 1172, 1316	4
Rechtsstelle	716, 755, 782, 783, 814	5
Zentrale Auswertungs- und Informationsgruppe (ZAIG)	721, 725, 727, 753, 767	5
Zentrale Auswertungs- und Informationsgruppe (ZAIG)/Arbeitsgruppe (AG)	724, 728, 730, 731, 732, 733, 741, 748, 770	9

Name, Vorname, Funktion	Information Nr. (auch der O- und K-Berichte)	Anzahl
Zentrale Auswertungs- und Informationsgruppe (ZAIG)/ Dokumentation	857	1
Zentrale Auswertungs- und Informationsgruppe (ZAIG)/Einsatzgruppe (EG)	706, 709, 714, 716, 720, 736, 737, 737a, 738, 742, 752, 755, 762, 766, 782, 783	16
Zentrale Auswertungs- und Informationsgruppe (ZAIG)/ Mappe	772	1
Zentrale Auswertungs- und Informationsgruppe (ZAIG) Irmler, Werner (Jg. 1930) Leiter	699, 716, 728, 732, 733, 736, 737a, 752, 755, 782, K2/5	11
Zentrale Auswertungs- und Informationsgruppe (ZAIG) Seidel, Heinz (Jg. 1928) stellv. Leiter und Bereichsleiter 1	K1/41a, K1/41b	2
Zentrale Auswertungs- und Informationsgruppe (ZAIG) Bausch, Karl (Jg. unbekannt) stellv. Leiter und Bereichsleiter 2	707	1
Zentrale Auswertungs- und Informationsgruppe (ZAIG) Harry Bochmann (Jg. unbekannt) stellv. Leiter und Bereichsleiter 3	707	1
Zentrale Auswertungs- und Informationsgruppe (ZAIG) Hackenberg, Günter (Jg. 1931) stellv. Leiter Bereich 1	K1/41a, K1/41b	2
Zentrale Auswertungs- und Informationsgruppe (ZAIG) Großer, Karl (Jg. 1929) Leiter Bereich 1, AG 2	668, K2/37	2

Name, Vorname, Funktion	Information Nr. (auch der O- und K-Berichte)	Anzahl
Zentrale Auswertungs- und Informationsgruppe (ZAIG) Poppitz, Peter (Jg. 1937) Leiter Bereich 1, AG 3	263, 362, 363, 364, 390, 400, 530, 539, 586, 812, 983, 1088, 1173, 1186, 1189, 1195, 1236, 1279, 1286, 1287, 1317	21
Zentrale Auswertungs- und Informationsgruppe (ZAIG) Tannhäuser, Dieter (Jg. 1936)	642	1
Zentraler Operativstab (ZOS)	753, 767	2
Zentraler Operativstab (ZOS)/ Einsatzgruppe (EG)	738, 762, 783	3
Zentraler Operativstab (ZOS)/ Arbeitsgruppe (AG)	706, 709, 714, 721, 730, 741, 748, 762	8

Editionsgrundsätze

Daniela Münkel

Die geheimen Stasi-Berichte an die SED-Führung über die DDR werden vollständig ediert. Nicht aufgenommen werden die vorwiegend von der Hauptverwaltung A stammenden Berichte über die Bundesrepublik und das Ausland. Eine weitergehende Auswahl findet nicht statt. Die Dokumente sind in der Edition unabhängig von ihrer Zugehörigkeit zu einer Berichtsserie (»Informationsdienst«, »Analysen«, »Informationen«, »O-Reihe« und »K-Reihe«) chronologisch sortiert.[1] Dabei sind Nummerierung und Datum nicht immer kongruent. Sortierkriterium ist das Datum.

Um den Anforderungen einer zeitgemäßen Edition gerecht zu werden und insbesondere eine digitale Volltextrecherche zu ermöglichen, werden – neben der 320-seitigen Auswahledition in Buchform – das gesamte Textkorpus, die Einleitungstexte, die Faksimiles, die Fußnoten, die Dokumentenköpfe und -apparate sowie das Abkürzungs- und Dokumentenverzeichnis in Form einer Datenbank und ein Jahr nach Erscheinen des jeweiligen Jahrgangs im Internet publiziert (www.ddr-im-blick.de). Da die gesamte Edition in elektronischer Form vorliegt und durch die Datenbank mit komfortabler Volltextrecherche erschlossen werden kann, wurde auf die Erstellung von Registern verzichtet.

Kommentierung

Die Kommentierung wird möglichst knapp gehalten. Sie soll den historischen Kontext verständlich machen und eine Orientierungshilfe für die Nutzerinnen und Nutzer sein. Der Kommentar erläutert kurz Begriffe, Ereignisse und Sachverhalte, die aus dem Bericht nicht verständlich werden und ergänzt diese u. U. durch Hinweise auf einschlägige Forschungsliteratur. Darüber hinaus werden textkritische Hinweise gegeben sowie erwähntes veröffentlichtes Schriftgut bzw. audio-visuelle Medienprodukte nachgewiesen. Personennamen werden generell erläutert. Fehlende biografische Angaben sind darauf zurückzuführen, dass sie sich nicht mit vertretbarem Aufwand ermitteln ließen. In den Anlagen zu den Berichten erwähnte Personen werden nicht kommentiert. Um jedes Dokument für sich verständlich zu machen und eine Häufung von Querverweisen zu vermeiden, wird jedes Dokument eigenständig kommentiert. Deshalb tauchen manche Fußnoten gleichen Inhalts in mehreren Dokumenten auf. Die Fußnotenzählung beginnt für jedes Dokument neu.

1 Zur Erläuterung der diversen Berichtsserien vgl. das Vorwort zu dieser Edition.

Wiedergabe der Berichte

Die Berichte werden vollständig inklusive Titel, Text, Datumsangabe, Verteiler, Vermerke und Anlagen ediert. Seit Ende der 1950er-Jahre wurde für die Berichte ein vorgedrucktes Formblatt verwendet, das den Zusatz »Streng geheim! Um Rückgabe wird gebeten!« im Kopf führt. Der stereotype Text des Formblattes wird in der Edition nicht reproduziert. In der Buchversion werden – aus Platzgründen – Anlagen nur dann abgedruckt, wenn sie für das Verständnis des Hauptdokuments gänzlich unverzichtbar sind oder inhaltlich einen eigenständigen Charakter haben. Sofern den Berichten Fotos oder Grafiken als Anlagen beigefügt sind, werden diese in der Regel kurz beschrieben – wenn sie sehr aussagekräftig sind und dies rechtlich möglich ist, auch abgebildet.

Der Text der Berichte wird weitestgehend im Originaltextfluss publiziert. Abgewichen wird davon durch das Ignorieren von Seitenumbrüchen sowie durch die Tilgung von inhaltslosen bzw. inhaltsschwachen Leerzeilen, Zeilenumbrüchen und Trennungen. Die Anlagen werden nach den gleichen Regeln behandelt. Deren Überschrift wird – wenn sie vorliegt – wörtlich übernommen, allenfalls ergänzt um fehlende, aber sprachlich notwendige Bestandteile.

Da die Berichte überwiegend in ihrer Endfassung archiviert wurden, finden sich in den Originalen nur wenige Streichungen, Zusätze oder Vermerke, die nachzuweisen wären. Die handschriftlichen Notizen am Blattrand sowie bedeutungstragende Unterstreichungen und Hervorhebungen werden in den Fußnoten dokumentiert. In Ausnahmefällen konnten Textteile ermittelt werden, die nicht in die Endfassung eingingen; diese werden am Ende des Berichtes nachgewiesen, um die Genese des Textes transparent zu machen.

Die Rechtschreibung ist der heute gültigen angepasst. Einfache Tipp- bzw. Schreibfehler werden stillschweigend korrigiert. Stark abweichende fehlerhafte Schreibweisen werden in Fußnoten angezeigt. Vom Bearbeiter vorgenommene Einfügungen und Auslassungen sind mit eckigen Klammern gekennzeichnet. Alle Formen der Texthervorhebung in den Dokumenten (Unterstreichung, Sperrung, Versalien usw.) werden durch Kursivierung wiedergegeben. Abkürzungen sind in der elektronischen Version mit ihrer Bedeutung verlinkt, im Buch steht ein Abkürzungsverzeichnis zur Verfügung.

Fremdsprachliche Begriffe, Namen und Eigennamen werden wie im Original, jedoch unter stillschweigender Korrektur eventueller Schreibfehler, wiedergegeben. Bereits aus dem Russischen in lateinische Buchstaben übertragene Worte werden nach den geltenden Transkriptionsregeln vereinheitlicht. Ebenfalls einheitlich – nach dem derzeit gültigen Duden – wurde die Schreibweise von »Westberlin« und »Ostberlin« festgelegt.

Dokumentenkopf und Dokumentenapparat

Der Dokumentenkopf setzt sich aus Datum und Titel des Berichtes zusammen. Die Datierung bei der Reihe »Informationen« bezieht sich entweder auf die Ausfertigung durch die ZAIG oder die Bestätigung durch Erich Mielke bzw. dessen Stellvertreter. Undatierte Berichte sind in der Datumszeile durch den Zusatz [ohne Datum] kenntlich gemacht. Sofern Erklärungen zum Datum nötig waren, sind diese in der Rubrik »Datum« angemerkt. Dies gilt vor allem, wenn die Datierung fehlt oder unvollständig ist und durch die Bearbeiter festgelegt wurde (»Datierung durch den Bearbeiter«). In diesen Fällen wird zusätzlich ein (genaues) Datum festgeschrieben, welches die chronologische Einordnung des Dokuments in die Datenbank ermöglicht (»Einsortierung«).

Der Titel der »Informationen« wird gleichlautend zum Original wiedergegeben. Da vor allem in den 1950er- und 1960er-Jahren die Titel der Berichte nicht immer systematisch vergeben wurden, sind diese unter dem Begriff »Information« vereinheitlicht worden. Die Registriernummern der »Informationen« werden in den Titel integriert. Die vom ZAIG-Sekretariat erst bei der Archivierung festgelegten Ablagenummern der Serien O und K werden ebenfalls im Titel nachgewiesen; sie stehen jeweils am Ende in eckigen Klammern. Die Serie »Sonderinformationen« der frühen 1950er-Jahre wird der Reihe »Informationen« zugeordnet. Diese wie auch die in den ersten Jahren bestehende Serie »Analysen« erhalten eine vom Bearbeiter vergebene – in eckigen Klammern stehende – technische Nummerierung (bestehend aus laufender Nummer, Schrägstrich und den letzten zwei Ziffern des Jahrgangs), um die Verwaltung der Berichte in der Editionsdatenbank zu ermöglichen. Das Gleiche gilt für die Vorformen der Serie »Informationsdienst« im Juni 1953, die eine – ebenfalls in eckigen Klammern gesetzte – technische Bezeichnung und Nummerierung erhalten (»Meldung«, laufende Nummer, Schrägstrich, letzte zwei Ziffern des Jahrgangs). Die Serie »Informationsdienst« selbst (1953–57) wird unter den vom MfS vergebenen ein- bis vierstelligen Nummern geführt – in der Datenbank mit dem Zusatz: Schrägstrich und letzte beide Ziffern des Jahrgangs, um die Zuordnung zum jeweiligen Berichtsjahrgang zu gewährleisten.

Der Dokumentenapparat gliedert sich in folgende Unterpunkte: Quelle, Serie, Verteiler (mit aufgeschlüsselten Namen, sortiert nach MfS-extern und -intern), Datum, Vermerke, Bemerkungen zu allen übrigen Fakten, Nachweis der Anlagen sowie Verweise, die sich auf ein anderes, gesamtes Dokument im direkten Ereigniszusammenhang beziehen. Verweise, die nur auf einzelne Sachverhalte Bezug nehmen, werden in den Fußnoten nachgewiesen. Die Verweise sind in der elektronischen Version verlinkt.

Schutz personenbezogener Daten

Nach dem »Gesetz über die Unterlagen des Staatssicherheitsdienstes der ehemaligen Deutschen Demokratischen Republik« (StUG) notwendige Anonymisierungen werden durch eckige Klammern kenntlich gemacht. Bei der in einigen Fällen unvermeidlichen Streichung längerer Passagen werden die Sachverhalte in eckigen Klammern kurz paraphrasiert. Gemäß § 32a StUG werden Personen der Zeitgeschichte, Inhaber politischer Funktionen und Amtsträger, die in den edierten Berichten vorkommen, vorab darüber informiert, welche Angaben zu ihnen veröffentlicht werden sollen. In der Regel wird in solchen Fällen auch darum gebeten, Anmerkungen oder Ergänzungen zu den Berichten zu machen. Die erhaltenen Rückmeldungen werden bei der Kommentierung berücksichtigt. In den Fällen, für die das StUG die Veröffentlichung von personenbezogenen Daten an die Zustimmung der betroffenen Person knüpft, ist diese erbeten worden.

Immer wiederkehrende MfS-Floskeln

Einige typische verschleiernde MfS-Floskeln tauchen in den Dokumenten immer wieder auf. Diese sollen nachfolgend erläutert werden. Eine sich wiederholende Kommentierung dieser Wendungen in den Fußnoten wird so vermieden. Steht in einem Bericht: dem MfS »wurde intern bekannt«, bedeutet dies in der Regel, dass die Informationen mit nachrichtendienstlichen Mitteln, häufig durch inoffizielle Mitarbeiter, erlangt wurden. Die Formulierung: »Diese Information ist wegen Quellengefährdung nur zur persönlichen Kenntnisnahme bestimmt«, deutet ebenfalls darauf hin, dass die Erkenntnisse aus geheimen Informationen von inoffiziellen Mitarbeitern bzw. mit geheimdienstlichen Mitteln gewonnen wurden.

Funktionen der Datenbank

Die digitale Datenbank für die Berichte bietet zwei unterschiedliche Zugänge zu den Dokumenten an: den Zugriff auf den einzelnen Jahrgang und die Volltextrecherche. Darüber hinaus gibt es eine Reihe weiterer Servicefunktionen, die die Benutzung und Auswertung der Dokumente für die Nutzerinnen und Nutzer erleichtern.

Bei Anklicken des einzelnen Jahrgangs öffnet sich das jeweilige Vorwort. In der rechten Seitenspalte sind die editorische Einleitung, die Faksimiles zum Jahrgang und die Dokumente verlinkt.

Die Unterseite »Dokumente« ist monatsweise geordnet und beinhaltet alle erfassten Berichte. Die einzelnen Dokumente sind innerhalb der monatlichen Auflistung nach Datum sortiert und mit Registriernummer und Kurzfassung des Dokumententitels aufgelistet. Die in den Dokumenten verwendeten Abkürzungen werden durch Mouse over aufgelöst, können aber auch unter dem Reiter »Abkürzungen« nachgeschlagen werden.

Informationen zur Suche finden sich in der Hilfefunktion zum Suchfeld. Suchergebnisse können nach Inhaltsbereich, Jahrgang, Serie und Zeitraum gefiltert werden. Die Sortierung ist nach Relevanz oder chronologischer Auflistung wählbar. Die Phrasensuche einer genauen Wortfolge ist durch die Eingabe der Suchbegriffe in Anführungszeichen möglich.

Die Editionsgrundsätze sind in der Rubrik »Über diese Edition« erläutert.

Blatt 9–10 zu Information 268/73

Faksimile von Flugblatt zu Information 268/73

Anlage z. Inf 268/73

Initiativausschuß – Kampf der Verschlechterung der Arbeits- und Lebensbedingungen der Eisenbahner –

Aufruf zur Gründungsversammlung des Kampfausschusses

Fast alle Eisenbahner fordern immer deutlicher: Wir brauchen mehr Lohn. Wir kommen mit dem Geld nicht mehr aus.
Viele fragen: Was sollen wir tun? Wenn wir kämpfen wollen, wer führt unseren Kampf an?
Der KAMPFAUSSCHUSS GEGEN DIE VERSCHLECHTERUNG DER ARBEITS- UND LEBENSBEDINGUNGEN DER EISENBAHNER wird alle Kollegen zusammenschließen, die bereit sind, den Kampf aufzunehmen.
Als gemeinsame Basis schlägt der Initiativausschuß das folgende Programm vor unter der Hauptforderung

150,- DM MEHR FÜR ALLE

Kollegen, die Führung von SEW und FDGB, von DGB und der SPD-Senat werden uns nichts schenken. Wir werden nur das haben, was wir uns selbst erkämpfen!

Schon Ende letzten Jahres ließ die Rbd das Gerücht ausstreuen: Anfang des Jahres gibt es eine Lohnerhöhung. Ständig wird dieses Gerücht genährt. Aber nichts geschieht. Seit Jahren ist es immer wieder dasselbe Lied: Solche Gerüchte sollen nur abwiegeln, die Kollegen spalten. "Warte doch noch", sagt mancher, "vielleicht gibt's bald was!"

WELCHES IST HEUTE UNSERE LAGE?

Die Preissteigerungen haben ein ungeheures Ausmaß erreicht. Dabei betätigen sich der SPD-Senat und SPD/FDP-Regierung als Oberpreistreiber. Zum 1. Januar schanzten sie den Hausbesitzern wieder 15% zur Grundmiete zu. Mit Umlagen sind das schon 20%. Weitere Mieterhöhungen sind geplant. Die Bekleidungskosten stiegen in diesem Winter um 20%, die Teuerungsrate für Nahrungsmittel erreichte im November 7,5%. Bier, Zigaretten und Benzin sind teurer geworden und demnächst wird SPD-Minister Schmidt die Benzinpreise erneut hochschnellen lassen. Bundesbahn, Post, BVG und Reichsbahn beteiligen sich ordentlich an der Ausplünderung der Werktätigen.
"Halt!", sagt jetzt vielleicht ein Kollege, "die Reichsbahn nicht, die ist doch ein VEB." Den Worten nach, aber sehen wir uns doch ihre Taten an!
Kaum waren die Geschäftsverträge mit der UdSSR und der DDR einigermaßen unter Dach und Fach, fiel der politische Preis von 30 Pfennig für die S-Bahn. Die Rbd wollte ihren Anteil am Profitkuchen.
Und die Verschlechterung der Arbeitsbedingungen zeigt ebenso wie die Lohnpolitik, daß die Führung der DDR sich bemüht, mit Windeseile kapitalistische Produktions- und Ausbeutungsmethoden wieder durchzusetzen.

Jahrelang hat die DDR keinen Pfennig bei uns investiert. Der Zustand der Anlagen ist miserabel. Die Anzahl der Störungen und Reparaturen steigt ständig. Lediglich im Bereich Schienenoberbau der S-Bahn wurden umfangreichere Rekonstruktionsmaßnahmen getroffen. (Weil sonst die S-Bahn aus den Latschen gekippt wäre.)
Wo heute Neuinvestitionen getroffen werden, handelt es sich um Bereiche, wo neue Profite erschlossen werden können (Autoreisezug, Containerverkehr usw.). Die übrigen Investitionen unterscheiden sich in nichts von denen z.B. der BVG. Hat in Halensee, Anhalter oder Wannsee ein Kollege eine Richtung abgefertigt, fertigt er jetzt zwei Richtungen ab. Den Vorteil von den Fernsehanlagen haben nicht die Kollegen, sondern die Rbd, die Planstellen einspart.
Für die notwendigen Reparaturen sind die Materiallieferungen unzureichend und von unbeschreiblich schlechter Qualität. Viele Teile müssen vor dem Einbau erst aufgearbeitet werden. Ein großer Teil der Umbau- und Neubaumaßnahmen muß von den Kollegen zusätzlich zur Wartung und Unterhaltung geleistet werden.
Die Neueinstellungen in den RAW, Werkstätten, Meistereien, Stellwerken und Bahnhöfen gleichen noch nicht einmal die Zahl der Kollegen aus, die auf Rente gegangen sind.
Bei Betrieb und Verkehr ist es keine Seltenheit, daß die Kollegen im ganzen Monat keinen freien Tag haben oder auch daß wochenlang in Zwölfstundenschichten gearbeitet wird.
Den Triebwagenführern wird zusätzlich noch an den Pausenzeiten herumgeknabbert.
Auch die gesundheitliche Versorgung verschlechtert sich rapide: Die Anzahl der Ärzte der Poliklinik nimmt ab. Stundenlange Wartezeiten sind die Folge. Ein Kinderarzt ist z.B. nur zweimal wöchentlich abends anwesend.

Der ärztliche Bereitschaftsdienst ist völlig unzulänglich, Hausbesuche gibt es so gut wie überhaupt nicht. Ein zahnärztlicher Bereitschaftsdienst fehlt völlig.
Braucht ein Kollege schnell einen Arzt, muß er privat zu einem westberliner Arzt, die FDGB-Kasse aber erstattet nicht den tatsächlichen Rechnungsbetrag, sondern nur ihren wesentlich niedrigeren Tarif.
Mögen die Reichsbahnführer noch so sehr die lohn- und sozialpolitischen Maßnahmen vom Juli 1972 herausstreichen, geändert hat sich durch sie an unserer grundsätzlichen Lage nichts.

IST DER FDGB UNSERE INTERESSENVERTRETUNG?

Als es im vergangenen Jahr zu Unruhen unter den Kollegen kam, setzten die SEW-Führer schleunigst den FDGB-Apparat in Bewegung, um die Kollegen zu beruhigen und abzuwiegeln.

Als dann der lumpige Abschluß schließlich zustande kam, ließen sie eilfertig Dankschreiben und Loboshymnen an den Minister für Verkehr absenden. Alles, um uns über den wirklichen Charakter dieses Abschlusses zu täuschen. Denn 120,- DM erhielten ganz wenige. 11% durchschnittlich waren es für die leitenden Angestellten, nur noch 6-8% für die Arbeiter der RAW, Werkstätten und Meistereien. Mit der einen Hand hatte nämlich die Rbd eine Lohnerhöhung hingehalten, mit der anderen nahezu die Hälfte wieder eingesteckt, indem sie die Prämienzeitlöhne zwischen 22 und 40 Pfennigen kürzte.

Aber nicht nur hier erwies sich der FDGB als Instrument der Unterdrückung und Ausbeutung. In der Form der BGL nimmt er diese Funktion ständig wahr. Durch ideologische und materielle Vorteile werden Kollegen bestochen, dieses Geschäft durchzuführen. Einige von ihnen werden durch die Parole 'Mitbestimmung' und 'Beteiligung am Aufbau des Sozialismus' gewonnen, das aber sind die wenigsten. FDGB und SEW-Führung bestechen die Funktionäre der unteren Ebenen vielmehr durch Bevorzugung bei der Schichteinteilung, durch Zuschanzen besserer Arbeitsplätze, Bürojobs, Vorarbeiter- und Meisterposten.
Den übrigen Werktätigen gegenüber aber wird noch nicht einmal

versucht, den Schein von 'Mitbestimmung' zu wahren. Die Gewerkschafts- und Betriebsversammlungen nehmen ständig ab. Im RAW Tempelhof, das immer als sehr vorbildlich gerühmt wird, fand z.B. seit Juli letzten Jahres keine Versammlung mehr statt. Die SEW-Führer fürchten Versammlungen wie die Pest. Durch Organisation von Wettbewerb und Bewegungen wie 'Im Herzen das Flügelrad' aber nimmt der FDGB seine Hauptaufgabe wahr, die Organisation von Unterdrückung und Ausbeutung, die Steigerung der Arbeitshetze.

DER KAMPF MUSS AN ZWEI FRONTEN GEFÜHRT WERDEN!

Die Beispiele zeigten, den Kampf für die Verteidigung unserer Interessen werden wir gegen die FDGB-Führer führen müssen. Hilfe werden wir noch weniger erwarten können von denen, die Unterdrückung und Ausbeutung unserer Kollegen in den anderen westberliner Betrieben mitorganisieren, der Führung des DGB und dem sozialdemokratischen Senat.

Was die Blätter der Konterrevolution des Herrn Springer, 'Bild' und 'Morgenpost', wollen, ist ebenfalls durchsichtig. Ihren Interessen würde höchstens eine Neuauflage einer CIA-Agentur bei der Reichsbahn – wie die Unabhängige Gewerkschaftsorganisation (UGO) der 50er Jahre – dienen. Unsere Interessen aber können wir nicht dadurch verteidigen, daß wir wahllos Forderungen aufstellen und uns mit ihrer "Veröffentlichung" begnügen.

KAMPF DER PREISTREIBEREI DES SPD-SENATS!
KAMPF DEN ARBEITERVERRÄTERN IN FDGB-, DGB- UND SEW-FÜHRUNG!
FÜR DIE REVOLUTIONÄRE EINHEIT DER ARBEITERKLASSE!

Wir werden unsere Forderungen nur durchsetzen können, wenn wir uns zusammenschließen und den Kampf aufnehmen. Aber wir müssen uns auch aus der Isolierung herauskämpfen, in die uns SEW- und FDGB-Führung brachten. Zusammen mit der Arbeiterklasse in Westberlin und der Bundesrepublik müssen wir für unsere Interessen kämpfen.

Kontaktadresse
851 33 21
ab 17 Uhr

WELCHES SIND UNSERE FORDERUNGEN?

Das Aufstellen von Forderungen allein bedeutet keinen Fortschritt. Wir müssen vielmehr für solche Forderungen kämpfen, die die fortschrittlichsten Kollegen vertreten.
In erster Linie müssen wir ein weiteres Absinken unseres Reallohns verhindern. Angesichts eines Ansteigens selbst des amtlichen Lebenshaltungsindexes vom Januar um 7,9% gegenüber dem Vorjahr, der Latte der zu erwartenden Preiserhöhungen und der Preiserhöhungen, die erfolgen, wenn die durch SPD-Schmidt angekündigten 'Kapitalisten'- und Benzinsteuern auf die Preise abgewälzt werden, sind 150,-DM die untere Grenze unserer Forderung.
Es genügt aber nicht, nur 150,-DM zu fordern, die Lohnerhöhung muß linear und einheitlich für alle Lohn- und Gehaltsgruppen erfolgen, denn alle sind von der Teuerung in derselben Weise betroffen.

Deshalb: 150,-DM MEHR FÜR ALLE!
Die Preissteigerung traf uns besonders hart seit Januar. Viele Kollegen griffen ihre Ersparnisse an, andere machten sogar Schulden.
Wir fordern deshalb:
RÜCKWIRKENDE LOHNERHÖHUNG AB 1. JANUAR 1973!
Noch immer hat die Reichsbahn keinen Versuch unternommen, die spalterischen Lohn- und Gehaltsgruppen abzubauen. Im Gegenteil. Die Unterschiede wurden durch die Veränderungen der Prämienzeitlöhne noch verschärft. Durch ein verwirrendes System weiterer Zuschläge, Wettbewerbsprämien und der 'zusätzlichen Belohnung' (Dividende genannt) werden diese Unterschiede weiter vergrößert.
Jedem Kollegen aber muß durch seinen Grundlohn ein ausreichendes Auskommen gesichert sein, ohne 'Belohnungen' und 'Geschenke'!
Deshalb:
1 200,- DM MINDESTLOHN NETTO FÜR ALLE!

Auch für die Lehrlinge gilt es, einen Lohn zu fordern, der ihr Auskommen sichert.
Wir fordern deshalb:
600,- DM EXISTENZLOHN.
Nur auf dieser Grundlage wird möglichst vielen Lehrlingen die Möglichkeit der Ausbildung geboten. Möglichst viele Nachwuchskräfte, das ist das Interesse aller Kollegen.

Allein mit Lohnforderungen aber können wir der Verschärfung der Ausbeutung und den Angriffen gerade auf unsere gesundheitliche Lage nicht begegnen.

KAMPF DER STAATLICHEN PREISTREIBEREI DER SPD-REGIERUNG!
KAMPF DER VERSCHLECHTERUNG DER ARBEITS- UND LEBENSBEDINGUNGEN DER WERKTÄTIGEN BEI DER DEUTSCHEN REICHSBAHN!
150,- DM MEHR FÜR ALLE!
1 200,- DM MINDESTLOHN ALS GRUNDLOHN!
600,- DM EXISTENZLOHN FÜR LEHRLINGE!
FÜR DEN SIEBEN-STUNDENTAG BEI VOLLEM LOHNAUSGLEICH!
6 WOCHEN MINDESTURLAUB!
NIEDER MIT DEN ARBEITERVERRÄTERN IN FDGB UND SEW!
FÜR DIE REVOLUTIONÄRE EINHEIT DER ARBEITERKLASSE!

Allein durch Lohnforderungen können wir aber der immer stärkeren Ausbeutung und der steigenden Arbeitshetze nicht begegnen.
Die Arbeiter, die sich durch die Knochenarbeit, die sie oft allein oder zu zweit verrichten müssen, kaputt machen, der Stellwerksmeister, der durch das oft 12stündige Hebeln ständig Rückenschmerzen hat, oder der Triebwagenführer oder die Aufsicht, die durch die wahnsinnigen Überstunden unter ständiger Nervosität leiden, erhalten ihre Gesundheit durch noch soviel Geld nicht zurück.
Deshalb fordern wir den SIEBEN-STUNDENTAG BEI VOLLEM LOHNAUSGLEICH!

Bezeichnend für die Politik der SEW-Führer ist, daß sie auch durch die Arbeitszeit die Kollegen spaltet. Vor 40 Jahren hat die Arbeiterklasse den Acht-Stundentag erkämpft. Mit Einführung der Fünf-Tage-Woche wurde unser Arbeitstag verlängert, sogar die unterschiedliche Anzahl gesetzlicher Feiertage der DDR und der BRD wurde uns auf die Minute auf die Arbeitszeit draufgeschlagen. Ab 1. Januar 1974 soll für den Schichtdienst die 40-Stunden-Woche eingeführt werden.
Wir fordern:
EINFÜHRUNG DER 40-STUNDEN-WOCHE EINHEITLICH FÜR ALLE KOLLEGEN AB 1. MAI 1973 BEI VOLLEM LOHNAUSGLEICH!

Ein weiterer Schritt, die Angriffe auf unsere Gesundheit abzuwehren, muß die Sicherung eines ausreichenden Urlaubs für alle sein. Gerade der Zusatzurlaub wird von FDGB- und SEW-Führung als Spaltungsinstrument benutzt. Den Dienstvorstehern z.B. wird der doppelte Zusatzurlaub zugeschanzt wie einem Kollegen, der schwere körperliche Arbeit verrichtet. Und Bildungsurlaub erhalten vor allem die Funktionäre von FDGB und SEW.

6 WOCHEN MINDESTURLAUB! DAVON 4 WOCHEN ZUSAMMENHÄNGENDER ERHOLUNGSURLAUB UND 2 WOCHEN BEZAHLTER BILDUNGSURLAUB FÜR ALLE!

WIE FÜHREN WIR DEN KAMPF?

Den ersten Schritt haben wir genannt: Die richtigen Forderungen aufstellen.
Der zweite Schritt ist, diejenigen Kollegen, die bereit sind, für diese Forderungen kämpferisch einzutreten und sie unter den Kollegen zu propagieren, zusammenzuschließen. Deshalb lädt der Initiativausschuß alle fortschrittlichen Kollegen ein, sich an der Gründung des Kampfausschuß auf der Basis dieses Programms zu beteiligen.
Wir werden aber auch nach Gründung des Kampfausschusses alle Kollegen einladen und zu gewinnen suchen, mit uns auf der Basis dieses Programms zu kämpfen.

Gründungsversammlung: Sonntag 19 Uhr

Verantwortlich für den Inhalt: Walter Seifert ,41,Bundesallee 81

Blatt 246 zum Postausgangsbuch der ZAIG 1973

Faksimile von Blatt 246 aus BArch, MfS, ZAIG 8518.

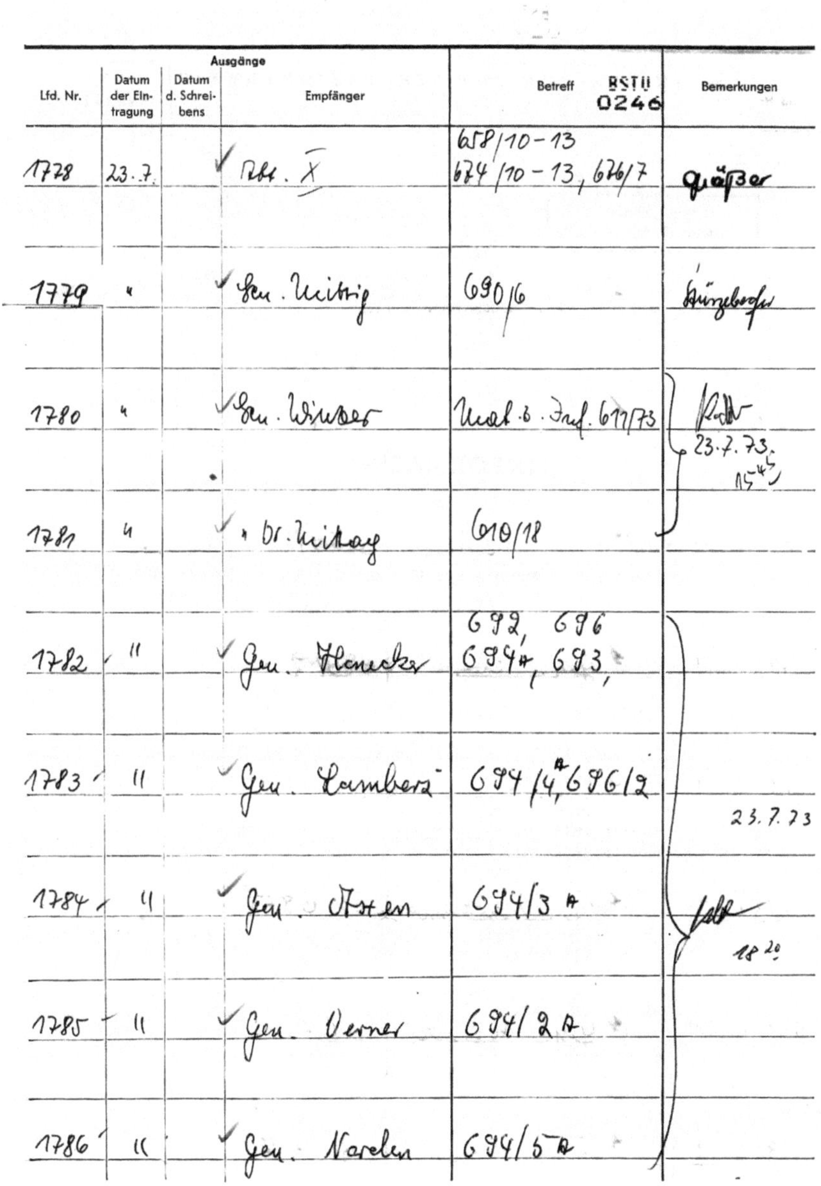

BStU 0246

Lfd. Nr.	Ausgänge: Datum der Eintragung	Ausgänge: Datum d. Schreibens	Ausgänge: Empfänger	Betreff	Bemerkungen
1778	23.7.		Abt. X	658/10–13, 674/10–13, 676/7	Gräßer
1779	"		Gen. Mittig	690/6	[illegible]
1780	"		Gen. Winter	[illegible] 677/73	[illegible] 23.7.73. 15⁴⁵
1781	"		" Dr. Mitdank	610/18	
1782	"		Gen. Honecker	692, 696, 694A, 693,	
1783	"		Gen. Lamberz	694/4A, 696/2	23.7.73
1784	"		Gen. Axen	694/3 A	[illegible] 18²⁰
1785	"		Gen. Verner	694/2 A	
1786	"		Gen. Norden	694/5 A	

Deckblatt zu Information 328/73

Faksimile von Deckblatt zu Information 328/73

MINISTERIUM FÜR STAATSSICHERHEIT | BStU 000001

Streng geheim!
Um Rückgabe wird gebeten!

Berlin, den 24 April 1973

1. Kohl ✓
2. Stph ✓
3. MG ✓
4. Abe
5. VI (Büssing S. 1-5)

4.4.73

10 Blatt

4. Exemplar

Nr. 328 / 73

INFORMATION

über

die Entwicklung des grenzüberschreitenden Reise-, Post- und Telefonverkehrs zwischen der DDR und der BRD sowie der DDR und Westberlin in der Zeit vom 1. 1. 1972 bis 31. 3. 1973

1. Grenzüberschreitender Reiseverkehr

1.1. Einreisen von Bürgern der BRD in die DDR

(ND 3.435.190)

Im Jahre 1972 reisten insgesamt 3.316.829 Bürger der BRD in die DDR ein.

In der Zeit vom 1. 1. - 31. 3. 1973 reisten 545.168 Bürger der BRD,

davon	im Januar	1973	135.414
	im Februar	1973	145.919
	im März	1973	263.838 *

in die DDR ein.

890 1271 3.0

Blatt 4–5 zu Information 588/73

Faksimile von einer Teilnahme-Erklärung zu Information 588/73

Ministerium für Staatssicherheit

Anlage zur Information 588/73

BStU
000004

E R K L Ä R U N G !

Hiermit bestätigen wir, meine Ehegattin und ich unsere Bereitschaft, an der Gebietskonferenz der Kirche Jesu Christi der Heiligen der Letzten Tage, welche vom 24. - 26. August 1973 in München stattfindet, als offizielle Vertreter der Kirche teilzunehmen.

Wir sind belehrt worden, während dieser Zeit mit unserer Reisegruppe zusammenzubleiben, alle geplanten Gottesdienste der Kirche zu besuchen und nicht unseren persönlichen Interesse und eventuellen Geschäften nachzugehen.
Wir erklären ferner, keine Literatur usw. bei der Rückreise in die DDR einzuführen.
Wir verpflichten uns, die Heimreise in die DDR gemeinsam mit der Gruppe und sofort nach Beendigung der Konferenz am 26. August 1973 anzutreten.

Unterschrift Ehegattin

Unterschrift Ehegatte

Gemeinde

Personalangaben bitte auf der Rückseite vermerken!

Ministerium für Staatssicherheit

- 2 -

Ehegatte:

Name: Vorname:

Wohnort: Straße:

Geburtsort: Geburtsdatum:

PA-Nr.:

Anzahl der Kinder:

Ehegattin:

Name: Vorname:

Wohnort: Straße:

Geburtsort: Geburtsdatum:

PA-Nr.:

Anzahl der Kinder:

Deckblatt zu Information 706/73

Faksimile von Deckblatt zu Information 706/73

MINISTERIUM FÜR STAATSSICHERHEIT

BStU 000044

Streng geheim!
Um Rückgabe wird gebeten!

Berlin, den 24. Juli 1973

2 Blatt

10. Exemplar

Nr. 706/73

1. Scheibe
2. Bea
3. Schrö
4. Scholz
5. ZAIG/Einc. Gr.
6. Ihle
7. Hof
8. AG
9. AG ZOS
10. Ihle

1. **INFORMATION**

über

Probleme und Vorkommnisse der Sicherheit und Ordnung

Bei der Realisierung der gegenwärtigen Maßnahmen hinsichtlich der weiteren Vorbereitung der X. Weltfestspiele, der Anreise und Unterbringung der Delegierten hat es keine besonderen Probleme oder Vorkommnisse gegeben, die die Sicherheit und Ordnung beeinträchtigt oder gefährdet hätten.
Die am 23. 7. 1973 durchgeführten Veranstaltungen (Rechenschaftslegung vor dem ZK der SED, Kranzniederlegung an der Gedenkstätte der Sozialisten in Berlin-Friedrichsfelde, Veranstaltung im Friedrichstadt-Palast mit Beteiligung der Festivaldelegation der KVDR) verliefen ohne Vorkommnisse.
Die getroffenen Sicherungsmaßnahmen erwiesen sich als zweckmäßig.

890 1271 3.0

Blatt 87–90 zu Information 737/73

Faksimile von einem Solidaritätsaufruf der KPD u. a. zu Information 737/73

SOLIDARITÄT MIT DEM BEFREIUNGSKAMPF DES MITTLEREN UND NAHEN OSTENS!

KOMMUNISTISCHE PARTEI DEUTSCHLANDS
KOMMUNISTISCHER JUGENDVERBAND
KOMMUNISTISCHER STUDENTENVERBAND
KOMMUNISTISCHER OBERSCHÜLERVERBAND
LIGA GEGEN DEN IMPERIALISMUS
NATIONALES VIETNAMKOMITEE

DORTMUND.BONN, KÖLN, WEST-BERLIN, DEN 30.7.73

Tag für Tag während dieses Festivals treten Vertreter von Regierungen und Organisationen auf, die die Worte " Fortschritt, Unabhängigkeit und Sozialismus" im Munde führen und die in Wirklichkeit die Interessen von Unterdrückern und Ausbeutern vertreten. An kaum einem Tag wird es deutlicher als am heutigen, der der Solidarität mit dem Kampf der Völker im Nahen und Mittleren Osten gewidmet ist. Nach den Plänen der Veranstalter soll er ein Tag der Verherrlichung der "internationalistischen Taten" der Führer der Sowjetunion und der Regierung der DDR werden.
Als "internationale Solidarität" wird die Tatsache verkauft, daß die Regierung der Sowjetunion alles tut um ihren Anteil an der Ausplünderung der reichen Erdölvorkommen des Mittleren und Nahen Ostens zu erhöhen.

Als "proletarischer Internationalismus" werden die Waffenlieferungen an die arabischen reaktionären Regimes hingestellt, die alles dazu tun, die Knechtung und Unterdrückung der Volksmassen zu verlängern.
Die leninsche Politik der friedlichen Koexistenz soll herhalten, um die Zustimmung der Sowjetunion zum US-imperialistischen Rogersplan von 1970 zu rechtfertigen, der das Selbstbestimmungsrecht des palästinensischen Volkes mit Füßen tritt.
Die reaktionären arabischen Regimes werden als "fortschrittlich" oder gar als "sozialistisch" gefeiert. Parteien wie die faschistische Baathpartei im Irak als Arbeiterpartei hingestellt. Als könnte es das irakische Volk vergessen, daß von eben dieser Partei 1963 die gesamte Führung der irakischen komm[...]istischen Partei ermordet wurde.
Selbst die "weiße Revolution" des Schahs von Persien, eines Massenmörders, wird von der revisionistischen Tudeh-Partei als tiefgreifende Reform gefeiert, von einer Partei, deren einziges Ziel es längst ist, die Volksmassen im Iran vom Kampf gegen die [...]utige Herrschaft des Schahs abzuhalten.
Dies hat alles wenig zu tun mit dem Fortschritt, den die Jugend und vor allem die Arbeiterjugend und die Jugend der unterdrückten Völker auf ihre Fahnen geschrieben hat. Dies hat nichts gemein mit dem proletarischen Internationalismus und der internationalen Solidarität der Proletarier aller Länder und der Unterdrückten Völker. Dies ist nicht mehr die Politik der Partei, die nach der großen Oktoberrevolution unter Lenins und Stalins Führung einleuchtendes Vorbild für die Völker der Welt war.
Dies ist die Politik einer neuen Ausbeuterklasse, die Politik eines Regimes, das sich sozialistisch nennt und das imperialistisch ist: die Politik der sowjetischen Sozialimperialisten.
Ihre Rechnung freilich, mit welch klingenden Phrasen sie auch verkleidet sein mag, ist ohne die Völker der Welt gemacht, Ohne die Völker, die am Beispiel der Völker von Vietnam, Laos und Kambodscha gesehen haben, daß ein Volk, wenn es eng zusammengeschlossen um seine kommunistische Partei im Vertrauen auf die eigene Kraft und gestützt auf die internationale Solidarität den Kampf aufnimmt, auch den gefährlichsten Gegner, den USA-Imperialismus, den Hauptfeind der Menschheit, besiegen kann. Denn diese Völker haben das Ziel des Aufbaus des Sozialismus und Kommunismus vor Augen und sie sehen am Beispiel der VR China, derKoreanischen, Volkdemokratischen Republik, der Demokratischen Republik Vietnam und der VR Albanien,den Weg, den sie zu diesem Ziel gehen müssen. Vor diesem Weg wird sie keine sozialistische Phrase, keine Unterdrückungsversuche und keine imperialistische Macht abhalten.
Unterstützen wir den Kampf der Völker des Nahen und Mittleren Ostens, ebenso wie den Kampf aller unterdrückten Völker mit allen unseren Kräften.

ES LEBE DER BEFREIUNGSKAMPF DES PALÄSTINENSISCHEN VOLKES ! ES LEBE DER BEFREIUNGSKAMPF DER VÖLKER VON OMAN UND DHOFAR ! - SIEG IM VOLKSKRIEG !
NIEDER MIT DEM IMPERIALISMUS, DEM ZIONISMUS UND DER ARABISCHEN REAKTION !
NIEDER MIT DEM FASCHISTISCHEN BAATH-REGIME IM IRAK UND DEM FASCHISTISCHEN SCHAH-REGIME IM IRAN !
HOCH DIE INTERNATIONALE SOLIDARITÄT !

Day for day during this festival, which is no less than a festival of the youth of the world, representatives of governments and organisations use the words "progress, independence, and socialism" but who in reality represent the interests of oppressors and exploiters. There is hardly a day where this can be more c clearly seen than today: The day dedicatet for solidarity with the peoples struggle in the Near and Middle East. According to the plans of the organisors. this day is suppost to glorify the "internationist activities" of the leaders of the Sovietunion and the government of the GDR.
Covered up with "international slidarity" is the fact that the leaders of the Sovietuniom are doing all they can to increase their share in the exploitation of the rich oilfields in the Near and Middle East.
Displayed as "proletarian internationalism" are the arms, shipments to readionary arabian regimes, who do all the can to crush the just struggle of the people of this region.
The leninist policy of peacefull coexistence is used by the leaders of the Sovietunion to justify the acceptance of the Rogers-Plan, a plan which negates and steps on the right of the palestinian people to self-determination.
The reactionary arabian regimes are celebrated as "progressiv" and even as "socialist". Parties, such as the faschist Baath-Party in Iraq, are displayed as labourparties. It is as if the iraqi people have forgotten, that this same party murdered the entire leadership of the Iraqi Communist Party in 1963. But this does not bother th[...] revisionist party in Iraq, the have no reserves in building the present government together with the fascists.
Even the "white revolution" of the Shah of Persia, a massmurderer, is celebrated as a far-reaching reform by the revisionist [...]udeh-Party, a party whose only goal is to hold back th[...] consequent struggle of the masses against the bloody terror of the Shah. This same party cannot refrain from giving the revolutionary forces the "suggestion" of holding themselves to the fascist constitution.
All this has little to do with the progress which the youth, above all the working class youth and the youth of the oppressed peoples, has written on its flags.
This has nothing in common with proletarian internationalism and international solidarity of the proletariat of all countries and oppressed people. No longer is this the politics of that party which after the great October-revolution and ander the leadership of Lenin and Stalin, gave the people of the world an illuminating example to follow.
This is the politics of a new exploiting class, the politics of a regime which calls itself socialist and is imperialist: the politics of the soviet socialimperialists. But these plans, no matter how the phrases sound which try disquise them, have been made without the peoples the world. The have been made without those peoples who upon seeing the example set by the people of Vietnam, laos and Cambodia, which takes up the united struggle when closely joined to its communist party relying upon its own forze and supported by international solidarity, can defeat the most dangerous foe, can defeat US-imperialism, can defeat the main enemy of mankind. These peoples have set the goal of the building up of socialism and communism before their eyes and they see in the examples set by the Peoples Republic of China the Peoples Democratic Republic of Corea, the Democratic Republic of Vietnam andthe Peoples Republic of Albania the path the must take to reach their goal. No socialist phrases, no attempts of oppression and no imperialist powerwill keep them from taking this path.
Let us support the struggle of the Peoples of the Near and Middle East, just as the struggle of all oppressed peoples with all our force.

LONG LIVE THE LIBERATIONSTRUGGLE OF THE PALETINIAN PEOPLE ! LONG LIVE THE LIBERATION STRUGGLE OF THE PEOPLE OF DHOFAR AND OMAN ! - VICTORY IN THE PEOPLES WAR !
DOWN WITH IPERIALISM, ZIONISM AND THE ARABIAN REAKTIONARIES !
DOWN WITH THE FASCIST BAATH-REGIME IN IRAQ AND THE FASCIST SHAH-REGIME IN IRAN !
UP WITH INTERNATIONAL SOLIDARITY !

A BAS L'IMPERIALISME, LE SIONSME ET LA REACTION ARABE !

VIVE LA GUERRE DE LIBERATION DES PEUPLES DU PROCHE-ORIENT ET DU MOYEN-ORIENT !

Jour pour jour, pendant toute la durée de ce festival, nous entendrons des représentants de gouvernements et d'organisations qui ont les mots 'progrès, indépendance, socialisme' à la bouche mais qui en vérité défendent les intérêts des oppresseurs et des exploiteurs. Aujourd'hui, à l'occasion de la journée consacrée à la solidarité avec la lutte des peuples du Proche-Orient et du Moyen-Orient, nous pouvons plus que jamais nous en rendre compte. Pendant cette journée il s'agira pour les organisateurs de glorifier les 'actes internationalistes' des dirigeants de l'Union Soviétique et du gouvernement de la R.D.A.

Ce qu'ils essaient de nous présenter comme 'solidarité internationale' est en vérité le fait que le gouvernement de l'Union Soviétique entreprend tout pour augmenter sa part à l'exploitation des riches gisements pétrolifères du Proche-Orient et du Moyen-Orient.

Ce qu'ils essaient de nous présenter comme 'internationalisme prolétarien' sont aussi les livraisons d'armes aux régimes réactionnaires arabes qui s'ingénuent à prolonger l'esclavage et l'oppression des masses populaires. La politique léniniste de la coexistence pacifique doit servir de justification au consentement de l'U.R.S.S. au 'Plan-Rogers' de 1970 des impérialistes américains, qui foule aux pieds le droit du peuple palestinien à disposer de lui-même.

Les régimes arabes réactionnaires sont qualifiés de 'progressistes', ou même de 'socialistes'. Le parti de Baath en Irak nous est présenté comme parti ouvrier, alors que c'est lui qui, en 1963, assassina tous les dirigeants du Parti Communiste Irakien.

Le parti révisionniste de Tudeh en Iran n'a depuis longtemps d'autre tâche que de détourner les masses populaires de la lutte contre la domination sanguinaire du schah,- pour cela il en vient même à définir la 'révolution blanche' du schah comme réforme profonde.

Tout cela n'a rien de commun avec le progrès auquel aspire la jeunesse, surtout la jeunesse ouvrière et la jeunesse des peuples opprimés. Cela n'a rien à voir avec l'internationalisme prolétarien et la solidarité internationale des prolétaires de tous les pays et des peuples opprimés.

Ce n'est plus la politique du Parti de Lénine et de Staline qui fut après la révolution d'Octobre un brillant exemple pour les peuples du monde.

Ce n'est rien d'autre que la politique d'une nouvelle classe d'exploiteurs, la politique d'un régime qui se dit socialiste mais qui est impérialiste: la politique des social-impérialistes soviétiques.

Mais toutes leurs belles phrases n'empêcheront pas les peuples du monde de leur montrer qu'ils se sont trompés dans leurs calculs, car l'exemple du Vietnam, du Laos et du Cambodge a prouvé qu'un peuple sous la direction de son parti communiste, comptant sur ses propres forces et soutenu par la solidarité internationale peut vaincre le plus dangereux des ennemis, l'impérialisme américain, l'ennemi numéro un de l'humanité. Ces peuples ne perdent pas de vue le but de leur lutte, l'édification du socialisme, du communisme.

La République populaire de Chine, la République populaire démocratique de Corée, la République démocratique du Vietnam, la République populaire d'Albanie sont pour eux autant d'exemples à suivre. Et ils suivront ces exemples en dépit de toutes phrases 'socialision et de toute puissance impérialiste.

Soutenons la lutte des peuples du Moyen-Orient et du Proche-Orient!

Soutenons résolument la lutte de tous les peuples opprimés!

VIVE LA LUTTE DE LIBERATION DU PEUPLE PALESTINIEN!
VIVE LA LUTTE DE LIBERATION DES PEUPLES DE DHOFAR ET DE OMAN!
DHOFAR, OMAN, PALESTINE-VICTOIRE POUR LA LUTTE DU PEUPLE!
A BAS L'IMPERIALISME, LE SIONISME ET LA REACTION ARABE!
A BAS LE REGIME FASCISTE DE BAATH EN IRAK ET LE REGIME FASCISTE DU SCHAH EN IRAN!
VIVE LA SOLIDARITE INTERNATIONALE!

تسقط الامبريالية والصهيونية والرجعية العربية - لتعش نضال شعوب الشرق الاوسط المناضلة

[illegible]

Großveranstaltung der KPD mit Vertretern ausländischer antiimperialistischer Organisationen So 5.8.73 19[00] Hasenheide, Neue Welt Saal II

Verantwortlich im Sinne des Pressegesetzes: Uwe Carstensen, 5 Köln-Nippes Holbeinstraße 36-38

SOLIDARITÄTSMEETING: DI, 31.7, 19[00]
Mit dem Befreiungskampf der Völker des Nahen und Mittleren Ostens
Technische Universität Großer Hörsaal

Blatt 91–92 zu Information 737/73

Faksimile von Mitteilungsblatt »Rote Garde« zu den X. Weltfestspielen zu Information 737/73

ROTE GARDE

Jugendorganisation der KPD/ML

Landesverband Westberlin

BStU
000091

10. WELTFESTSPIELE

PROPAGANDATRIBÜNE DER ARBEITERVERRÄTER

Unter der Losung "für antiimperialistische Solidarität, Frieden und Freundschaft" finden in dieser Woche in der DDR die 10. Weltfestspiele der Jugend statt. Jugendliche aus über 100 Ländern nehmen daran teil. 1951 fanden die Weltfestspiele schon einmal in der DDR statt. Damals waren sie noch fortschrittlich und die DDR noch sozialistisch. Die fortschrittliche Jugend der Welt traf sich um ihre Erfahrungen im Kampf gegen Imperialismus und Kapitalismus auszutauschen, um sich unverbrüchliche Treue zu schwören im Kampf gegen Ausbeutung und Unterdrückung. Was aber ist heute mit den Weltfestspielen los?
Betrachten wir dazu einmal die Entwicklung der ehemals sozialistischen Länder Sowjetunion und DDR. 1951 hatte noch die Arbeiterklasse und ihre kommunistische Partei die Macht im Staat. Die Sowjetunion kämpfte gegen den Imperialismus und unterstützte die Freiheitskämpfe der unterdrückten Völker. Die Sowjetunion und die DDR führten einen unerbittlichen Kampf um die Wiedervereinigung der beiden Teile Deutschlands. Die DDR wurde nach einer sozialistischen Planwirtschaft aufgebaut und war weitgehend unabhängig. Und heute??

Nieder mit den neuen Zaren

In der Sowjetunion und der DDR hat die Macht in den Händen einer neuen Ausbeuterklasse, die sich auf Kosten des Volkes mästet und ein Leben in Luxus führt, während die Arbeiterklasse wie im Kapitalismus sich mit den Krümeln, die vom Tisch der Herren fallen, begnügen muß. Die ehemals kommunistischen Parteien sind zum Unterdrückungsinstrument gegen die Arbeiterklasse geworden, die Parteiführer haben den Marxismus-Leninismus verraten.
Heute ist die Sowjetunion eine imperialistische Großmacht, die bemüht ist, sich die Welt mit den US-Imperialisten zu teilen. Sie führt selbst imperialistische Raubzüge durch, wie 1968 in der CSSR. Von Wiedervereinigung Deutschlands ist heute keine Rede mehr. Im Gegenteil, man mauschelt mit den westdeutschen Schlotbaronen zusammen aus, wie man noch mehr aus der arbeitenden Bevölkerung herausholen kann. Die Arbeiter in der UdSSR und der DDR werden nach einem Prämiensystem ausgebeutet. Damit keiner, der die Nase davon voll hat davon laufen kann, hat man das ganze in der DDR noch gut eingemauert. Der Ableger dieser Verräterparteien an der Sache der Arbeiterklasse in Westdeutschland und Westberlin, die DKP/SEW faselt vom friedlichen Übergang zum Sozialis-

mus, als wenn das Kapital schon jemals freiwillig der Arbeiterklasse die Macht in den Schoß gelegt hätte. Sie arbeitet mit den Knüppelgarden der Polizei zusammen uns wiegelt bei spontanen Streiks ab.

1951 wurden 35 000 Kommunisten und Antifaschisten aus Westdeutschland und Westberlin mit offenen Armen zu den Weltfestspielen in der DDR empfangen, heute werden umfangreiche Sicherheitsvorkehrungen getroffen, um gegen "Störungen der Maoisten" - sprich offene Worte und Aktionen der Kommunisten vorzugehen.

BStU 000092

Die Geschichte spricht eine deutliche Sprache. Die Sowjetunion, die DDR und andere ehemals sozialistische Staaten sind entartet. Die Macht liegt in den Händen einer neuen Bourgeoisie. Das Zentrum der Weltrevolution ist nicht mehr die UdsSR, sondern die Volksrepublik China. Die Volksrepublik Albanien ist der Leuchtturm des Sozialismus in Europa.

Die 10. Weltfestspiele werden von Leuten geführt, die unzählige Verbrechen an den Völkern der Welt auf dem Gewissen haben. Die Breshnew, Honneker und Co benutzen die Weltfestspiele als politische Tribüne zur Verbreitung ihrer arbeiterfeindlichen Lügen. Sie werden ihre Verbrechen als "Friedensbeiträge" rühmen. Sie werden ihre hohlen Phrasen von der Solidarität und dem friedlichen Weg zum Sozialismus in alle Welt hinausposaunen. Sie verraten damit die ehrliche Solidarität und die Kampfbereitschaft von Millionen Jugendlicher, nur um das kapitalistische System und ihre faulende neokapitalistische Funktionärsherrschaft noch etwas länger am Leben zu halten.

Vorwärts mit der KPD/ML und der ROTEN GARDE

Teile der Arbeiterklasse in Westdeutschland und Westberlin haben erkannt, daß diese Verräter schon lange nicht mehr für die Diktatur des Proletariats kämpfen , sondern, daß sie diesen Kampf mit allen Mitteln sabotieren. Sie haben sich darum eine neue, revolutionäre Partei der Arbeiterklasse geschaffen, die KPD/ML !
Es ist sicher kein Zufall, daß die Jugendorganisation unserer Partei, die ROTE GARDE weder zu den Weltfestspielen eingeladen noch zugelassen wurde. Diese Herren im Kreml und in Pankow haben wenn sie von den wirklichen Kommunisten hören, die Hose gestrichen voll, genau wie die Kapitalisten bei uns. Ihr ärgster Feind ist die Arbeiterklasse und ihre Kommunistische Partei.
Dieses Gesindel werden wir aber nicht durch Reden oder Parlamentswahlen beseitigen. Nur die bewaffnete Revolution kann diese Unterdrücker wegfegen und an ihre Stelle die Herrschaft der Arbeiterklasse setzen. Mit der Revolution in Westdeutschland und Westberlin und der Revolution der Arbeiter in der DDR werden wir auch die Wiedervereinigung Deutschlands erreichen.
Wir laden alle Freunde und Kollegen ein, zur Veranstaltung der ROTEN GARDE, die wir aus Anlaß der 10. Weltfestspiele durchführen, zu kommen.

Veranstaltung:

Freitag, den 3.8.73 - 18.30

Gasthaus Max & Moritz

Kreuzberg Oranienstr.

(Zwischen Moritz- und Oranienplatz)

Lest:

ROTER MORGEN

die Stimme der Arbeiterklasse!

Bestellungen an Verlag: ... Redaktion ...

Blatt 93–96 zu Information 737/73

Faksimile von Flugblatt zu Information 737/73

LIGA GEGEN DEN IMPERIALISMUS

BRD und Westberlin

ES LEBE DER GERECHTE BEFREIUNGSKAMPF DER VÖLKER IM NAHEN UND MITTLEREN OSTEN !

Die Weltjugendfestspiele stehen unter dem Motto des Kampfs gegen den imperialismus, und ein ganzer Tag ist dem palestinensischen Volk und seinen arabischen Brudervölkern gewidmet, deren Kampf der offiziellen Propaganda des Neuen Deutschland und der Prawda zufolge von der UdSSR unterstützt werde. Wie aber steht es mit der "Hilfe" die gegenwärtig den kämpfenden Völkern der Länder des Nahen und Mittleren Ostens seitens der Sowjetführung zuteil wird, welches ist deren wirkliche Strategie im Mittelmeerraum und in den arabischen Ländern? Mit wem hat diese Führung sich verbündet, - mit dem Kampf der dortigen Völker gegen jegliche imperialistische Ausbeutung und Unterdrückung, oder mit den reaktionären und faschistischen Regierungen jener Länder?
Schon in den fünfziger Jahren hatte die sowjetische Führung den Versuch unternommen, im Mittelmeer militärisch Fuß zu fassen, als Chruschtschow während des Besuchs einer sowjetischen Regierungsdelegation in Albanien (vom 25.V. bis 4.VI.1959) Enver Hodscha durch den damaligen sowjetischen Verteidigungsminister Malinowsky ersuchen ließ, eine sowjetische Raketenbasis in der Bucht von Vlore sowie eine U-Boot-Basis im Butrint-See zu errichten, der dann durch einen Kanal mit dem Meer verbunden werden sollte. Dieses Ansinnen wurde von den albanischen Genossen entschieden zurückgewiesen.

Sowjetische SAM-3 Raketenbasis bei Alexandria.

1964 liefen die ersten Kriegsschiffe der SU im Mittelmeer ein. Im Sommer 1967, als Israel einen Aggressionskrieg gegen die arabischen Länder unternahm, ergriff die SU die Gelegenheit, viele ihrer Kriegsschiffe ins Mittelmeer auslaufen zu lassen, um dort ständige Marine- und Luftstützpunkte an sich reißen und ein ganzes Netz von militärischen Basen errichten zu können.
Angeblich um der im Mittelmeer stationierten 6. US-Flotte zu entgegnen, baute die SU eiligst ihre Stützpunkte aus, die sich gegenwärtig von Franco-Spanien (Rota) bis nach Ägypten erstrecken. Insgesamt hat die SU im Mittelmeerraum 11 Flottenstützpunkte und Ankerplätze, in Syrien und Ägypten (Latekia, Tartus, Port Said) stehen ihr drei Kriegshäfen zur Verfügung und in Ägyüpten besitzt sie drei große militärische Flughäfen. Mitte 1971 befanden sich 59 sowjetische Kriegsschiffe im Mittelmeer, darunter 10 U-Boote, 19 Kreuzer, 3 Landungsschiffe, 22 Hilfsschiffe und 6 Spionageschiffe. Seit einigen Jahren erstreckt sich die Aktivität der sowjetischen Flotte bis hin nach Dakar und zur Elfenbeinküste und Sierra Leone. Von 1962-70 erhöhte sich die Zahl der in Dakar einlaufenden SU-Handelsschiffe von 1 auf 68, die der Fischereischiffe von 60 auf 106. Befanden sich dort 1962 zwei "wissenschaftliche Beobachtungsschiffe", so waren es 1970 schon 16, und bis Ende November 1971 stieg die Zahl auf 70 dieser Spionageschiffe an. Seit dieser Zeit kann man die ständige Anwesenheit von 2 SU-Zerstörern vor Dakar feststellen und vom 16.-19. April 1971 lief ein sowjetisches Raketen-Abwurf-Schiff Dakar an, um weiter nach Frretown zu reisen.

Der israelische Aggressionskrieg 1967 bot der SU-Führung einen willkommenen Anlaß, ihre militärische Präsenz im Mittelmeerraum auszubauen. Sie lieferte dem reaktionären ägyptischen Regime Militärausrüstungen in einem Gesamtwert von 16 Milliarden DM, um ihre militärstrategischen Absichten im Mittelmeerraum durchzusetzen.

Ihre ungeheure militärische Unterstützung an die arabischen Länder soll die ökonomischen Interessen der SU an der Ausbeutung der großen Erdölschätze in diesem Raum

Verantw. Uwe Carstensen 5 Köln Nippes Holbeinstr 36-38

- 2 -

absichern. Mit welch unverfrorenen imperialistischen Argumenten die SU-Führer ihren Anspruch auf das Erdöl begründen kommt in den Drohungen zum Ausdruck, die sie an die arabischen Länder richten. Ein arabischer Politiker hatte bei einem Besuch im März 1972 in Moskau vorgeschlagen, die Erdölschätze als ein zusätzliches wirtschaftliches Druckmittel gegenüber dem zionistischen Israel einzusetzen. Die SU-Führung warnte davor in einer Meldung in der kuweitischen Zeitung "Al Rai Al Amm" zufolge mit den Worten: "Trotz der Tatsache, daß das arabische Erdöl der Form nach ein Eigentum der Araber ist, ist es in Wirklichkeit internationales Eigentum. Es ist eine Sache, die mit dem Leben der modernen Welt und ihren Industrien in Verbindung steht. In all ihren Aktivitäten von arabischem Öl abhängig, würde die westliche Welt jederzeit zu einer militaristischen Intervention bereitstehen, um den Zufluß dieses Materials auf ihre Märkte, in ihren Fabriken und Armeen sicherzustellen. ... Es wäre daher besser für die Araber, überhaupt nicht auf diese Dinge einzugehen, selbst in der Presse nicht".

Dem Ziel der neuen Bourgeoisie der SU, mit militärischer und ökonomischer Macht in die Souverainität anderer Länder einzudringen, mit imperialistischen Ländern Komplotte gegen Drittländer zu schmieden um sich die Welt mit ihnen aufzuteilen, ordnet sie alles unter. Sie scheut sich nicht, offen mit den israelischen Kollaboratoren zu kollaborieren. Wie bekannt ist, liefern die SU-Führer Israel direkt Soldaten und Wissenschaftler als Bedienungsmannschaft für die Waffen der US-Imperialisten, indem sie die Ausreise für sowjetische Juden nach Israel erleichtert (u.a. durch die Abschaffung der Ausreisegebühren). Im israelischen Hetzblatt "Yedioth Aharanoth" (Tel Aviv) durfte Victor Louis, Spezialagent und geheimer Abgesandter des Kreml, kurz nach einem Besuch, den er Israel 1971 abstattete, schreiben: "Diese Juden sind wirklich willkommen in Israel und die gewissermaßen physischen Bande zwischen Israel und der UdSSR verstärken sich durch die Ankunft eines jeden neuen Emigranten". Diese Maßnahmen der SU-Führer finden den Beifall der US-Imperialisten. Bei den arabischen Völkern haben sie maßlose Empörung hervorgerufen. Der Direktor des Büros für die Befreiung Palästinas in Damaskus, Khalidi, sagte in einer Presse-Erklärung: "Es gibt keinen Unterschied zwischen den sowjetischen Emigranten, die nach Israel kommen, und den amerikanischen Lieferungen von Munition und Gewährung wirtschaftlicher Hilfe für Israel".

Breschnew wird vom USA-Filmschauspieler und Nixon-Anhänger Chuck Connor hochgenommen.

Die Sowjet-Führer werden nicht mehr lange ihre Behauptung aufrecht erhalten können, daß ihre Waffenlieferungen an die arabischen Regime, insbesondere an Ägypten, dem Kampf gegen den israelischen Aggressor dienen, da ihre Zusammenarbeit mit den Zionisten immer offenkundiger wird.

Die SU hat ein vornehmliches Interesse daran, in die arabischen Länder zu investieren um ihre unschätzbaren Ölvorräte auszuplündern (allein vor dem persischen Golf lagern 2/3 der Weltvorräte an Erdöl), und vor allem im Irak, in Syrien und Ägypten in eine Leichtindustrie zu investieren, die für den Export in die SU - und nicht für die Erhöhung des Lebensniveaus der arabischen Völker - produziert. Andererseits überlassen sie den amerikanischen und japanischen Imperialisten die - kostenspieligere - Ausbeutung der sibirischen Erdölvorkommen.

Jüngstes Beispiel dafür, daß die ökonomische sowie die militärische Hilfe der SU an die arabischen Länder einzig dem Ziel dient, ihren Einfluß im Nahen Osten zu verstärken, sind die Reaktionen in Ägypten auf die sowjetische Politik. Das unverschämte Auftreten der SU, die Ägypten zu ihrer Militärbasis machen wollte, veranlaßte selbst die herrschende Klasse Ägyptens, die bis dahin alls Hilfe bereitwillig angenommen hatte, sich hiergegen zur Wehr zu setzen: Herauswurf der 16.000 (!) sowjetischen Militärs aus Ägypten war die Folge und die ägyptische Bourgeoisie knüpfte daran die Hoffnung, daß Sadat seine Politik wieder auf bessere Beziehungen zu den anderen Imperialisten - denen der USA und der EWG - umstelle. Kurz vor seiner Reise nach Moskau hatte Sadat jedoch zugegeben, daß zwischen Kairo

-3-

und Moskau nur die Rede von einem "Mißverständnis" sei, und er gab wenig später zu, Nixon mitgeteilt zu haben, daß er der SU "Erleichterungen im Mittelmeer" eingeräumt habe.

Der Rausschmiß der sowjetischen Militärs erklärt sich aus der Weigerung der SU-Führer, Ägypten Waffen zur Verfügung zu stellen, mit welchen es die durch Israel okkupierten Gebiete hätte befreien können. Die Waffenlieferungen der SU-Führer an Ägypten stellen keinerlei Hilfe zum Schlag gegen die israelischen Zionisten dar, sondern dienen nur als teurer Exportartikel und als Mittel, um Ägypten selbst zu okkupieren (die sowjetischen Waffenarsenale durften von keinem ägyptischen Militär berührt werden!). An Waffen hat die SU in Ägypten 3,5 Milliarden Dollar investiert und die mehr als 100 Industrie- und Agrarprojekte der SU in Ägypten sind zustandegekommen auf der Grundlage kapitalistischer, zinsträchtiger Investitionen im Wert von 2,5 Milliarden Dollar.

Die reaktionären arabischen Regimes können sich aus dem Würgegriff der SU-Führung nicht lösen. Die demonstrierenden Studenten in Kairo, die Anfang dieses Jahres von Sadat forderten, daß er endlich einen konsequenten Kampf gegen den israelischen Zionismus führe, machten deutlich, daß sie erkannt haben, daß sich die Politik der SU gegen den Kampf des palästinensischen Volkes und der übrigen arabischen Völker richtet. In einem Kommuniqué der nationalen Studentenkomitees stellten diese fest: "In welchem Umfang leistet die Sowjet-Union uns tatsächlich effektive Hilfe, da doch bekannt ist, daß sie dort eine friedliche Lösung vorziehen, wo eine militärische geboten ist?" Von dieser "friedlichen Lösung" hat Kossygin anläßlich Nixons Besuch in Moskau schon ganz deutlich gesagt, worin sie besteht. Er redete von der "Liquidierung der gefährlichen Kriegsherde" und erwähnte dabei insbesondere den sich breiter entfaltenden revolutionären Befreiungskrieg des palestinensischen Volkes!

Breschnew & Co gewähren dem Oberkommando der palestinensischen Befreiungsfront keinerlei Hilfe sondern sie schwätzen bei jeder Gelegenheit von der "politischen Lösung" des "Konflikts". Was sie darunter verstehen, zeigt sich an ihrer Haltung gegenüber dem vom USA-Außenminister Rogers vorgelegten "Rogers-Plan", den sie als "sehr vernünftig" bezeichnen. Sie stimmten einer mit diesem Plan identischen UNO-Resolution zu, die folgende Punkte enthielt: Rückzug der israelischen Truppen hinter die "Waffenstillstandslinie" vor dem Juni-Krieg und bedingungslose Beendigung des Kriegszustandes. Durch die damit ausgesprochene Anerkennung des zionistischen Staats Israel versuchen die Sozialimperialisten, das palästinensische Volk endgültig aus seiner Heimat zu vertreiben und seine Befreiungsbewegung zu zerschlagen.

Das palestinensische Volk wird die Imperialisten aus eigener Kraft schlagen !

Am Beispiel des Irak wird ebenfalls klar, welches die imperialistische Strategie der SU-Führung ist. Hier tritt die Kollaboration eines ultra-reaktionären, faschistischen Regimes und der SU offen zutage, die darauf zielt, der SU die Reichtümer dieses Landes zuzuschanzen. Ohne den geringsten Protest sahen die SU-Führer zu, wie das faschistische Baath-Regime die kommunistische Partei zerschlug und Tausende ihrer Kämpfer ermordete. Sie halfen diesem Regime, eine ihnen hörige revisionistische Partei zu errichten, die ihnen als Agentur ihrer wirtschaftlichen und politischen Interessen dient.

-4-

Allerdings gelang es der SU-Führung nicht, im Irak ein eigenes Vasallenregime einzusetzen. Ihre Interessen bei der Ausplünderung des irakischen Öls setzten die SU-Führer über die als Agentur gehaltene revisionistische IKP durch, die mit dem faschistischen Baath-Regime eine "nationale Front" bildete und gemeinsam mit diesen Regime mit in der Regierung sitzt, um von dort aus die Ausbeutung und Unterdrückung des irakischen Volkes mitzubetreiben. Auf der Grundlage dieses reaktionären Zusammenschlusses reiste im April 1972 SU-Premier Kossygin in den Irak und schloß dort den spektakulären Vertrag über "Freundschaft und Zusammenarbeit" ab. In § 11 dieses Vertrages werden die irakischen Faschisten verpflichtet, keine neuen ökonomischen, militärischen oder politischen Maßnahmen zu ergreifen, die den Interessen der SU schaden könnten. Ein zweiter zentraler Bestandteil dieses Paktes besteht in der Vereinbarung, daß ein Großteil des in Nord-Rumeola geförderten Erdöls an die SU und andere Warschau-Pakt-Länder geliefert werden muß um die von der SU zur Verfügung gestellte Finanzhilfe beim Bau der Erdölförderungsanlagen zu bezahlen. Solche Bestimmungen beweisen die imperialistischen Absichten der SU-Führung: Ihre Investitionen sind die Grundlage einer verschärften Ausbeutung der irakischen Arbeiterklasse. Durch eine von den sowjetischen Sozial-Imperialisten gepriesene Vereinbarung, durch die Entsendung sowjetischer "Experten", ist die SU-Führung in die Lage versetzt, die gesamte Erdölförderung des Irak unter ihrer Kontrolle zu halten.
Das jüngste Beispiel für die Komplicenschaft der Sozialimperialisten und dem faschistischen irakischen Regime stellt der Überfall der irakischen Faschisten auf die vor der irakischen Küste des persischen Golfs gelegenen kuweitischen Inseln Bubian und Warba dar. Diesen Inseln kommt eine große strategische Bedeutung zu, da sie den freien Zugang zu dem mit sowjetischem Kapital erbauten Hafen Umm-Kaer ermöglichen. Der Oberbefehlshaber der sowjetischen Flotte, Gerschkow, ermunterte das faschistische Baath-Regime direkt zu diesem Überfall auf die Inseln, als er sich Anfang April mit einer Militärdelegation in Bagdad befand und mit den Faschisten über neue Waffenlieferungen verhandelte.
Das ist die Politik der sowjetischen Sozialimperialisten: "sozialistisch" in Worten, imperialistisch in Taten! Diese Politik ist gekennzeichnet durch die massive Unterstützung der reaktionärsten und faschistischen Regimes im Nahen und Mittleren Osten. Durch kapitalistische "Wirtschaftshilfe" und vor allem Waffenlieferungen versuchen die Sozialimperialisten mit diesen Regimes zu kollaborieren um bei der Konkurrenz mit den Monopolen anderer imperialistischer Staaten in der Ausbeutung der Rohstoffquellen und bei der Unterdrückung der Völker Vorteile für sich herauszuschlagen.
Die von der SU angestachelten bewaffneten Aktionen, der Aufbau ihrer militärischen Stützpunkte, die Versuche, durch Handelsabkommen ihre Sabotagepolitik und unverhüllte Unterdrückung gegenüber den Befreiungsbewegungen der arabischen Länder bestätigen voll und ganz, daß den um ihre Freiheit und Unabhängigkeit kämpfenden Völker der Welt ein neuer Feind entstanden ist, dem es schon lange nicht mehr gelingt, sein imperialistisches Wesen zu verbergen. Genausowenig die dem USA- oder dem EWG-Imperialismus wird es aber auch dem sowjetischen Sozialimperialismus gelingen, den Kampf der Völker für die Befreiung vom Joch des Imperialismus und die Erringung der nationalen Selbständigkeit zu unterdrücken. Was die Völker Vietnams, Laos und Kambodschas im revolutionären Volkskrieg errungen haben, ist den Völkern der arabischen und umringenden Länder ein leuchtendes Beispiel für ihre eigenen Kämpfe!

Nieder mit der Unterstützung des imperialistischen Rogers-Plans durch die Kreml-Herren !

Es lebe der revolutionäre Befreiungskrieg des palestinensischen Volkes !

Sofortiger Abzug aller USA- und sowjetischen Truppen aus dem mittleren und nahen Osten !

Solidarität mit dem gerechten Kampf der Völker des nahen und mittleren Ostens für Freiheit und nationale Unabhängigkeit !

Solidaritätsmeeting

zum Befreiungskampf der Völker im Nahen und Mittleren Osten

31.7. 19 Uhr Westberlin Technische Universität ,Audimax
Str d.17.Juni 135

Großveranstaltung der KPD

5.8. 19 Uhr "Neue Welt" Westberlin Hasenheide

mit Gastrednern aus aller Welt

Deckblatt zu Information 857/73

Faksimile von Deckblatt zu Information 857/73

BStU 0001

MINISTERIUM FÜR STAATSSICHERHEIT

1. Vern ✓
2. Lamb ✓
3. Bea ✓
4. Schrö/XX/ ✓
5. Schwanitz/Gr.-Bln. ✓
6. HA IX ✓
7. Abl.
8. Bea ✓ (3.9.)
9. Hag. (11.9)
10. Gen. Min.
11. Dor.

Streng geheim!
Um Rückgabe wird gebeten!

Berlin, den 28. Aug. 1973

7 Blatt

7 Exemplar

Nr. 857/73

INFORMATION

über

Vorschlag zur Durchführung einer Versammlung zur Auswertung des ungesetzlichen Verlassens der DDR von Ärzten und medizinischem Personal aus dem Städtischen Krankenhaus Berlin-Friedrichshain

Der Vorschlag zur Durchführung einer Vers ammlung im Städtischen Krankenhaus Berlin-Friedrichshain wird auf Grund des gefährlichen Schwerpunktes, der sich dort durch vermehrte Republikfluchten von Ärzten und medizinischem Personal entwickelt hat, und auf der Grundlage der derzeit möglichen Auswertung bisheriger Untersuchungs- bzw. Ermittlungsergebnisse unterbreitet. Bei diesem Vorschlag wird mit davon ausgegangen, die Möglichkeit und Zweckmäßigkeit weiterer Maßnahmen vor allem auf publizistischem Gebiet zu prüfen.

Seit Oktober 1972 haben insgesamt 18 Ärzte und 5 Krankenschwestern bzw. medizinisch-technische Assitenten des Krankenhauses Berlin-Friedrichshain unsgesetzlich die DDR verlassen.

890 1271 3.0

Zeitungsartikel zu Information 1105/73

Faksimile von einem Zeitungsausschnitt St. Hedwigsblatt zu Information 1105/73

St. Hedwigsblatt

Katholisches Kirchenblatt im Bistum Berlin

28. Oktober 1973
20. Jahrgang (33 410)

43

Vor einiger Zeit fragten mich zwei Schülerinnen: „Kennen Sie den Artikel von Günter Wallraff ‚Napalm? Ja und Amen'?" Ich kannte ihn nicht. Sie hatten das Buch (Textauswahl zum Literaturunterricht, Volk und Wissen 1969, 157–165) bei sich, in dem der Artikel stand. Ich las! „Stimmt das, was da steht?" fragten die Mädchen. Ich sagte ihnen: „So sicher nicht."

Der Artikel trägt den Untertitel „Mitt einer Gewissensfrage auf Beichtstuhl-Tournee." Der Verfasser Günter Wallraff (BRD) konstruiert, um die Gewissensfrage stellen zu können, folgenden Fall: „Ich bin ein Chemiefabrikant und habe ein besonders billiges Verfahren der Natriumpalmitat-Herstellung (Hauptbestandteil der Napalmbombe) entwickelt. Ein Riesenauftrag der USA-Armee liegt vor. Mit weiterem Großaufträgen ist zu rechnen. Aber ich habe Skrupel, da ich von der schrecklichen Wirkung der Bombe weiß. Als katholischer Unternehmer mit Gewissensbissen frage ich um Rat: Darf ich, soll ich oder muß ich die Aufträge annehmen, auch wenn ich damit den Krieg unterstütze?" Er ruft die Telefonseelsorge in Frankfurt an; er besucht Moraltheologen oder ruft sie telefonisch an; er geht von Beichtstuhl zu Beichtstuhl. „Ich fahre zu einem der größten deutschen Dome. Hier stehen den Beichtenden den ganzen Tag Priester zur Verfügung. Ich begebe mich in einen der Stühle ..." In der Kirche einer Kleinstadt bei Frankfurt stellt er wieder seine Frage. „Ich knie im Beichtstuhl, aber ich sage gleich, daß ich nicht beichten will, sondern nur einem Rat brauche." Professor Richard Egenter, München, „wurde mir von einem Pfarrer im Beichtstuhl" besonders empfohlen. Eine „Beichtstuhl-Tournee". Diese Tournee ist an sich widerlich. In dem Artikel werden sodann die Aussagen bekannter katholischer Professoren wiedergegeben, die sie bei Besuchen oder am Telefon gemacht haben sollen. Es werden u. a. genannt Professor Dr. Alfons Auer, Würzburg, Prof. Dr. Richard Egenter, München, Prof. Dr. Klomps, Köln, Prof. Dr. Hirschmann, Frankfurt, Prof. Dr. Scholz, Fulda, Prof. Dr. Schöllgen, Bonn. Da ich die im Artikel gemachten Aussagen für unglaubwürdig hielt, habe ich einigen der genannten und mir z. T. bekannten Professoren den Artikel in Abschrift zugestellt und um Stellungnahme gebeten. Aus ihren Briefen gebe ich einige Antworten wieder:

„Unter falschen Angaben zu seiner Person und seinem Anliegen um geistlichen Rat" hat sich Herr Wallraff an die Priester gewandt. „Das Gespräch zwischen Herrn Wallraff und mir wird nicht meinen Ausführungen gerecht, die ich Herrn Wallraff gegenüber gemacht habe. Insofern kann das unter meinem Namen Wiedergegebene nicht als meine Auffassung bezeichnet werde." Ein anderer Professor schreibt, daß „die hinterhältige Weise", mit der Herr Wallraff vorgegangen ist, einen „Verstoß gegen das journalistische Berufsethos" darstellt und vom westdeutschen Presserat „mißbilligt" würde. Ein anderer Professor bemerkt, daß es sich um „einen bösartigen Versuch" handelt, „katholische Geistliche und Moraltheologen zu diskriminieren. Offenbar ein gutes Geschäft!" Und wieder ein anderer der genannten Professoren schreibt, daß „ein Telefongespräch von wenigen Minuten nicht die Möglichkeit gibt, solche Themen zu entfalten. Daß dieses Vertrauen mißbraucht wurde und der Anrufer sich als Mitarbeiter der überaus fragwürdigen Zeitschrift PARDON entpuppte, konnte ich nicht voraussehen." Der Artikel von G. Wallraff erschien zuerst in der satirisch-pornographischen Zeitschrift PARDON 3/67, wurde dann übernommen in „Neue Deutsche Literatur", Heft 12/1967 (15 Jg.) und kam von dort in den Band „Textauswahl zum Literatur-Unterricht in den Klassen 11 und 12, Volk und Wissen 1969, 157 bis 165. Informationen, die falsch und bösartig sind, wirken nicht formierend, sondern deformierend.

Als ich am letzten Septembersonntag zur Firmung in Heiligenstadt war, wurde ich auf einen Artikel aufmerksam gemacht, der in „Das Volk" am 29. 9. 1973 erschienen ist mit der Überschrift „Reich bis über die Ohren". Es ist ein Artikel über den Vatikan, besser, gegen den Vatikan.

Dieser Artikel stammt aus der untersten Mottenkiste antikirchlicher Propaganda früherer Jahrzehnte und trieft von Unverständnis und Unkenntnis. Die „Christmesse" wird mit der Messe verwechselt; es wird behauptet, es gäbe im Vatikan „keine Schule", „kein Krankenhaus". Es ist die Rede von den „Luxusappartements hoher kirchlicher Würdenträger". Wenn der Verfasser wüßte, wie und wo die Kurienkardinäle leben! Der Vatikan habe „auf 70 Milliarden Mark" in seinem Besitz, das Geld sei in „Spaghetti" und „bei amerikanischen Rüstungsfirmen" angelegt.

Woher weiß das Herr Wolfgang Bein? Wenn er, wie er schreibt, „an einem Sonntagmorgen den Petersplatz betrat" – wie kommt er dorthin? –, hat er offenbar wenig gesehen und gehört oder ist antikirchlichen Informationen zum Opfer gefallen.

GETRUBTER HORIZONT

GESCHMACKLOS – BELEIDIGEND – FALSCH

Eigentlich wollte ich zu den beiden Artikeln gar keine Stellung nehmen. Aber heute kam ein Brief: „Lieber Herr Bischof! Ich möchte Sie dringend bitten, die Zeitung „Horizont 41/73, S. 29 zu lesen und ... energisch gegen den Artikel zu protestieren. Der Artikel vermittelt ein einseitiges und deshalb falsches Bild von der katholischen Kirche. Ich fühle mich dadurch beleidigt."

Nun, so habe ich mir sofort die genannte Nummer von „Horizont" gekauft und den Artikel gelesen. Die Überschrift lautet: „Geheimnisse aus dem Beichtstuhl (1)".

Die Redaktion dieser Zeitschrift teilt in einer Vorbemerkung folgendes mit: Zwei italienische Journalisten, Herr Norberto Valentini und Frau Clara di Meglio machten sich auf „und registrierten auf Band insgesamt 632 Beichtgespräche, die sie in den Kirchen in allen Teilen des Landes führten. Sie legten Beichtvätern Fragen zu sexuellen Problemen vor ... Eine Auswahl dieser Beichtgespräche (112) wurde in einem Buch unter dem Titel ‚Sexualität im Beichtstuhl' veröffentlicht ... Um unseren Lesern einen Einblick in diese Problematik zu geben, bringen wir einige dieser Gespräche im vollen Wortlaut ..."

Die Zeitung zeigt dann ein Foto von einem Mädchen im Beichtstuhl. Es folgt dann auf einer Großseite der Text eines Beichtgesprächs zwischen einem Priester und einem Gläubigen. Es geht darum, daß der „Gläubige" „Kontakte mit seiner Verlobten" hat.

(Fortsetzung auf Seite 6)

(Fortsetzung von Seite 1)

Es widert mich an, den Inhalt dieses „Beichtgespräches" wiederzugeben. Am Ende des Gespräches soll der Priester gesagt haben: „... wenn es jemand gar nicht mehr aushält, gibt es ja Straßenmädchen. Verstehen Sie?" Am Schluß sagt der Priester: „Als Buße werden sie der Heiligen Maria fünf Ave Maria beten als Zeichen des Schmerzes."

Es ist geschmacklos, so tun, als ob man zur Beichte ging – 632 mal! Noch geschmackloser ist es, ein solches „Gespräch" – wie kann es ein wirkliches Gespräch sein, wenn jemand einen reinlegen will – auf Band zu nehmen und zu veröffentlichen! Man kann nur hoffen, daß Christen solchen Unsinn nicht glauben. Welcher Priester der Welt würde sagen: „Wenn es jemand nicht mehr aushält, gibt es Straßenmädchen. Verstehen Sie?" Es ist für jeden Christen beleidigend, wenn solche Artikel aus dekadenten Büchern hierzulande veröffentlicht werden. Dabei klingt es wie ein Hohn, wenn die Redaktion schreibt: „Dabei versteht es sich, daß uns die Verletzung religiöser Gefühle fern liegt". In diesem Artikel zeigt die „Sozialistische Wochenzeitung für internationale Politik und Wirtschaft HORIZONT" einen getrübten Horizont.

Wir Christen hoffen, daß sich derartige Artikel nicht häufen. Sie sind geschmacklos, beleidigend, falsch.

Bischof Hugo Aufderbeck
Apostolischer Administrator in Erfurt und Meiningen

Ausgewählte Dokumente

23. Januar 1973

Information Nr. 64/73 über die vorgesehene Aufnahme diplomatischer Beziehungen zwischen dem Vatikan – DDR

Quelle: BArch, MfS, ZAIG 2121, Bl. 1–4 (4. Expl.).
Serie: Informationen.
Verteiler: Verner, Barth (durch HA XX/4) – MfS: Schröder (weiter an HA XX), Ablage.
Bemerkung: Ein Exemplar als Reserveexemplar im Verteiler ausgewiesen, hier nicht mit aufgenommen.

Dem MfS wurde inoffiziell zuverlässig bekannt, dass Kardinal *Bengsch*[1] die katholischen Bischöfe der DDR für Donnerstag, den 18.1.1973, zu einer Zusammenkunft in seinen Amtssitz eingeladen hatte.

Außer den Bischöfen *Braun*[2] (Auslandsreise) und *Aufderbeck*[3] (krank), die sich vertreten ließen, waren alle Bischöfe anwesend.

Über diese Zusammenkunft, die absolut internen Charakter trug, wurden die Geistlichen der katholischen Kirche bisher nicht informiert.

Kardinal *Bengsch* unterrichtete die Bischöfe darüber, dass alles darauf hindeute, dass die Regierung der DDR und der Vatikan diplomatische Beziehungen aufnehmen werden und ein Nuntius[4] oder Pronuntius[5] in der Hauptstadt der DDR zum Einsatz kommen soll.[6]

1 Alfred Bengsch, Jg. 1921, katholischer Theologe, 1941–44 Kriegsdienst, 1944–46 amerikanische Kriegsgefangenschaft, 1950–54 Kaplan in Berlin, 1959–61 Weihbischof von Berlin, 1961–79 Bischof von Berlin und zugleich Vorsitzender der Berliner Ordinarienkonferenz (ab 1976: Berliner Bischofskonferenz), 1962 Auszeichnung mit persönlichem Titel Erzbischof, Teilnahme am Zweiten Vatikanischen Konzil, ab 1967 Kardinal.

2 Johannes Braun, Jg. 1919, katholischer Theologe, 1952–70 Leitung des Norbertuswerks Magdeburg, 1970–73 Weihbischof, 1973–90 Apostolischer Administrator in Magdeburg, 1971–90 Protektor des Bischöflichen Werkes »Not in der Welt«.

3 Hugo Aufderbeck, Jg. 1909, katholischer Theologe, 1948–62 Aufbau und Leitung des Seelsorgeamtes in Magdeburg, 1962 Titularbischof von Arca und Weihbischof in Erfurt, 1964 Generalvikar und Dompropst für den thüringischen Teil des Bistums Fulda in Erfurt, ab 1973 Apostolischer Administrator in Erfurt, Teilnehmer am Zweiten Vatikanischen Konzil.

4 Ein Nuntius ist der beim Aufnahmestaat akkreditierte diplomatische Vertreter des Heiligen Stuhls der katholischen Kirche. Er bekleidet den Rang eines Titularbischofs und vertritt die Interessen des Papstes als sein direkter Vertreter im Land, kümmert sich um die Angelegenheiten der katholischen Landeskirche und pflegt die diplomatischen Beziehungen zum Aufnahmestaat.

5 Ein als Nuntius entsandter Kardinal wurde ursprünglich als Pronuntius bezeichnet, um seinen höheren Rang gegenüber einem sonst eingesetzten Titularbischof zum Ausdruck zu bringen. In der vatikanischen Diplomatie mit den Ostblockstaaten erhielt der Begriff allerdings eine andere Zuschreibung. Anders als etwa in der Bundesrepublik fungierte der vatikanische Nuntius in den Ostblockstaaten nicht zugleich als Doyen des diplomatischen Corps, also als dessen Sprecher und Vertreter bei öffentlichen Anlässen sowie als Vermittler in Konflikten. Um diese fehlende, sonst übliche Stellung und Funktion des Nuntius innerhalb der diplomatischen Gemeinschaft des Aufnahmelandes zum Ausdruck zu bringen, wurde die Bezeichnung des Pronuntius gebraucht.

Er informierte weiter darüber, dass voraussichtlich bis spätestens 1. Februar 1973 durch das vatikanische Staatssekretariat ein verbindlicher Zwischenbescheid als Antwort auf das Ende August 1972 vom Ministerium für Auswärtige Angelegenheiten der DDR an den Vatikan überreichte Memorandum zu erwarten ist.[7] Er teilte den Bischöfen mit, dass in diesem Antwortschreiben der Regierung der DDR der Einsatz von Administratoren (Apostolischen) in Schwerin, Magdeburg und Erfurt und die Errichtung von apostolischen Administraturen[8] als nächster Schritt des Vatikans angekündigt werde.

Das Kommissariat[9] in Meiningen soll aufgrund seiner geringen Größe nicht zur Administratur erhoben, sondern soll dem jetzigen Kommissariat Erfurt angeschlossen werden.

Die Errichtung dieser Administraturen werde wahrscheinlich sofort nach der Ratifizierung des Grundlagenvertrages zwischen der DDR und der BRD erfolgen.[10]

6 Im Verlauf des Jahres 1972, insbesondere im Dezember am Rande der KSZE-Verhandlungen in Helsinki, war es wiederholt zu Gesprächen zwischen den Delegationen der DDR und des Vatikans gekommen. Diese vornehmlich informellen Kommunikationsmöglichkeiten eröffneten eine Annäherung beider Seiten und nährten die Hoffnung auf eine baldige Aufnahme diplomatischer Beziehungen. Vgl. Delegation der ESK – Genf: Vermerk über ein Gespräch mit Herrn Silvestrini, Mitglied der Delegation des Vatikans bei der Europäischen Sicherheitskonferenz am 14.12.1972, 19.12.1973; BArch, DO 4/4930, Bl. 2–5. Dazu auch Cerny-Werner, Roland: Vatikanische Ostpolitik und die DDR. Göttingen 2011, insb. S. 164–186.

7 Vgl. Memorandum. Anlage zum Protokoll der Sitzung des Politbüros des ZK der SED v. 18.7.1972; BArch, DY 30/43382, Bl. 102–105.

8 Eine apostolische Administratur ist eine dem Papst unmittelbar unterstellte, zeitlich befristete Leitung eines Bischofssitzes. Es handelt sich hierbei um eine Interimsform, die die Überbrückung der Sedisvakanz eines Bischofsstuhls bis zu seiner Neubesetzung ermöglicht. Ursprünglich temporär angedacht, sollten in den bischöflichen Gebieten in der DDR dauerhafte apostolische Administraturen eingerichtet werden. Denn die Kirchengebiete Schwerin, Magdeburg und Erfurt gehörten zu Bistümern, deren Bischofssitze in der Bundesrepublik lagen (Osnabrück, Paderborn und Fulda). Eine Erhebung dieser Gebiete zu Bistümern wäre einer Anerkennung der deutschen Teilung durch den Vatikan gleichgekommen. Um dies zu vermeiden, entschied sich der Vatikan hier für den Kompromiss dauerhafter apostolischer Administraturen, der die Interimslösung der Kommissariate ersetzte.

9 Die Kirchengebiete in der DDR, deren Bischofssitze in der Bundesrepublik lagen, wurden in der DDR kommissarisch verwaltet. Die Leitung der Kommissariate oblag jeweils einem bischöflichen Kommissar, der vom zuständigen westdeutschen Bistum formal eingesetzt wurde und stellvertretend sämtliche bischöflichen Aufgaben und Funktionen übernahm.

10 Der Vertrag über die Grundlagen der Beziehungen zwischen der Bundesrepublik Deutschland und der Deutschen Demokratischen Republik wurde am 21.12.1972 geschlossen und im Mai 1973 in der Bundesrepublik bzw. im Juni 1973 in der DDR ratifiziert. Damit wurde die Existenz der beiden deutschen Staaten sowohl auf diplomatischer als auch auf völkerrechtlicher Ebene faktisch anerkannt. Dies eröffnete der DDR neue internationale Handlungsspielräume.

Es sei seitens des Vatikans vorgesehen, die katholischen Bischöfe *Braun*, Magdeburg, *Theissing*,[11] Schwerin, und *Aufderbeck*, Erfurt, zu Apostolischen Administratoren zu ernennen. Kurze Zeit darauf soll die Einrichtung von apostolischen Administraturen erfolgen. Damit würden die o. g. Kommissariate dann direkt dem Vatikan unterstehen.[12]

Mit der Ratifizierung des Grundlagenvertrages zwischen der DDR und der BRD würde der Vatikan volle Handlungsfreiheit in Bezug auf Verhandlungen mit der DDR erlangen. Durch den Grundlagenvertrag hätte für den Vatikan das Deutsche Reich in den Grenzen von 1937 und das mit diesem Reich abgeschlossene Reichskonkordat für das Territorium der DDR aufgehört zu existieren.[13] Eine Ungültigkeitserklärung dieses Konkordats nach der Ratifizierung des Vertrages zwischen der DDR und der BRD wäre deshalb nicht notwendig.

Weiter ist *Bengsch* der Meinung, dass die DDR an einem Konkordat gar nicht interessiert sein dürfte.

Sollten solche Verhandlungen stattfinden, hätte der Vatikan sicher einen ganzen Katalog von Fragen und Vorschlägen an die Regierung der DDR.

Nach Äußerungen von Kardinal *Bengsch* soll das Antwortschreiben des Vatikans an die Regierung der DDR in einem sehr gemäßigten Ton gehalten sein. Es werde nicht den Eindruck erwecken, dass der Vatikan Forderungen an die Regierung der DDR stelle, vielmehr sollen die bereits vorhandenen Möglichkeiten der katholischen Kirche in der DDR garantiert werden.

11 Heinrich Theissing, Jg. 1917, katholischer Theologe, 1940–45 Kaplan in Glogau (Głogów), 1945–63 Kaplan in Görlitz, 1953–63 auch im Erzbischöflichen Amt Görlitz tätig, ab 1963 Titularbischof von Mina und Weihbischof in Berlin, 1970–87 Koadjutor des Bischöflichen Kommissars für Mecklenburg mit dem Recht der Nachfolge, 1973–87 Apostolischer Administrator in Schwerin, 1982–85 stellvertretender Vorsitzender der Berliner Bischofskonferenz.

12 Am 23.7.1973 erfolgte schließlich die Ernennung der drei in der DDR amtierenden (erz-)bischöflichen Kommissare Hugo Aufderbeck (Erfurt), Johannes Braun (Magdeburg) und Heinrich Theissing (Schwerin) zu Apostolischen Administratoren. Damit waren sie dem Papst direkt unterstellt und besaßen sämtliche Rechte eines residierenden Bischofs. Vgl. Cerny-Werner, Roland: Vatikanische Ostpolitik und die DDR. Göttingen 2011, S. 193–195.

13 Das am 20.7.1933 zwischen dem Deutschen Reich und dem Vatikan geschlossene Reichskonkordat regelte das Verhältnis zwischen Staat und katholischer Kirche im Deutschen Reich. Dieser Staatskirchenvertrag galt auch nach dem Ende des Zweiten Weltkrieges und der deutsch-deutschen Teilung in der Bundesrepublik fort. Solange die Bundesrepublik die DDR nicht offiziell als eigenständigen Staat anerkannte, war der Vatikan durch diesen Vertrag ebenfalls an die Unteilbarkeit der bundesdeutschen Bistümer gebunden, die sich im Falle der Kirchengebiete von Magdeburg, Erfurt, Schwerin und Meiningen ebenfalls auf das Territorium der DDR erstreckten. Die SED-Führung definierte die DDR hingegen als staatliche Neugründung und damit nicht als Rechtsnachfolger des untergegangenen Deutschen Reiches. Damit sah sie sich nicht an rechtliche Vereinbarungen des Deutschen Reiches wie das Reichskonkordat gebunden. Vgl. Kröger, Herbert: Gutachtliche Stellungnahme zu rechtlichen Problemen der Beziehungen zwischen der DDR und der Katholischen Kirche v. 28.12.1972; BArch, DO 4/4930, Bl. 64–95, hier 88 f.

Kardinal *Bengsch* hält es für möglich, dass in nächster Zeit ernsthafte Verhandlungen zwischen der Regierung der DDR und dem Vatikan über den Austausch von diplomatischen Vertretungen stattfinden werden.

Diplomatische Beziehungen zwischen der DDR und dem Vatikan werden seiner Meinung nach, wenn überhaupt, dann auf der Grundlage der Wiener Konvention[14] – wie mit allen anderen Staaten – aufgenommen.

Der Vatikan werde in seinem Schreiben an die Regierung der DDR zum Ausdruck bringen, dass der Heilige Stuhl davon ausgeht, einen Beitrag zur Entspannung in Europa zu leisten. Gleichzeitig erwarte der Heilige Stuhl, dass die Verhältnisse, wie sie in der DDR zwischen Staat und Kirche gewachsen sind, bestehen bleiben. Der Vatikan werde weiterhin zum Ausdruck bringen, dass es keine Diskriminierungen katholischer Bürger in der DDR geben solle, wie es auch in der Verfassung garantiert sei. Er werde die Bitte aussprechen, dass die Bischöfe der DDR weiterhin entsprechend den Notwendigkeiten ungehindert mit dem Vatikan verkehren können, dass den Bischöfen nach wie vor freie Personalentscheidungen überlassen werden und dass Kardinal *Bengsch* freier Zugang nach Westberlin entsprechend den getroffenen Vereinbarungen mit der Regierung der DDR gewährt wird.

Der Vatikan werde weiter die Bitte zum Ausdruck bringen, der katholischen Kirche der DDR zu ermöglichen, Studenten aus der DDR zum Studium nach Rom zu delegieren, dem Vatikan die Möglichkeit zu geben, die katholische Kirche der DDR als Diaspora-Kirche (Minderheit) bei Notwendigkeit auch materiell zu unterstützen u. a.

Im Vatikan herrsche großes Interesse an der Aufnahme diplomatischer Beziehungen mit der DDR. Außerdem sei man dort begründet der Meinung, dass auch die DDR zu Verhandlungen über dieses Problem bereit sei.

Angeblich sollen ernstzunehmende Hinweise auch vom vatikanischen Pronuntius *Žabkar,*[15] der zzt. an den Beratungen zur Vorbereitung einer europäischen Sicherheitskonferenz in Helsinki[16] teilnimmt, gekommen sein.

Diese Information darf aus Gründen der Quellengefährdung nicht öffentlich ausgewertet werden.

14 Das Wiener Übereinkommen regelt den rechtlichen Status von Diplomaten wie ihre Unverletzlichkeit und Immunität oder die Aufgaben für diplomatische Vertretungen. Es wurde im April 1961 auf der Konferenz der Vereinten Nationen verabschiedet.

15 Im Original: »Zapka«. Josip Žabkar, Jg. 1914, slowenischer katholischer Theologe, 1939–69 Priester, 1969–81 apostolischer Pronuntius in Finnland und apostolischer Delegat für Skandinavien, zugleich 1976–81 apostolischer Pronuntius in Island.

16 Die Konferenz für Sicherheit und Zusammenarbeit in Europa (KSZE) diente der Konsultation und politischen Annäherung während des Ost-West-Konflikts. Teilnehmer waren 35 vorwiegend europäische Staaten sowie die USA, Kanada und die Sowjetunion, die ab 1973 die Grundlagen ihrer Beziehungen sowie die Achtung von Grund- und Menschenrechten verhandelten. Auf die Unterzeichnung der Schlussakte von Helsinki im Jahr 1975 folgten ab 1977 regelmäßige KSZE-Folgetreffen. Am Rande dieser Konferenzen kam es zu informellen Gesprächen zwischen den Vertretern des Vatikans und der DDR.

30. Januar 1973

Information Nr. 104/73 über die widerrechtliche Festnahme zweier Angehöriger der Transport-Kriminalpolizei durch die Westberliner Polizei am 31. Januar 1973

Quelle: BArch, MfS, ZAIG 2129, Bl. 1–4 (6. Expl.).
Serie: Informationen.
Verteiler: Honecker, Sindermann, Florin, KGB Berlin-Karlshorst (»AG«) – MfS: Schröder (weiter an HA XIX), Ablage.

Am 31.1.1973, gegen 0.51 Uhr, ereignete sich auf der Strecke zwischen den S-Bahnhöfen Südende – Lankwitz (Westberlin) ein Arbeitsunfall mit tödlichem Ausgang.

Der S-Bahnzug Ps 2764, Umlauf 2/2, überfuhr in Höhe der Teltowkanal-Brücke den Arbeiter *Kujanski,* Karl,[1] Beschäftigter der Westberliner Fa. Stahlbeton und Gleisbau, die im betreffenden Streckenabschnitt im Auftrag der Deutschen Reichsbahn[2] Gleisbauarbeiten durchführte.

Obwohl der eingesetzte Sicherungsposten der Deutschen Reichsbahn rechtzeitig das Warnsignal über das Herannahen des Zuges gegeben hatte, verblieb der Verunglückte im Gleisbereich und wurde trotz eingeleiteter Schnellbremsung überfahren.

Der S-Bahnzug wurde von einer Triebfahrzeugführerin des S-Bahnbetriebswerkes Berlin-Nordbahnhof gefahren.

Zur Untersuchung des Unfalls trafen gegen 2.15 Uhr die Angehörigen der Transport-Kriminalpolizei,[3] Amt Nordbahnhof, Oberleutnant *Pohl*[4] und Leutnant *Daedelow*[5] am Unfallort ein, wo sich bereits Angehörige der Bahnpolizei (Angehörige der Deutschen Reichsbahn),[6] ca. zehn Angehörige der

1 Karl Kujanski, weitere Angaben zur Person konnten nicht ermittelt werden.

2 In der SBZ bzw. DDR war die Staatsbahn unter ihrer ursprünglichen Bezeichnung »Deutsche Reichsbahn« fortgeführt worden. Die von der DDR betriebene Deutsche Reichsbahn verfügte aufgrund von Vereinbarungen der Siegermächte auch über das Verkehrsrecht in Westberlin. Daher wurde die Westberliner S-Bahn bis 1984 von der Deutschen Reichsbahn betrieben.

3 Die Transport-Kriminalpolizei war Teil der Transportpolizei in der DDR, welche als Dienstzweig der Deutschen Volkspolizei für die Sicherheit und Überwachung des Verkehrswesens auf dem Schienennetz und den Bahnhöfen der Deutschen Reichsbahn zuständig war.

4 Rudi Pohl, Jg. 1927, Transportkriminalpolizist, weitere Angaben zur Person konnten nicht ermittelt werden.

5 Wolfgang Daedelow, Jg. 1935, Transportkriminalpolizist, weitere Angaben zur Person konnten nicht ermittelt werden.

6 Die neugegründete Bahnpolizei löste 1962 die bis dahin auf den Reichs- und S-Bahnterritorien eingesetzte DDR-Transportpolizei ab. Sie konstituierte sich in der Regel aus Westberlinern, die der DDR nahestanden. Ihre Aufgabe bestand in der Sicherung des Personen- und Güterverkehrs auf der Strecke sowie im Schutz der Bahngelände und technischen Einrichtungen. Im Falle auftretender Straftaten oder straftatrelevanter Vorkommnisse hatten sie gemäß der DO der Bahnpolizei diese unverzüglich der DDR-Transportkriminalpolizei zu

Westberliner Polizei[7] und annähernd zwanzig Westberliner Feuerwehrleute aufhielten.

Bei ihrem Eintreffen wurde ihnen von einem Angehörigen der Westberliner Polizei sofort jegliche Tatortuntersuchung verboten.[8]

Die Angehörigen der Transport-Kriminalpolizei verließen daraufhin unter Protest den Unfallort und begaben sich zum S-Bahnhof Südende, wo sie in der Fahrkartenausgabe die betreffende Triebfahrzeugführerin (DDR-Bürgerin) einer kurzen Befragung unterziehen konnten.

In der Zwischenzeit war die Unfallstelle durch Angehörige der Westberliner Schutzpolizei abgesperrt worden.

Die Beschäftigten der Deutschen Reichsbahn wurden von diesen an der Ausübung der notwendigen Maßnahmen widerrechtlich gehindert. Forderungen des zuständigen Dienstvorstehers [Name 1] zur Freigabe der Strecke wurden abgelehnt. Als Begründung wurde angegeben, dass die Westberliner Polizei noch auf einen Fotografen warten muss.

Gegen 3.45 Uhr wurde bekannt, dass die genannten Genossen der Transport-Kriminalpolizei durch Angehörige der Westberliner Polizei in den Räumen des S-Bahnhofes Südende durchsucht, festgenommen und anschließend vom Reichsbahngelände geführt wurden.

Der Genosse Oberleutnant der K, *Pohl,* teilte gegen 4.43 Uhr telefonisch über Westberliner Postapparat der Bahnpolizeiwache Berlin-Zoologischer Garten mit, dass er und *Daedelow* sich auf dem Westberliner Polizeirevier 193 in Haft befinden und um Einleitung entsprechender Maßnahmen bitten.

Durch Angehörige der Bahnpolizei wurde bekannt, dass ein Westberliner Staatsanwalt am Ereignisort eingetroffen war und von ihm um 4.49 Uhr das Gleis freigegeben wurde.

Aufgrund des Anrufes des *Pohl* wurde von der zuständigen Dienststelle veranlasst, dass die am Ereignisort anwesenden Bahnpolizisten zum Sachverhalt ausführlich befragt werden.

melden. Vgl. Ciesla, Burghard: Als der Osten durch den Westen fuhr. Die Geschichte der Deutschen Reichsbahn in Westberlin. Köln, Weimar, Wien 2006.

7 Die Westberliner Polizei hatte die Befugnis, die Gelände der Reichsbahn und der S-Bahn zu betreten, während ihnen Bereiche der technischen Einrichtungen und der allgemein für die Öffentlichkeit gesperrten Areale grundsätzlich versperrt blieben.

8 Die Kompetenzabgrenzung zwischen Bahnpolizei und Westberliner Polizei wurde u. a. durch eine Berlin Kommendatura Order (BK/O) der Westalliierten geregelt. Diese besagte, dass die Bahnpolizei zwar auf den Westberliner Territorien der Reichs- und S-Bahn Personen festnehmen konnte, die festgenommenen Personen allerdings unverzüglich an die Westberliner Polizei zu übergeben hatte. Dies wiedersprach jedoch der DDR-Dienstanordnung der Bahnpolizei, der gemäß im Falle von Straftaten oder strafrechtlich relevanten Vorfällen augenblicklich die DDR-Transportkriminalpolizei zu verständigen war. Das Erscheinen der DDR-Transportpolizei stellte allerdings wiederum einen Verstoß gegen die BK/O dar und wurde in Westberlin als Tatbestand der »Amtsanmaßung« strafrechtlich verfolgt. Vgl. Ciesla, Burghard: Als der Osten durch den Westen fuhr. Die Die Geschichte der Deutschen Reichsbahn in Westberlin. Köln, Weimar, Wien 2006, S. 50–53.

Eine erste Befragung des Angehörigen der Bahnpolizei [Name 2] bestätigte die bisher vorliegenden Angaben. Er berichtete weiter, dass die Angehörigen der Westberliner Schutz- und Kriminalpolizei in anmaßender und provokatorischer Form gegenüber den Angehörigen der Transport-Kriminalpolizei, der Bahnpolizei und der Deutschen Reichsbahn auftraten.

Nach seinen Schilderungen sind die Angehörigen der Transport-Kriminalpolizei ständig von Angehörigen der Westberliner Schutzpolizei bewacht worden und waren deshalb nicht in der Lage, ihre Tätigkeit auszuführen. Zur eigentlichen Festnahme gab er an, dass die sich im Dienstraum der Aufsicht des S-Bahnhofes Südende aufhaltenden Genossen *Pohl* und *Daedelow* einzeln aus dem Dienstraum geholt wurden, sich mit dem Gesicht zur Wand drehen und die Hände an die Wand legen mussten. In dieser Stellung erfolgte eine Leibesvisitation. Danach wurden sie einzeln vom Bahnsteig geführt. Über den Abtransport liegen bisher keine Angaben vor. Die mitgeführten Taschen und Fotoausrüstungsgegenstände wurden ebenfalls von der Westberliner Polizei mitgenommen.

Genosse Oberleutnant *Pohl* und Leutnant *Daedelow* befinden sich zurzeit noch in Haft.

Es wird vorgeschlagen, über die Verbindung Genosse Dr. *Mitdank*[9] – Dr. *Struve*[10] beim Westberliner Senat offiziell schärfsten Protest zu erheben und die sofortige Freilassung der festgenommenen Angehörigen der Transport-Kriminalpolizei zu fordern.

Dabei sollte auch unmissverständlich zum Ausdruck gebracht werden, dass sich die DDR weitere Schritte zur Wahrung ihrer Hoheitsrechte und zum Schutz ihrer in Berlin (West) tätigen Bürger vor Übergriffen vorbehält.[11]

9 Joachim Mitdank, Jg. 1931, Diplomat, 1947 SED-Beitritt, ab 1956 Mitarbeiter im MfAA, 1960–62 Leiter der Abteilung Bundesrepublik Deutschland des MfAA, 1965 Sektorenleiter Bundesrepublik Deutschland im MfAA, 1966–68 wissenschaftlicher Mitarbeiter im Büro des Ministerrates der DDR, ab 1968 Abteilungsleiter Westberlin und Bundesrepublik Deutschland im MfAA, 1978–82 DDR-Botschafter in Finnland, 1983–89 Abteilungsleiter im MfAA für Nordeuropa und Großbritannien, 1989/90 DDR-Botschafter in Großbritannien und Irland.

10 Günter Struve, Jg. 1940, Journalist, 1962 SPD-Beitritt, ab 1964 Reden- und Artikelschreiber des Regierenden Bürgermeisters Westberlins Willy Brandt, 1966–81 ebenda Sprecher, ab 1967 Büroleiter des Regierenden Bürgermeisters Westberlins Klaus Schütz, 1970/71 Mitglied der Senatskommission über Verhandlungen zum Berliner Viermächte-Abkommen, ab 1973 Senatssprecher und Leiter des Berliner Presse- und Informationsamtes, ab 1979 Senatsdirektor für kulturelle Angelegenheiten, 1985–92 Programmdirektor Fernsehen beim WDR, 1992–2008 ARD-Programmdirektor.

11 Die DDR-Presse berichtete über diesen Vorfall. Vgl. u. a. Scharfer Protest gegen Willkürakt Westberliner Polizeiangehöriger. In: ND v. 1.2.1973, S. 2. Auch die bundesrepublikanische Presse meldete den Sachverhalt. Vgl. Müller, Rudolf: Festgenommene Trapos bleiben weiter in Haft. In: BZ v. 1.2.1973, S. 1; Politischer Eingriff nach S-Bahn-Unglück. Ost-Kripo wollte Aussagen vor der Polizei verbieten. In: Berliner Morgenpost v. 1.2.1973, S. 3. Pohl und Daedelow wurden am 2.2.1973 aus dem Gefängnis Berlin-Moabit entlassen. Das Amtsgericht Tiergarten erließ gegen sie einen Strafbefehl mit einer Geldstrafe von 1 500 DM. Vgl. BArch, DP 3/3309.

1. Februar 1973

Information Nr. 102/73 über die Zerschlagung einer Gruppe jugendlicher Terroristen im Kreis Apolda, Bezirk Erfurt

Quelle: BArch, MfS, ZAIG 2128, Bl. 1–8 (6. Expl.).
Serie: Informationen.
Verteiler: Honecker, Sindermann, Scheibe – MfS: Schröder (weiter an HA XVIII), HA IX, Ablage.
Vermerk: Zusätzlicher Datumsstempel im Dokumentenkopf allerdings mit falschem Jahr »1. Feb. 1972«.

Seit Mitte 1970 waren im Stadtgebiet von Apolda, Bezirk Erfurt, von zunächst trotz intensiver Ermittlungen unerkannt gebliebenen Tätern vorsätzlich Betriebe in Brand gesetzt, Großvieh vergiftet, faschistische Symbole und Hetzlosungen geschmiert sowie durch anonyme Anrufe bei Betrieben und staatlichen Organen die Begehung von Gewaltakten angedroht worden.

Im Verlauf der Aufklärung des Großbrandes im VEB Jenapharm, Laborchemie Apolda,[1] am 1.5.1972, konnte am 5.5.1972 durch das MfS der wegen Widerstandes einschlägig vorbestrafte [Name 1, Vorname], 20 Jahre alt, zuletzt Lagerarbeiter im VEB Jenapharm, Laborchemie Apolda, als Brandstifter überführt werden.

Aufgrund seiner Aussagen wurden am 12.5.1972 [Name 2, Vorname], 20 Jahre alt, zuletzt Lagerarbeiter im VEB Jenapharm, Laborchemie Apolda, am 24.8.1972 [Name 3, Vorname], 19 Jahre alt, zuletzt Beifahrer im Kombinat für Milchwirtschaft Weimar, Betriebsteil Apolda, am 31.8.1972 [Name 4, Vorname], 22 Jahre alt, zuletzt Krempler im VEB Textilreißerei Apolda, vorbestraft wegen ungesetzlichem Grenzübertritt, Rowdytum und Gefährdung der öffentlichen Ordnung durch asoziales Verhalten, alle wohnhaft in Apolda, als Mittäter ermittelt und festgenommen.

Die vom MfS durchgeführten Untersuchungen ergaben, dass die Beschuldigten auf der Grundlage einer nachweislich staatsfeindlichen Zielstellung folgende Verbrechen begingen:

In der Nacht vom 9. zum 10.7.1970 vernichtete [Name 1] durch Brandstiftung im VEB Lederwaren Apolda einen Lagerschuppen mit Rohmaterialien für die Konsumgüterproduktion, wodurch ein Schaden von ca. 36 000 Mark entstand.

Anfang Januar 1971 brannte [Name 1] gemeinsam mit [Name 2] zur Nachtzeit im Stadtgebiet Apolda vier Wohnlauben nieder und versuchte bei

1 Der 1951 in Jena gegründete pharmazeutische VEB »Jenapharm« war aus einer Produktionsstätte für Penicillin hervorgegangen. Das Unternehmen ist spezialisiert auf die pharmazeutische Forschung und Produktion im Bereich der Hormontherapie sowie Verhütung. Der VEB »Laborchemie Apolda« gehörte dem VEB Jenapharm an und war spezialisiert auf die Herstellung von Industrie- sowie Feinchemikalien.

weiteren drei ebenfalls eine Brandlegung. Der eingetretene Schaden belief sich auf ca. 6 000 Mark.

Im April 1971 drang [Name 1] in Brandlegungsabsicht zweimal in den Stallkomplex des Volkseigenen Gutes Apolda ein. Von diesem Vorhaben nahm er zwar Abstand, vergiftete jedoch durch Ausstreuen elementaren Phosphors einen Teil des Schaf- und Rinderbestandes. Dem VEG entstand ein Schaden von ca. 184 000 Mark.

Am Abend des 19.1.1972 setzten [Name 1] und [Name 4] den damals halbstaatlichen Textilbetrieb A. P. *Ludwig* in Apolda in Brand. Dadurch brachten sie bewusst das Leben von zwölf Bürgern in unmittelbare Gefahr und vernichteten Produktionseinrichtungen und Wohnungen im Wert von ca. 700 000 Mark. Der Folgeschaden durch Produktionsausfall betrug 1,8 Millionen Mark.

In der Nacht vom 27. zum 28.4.1972 drangen [Name 1] und [Name 4] in den für die Herstellung hochwertiger Konsumgüter wichtigen Betrieb VEB Apoldaer Strick- und Wirkwaren ein, um im Versandraum Feuer zu legen und Strickwaren im Werte von 3,6 Millionen Mark zu vernichten. Die sie bei der Brandlegung überraschenden zwei Betriebsschutzangehörigen schlugen die Täter brutal nieder und verletzten sie.

Am 1. Mai 1972 legte [Name 1], auf eine möglichst hohe ideelle und materielle Schadenswirkung bedacht, einen Brand im VEB Jenapharm, Laborchemie Apolda. Durch das entstandene Großfeuer wurden volkswirtschaftlich wichtige Rohstoffe sowie vier Lagerbaracken im Wert von ca. 1,8 Millionen Mark vernichtet.

Parallel zu den Brandlegungen drohten [Name 1], [Name 4] und [Name 3] insbesondere im Frühjahr 1972 durch eine Vielzahl anonymer Anrufe bei staatlichen Dienststellen und Betrieben die Durchführung von Gewaltakten an. Entsprechend vorher getroffenen Vereinbarungen setzten [Name 4] und [Name 3] diese Handlungen nach der Inhaftierung des [Name 1] fort.

Im Zeitraum von 1970 bis Mai 1972 schmierte [Name 1] im Stadtkern von Apolda unter teilweiser Einbeziehung der anderen Beschuldigten planmäßig in mindestens 14 Fällen ca. 75 faschistische Symbole und zwei Hetzlosungen an.

Bei der Durchführung der einzelnen Straftaten setzten sich die Beschuldigten über alle Verhaltensnormen hinweg. Sie gefährdeten bei den Brandstiftungen skrupellos das Leben von Menschen, die z. T. mit Rauchvergiftungen und Verletzungen nur unter Einsatz des eigenen Lebens von Angehörigen der Feuerwehr gerettet werden konnten.

Bei der Bekämpfung der von den Beschuldigten gelegten Brände, von denen einige Katastrophencharakter anzunehmen drohten, erlitt ein Angehöriger der Feuerwehr schwere Verletzungen, 24 mussten wegen hochgradiger Rauchvergiftung behandelt werden und ein Feuerwehrmann verstarb infolge Überanstrengungen beim Brandeinsatz.

Der von den Tätern verursachte unmittelbare Schaden beträgt über 2,7 Millionen Mark, der insbesondere durch Produktionsausfall und Vernichtung von Rohstoffen entstandene Folgeschaden liegt bei Weitem höher.

Im Rahmen der gegen die Beschuldigten geführten Untersuchungen wurden darüber hinaus [Name 3], [Name 1] und [Name 4] der Durchführung einer Vielzahl krimineller Straftaten überführt.

Diese begingen sie allein, gemeinsam beziehungsweise im Zusammenwirken mit einer weiteren Gruppe mehrfach vorbestrafter Jugendlicher und Jungerwachsener in Apolda, welche inzwischen aufgeklärt und zerschlagen wurde. (Gegen bisher vier Personen der letztgenannten Gruppe erfolgte die Einleitung von Ermittlungsverfahren mit Haft, die von der zuständigen Volkspolizeidienststelle bearbeitet werden.) Von beiden Gruppierungen wurden entsprechend dem gegenwärtigen Untersuchungsstadium etwa 120 Straftaten, insbesondere vorsätzliche Körperverletzungen, Diebstähle von sozialistischem und persönlichem Eigentum, rowdyhafte Handlungen und unbefugtes Benutzen von Kraftfahrzeugen begangen.

Bei den Beschuldigten handelt es sich um Jugendliche, die in zerrütteten familiären Verhältnissen aufwuchsen.

Infolge Fehlens positiver Erziehungseinflüsse und Vorbildwirkungen der fast ausnahmslos getrennt lebenden, asozial anfälligen und teils verwahrlosten Eltern bildeten sich bei den Beschuldigten frühzeitig parasitär-kriminelle Lebensauffassungen wie Arbeitsscheu, Schmarotzertum und Lebensverachtung heraus. Aufgrund ihres ausgeprägten Lernunwillens erreichten sie weder das Ziel der Grundschule noch erlernten sie einen Beruf, weshalb sie nach der Schulentlassung in verschiedenen Betrieben lediglich Anstellung als Lager- bzw. Transportarbeiter fanden.

Wegen Arbeitsbummelei, ungenügender Leistung und rowdyhaften Verhaltens mussten die Beschuldigten seitens der Betriebsleitungen mehrfach disziplinarisch zur Verantwortung gezogen werden.

Der Beschuldigte [Name 1], wegen seiner Fehlentwicklung und seines Besserungsunwillens in Spezialkinderheime und später in einen Jugendwerkhof eingewiesen, verschloss sich auch dort jeglicher erzieherischer Einflussnahme, suchte Kontakt zu insbesondere politisch negativ eingestellten Personen und gelangte dadurch zu einer staatsfeindlichen Einstellung.[2]

Aufgrund dieser politischen Grundhaltung fasste er nach seiner im Februar 1970 erfolgten Entlassung aus dem Jugendwerkhof den Entschluss, Ver-

2 Spezialkinderheime und Jugendwerkhöfe gehörten ab 1965 dem Spezialheimwesen an. Sie dienten der Unterbringung und (Um-)Erziehung von Kindern (Spezialkinderheime) im Alter von sechs bis 16 Jahren und Jugendlichen im Alter von 14 bis 20 Jahren (Jugendwerkhöfe), die straffällig geworden oder als »schwer erziehbar« bzw. »verhaltensgestört« eingestuft worden waren. Mithilfe ideologischer Schulungen, militärischer Umgangsformen, körperlicher Arbeit und einem rigiden System aus Strafen und Kontrollen, oftmals ergänzt durch die Anwendung von Gewalt, sollten die Insassen zu »sozialistischen Persönlichkeiten« umerzogen und somit dazu gebracht werden, sich reibungslos und ideologisch konform in das »Kollektiv« einzufügen. Vgl. Mützel, Philipp: DDR-Heimkinder und das Recht auf Rehabilitierung. In: Baumgart, Benjamin u. a.: Zwischen Marginalisierung und Anerkennung. Eine Bestandsaufnahme zur Aufarbeitung der Heimerziehung in der DDR. Leipzig 2018. S. 53–193, hier 56 f.

brechen gegen die Deutsche Demokratische Republik zu begehen, um damit Widerstand gegen die sozialistische Staats- und Gesellschaftsordnung zu bekunden und andere Personen zu gleichartigen Handlungen aufzuwiegeln. Aus der gleichen Absicht heraus suchte er zielstrebig im Kreise negativer Jugendlicher in Apolda nach solchen, die zur Ausführung einer staatsfeindlichen Tätigkeit geeignet und bereit waren. Auf diese Weise brachte er ab Sommer 1970 seine damaligen Arbeitskollegen [Name 2] und [Name 3] sowie den ihm bekannten [Name 4] unter seinen Einfluss.

Entsprechend seiner Absicht gelang es ihm, die Genannten zu einer Terrorgruppe zusammenzuschließen mit dem Ziel, durch gemeinsames, organisiertes und arbeitsteiliges Wirken zur Schädigung der sozialistischen Verhältnisse in der DDR beizutragen. Als Hauptmethoden schlug [Name 1] Brandstiftungen in Großbetrieben und das Anbringen faschistischer Symbole vor, womit er gleichzeitig Unruhe unter der Bevölkerung hervorrufen und die Existenz einer faschistischen Widerstandsorganisation vortäuschen wollte.

Nachdem sich alle Beschuldigten auf der Grundlage ihrer feindlichen Einstellung mit der terroristischen Zielsetzung identifiziert hatten, war ihr weitgehend auf Initiative [Name 1] basierendes Wirken von einer zunehmenden Konspirierung, einer bewussteren Auswahl der Angriffsobjekte zur Erreichung möglichst hoher ideeller und materieller Schäden und einer zunehmenden Intensität koordiniert durchgeführter Straftaten gekennzeichnet.

Bei der Aufklärung der Verbrechen der Beschuldigten [Name 1], [Name 4], [Name 2] und [Name 3] wurden eine Vielzahl von Missständen, darunter von Verletzungen der sozialistischen Gesetzlichkeit, seitens verantwortlicher Leiter bzw. Mitarbeiter der geschädigten Betriebe festgestellt.

Im Wesentlichen handelt es sich dabei um

- unzureichende Sicherung der Betriebe,
- Verstöße gegen das Giftgesetz[3] und die Festlegungen dazu erlassener Durchführungsbestimmungen,
- Verletzungen der gesetzlichen Bestimmungen des Brandschutzes, des Arbeits- und Gesundheitsschutzes sowie
- Verstöße gegen Weisungen des Geheimnisschutzes.

Im Verlaufe der daraufhin vom Bezirksstaatsanwalt Erfurt im Zusammenwirken mit dem MfS in weiteren Betrieben, vorwiegend des Kreises Apolda, durchgeführten Überprüfungen wurden im Wesentlichen die gleichen Feststellungen getroffen.

Gegen die Verletzungen der sozialistischen Gesetzlichkeit legte der Staatsanwalt des Bezirkes Erfurt Protest bei den dafür verantwortlichen wirtschaftsleitenden Organen ein, erteilte zur Wiederherstellung beziehungsweise Ein-

3 Vgl. Gesetz über den Verkehr mit Giften (»Giftgesetz«) v. 6.9.1950. In: GBl. 1950, S. 977–988.

haltung der sozialistischen Gesetzlichkeit dienende Auflagen und führte Kontrollen bezüglich ihrer Erfüllung durch.

Gleichzeitig gab er dem Rat des Kreises Apolda sowie den verantwortlichen VVB Empfehlungen zur besseren Durchsetzung der sich aus staatlichen Regelungen ergebenden Kontrollverpflichtungen und zur Wahrnehmung verbindlich festgelegter Verantwortlichkeiten.

Aufgrund der Verbrechen wurde gegen alle Beschuldigten am 29.1.1973 vor dem Ersten Strafsenat des Bezirksgerichtes Erfurt Anklage wegen Terror[4] im besonders schweren Fall, schwerer Brandstiftung[5] und staatsfeindlicher Hetze[6] – gegen [Name 1] und [Name 4] darüber hinaus wegen Diversion im schweren Fall[7] – erhoben.

Seitens des Anklagevertreters ist vorgesehen, gegen [Name 1] lebenslängliche Freiheitsstrafe und gegen [Name 4], [Name 2] und [Name 3] in der Reihenfolge 15, zehn und acht Jahre Freiheitsstrafe zu beantragen.

4 Der § 101 StGB – Terror – lautete: »(1) Wer es mit dem Ziel, Widerstand gegen die sozialistische Staats- oder Gesellschaftsordnung oder die Ordnung an der Staatsgrenze der Deutschen Demokratischen Republik zu leisten oder hervorzurufen, unternimmt, Sprengungen durchzuführen, Brände zu legen, Zerstörungen herbeizuführen oder andere Gewaltakte zu begehen, wird mit Freiheitsstrafe nicht unter drei Jahren bestraft. (2) In besonders schweren Fällen kann auf lebenslängliche Freiheitsstrafe oder Todesstrafe erkannt werden.« In: Ministerium der Justiz (Hg.): Strafgesetzbuch der Deutschen Demokratischen Republik – StGB. Textausgabe mit Sachregister. Berlin 1968, S. 44.

5 Der § 186 StGB – schwere Brandstiftung – lautete: »Schwere Brandstiftung wird mit Freiheitsstrafe nicht unter drei Jahren bestraft. Eine schwere Brandstiftung begeht, wer durch die Tat 1. fahrlässig den Tod oder eine schwere Körperverletzung eines Menschen verursacht oder eine Vielzahl von Menschen in unmittelbare Gefahr bringt; 2. einen besonders schweren Schaden fahrlässig verursacht; 3. die Begehung einer anderen Straftat ermöglichen oder ihre Aufdeckung verhindern will oder wer als Brandstifter das Löschen des Brandes erschwert oder verhindert.« In: Ministerium der Justiz (Hg.): Strafgesetzbuch der Deutschen Demokratischen Republik – StGB. Textausgabe mit Sachregister. Berlin 1968, S. 70.

6 Der § 106 StGB – Staatsfeindliche Hetze – lautete: »(1) Wer mit dem Ziel, die sozialistische Staats- oder Gesellschaftsordnung der Deutschen Demokratischen Republik zu schädigen oder gegen sie aufzuwiegeln, 1. Schriften, Gegenstände oder Symbole, die die staatlichen, politischen, ökonomischen oder anderen gesellschaftlichen Verhältnisse der Deutschen Demokratischen Republik diskriminieren, einführt, herstellt, verbreitet oder anbringt; [...] 4. den Faschismus oder Militarismus verherrlicht, wird mit Freiheitsstrafe von einem Jahr bis zu fünf Jahren bestraft.« In: Ministerium der Justiz (Hg.): Strafgesetzbuch der Deutschen Demokratischen Republik – StGB. Textausgabe mit Sachregister. Berlin 1968, S. 46.

7 Der § 103 StGB – Diversion – lautete: »(1) Wer es mit dem Ziel, die Volkswirtschaft, die sozialistische Staatsmacht oder die Verteidigungskraft der Deutschen Demokratischen Republik zu schädigen, unternimmt, Maschinen, technische oder militärische Anlagen und Ausrüstungen, Gebäude, Transport- oder Verkehrseinrichtungen, wirtschaftliche Rohstoffe oder Erzeugnisse, Unterlagen der Forschung und Wissenschaft oder andere, für den sozialistischen Aufbau oder für die Verteidigung wichtige Gegenstände und Materialien zu zerstören, unbrauchbar zu machen, zu beschädigen oder beiseite zu schaffen, wird mit Freiheitsstrafe nicht unter drei Jahren bestraft. (2) In besonders schweren Fällen kann auf lebenslängliche Freiheitsstrafe oder Todesstrafe erkannt werden.« In: Ministerium der Justiz (Hg.): Strafgesetzbuch der Deutschen Demokratischen Republik – StGB. Textausgabe mit Sachregister. Berlin 1968, S. 45.

Am Prozess nimmt auf Vorschlag des MfS ein ausgewählter Kreis von Sicherheitsbeauftragten, verantwortlichen wirtschaftsleitenden Funktionären und Mitarbeitern staatlicher Organe teil.

2. März 1973

Information Nr. 196/73 über die Ausschleusung von zehn DDR-Bürgern durch eine Menschenhändlerorganisation nach der BRD

Quelle: BArch, MfS, ZAIG 2122, Bl. 4–11 (4. Expl.).
Serie: Informationen.
Verteiler: Honecker – MfS: Schröder, Kienberg (durch HA XX), Ablage, Beater (2 × ohne Exemplar-Nr.), Fiedler.

Im Ergebnis der Überprüfungen des MfS handelt es sich bei dem in der Westpresse vom 28.2.1973 publizierten Fall[1] des gelungenen ungesetzlichen Verlassens der DDR durch zehn Bürger der DDR[2] um folgende Personen:

1. Dr. med. *Harasim,* Annelies[3] geboren [Tag, Monat] 1934, wohnhaft gewesen in Leipzig, Abteilungsärztin in der Kinderklinik des Bezirkskrankenhauses St. Georg, Leipzig, parteilos, Mitglied des FDGB, deren Ehemann

2. Dr. med. *Harasim,* Horst,[4] geboren [Tag, Monat] 1935, wohnhaft gewesen wie oben, Oberarzt in der Infektionsklinik des Bezirkskrankenhauses St. Georg, Leipzig, parteilos, Mitglied des FDGB und deren Kinder

3. [Name 1, Vorname 1], geboren [Tag, Monat] 1960,

4. [Name 1, Vorname 2], geboren [Tag, Monat] 1965, sowie um

5. [Name 2, Vorname 1], geboren am [Tag, Monat] 1941, wohnhaft gewesen in Holzhausen, Kreis Leipzig, [Straße, Nr.], Facharzt für Innere Krankheiten in der Poliklinik [Ort], Landkreis Leipzig, parteilos, Mitglied des FDGB, und dessen Ehefrau

6. [Name 2, Vorname 2], geboren am [Tag, Monat] 1941, wohnhaft gewesen wie Ehemann, Facharzt für Innere Krankheiten in der Poliklinik Leipzig/Südost, parteilos, Mitglied des FDGB.

(Der Vater der [Name 2], *Kockel,* Bernhard[5] geboren am [Tag, Monat] 1909, war Physik-Professor an der Karl-Marx-Universität Leipzig und ver-

1 Vgl. Zehn DDR-Bewohner geflüchtet. Über Österreich nach Bayern – Keine weiteren Einzelheiten mitgeteilt. In: Der Tagesspiegel v. 28.2.1973, S. 1.

2 Laut Auskunft von Reinhard Laszig vom 24.5.2024 flohen nicht zehn, sondern 15 Personen.

3 Annelies Harasim, Jg. 1934, Medizinerin, 1961–64 Ärztin an der Kinderklinik Leipzig, 1964–73 Abteilungsärztin in der Kinderklinik des Bezirkskrankenhauses St. Georg in Leipzig, 1973 Flucht.

4 Horst Harasim, Jg. 1935, Mediziner, 1959–61 ärztliche Tätigkeit im Vogtland, 1959/60 Assistent am Bezirkskrankenhaus Plauen, 1960/61 Arzt an der Großpoliklinik 1 in Plauen und am Landambulatorium Schöneck, 1961–73 Facharzt im Bezirkskrankenhaus St. Georg in Leipzig, ab 1967 ebenda Oberarzt der Klinik für Infektionskrankheiten, 1973 Flucht, 1973–77 Chefarzt der Inneren Abteilung des Kreiskrankenhauses Bad Königshofen, ab 1977 Leiter der Vertrauensärztlichen Dienststelle Bad Kissingen der Landesversicherungsanstalt Unterfranken.

5 Im Original: »Krockel«. Bernhard Kockel, Jg. 1909, Physiker, bis 1933 Mitglied der Sozialistischen Studentenschaft, 1933/34 Hilfsassistent an der Universität Leipzig, 1934 Entlassung aus politischen Gründen, 1934–36 Privatassistent bei Werner Heisenberg in Leipzig, 1937–42 wissenschaftlicher Mitarbeiter am Forschungsinstitut der AEG, 1946 SED-Beitritt, 1945–47

ließ im Jahre 1961 ungesetzlich die DDR. Gegenwärtig ist er am Physikalischen Institut der Universität Gießen als Professor tätig.)

Bei den anderen Personen handelt es sich um

7. [Name 3, Vorname], geboren [Tag, Monat] 1955, wohnhaft gewesen in Berlin-Köpenick, [Straße, Nr.], Lehrling für Physiotherapie an der Fachschule für Physiotherapie Berlin-Mitte, Mitglied der FDJ, des FDGB und der DSF,

8. *Laszig*, Roland[6] geboren [Tag, Monat] 1951, wohnhaft gewesen in Berlin-Buch, [Straße, Nr.], Medizinstudent im dritten Studienjahr an der Humboldt-Universität Berlin,

9. *Laszig* , Reinhard[7] geboren [Tag, Monat] 1948, wohnhaft gewesen wie unter 8., Medizinstudent im fünften Studienjahr an der Humboldt-Universität und dessen Ehefrau

10. *Laszig*, geb. Schubert, Jutta[8] geboren [Tag, Monat] 1947, wohnhaft gewesen in Berlin-Pankow, [Straße, Nr.], Medizinstudentin im sechsten Studienjahr an der Humboldt-Universität Berlin.

Der Vater bzw. Schwiegervater der drei vorgenannten Personen, *Laszig*, Günter,[9] ist Chefarzt im Bezirkskrankenhaus Berlin-Weißensee.

Nach den bisherigen Untersuchungsergebnissen wurden die genannten Personen durch eine Menschenhändlerbande[10] nach der BRD ausgeschleust.

Lehrer in Berlin, 1947–49 Assistent am Theoretisch-physikalischen Institut der Universität Leipzig, 1949–59 Professur an der Universität Leipzig, 1959–61 Mitarbeiter der DAW in Berlin, 1962–74 Professur an der Universität Gießen.

6 Roland Laszig, Jg. 1951, Mediziner, 1970–73 Medizinstudium an der HU Berlin, 1973 Flucht, 1973–76 Medizinstudium an der Universität Hamburg, ab 1976 Klinik der Bundesversicherungsanstalt Bad Steben, später Medizinalassistent im Bethanienkrankenhaus Frankfurt/Main, ab 1978 Facharztausbildung im Marienkrankenhaus in Hamburg, 1983 Promotion, 1984–93 Assistenz der HNO-Klinik der Medizinischen Hochschule Hannover, später ebenda Oberarzt und zuletzt leitender Oberarzt, ab 1993 Professur an der Universität Freiburg und geschäftsführender Direktor der Universitätsklinik für HNO und Poliklinik Freiburg, 2005 Bundesverdienstkreuz am Bande.

7 Reinhard Laszig, Jg. 1948, Mediziner, bis 1973 Medizinstudium an der HU Berlin, 1973 Flucht, ab 1973 Medizinstudium und Facharztausbildung u. a. an der Universität Hamburg, anschließend Assistenzzeit am Universitätsklinikum Eppendorf und Krankenhaus Bethanien, anschließend Oberarzt im Albertinen-Krankenhaus Hamburg, danach leitender Arzt der urologischen Reha-Klinik Senator Neumann-Haus, ab 1988 niedergelassener Urologe in Kiel.

8 Jutta Laszig, Jg. 1947, Medizinerin, weitere Angaben zur Person konnten nicht ermittelt werden.

9 Günter Laszig, Jg. 1926, Mediziner, Kriegsdienst und sowjetische Gefangenschaft, anschließend Hilfsarbeiter, 1950–56 Medizinstudium in Greifswald und Berlin, ab 1960 Facharzt für Anästhesie im Hufeland-Krankenhaus Berlin-Buch, später Chefarzt am Krankenhaus Berlin-Weißensee, 1978 Freikauf in die Bundesrepublik, anschließend Anästhesist im Rot-Kreuz-Krankenhaus Bremen, anschließend bis 1988 Anästhesist im Albertinen-Krankenhaus Hamburg.

10 Als Menschenhändlerorganisation, -zentrale oder -bande wurden in der DDR Gruppen von Menschen bezeichnet, die die Flucht von Personen aus der DDR organisierten. Ihr Handeln

Im Verlaufe der Untersuchungen wurden Verdachtshinweise auf eine Ausschleusung mittels verfälschter Pässe unter Ausnutzung des Reiseverkehrs über andere sozialistische Staaten; mittels eines zollverschlusssicheren (verplombten) Kraftfahrzeuges, das speziell zu Schleusungszwecken hergerichtet wurde, unter Ausnutzung und Missbrauch des Transitabkommens[11] erarbeitet, an deren Überprüfung intensiv gearbeitet wird.

In diesem Zusammenhang wird vom MfS darauf hingewiesen, dass in der letzten Zeit verstärkt Handlungen bestimmter Bürger der DDR festgestellt wurden, vorwiegend mithilfe und Unterstützung von Menschenhändlerorganisationen, aber auch durch persönliche Unterstützung ihrer in der BRD bzw. in Westberlin lebenden Verwandten und Bekannten, die DDR ungesetzlich zu verlassen.

Charakteristisch für die dabei in Erscheinung getretenen Personen und Personenkreise ist ein verhältnismäßig hoher Anteil beruflich hochqualifizierter Bürger (besonders Ärzte, medizinisch-technisches Personal, Diplom-Ingenieure, Ingenieure, Lehrer an EOS und Studenten an Universitäten).

Im Zeitraum vom 1.1.1973 bis 28.2.1973 wurden durch das MfS *38*[12] Bürger der DDR festgenommen, die unter größtenteils direkter Beteiligung von Menschenhändlerbanden versucht hatten, die DDR ungesetzlich zu verlassen.

Durch das MfS wurden ferner im Zeitraum vom 1.1.1973 bis 28.2.1973 insgesamt *16*[13] Bürger der BRD, anderer nichtsozialistischer Staaten und Westberlins festgenommen, die überwiegend im Auftrag von Menschenhändlerbanden versuchten, Bürger der DDR über die Transitwege nach der BRD bzw. Westberlin auszuschleusen.

Die bisher dazu vorliegenden Untersuchungsergebnisse lassen erkennen, dass professionelle Menschenhändlerbanden und andere gedungene Elemente, die größtenteils aus Gewinnsucht handeln, große Anstrengungen unternehmen, um umfangreiche Ausschleusungen von DDR-Bürgern zu organisieren und durchzuführen.

Besondere Aktivitäten entwickelten in der jüngsten Zeit die in Westberlin ansässigen und mit Duldung und Unterstützung staatlicher Dienststellen

wurde in der DDR als staatsfeindlicher Menschenhandel und organisiertes Verbrechen strafrechtlich verfolgt.

11 Das am 3.6.1972 in Kraft getretene Transitabkommen regelte den Schifffahrts-, Bahn- und Straßenverkehr zwischen der Bundesrepublik und Westberlin. Ziel war eine schnellere und humanere Durchführung der Grenzkontrollen und Visavergaben. Der Verkehrsvertrag war die erste Vereinbarung, die im Rahmen der Entspannungspolitik der Regierung Brandt/Scheel auf Regierungsebene zwischen der Bundesrepublik und der DDR abgeschlossen wurde. Vgl. Bekanntmachung über das Inkrafttreten des Abkommens zwischen der Regierung der Deutschen Demokratischen Republik und der Regierung der Bundesrepublik Deutschland über den Transitverkehr von zivilen Personen und Gütern zwischen der Bundesrepublik Deutschland und Berlin (West) v. 3.6.1972. In: GBl. II 1972, S. 349–354.

12 Zahl im Original handschriftlich unterstrichen.

13 Zahl im Original handschriftlich unterstrichen.

wirkenden Menschenhändlerorganisationen Herschel,[14] Fuchs,[15] Jensch,[16] Dawid,[17] Wordel[18] und Löffler[19] sowie das von Zürich aus operierende Menschenhändlerunternehmen Caropa-AG.[20] Für derartige Schleusungsvorhaben erhalten die Schleuser von ihren Auftraggebern in Westberlin bzw. in der BRD »Kopfprämien« bis zu 20 000 DM.

Die Menschenhändlerbanden und deren Helfershelfer wenden ständig neue, raffiniert getarnte und hinterhältige Mittel und Methoden an, um das auf der Grundlage des Transitabkommens praktizierte erleichterte und vereinfachte Kontroll- und Abfertigungsregime an den Grenzübergangsstellen der DDR zu missbrauchen bzw. um unter Ausnutzung des Reiseverkehrs nach anderen sozialistischen Staaten, besonders mittels des sogenannten Passabtausches,[21] die Kontrollorgane der sozialistischen Staaten zu täuschen und die Sicherungsmaßnahmen zu unterlaufen.

Hinsichtlich der Ausnutzung des Transitabkommens erfolgen dabei gegenwärtig besonders Handlungen und Versuche der Organisierung und

14 Hasso Herschel, Jg. 1935, Fluchthelfer, 1953 Teilnahme am Aufstand in Dresden und anschließend kurze Haft, 1955–60 erneut Haft, 1961 Flucht aus der DDR, 1962–72 Fluchthelfer u. a. mithilfe von selbst gegrabenen Tunneln, umgebauten Autos oder gefälschten Pässen.

15 Wolfgang Fuchs, Jg. 1939, Fluchthelfer, 1953–57 Lehrling und später Facharbeiter in der optischen Betriebsleitung des VEB Carl Zeiss Jena, 1957 Flucht aus der DDR, 1962–68 Fluchthelfer erst für Familienangehörige, dann auch für andere Fluchtwillige u. a. mithilfe von selbst gegrabenen Tunneln und präparierten Autos, ab 1964 auch Fluchthilfe für die Westberliner CDU bzw. für Angehörige der Exil-CDU in der DDR, ab 1967 Inhaber und Betreiber von Drogerien.

16 Im Original: »Jentsch«. Dietrich Jensch, Jg. 1932, Textilkaufmann und Kellner, bis 1961 u. a. Teppichhändler, ab 1962 Fluchthelfer, bis 1964 gemeinsam mit Albert Schütz, 1974–79 Haft in Westberlin, danach weiter Fluchthelfer.

17 Horst Dawid, Jg. 1933, Fluchthelfer und Maler, ab 1961 Betreiber eines Reisebüros in Westberlin gemeinsam mit Wolfgang Löffler, ab 1961 zunehmend Fluchthelfer, ab 1963 gemeinsam mit Löffler professioneller kommerzieller Fluchthelfer, 1966 Haft in Westberlin.

18 Kurt Wordel, Jg. 1924, Taxiunternehmer und Gastwirt, 1962–74 kommerzieller Fluchthelfer für ca. 400 DDR-Bürger, 1966 in Westberlin zeitweise inhaftiert, in den 1970er-Jahren mehrfach vorbestraft u. a. wegen Urkundenfälschung, Falschaussagen, Betrug etc.

19 Wolfgang Löffler, Jg. 1925, Fluchthelfer, ab 1961 Betreiber eines Reisebüros in Westberlin gemeinsam mit Horst Dawid, ab 1961 zunehmend Fluchthelfer, ab 1963 gemeinsam mit Dawid professioneller kommerzieller Fluchthelfer, 1966 in Westberlin zeitweise inhaftiert.

20 Die Treuhandfirma »Caropa-AG«, später »Aramco«, gehörte dem Schweizer Hans Ulrich Lenzlinger, der ab Ende der 1960er-Jahre mithilfe seiner Firma eine groß angelegte kommerzielle Fluchthilfe betrieb.

21 Bei der Methode des »Passabtauschs« buchten die Ausreisewilligen einen Flug von der DDR in ein anderes Land des Warschauer Paktes mit planmäßigem Umstieg und Zwischenaufenthalt in einem dritten Ostblockstaat. Während des Umstiegs übermittelte ihnen ein Kurier westliche Ausweise und Flugtickets samt Gepäckquittungen für eine andere Flugstrecke Richtung Bundesrepublik. Vgl. Detjen, Marion: Ein Loch in der Mauer. Die Geschichte der Fluchthilfe im geteilten Deutschland 1961–1989. München 2005, S. 161 f.

Durchführung von Schleusungen in zollverschlusssicher eingerichteten Kraftfahrzeugen.[22]

In diesem Zusammenhang wurde beispielsweise folgendes raffinierte gegnerische Vorgehen bekannt:

- In Kraftfahrzeugen werden durch Einziehen von Trenn- und Zwischenwänden Hohlräume geschaffen und getarnt, in welchen Personen untergebracht werden können,
- Kraftfahrzeuge, die zollverschlusssicher eingerichtet sind, werden mit automatisch zu verschließenden Türen bzw. Wänden versehen, hinter denen Personen versteckt befördert werden können, wobei Spezialbehandlungen nach dem Zusteigen von Personen diese Verstecke zusätzlich gegen jeden Verdacht absichern,
- zollverschlusssicher eingerichtete Spezial-Lastkraftwagen, die gefährliche Güter im Transitverkehr transportieren (z. B. Bitumen) erhalten Hohlräume zum Versteck von Personen,
- auf den Transitstrecken[23] werden zur Beförderung der zur Schleusung vorgesehenen DDR-Bürger mehrere Kraftfahrzeuge eingesetzt, werden polizeiliche Kennzeichen gefälscht und gewechselt und wird von den Transitstrecken abgewichen, um die Kontrollorgane der DDR zu täuschen.

Darüber hinaus arbeiten die Menschenhändlerbanden unverändert

- mit den verschiedenartigsten Methoden der Fälschung von Personal- und anderen Grenzübertrittsdokumenten,
- missbrauchen den Status kontrollbefreiter Personen und Kfz (Diplomaten, Angehörige der US-Besatzer in Westberlin),
- und arbeiten darüber hinaus skrupellos mit kriminellen Mitteln und Methoden, insbesondere mit Drogen zur Betäubung von Personen (Kindern) ohne Rücksicht auf die Gefährdung von Leben und Gesundheit.

22 Gemäß des sogenannten Transitabkommens Art. 6 galt: »(1) Für die Beförderung von zivilen Gütern im Transitverkehr können Transportmittel [...] benutzt werden, die vor der Abfahrt mit Zollverschlüssen, Bahn- oder Postbomben oder mit zur Verfügung gestellten amtlichen Verschlüssen [...] versehen worden sind. [...] Transportmittel, die keine Güter enthalten, können ebenfalls mit Verschlüssen versehen werden.« Bekanntmachung über das Inkrafttreten des Abkommens zwischen der Regierung der Deutschen Demokratischen Republik und der Regierung der Bundesrepublik Deutschland über den Transitverkehr von zivilen Personen und Gütern zwischen der Bundesrepublik Deutschland und Berlin (West) v. 3.6.1972. In: GBl. II 1972, S. 349–354, hier 350 f.

23 Transitstrecken waren die durch das »Transitabkommen« vom 3.6.1972 definierten Verkehrswege für den Grenzverkehr zwischen der Bundesrepublik und Westberlin. Vgl. Bekanntmachung über das Inkrafttreten des Abkommens zwischen der Regierung der Deutschen Demokratischen Republik und der Regierung der Bundesrepublik Deutschland über den Transitverkehr von zivilen Personen und Gütern zwischen der Bundesrepublik Deutschland und Berlin (West) v. 3.6.1972. In: GBl. II 1972, S. 349–354.

Bei der Ausschleusung über andere sozialistische Staaten wenden Menschenhändlerbanden vielfältige Methoden der Fälschung von Pass- und Grenzübertrittsdokumenten an. Zur Realisierung, besonders des Passabtausches, verwenden sie u. a.

- ge- und verfälschte Reisepässe der BRD,
- fingierte Diplomatenpässe,
- gefälschte Reiseanlagen für DDR-Bürger.

So wurden am 25.2.1973 durch das MfS im Zusammenwirken mit den Sicherheitsorganen der VR Ungarn nachfolgend genannte DDR-Bürger auf dem Flughafen in Budapest festgenommen, als sie versuchten, ungesetzlich die DDR zu verlassen:

Dr. Richter, Eckart,[24] geboren [Tag, Monat] 1940, wohnhaft 111 Berlin, [Straße, Nr.], Deutsche Akademie der Wissenschaften Berlin-Buch, Robert-Rössle-Klinik als Röntgenarzt, seine Ehefrau Richter, geborene [Name 4, Vorname], geboren [Tag, Monat] 1941, beschäftigt gewesen als medizinisch-technische Assistentin, deren drei Kinder (zwölf, sechs und vier Jahre alt), Dr. Richter, Jürgen,[25] geboren [Tag, Monat] 1937, wohnhaft 1055 Berlin, [Straße, Nr.], Deutsche Akademie der Wissenschaften Berlin-Buch als Klinikphysiker, seine Ehefrau Richter, geborene Olschner, Dagmar,[26] beschäftigt gewesen als biologisch-technische Assistentin, und deren Kinder (neun und vier Jahre alt), sowie [Name 5, Vorname 1], geboren [Tag, Monat] 1947, wohnhaft [Straße, Nr.], Kameraassistent beim DFF, seine Ehefrau [Name 5, Vorname 2], geborene [Name 6], Lehrerin in Sacka, Kreis Großenhain.

Außerdem wurde zugleich die als Kurier tätig gewesene BRD-Bürgerin [Name 7, Vorname], festgenommen.

Die Ausschleusung sollte mit der Methode des sogenannten Passabtausches erfolgen. Zu diesem Zweck erhielten die vorgenannten DDR-Bürger auf dem Flug von Prag nach Budapest durch den Kurier speziell für sie vorbereitete Reisepässe der BRD, mit denen sie legal in die Ungarische Volksrepublik einreisen sollten, um dann als »BRD-Bürger« ungehindert in ein kapitalistisches Land weiterreisen zu können.

24 Im Original: »Eckhart«. Eckart Richter, Jg. 1940, Radiologe, bis 1973 Robert-Rössle-Klinik Ostberlin, 1973–76 Haft, 1976 Ausreise in die Bundesrepublik.

25 Jürgen Richter, Jg. 1937, Physiker, 1961–73 Institut für Krebsforschung der DAW (ab 1972 AdW), Robert-Rössle-Klinik Ostberlin, 1973–76 Haft, 1974 hatten 78 Ärzte und Wissenschaftler aus zwölf Staaten vergeblich versucht, die Haftentlassung und Westübersiedlung Richters und seiner inhaftierten Angehörigen mittels einer Eingabe zu erreichen, 1977–2002 Klinik für Strahlentherapie Uni Würzburg, 1997/98 Präsident der Deutschen Gesellschaft für Medizinische Physik.

26 Dagmar Richter, Jg. 1938, biologisch-technische Assistentin, 1959–63 Assistentin am Institut für Krebsforschung in Berlin-Buch, 1973–76 Haft, 1976 Ausreise in die Bundesrepublik, 1979–98 Assistentin an der Universität Würzburg.

26. März 1973

Information Nr. 274/73 über Meinungsäußerungen zum vorgesehenen Verkauf von Kunstgegenständen aus den Beständen der staatlichen Kunstsammlungen der DDR

Quelle: BArch, MfS, ZAIG 2153, Bl. 1–6 (2. Expl.).
Serie: Informationen.
Verteiler: Hager – MfS: Kein Nachweis für interne Verteilung, Ablage.
Bemerkungen: Laut Postausgangsbuch 1973 erhielt Schröder ein Exemplar (BArch, MfS, ZAIG 8518, Bl. 131.).
Anlage: Abschrift der Eingabe an den Generaldirektor der Staatlichen Museen zu Berlin.

Dem MfS wurde bekannt, dass es eine Reihe zu beachtender Meinungsäußerungen zu den Maßnahmen gibt, die auf der Grundlage zentraler Beschlüsse zur zusätzlichen Erwirtschaftung von Valutamitteln durch Erhöhung des Handels mit Kunstgegenständen, Antiquitäten und kunstgewerblichen Erzeugnissen eingeleitet wurden.[1]

Lebhafte Diskussionen – besonders unter den Beschäftigten im Bereich der staatlichen Kunstsammlungen – werden in der Hauptstadt der DDR und in den Bezirken Potsdam und Dresden geführt.[2]

In Unkenntnis der schriftlichen Festlegungen dieser Maßnahmen wird häufig die Richtigkeit der Auslegung dieser zentralen Beschlüsse angezweifelt und die Frage aufgeworfen, inwieweit diese Festlegungen die »Aufgabe« wertvoller Gegenstände des kulturellen Erbes tatsächlich beinhalten würden.

Weiter wird angeführt, der Generaldirektor der staatlichen Schlösser und Gärten Potsdam-Sanssouci, Genosse Mückenberger,[3] sei für die Aussortierung von Kunstwerken aus den staatlichen Kunstsammlungen der DDR[4] verantwortlich gemacht worden und habe unter Einbeziehung eines

1 Das Politbüro des ZK der SED bestätigte in seiner Sitzung am 28.11.1972 u. a. den Vorschlag der Ausarbeitung einer »Erhöhung des Handels mit Kunstgegenständen, Antiquitäten und kunstgewerblichen Erzeugnissen« zur »zusätzlichen Erwirtschaftung von Valuta«. (Vorschläge zur Lösung von Problemen der Zahlungsbilanz für das kapitalistische Wirtschaftsgebiet bei der Fertigstellung und Durchführung des Volkswirtschaftsplanes 1973. Anlage Nr. 8 zum Protokoll 50/72 der Sitzung des Politbüros des ZK der SED v. 28.11.1972; BArch, DY 30/43404, Bl. 78–92, hier 87.) Im Jahr 1973 folgte die Bildung einer Abteilung für Kulturexport im Ministerium für Außenwirtschaft. Sie leitete die Auswahl und den Außenhandel von Kunstwerken in der DDR, die sich für den internationalen Verkauf eigneten. Vgl. Müller-Wenzel, Christin: Der staatliche Kunsthandel in der DDR – Ein Kunstmarkt mit Plan? Ein Kompendium. Halle (Saale) 2021, 94 f.

2 Auch die bundesrepublikanische Presse diskutierte den Sachverhalt. Vgl. u. a. DDR plant Verkauf erstrangiger Kunst aus Museen. In: Süddeutsche Zeitung v. 26.3.1973.

3 Joachim Mückenberger, Jg. 1926, SED-Funktionär, 1944 NSDAP-Beitritt, 1947 SED-Beitritt, 1950–61 Mitarbeiter der ZK-Abteilung Kultur, später ebenda stellvertretender Leiter, 1961–66 Generaldirektor der DEFA, 1967–90 Generaldirektor der Staatlichen Schlösser und Gärten Potsdam-Sanssouci.

größeren Kollektivs Kunstsachverständiger dafür Sorge zu tragen, Listen mit Kunstgegenständen im Werte bis zu 50 Millionen DM/DBB zusammenzustellen. (Über die Höhe des Wertes dieser auszusortierenden Kunstgegenstände bestehen dabei unterschiedliche Meinungen.)

Als Grund für diese Maßnahmen wird übereinstimmend die dringende Notwendigkeit zur Gewinnung von Valuta für die DDR angeführt.

Es wurde festgestellt, dass dort, wo der Sinn der Aktion von den verantwortlichen Leitern politisch richtig erläutert wurde, es keine oder nur wenige ablehnende und abfällige Bemerkungen zu diesem Problem gibt. So wurde z. B. einem Teil von Mitarbeitern im Staatlichen Kunsthandel Berlin[5] erläutert, dass es sich bei den bereitzustellenden Exponaten nur um solche Bestände handeln könne, die nicht zum Staatsschatz der DDR gehören und nicht in Sammlungen komplettiert sind. Es solle auf Duplikate und Kopien sowie auf nicht öffentlich ausgestellte Einzelstücke, die oft noch ungenutzt in Lagern und Kellern von Museen deponiert sind oder sich noch in Privatbesitz befinden, zurückgegriffen werden. (Sachliche Diskussionen zu diesem Problem gab es z. B. im Bereich des Ministeriums für Kultur und im Verband bildender Künstler.[6])

Dagegen stieß die Maßnahme im Bereich der Staatlichen Museen Berlin, der Dresdner Kunstsammlungen und in Potsdam auf Unverständnis und Missbilligung. Sowohl bei leitenden Kadern als auch bei anderen Mitarbeitern treten dabei besonders folgende Argumente in den Vordergrund:

- Fragen, inwieweit das Ministerium für Kultur oder andere Gremien berechtigt seien, über die Verbringung von staatlichen Kunstgegenständen der DDR in kapitalistische Länder zu beschließen.
- Unverständnis über diesen Umgang mit dem Nationalschatz bzw. kulturellem Erbe der DDR.
- Beispiele dieser Art wären in Europa bisher nicht vorhanden. Diese Maßnahme hinterließe einen »niederschmetternden Eindruck«.
- Diese Aktion sei nur vergleichbar mit den Maßnahmen der Sowjetunion in den zwanziger Jahren, wo, resultierend aus der Not des Landes, gegen Valutamark wertvolle Kunstgegenstände aus den staatlichen Kunstsammlungen der Sowjetunion verkauft worden seien. Daraus wird geschlussfolgert, dass sich auch die DDR in einer solchen »wirtschaftlichen Notlage« befinden müsse.

4 Der Begriff der »Staatlichen Kunstsammlungen der DDR« ist eine Sammelbezeichnung für die Kunstsammlungen, die sich im Besitz des Staates befanden. Die größten staatlichen Kunstsammlungen befanden sich in Ostberlin und Dresden.

5 Der Begriff des »Staatlichen Kunsthandels« ist eine Sammelbezeichnung für Unternehmen im DDR-Staatsbesitz, die für den nationalen und internationalen Handel von Kunstwerken, Trödel sowie Antiquitäten aus staatlichem oder privatem Besitz zuständig waren.

6 Der »Verband der Bildenden Künstler« (VBK) war 1950 im »Kulturbund zur demokratischen Erneuerung Deutschlands« (1958–74 »Deutscher Kulturbund«) als Berufsorganisation der bildenden Künstler in der DDR gegründet worden. Die Mitgliedschaft im VBK war die Voraussetzung sowohl für eine selbstständige Beschäftigung als bildender Künstler als auch für die öffentliche Ausstellung und den Verkauf der eigenen Werke.

(In letzter Zeit wurde diese Aktion auch in einigen Fällen in westlichen Publikationsmitteln aufgegriffen. Dabei wird ebenfalls das vorgenannte »Argument« hochgespielt und versucht, die Maßnahmen als unverständlich hinzustellen.[7])

- Es bestünde ein »totaler Widerspruch« zwischen der bisherigen Kulturpolitik und der neuen Situation.
- In vereinzelten Diskussionen wird auch die Möglichkeit angedeutet, dass man dagegen »etwas unternehmen« müsste.

Neben diesen Reaktionen treten eine Reihe Meinungen zu Verfahrensfragen auf. Mehrfach wird dabei in Erwägung gezogen, dass derart kurzfristig eingeleitete und abzuwickelnde Aktionen entsprechend den westlichen Handelsmethoden auf Auktionen nur ein Verlustgeschäft für die DDR bedeuten könnten.

Kunstwerke, die wenigstens zu ihrem Wert verkauft werden sollen, müssten in der Regel Jahre vorher zum Verkauf in Aussicht gestellt werden.

Bei einigen leitenden Mitarbeitern im Bereich der staatlichen Kunstsammlungen der DDR ist die Auffassung vorhanden, wenn schon gegen Devisen verkauft werden müsse, dann sollte das nur an die BRD erfolgen, um »Deutschland« das kulturelle Erbe zu erhalten. Intern wurde dazu dem MfS bekannt, dass sich einige leitende Mitarbeiter der Staatlichen Museen[8] an ihnen persönlich bekannte Leiter staatlicher Museen bzw. Stiftungen in Westberlin bzw. der BRD gewandt haben, sie über die Verkaufsaktion informierten und darauf hinwiesen, im »gesamtdeutschen Interesse« und zur Vervollständigung eigener Sammlungen, bestimmte Gegenstände aus den Kunstsammlungen der DDR anzukaufen.

Bei einigen anderen Leitern im Bereich der Kunstsammlungen ist eine solche Tendenz unverkennbar, die Entscheidung über die Auswahl geeigneter Kunstgegenstände zu verzögern. Nach Meinung einiger dieser Kader wäre es für sie günstiger, wenn von übergeordneten Dienststellen »schriftlich angewiesen« würde, was zum Verkauf gelangen solle, um eventuell später nicht dafür zur Verantwortung gezogen werden zu können.

Aus den Staatlichen Museen Berlin wurde bekannt, dass verantwortliche SED-Mitglieder dieses Bereichs verstärkt von Mitarbeitern um Auskunft über diese Aktion ersucht werden. Zum Teil wird von diesen Genossen ungenügend reagiert. Sie geben an, dass sie dieser Situation »ratlos« gegenüberstünden, da sie nicht in den Besitz einer überzeugenden Argumentation gelangt seien.

Dem MfS wurde bekannt, dass in der Parteileitung der Staatlichen Museen Berlin ein Schreiben an das Ministerium für Kultur diskutiert worden sei, in

7 Vgl. z.B. Beraubt wird das Volk. DDR-Museen sollen verkaufen. In: Süddeutsche Zeitung v. 26.3.1973, S. 16.

8 Die »Staatlichen Museen Berlin« umfassten in der DDR die staatlichen Museen und ihre Sammlungen auf der Berliner Museumsinsel, das »Kunstgewerbemuseum« im Schloss Köpenick sowie die Abteilung Proletarisch-Revolutionärer und Antifaschistischer Kunst der Nationalgalerie, dem heutigen »Otto-Nagel-Haus« am Märkischen Ufer.

dem die Genossen gegenüber der Aktion Bedenken anmelden, ohne sich direkt gegen diese Festlegungen zu stellen.[9]

Intern wurde weiter bekannt, dass Mitarbeiter der Staatlichen Museen Berlin am 15.3.1973 ein Schreiben verfassten und unterschrieben, in dem sie sich gegen die Aktion wenden und um Begründung ersuchen. Dieses Schreiben – das in der Anlage beigefügt wird – trägt die Unterschrift von 56 Mitarbeitern, darunter drei Genossinnen der SED, und wurde dem Generaldirektor der Staatlichen Museen Berlin zugestellt[10]. Prof. Dr. Gerhard Rudolf Meyer[11] beabsichtige eine Weiterleitung an das Politbüro, da er zu den im Schreiben aufgeworfenen Fragen nicht Stellung nehmen könne.

Anlage zur Information Nr. 247/73

Eingabe an den Generaldirektor der Staatlichen Museen zu Berlin

Berlin, den 15. März 1973 | An den | Generaldirektor der Staatlichen Museen zu Berlin | Herrn Professor Dr. Gerhard Rudolf Meyer | *im Hause*

Sehr geehrter Herr Generaldirektor,

hiermit möchten wir als Mitarbeiter der Staatlichen Museen zu Berlin Ihnen zur Kenntnis geben, dass wir den Verkauf von Kunstwerken aus den staatlichen Sammlungen der DDR als eine Aktion ansehen, die sich mit unserer Auffassung von der Aufgabe solcher Institutionen (Pflege und Vermehrung von »Schätzen der Weltkultur«) nicht vereinbaren lässt. Wir möchten um Mitteilung bitten, auf welcher gesetzlichen Grundlage sich die Anordnung zur Durchführung dieser Aktion stützt.

Unterschriften:

[Maschinenschriftliche Aufstellung der Unterzeichner und Unterzeichnerinnen der Eingabe]

Insgesamt 56 Personen, davon drei Genossen der SED (x)[12]

9 Am 13.3.1973 leitete der Abteilungsleiter für Kultur im ZK der SED, Peter Heldt, an Kurt Hager eine vierseitige Stellungnahme der SED-Betriebsparteiorganisation der Staatlichen Museen zu Berlin weiter, in der Bedenken bezüglich der Veräußerung von Kunstwerken und historischen Quellen aus dem Museumsbesitz der DDR zum Ausdruck kommen. Vgl. Staatliche Museen zu Berlin, Betriebsparteiorganisation der SED: Stellungnahme zu der angewiesenen Auswahl von Werken aus Museumsbesitz, die für den Verkauf auf dem kapitalistischen Markt vorgesehen sind v. 9.3.1973; BArch, DY 30/85426, o. Pag.

10 Das Original befindet sich in BArch, DY 30/85426, o. Pag.

11 Gerhard Rudolf Meyer, Jg. 1908, Archäologe, 1934–40 Mitarbeiter im Tell-Halaf-Museum in Syrien, anschließend Kriegsdienst und -gefangenschaft, 1951 Promotion an der HU Berlin, 1950–77 Leiter der Ostasiatischen Abteilung des Pergamonmuseums Ostberlin, 1958–76 Generaldirektor der Staatlichen Museen in Ostberlin, ab 1963 Mitglied des Hauptausschusses der NDPD.

12 Mit »x« wurden die drei SED-Mitglieder in der Aufstellung markiert.

2. April 1973

Information Nr. 293/73 über begangene strafbare Handlungen durch Angehörige der Zollverwaltung der DDR

Quelle: BArch, MfS, ZAIG 2157, Bl. 1–3 (4. Expl.).
Serie: Informationen.
Verteiler: Scheibe, Stauch/Zoll (durch HA VI) – MfS: HA IX, Ablage.
Vermerk: Weitere handschriftliche Datierung unter Datumsstempel »27.3.73«.

Am 2.3.1973 bzw. 15.3.1973 wurden gegen die Angehörigen der Zollverwaltung der DDR [Name 1, Vorname], geboren am [Tag, Monat] 1943, zuletzt tätig als Zollsekretär im Grenzzollamt Zentralflughafen Berlin-Schönefeld, Arbeitsgruppe Zollermittlung, wohnhaft Luckenwalde, [Bezirk] Potsdam, [Straße, Nr.], Mitglied der SED, [Name 2, Vorname], geboren am [Tag, Monat] 1938, zuletzt tätig Student an der Fachschule für sozialistisches Zollwesen in Plessow, [Bezirk] Potsdam, wohnhaft 104 Berlin, [Straße, Nr.], Mitglied der SED und [Name 3, Vorname], geboren am [Tag, Monat] 1948, zuletzt tätig Student an der Fachschule für sozialistisches Zollwesen in Plessow, [Bezirk] Potsdam, wohnhaft 1035 Berlin, [Straße, Nr.], Mitglied der SED, wegen des dringenden Verdachts des Diebstahls von persönlichem Eigentum und der Verbreitung pornografischer Schriften Ermittlungsverfahren mit Haft gemäß §§ 177,[1] 181[2] und 125 StGB[3] eingeleitet.

1 Der § 177 StGB – Diebstahl persönlichen oder privaten Eigentums – lautete: »(1) Wer Sachen wegnimmt, die persönliches oder privates Eigentum sind, um sie sich oder anderen rechtswidrig zuzueignen, oder wer solche ihm übergebene oder auf andere Weise in seinen Besitz gelangte Sachen sich oder anderen rechtswidrig zueignet, wird wegen Diebstahls zum Nachteil persönlichen oder privaten Eigentums zur Verantwortung gezogen. (2) Der Versuch ist strafbar.« In: Ministerium der Justiz (Hg.): Strafgesetzbuch der Deutschen Demokratischen Republik – StGB. Textausgabe mit Sachregister. Berlin 1968, S. 67 f.

2 Der § 181 StGB – Bestrafung von verbrecherischem Diebstahl und Betrug zum Nachteil persönlichen oder privaten Eigentums – lautete: »(1) Verbrecherischer Diebstahl oder Betrug wird mit Freiheitsstrafe von zwei bis zu zehn Jahren bestraft. Einen verbrecherischen Diebstahl oder Betrug begeht, wer 1. eine schwere Schädigung des persönlichen oder privaten Eigentums verursacht; 2. die Tat als Organisator oder Beteiligter einer Gruppe ausführt, die sich unter Ausnutzung ihrer beruflichen Tätigkeit oder zur wiederholten Begehung von Straftaten gegen das Eigentum zusammengeschlossen hat; 3. wiederholt mit großer Intensität handelt; 4. die Tat ausführt, obwohl er bereits zweimal wegen Diebstahls oder Betruges zum Nachteil sozialistischen oder persönlichen oder privaten Eigentums oder Hehlerei oder einmal wegen Raubes oder Erpressung mit Freiheitsstrafe bestraft ist. (2) Ist die Beteiligung an einer Gruppe von untergeordneter Bedeutung, kann die Bestrafung nach § 180 erfolgen.« In: Ministerium der Justiz (Hg.): Strafgesetzbuch der Deutschen Demokratischen Republik – StGB. Textausgabe mit Sachregister. Berlin 1968, S. 68 f.

3 Der § 125 StGB – Verbreitung pornografischer Schriften – lautete: »Wer pornografische Schriften oder andere pornografische Aufzeichnungen, Abbildungen, Filme oder Darstellungen verbreitet oder sonst der Öffentlichkeit zugänglich macht, sie zu diesem Zwecke herstellt, einführt oder sich verschafft, wird mit öffentlichem Tadel, Geldstrafe, Verurteilung

Die bisherigen Untersuchungen des MfS ergaben:

Die oben genannten Angehörigen der Zollverwaltung der DDR haben seit Ende 1970 unter Missbrauch ihrer dienstlichen Befugnisse, teils gemeinschaftlich handelnd, zum Zwecke ihrer persönlichen Bereicherung fortlaufend aus den zur Kontrolle vorliegenden Reisegepäckstücken ausländische Zahlungsmittel, hochwertige Konsumgüter, Schmuckgegenstände und Genussmittel entwendet.

Die von [Name 1, Vorname], begangenen Diebstahlshandlungen – er entwendete u. a. Tonbandgeräte, Uhren, Zahlungsmittel (1 500 Dollar, 2 000 DM) sowie Filme und Hefte pornografischen Inhalts – wurden durch solche Umstände wie die alleinige Durchführung von Gepäckkontrollen sowie die Nichtdurchführung von Kontrollen seitens der Vorgesetzten begünstigt.

Die Zollangehörigen [Name 2] und [Name 3] nutzten für die begangenen Diebstahlshandlungen ihren Einsatz als Röntgenkontrolleure aus, obwohl sie in dieser Tätigkeit keine Befugnis zu Innenkontrollen von Gepäckstücken besaßen. Sie entwendeten u. a. Schmuck, Genussmittel, Zahlungsmittel (ca. 2 000 Dollar und 500 DM).

Die Untersuchungen ergaben weiter, dass die Ehefrauen der Verhafteten Kenntnis von den strafbaren Handlungen hatten und sich am Verkauf der gestohlenen Gegenstände bzw. an Einkäufen mit den entwendeten Geldbeträgen in Intershop-Läden beteiligten. Gegen die Ehefrauen wird deshalb die Einleitung von Ermittlungsverfahren ohne Haft gemäß § 234 StGB – Hehlerei[4] – geprüft.

Die Untersuchungen des MfS werden fortgesetzt mit dem Ziel, die Gesamtheit der begünstigenden Bedingungen und Umstände aufzuklären und gemeinsam mit der Zollverwaltung der DDR entsprechende Maßnahmen zu deren Beseitigung einzuleiten.

auf Bewährung oder mit Freiheitsstrafe bis zu zwei Jahren bestraft.« In: Ministerium der Justiz (Hg.): Strafgesetzbuch der Deutschen Demokratischen Republik – StGB. Textausgabe mit Sachregister. Berlin 1968, S. 52.

4 Der § 234 StGB – Hehlerei – lautete: »(1) Wer seines Vorteils wegen Gegenstände, von denen er weiß oder von denen er nach den ihm bekannten Umständen annehmen muss, dass sie durch eine mit Strafe bedrohte Handlung erlangt sind, erwirbt, in sonstiger Weise an sich bringt oder seines Vorteils wegen beim Absatz solcher Sachen mitwirkt, wird mit Freiheitsstrafe bis. zu zwei Jahren oder mit Verurteilung auf Bewährung oder mit Geldstrafe bestraft. (2) Hat der Täter die Straftat wiederholt oder mit anderen gemeinschaftlich begangen oder sind ihm die Umstände bekannt, nach denen die Vortat als Verbrechen zu beurteilen ist, wird er mit Freiheitsstrafe bis zu fünf Jahren oder mit Verurteilung auf Bewährung bestraft. (3) Der Versuch ist strafbar.« In: Ministerium der Justiz (Hg.): Strafgesetzbuch der Deutschen Demokratischen Republik – StGB. Textausgabe mit Sachregister. Berlin 1968, S. 86.

6. April 1973

Information Nr. 338/73 über das ungesetzliche Verlassen der DDR durch Dr. Lübbe, Peter, Auslandskader des Ministeriums für Hoch- und Fachschulwesen der DDR

Quelle: BArch, MfS, ZAIG 2156, Bl. 1–2 (7. Expl.).
Serie: Informationen.
Verteiler: Honecker, Stoph, Hager, Böhme – MfS: Mielke, Schröder (weiter an HA XX), Ablage.

Dem MfS wurde bekannt, dass der Dr. *Lübbe,* Peter[1] geboren am [Tag, Monat] 1930, wohnhaft gewesen Rostock, ledig, seit 1946 Mitglied der SED, seit 1969 als Lektor an der finnischen Universität in Jyväskylä tätig gewesen, seinen Aufenthalt in Finnland dazu ausgenutzt hat, um die DDR ungesetzlich zu verlassen.

Dr. Lübbe war Auslandskader des Ministeriums für Hoch- und Fachschulwesen, seit Anfang 1972 befand er sich als einziger DDR-Bürger an der o. g. Universität.

Dr. Lübbe wurde bisher als politisch zuverlässig eingeschätzt, er erhielt nur gute Referenzen.

Über die Gründe des ungesetzlichen Verlassens der DDR liegen noch keine überprüften Angaben vor. Bisher wurde lediglich bekannt, dass er enge Beziehungen zu einer finnischen Staatsbürgerin aufgenommen hat, mit der er sich seit dem 30.3.1973 in Hamburg aufhält.

1 Peter Lübbe, Jg. 1930, Publizist und Germanist, 1946 SED-Beitritt, 1965 Promotion an der Universität Rostock im Fach Germanistik, 1969–75 Lektor an der Universität Jyväskylä in Finnland, 1975 Übersiedlung in die Bundesrepublik, ebenda freiberuflich tätig, 1981 Veröffentlichung seines Buches »Kulturelle Auslandsbeziehungen der DDR. Das Beispiel Finnland« im Forschungsinstitut der Friedrich-Ebert-Stiftung, ab 1984 Mitarbeiter des Arbeitsbereiches »Geschichte und Politik der DDR« des Instituts für Sozialwissenschaften der Universität Mannheim.

9. April 1973

Information Nr. 334/73 über stattfindende bemerkenswerte zentrale Tagungen der evangelischen Kirche und einige damit im Zusammenhang stehende Probleme

Quelle: BArch, MfS, ZAIG 2162, Bl. 1–3 (4. Expl.).
Serie: Informationen.
Verteiler: Verner, Barth – MfS: Schröder (weiter an HA XX), Ablage.
Vermerk: Weitere handschriftliche Datierung im Dokumentenkopf »6.4.73«.

Dem MfS wurde intern bekannt, dass der Zentralausschuss des ökumenischen Rates der Kirchen[1] im August 1974 in Westberlin seine Tagung durchführen wird. Neben den Mitgliedern des Zentralausschusses wird der gesamte Stab des Weltkirchenrates[2] sowie Vertreter der kirchlichen und weltlichen Presse anwesend sein (ca. 300 Personen).

Bereits vorliegende Hinweise lassen die Schlussfolgerung zu, dass viele Teilnehmer bei dieser Gelegenheit in die DDR zum Besuch von Kirchen und kirchlichen Amtsträgern einreisen werden. Es ist auch nicht ausgeschlossen, dass von diesen Personen der Wunsch geäußert wird, in Kirchen der DDR zu predigen.

Weiter wurde intern bekannt, dass in leitenden evangelischen Kirchenkreisen der BRD und Westberlins vertrauliche Gespräche in der Hinsicht geführt werden, mit welchen Mitteln die Aufhebung der Einreisesperre für Bischof *Scharf*[3] in die DDR erwirkt werden könnte.

Es wurde in Erwägung gezogen, über zuständige Institutionen eine Verhandlung mit verantwortlichen Vertretern der DDR über einen annehmbaren Einreisemodus für *Scharf* zu veranlassen.[4]

1 Der 1948 gegründete ÖRK ist ein Zusammenschluss von zahlreichen evangelischen Kirchen weltweit, darunter orthodoxe, anglikanische, lutherische, methodistische oder unabhängige Kirchen. Er setzt sich u. a. für die Gemeinschaft der evangelischen Kirchen, die Missionsarbeit, die Nothilfe oder den weltweiten Erhalt des Friedens ein. Die Mitgliedskirchen verstehen sich dabei als untereinander solidarisch und einander beistehend.

2 Der Ökumenische Rat der Kirchen (»Weltkirchenrat«) wurde 1948 gegründet. Mit Ausnahme der römisch-katholischen Kirchen gehört ihm die Mehrheit der christlichen Kirchen weltweit an. Vgl. Kunter, Katharina; Schilling, Annegreth (Hg.): Globalisierung der Kirchen. Der Ökumenische Rat der Kirchen und die Entdeckung der Dritten Welt in den 1960er und 1970er Jahren. Göttingen 2013.

3 Kurt Scharf, Jg. 1902, evangelischer Theologe, 1933 Mitbegründer des Pfarrernotbundes, ab 1934 Mitglied Bekennende Kirche, wiederholt Gestapo-Haft, 1946–61 Propst und Abteilungsleiter im Evangelischen Kirchenbund, 1957–60 Vorsitzender des Rates der EKU, 1961–67 Vorsitzender des Rates der EKD, 1961 Rückreise von West- nach Ostberlin verwehrt und damit Ausweisung aus der DDR, 1966–72 Bischof der EKBB, 1972–76 nach der Spaltung der EKBB Bischof der EKBB Region West, 1980–84 Vorsitzender der Aktion Sühnezeichen/Friedensdienste.

4 Seit 1961 verwehrte die DDR Bischof Kurt Scharf die Einreise, obwohl dieser mehrfach Anträge gestellt hatte, zuletzt anlässlich der Amtseinführung des Bischofs der EKBB Region

In diesem Zusammenhang solle *Scharf*
- sich bis zu einem noch zu vereinbarenden Zeitpunkt jeglicher politischer Äußerungen gegen die DDR enthalten;
- vorläufig keinen Antrag auf Einreise in die DDR stellen, um bei einer Ablehnung westlichen Presseorganen keinen Anlass für eine Kampagne gegen die DDR zu geben;
- zu einem vorher zu vereinbarenden Zeitpunkt einen Antrag für einen Privatbesuch bei Verwandten oder einem Patenkind stellen. Danach könne zu einer normalen Behandlung seiner Anträge übergegangen werden.

Eine solche Regelung wäre nach Ansicht dieser kirchenleitenden Kreise auch im Hinblick auf die 1974 in Westberlin stattfindende Tagung des Zentralausschusses des Ökumenischen Rates der Kirchen von Bedeutung.

Weiterhin erscheinen folgende internen Hinweise bemerkenswert:

Im Juni 1973 findet in Coburg/BRD die Synode der »Evangelischen Kirche in Deutschland« (EKD) statt, auf der die leitenden Organe (Präsidium der Synode, Rat der »EKD«) neu gewählt werden.[5]

Der jetzige Vorsitzende des Rates, Bischof *Dietzfelbinger,*[6] München, und der Präses der Synode, Prof. *Raiser,*[7] Tübingen, werden für diese Funktionen nicht wieder kandidieren.

Aussichtsreichster Kandidat für die Funktion des Ratsvorsitzenden soll Präses *Thimme,*[8] Bielefeld, sein.

Ost Albrecht Schönherr am 12.2.1973. Scharf hatte sich in seiner Eigenschaft als Bischof der EKBB in der Vergangenheit wiederholt gegen eine Teilung der Landeskirche und damit in letzter Konsequenz gegen die Einsetzung eines eigenen Bischofs für die Landeskirche Ost ausgesprochen. Vgl. Information 129/73.

5 Die fünfte Synode der EKD fand vom 29.5. bis 2.6.1973 in Coburg statt.

6 Hermann Dietzfelbinger, Jg. 1908, evangelischer Theologe, ab 1939 theologischer Hilfsreferent im Landeskirchenamt München, ab 1945 Leitung des Predigerseminars der bayerischen Landeskirche, ab 1953 Rektor der Diakonissenanstalt Neuendettelsau, 1955–75 Landesbischof der Evangelisch-Lutherischen Kirche in Bayern, 1967–73 Ratsvorsitzender der EKD.

7 Ludwig Raiser, Jg. 1904, Jurist, 1927–30 Assistent am Kaiser-Wilhelm-Institut für Ausländisches und Internationales Privatrecht in Berlin, 1933 Habilitation, ab 1933 selbstständiger Rechtsanwalt, 1942/43 Professur an der Universität Straßburg, 1943–45 Militärverwaltungsrat im »Wirtschaftsstab Ost« in Berlin, ab 1945 Ordinarius an der Universität Göttingen, 1948–50 ebenda Rektor, 1952–55 Präsident der DFG, 1955–73 Dozent an der Universität Tübingen, 1968/69 ebenda Rektor, 1956–71 Vorsitzender der EKD-Kammer für Öffentliche Verantwortung, 1961–65 Vorsitzender des Wissenschaftsrates, 1970–73 Präses der Synode der EKD, 1974–79 Präsident der Europäischen Rektorenkonferenz.

8 Hans Thimme, Jg. 1909, evangelischer Theologe, 1934–39 Gemeindepfarrer in Spenge, zugleich Leiter der Bruderschaft junger Theologen in der Bekennenden Kirche, bis 1945 Kriegsdienst, ab 1947 Vorsteher des Predigerseminars in Backwede, ab 1949 nebenamtliches Mitglied der Kirchenleitung der EKD von Westfalen, ab 1957 ebenda hauptamtliches Mitglied, 1969–77 Präses der Evangelischen Kirche von Westfalen.

Unmittelbar vor der Synode der »EKD« tagt in Schwerin die Synode des Bundes der evangelischen Kirchen in der DDR.[9] Der Präses der Synode des Bundes, Bischof *Braecklein,*[10] Eisenach, hat offiziell den Rat der »EKD« hierzu eingeladen.[11]

Der Rat hat die Einladung angenommen und Präses *Raiser* beauftragt, als Gast an der Synode des Bundes teilzunehmen.

(Prof. *Raiser* war 1965 in seiner damaligen Funktion als Vorsitzender der Kammer für öffentliche Verantwortung der »EKD« maßgeblich an der Erarbeitung der Denkschrift »Die Lage der Vertriebenen und das Verhältnis des deutschen Volkes zu seinen östlichen Nachbarn«[12] beteiligt. Diese Denkschrift sowie die ebenfalls von der Kammer für öffentliche Verantwortung erarbeitete Studie »Friedensaufgaben der Deutschen«[13] (1968) hatten zum Zeitpunkt der Erarbeitung und in den Jahren danach die Zustimmung der Bundesregierung und maßgeblicher Kreise in der BRD gefunden.)

Es muss eingeschätzt werden, dass eine Ablehnung der Einreise von Prof. *Raiser,* der seit zwei Jahrzehnten eine anerkannte Persönlichkeit auf dem Ge-

9 Bei dem Bund der evangelischen Kirchen in der DDR handelte es sich um den Zusammenschluss aller evangelischen Landeskirchen in der DDR. Mit seiner Gründung 1969 war die Teilung der EKD juristisch und organisatorisch endgültig vollzogen worden.

10 Ingo Braecklein, Jg. 1906, evangelischer Theologe, 1933–38 Pfarrer in Allendorf, 1933 NSDAP-Beitritt, 1939–45 Kriegsdienst, anschließend britische Kriegsgefangenschaft, 1950–59 Superintendent in Weimar, 1950–78 Mitglied der Synode der evangelischen Landeskirche Thüringen, 1959–70 Mitglied des Landeskirchenrats in Thüringen, stellvertretender Landesbischof, 1961–68 Mitglied der Synode der EKD, 1968–70 Präses der Generalsynode der VELKD, 1970–78 Landesbischof in Thüringen, 1971–77 leitender Bischof der VELKD.

11 Die Synode des Bundes der Evangelischen Kirche in der DDR fand vom 25. bis 29.5.1973 in Schwerin statt. Vgl. Information 486/73.

12 Die im Oktober 1965 erschienene Schrift hinterfragte die bis dahin bestehenden bundesdeutschen Beziehungen und politischen Einstellungen zu Polen seit 1945 und sprach sich mit juristischen, theologischen und ethischen Argumenten für einen bilateralen Dialog und Versöhnung aus. Nur die westdeutschen Kammermitglieder zeichneten sich für das Papier verantwortlich. Vgl. Kirchenkanzlei der EKD (Hg.): Die Lage der Vertriebenen und das Verhältnis des deutschen Volkes zu seinen östlichen Nachbarn. Eine evangelische Denkschrift. Hannover 1965. Dazu v. a. Lepp, Claudia: Tabu der Einheit? Die Ost-West-Gemeinschaft der evangelischen Christen und die deutsche Teilung (1945–1969). Arbeiten zur kirchlichen Zeitgeschichte. Bd. 42, Göttingen 2005, S. 525–532.

13 Die Studie »Friedensaufgaben der Deutschen« reflektierte u. a. die deutsche Verantwortung für einen globalen Frieden und argumentierte zugunsten der Schaffung einer gesamtdeutschen Identität jenseits nationalstaatlicher Vorstellungen als Möglichkeit einer Verständigung der beiden deutschen Teilstaaten miteinander. Sie plädierte für eine neue europäische Ordnung und verknüpfte die Befriedung Europas mit der Lösung der deutschen Frage. Vgl. Kammer der EKD (Hg.): Friedensaufgaben der Deutschen. Eine Studie. 1968. In: Die Denkschriften der Evangelischen Kirche in Deutschland, Bd. 1/2: Frieden, Versöhnung und Menschenrechte. Gütersloh 1978, S. 15–33. Dazu v. a. Lepp, Claudia: Tabu der Einheit? Die Ost-West-Gemeinschaft der evangelischen Christen und die deutsche Teilung (1945–1969). Arbeiten zur kirchlichen Zeitgeschichte. Bd. 42, Göttingen 2005, S. 600–654, insbes. 631–635.

biet der politischen Wissenschaften in der BRD ist, auf Proteste aus maßgeblichen Kreisen der BRD stoßen könnte.

Die Information ist nur zur persönlichen Kenntnisnahme bestimmt und darf wegen Quellengefährdung nicht öffentlich ausgewertet werden.

11. April 1973

Information Nr. 336/73 über die in der Zeit vom 30. März bis 2. April 1973 in der Frauenkirche in Görlitz stattgefundene Frühjahrssynode der Evangelischen Kirche des Kirchengebietes Görlitz

Quelle: BArch, MfS, ZAIG 2164, Bl. 1–9 (4. Expl.).
Serie: Informationen.
Verteiler: Honecker, Barth – MfS: Schröder (weiter an HA XX), Ablage.
Vermerk: Weitere handschriftliche Datierung im Dokumentenkopf »10.4.73«.
Anlage: Berichtsausschuss I. Bischofsbericht. (hier nicht ediert → Web-Ausgabe)

Dem MfS wurden über den Verlauf der oben genannten Frühjahrssynode Einzelheiten bekannt, die über bisherige offizielle Veröffentlichungen in westdeutschen Kommunikationsmitteln hinausgehen.

Bischof *Fränkel*[1] hielt am 30.3.1973 um 20.00 Uhr in Anwesenheit von ca. 500 Personen einen Vortrag mit dem Thema: »Ein Wort zur öffentlichen Verantwortung der Kirche in der gegenwärtigen Stunde«.[2] In diesem Vortrag wandte sich Fränkel offen gegen bestimmte Praktiken des Staatsapparates in der DDR hinsichtlich der Zusammenarbeit mit Geistlichen und Christen und trat in diesem Zusammenhang mit provozierenden Äußerungen und Forderungen auf.

(Unter anderem führte er aus, bei Gesprächen mit staatlichen Vertretern und während der Synode des Bundes der Evangelischen Kirchen in der DDR[3] sei wiederholt zum Ausdruck gekommen, dass die Kirche kein Recht zur Mitsprache habe.

In Bezug auf die Veranstaltungsverordnung brachte er zum Ausdruck, dass die Kirchenleitung jeden kirchlichen Mitarbeiter unterstützen werde,

1 Hans-Joachim Fränkel, Jg. 1909, evangelischer Theologe, Mitglied Pfarrernotbund und Bekennende Kirche, wiederholt Gestapo-Haft, 1940–43 Kriegsdienst, 1943–45 Pfarrvikar in Breslau, ab 1946 Mitglied der schlesischen Kirchenleitung und Ausweisung aus Polen, 1951 Oberkonsistorialrat in Görlitz, 1964–79 Bischof der Evangelischen Kirche von Schlesien (ab 1968 Kirchenprovinz Görlitz), 1972/73 Vorsitzender des Rats der EKU.

2 Vgl. Fränkel, Hans-Joachim: Ein Wort zur öffentlichen Verantwortung der Kirchen in der gegenwärtigen Stunde. Vortrag auf der dritten Tagung der sechsten Provinzialsynode der Evangelischen Kirche des Görlitzer Kirchengebietes vom 30.3.–2.4.1973. In: epd Dokumentation 17/1973, S. 40–52.

3 Bei dem Bund der evangelischen Kirchen in der DDR (BEK) handelte es sich um den Zusammenschluss aller evangelischen Landeskirchen in der DDR. Mit seiner Gründung 1969 war die Teilung der EKD juristisch und organisatorisch endgültig vollzogen worden. Seine erste Synode tagte in unterschiedlichen Sitzungen in der Zeit vom 10.9.1969 bis 29.5.1973.

den staatliche Stellen wegen Nichteinhaltung der Veranstaltungsverordnung »zur Rechenschaft ziehen«[4] sollten.[5]

Fränkel ging weiter auf die sozialistische Erziehung an den Schulen ein und stellte hierbei die führende Rolle der Partei und die marxistische Ideologie infrage.

Ein weiterer Punkt seiner Ausführungen befasste sich mit Voraussetzungen für die Mitarbeit der DDR im Rahmen der UNO.[6] Er verband dies mit Forderungen an die Regierung der DDR, die sich mit den Zielen der Politik der SPD decken, wie z. B. »die Grenzen durchlässig zu machen«[7] und den »Sozialismus humaner zu gestalten«.[8]

4 Dieses Zitat konnte im Originaltext nicht ermittelt werden. Dort hieß es zur Veranstaltungsverordnung: »Wenn die Veranstaltungsverordnung keine Kampfmaßnahme zur Einschränkung des kirchlichen Lebens sein soll, dann muss sie auch entsprechend gehandhabt werden, d. h. dann ist eben eine Unterscheidung zwischen anmeldefreien und anmeldepflichtigen religiösen Veranstaltungen nicht möglich und müssen alle religiösen Veranstaltungen als anmeldefrei gelten. Darin sind sich alle evangelischen Kirchen in der DDR einig. Darum können wir die ergangenen Strafbescheide nur bedauern. Wir stehen zu den Mitarbeitern der Kirche, die gemäß der Beschlüsse der Konferenz der Evangelischen Kirchenleitungen des Bundes die Freiheit der Religionsausübung mit ihrem Verhalten verteidigt haben.« Fränkel, Hans-Joachim: Vortrag auf der dritten ordentlichen Tagung der sechsten Provinzialsynode der Evangelischen Kirche des Görlitzer Kirchengebietes vom 30.3. bis 2.4.1973. Ein Wort zur öffentlichen Verantwortung der Kirche in der gegenwärtigen Stunde; BArch, DO 4/437, Bl. 157–169, hier 160.

5 Die »Verordnung über die Durchführung von Veranstaltungen« war am 1.3.1971 in Kraft getreten. Sie befreite u. a. »Veranstaltungen der beim zuständigen staatlichen Organ gemeldeten Kirchen und Religionsgemeinschaften« von einer Anmeldepflicht bei der DVP, wenn es sich dabei um »religiöse Handlungen oder dienstliche Zusammenkünfte« in kircheneigenen Räumlichkeiten handelte. Sie definierte zugleich, welche Handlungen im Sinne dieser Verordnung als »religiöse Handlungen« galten. Dies regte den Widerstand der kirchlichen Vertreter, die darin einen Eingriff in kirchliche Belange und damit ein weiteres Mittel der Reglementierung sahen. Vgl. Verordnung über die Durchführung von Veranstaltungen v. 26.11.1970. In: GBl. II 1970, S. 69–71.

6 Nachdem die Vier Mächte im November 1972 ihre Zustimmung zu einer Aufnahme sowohl der DDR als auch der Bundesrepublik in die Organisation der Vereinten Nationen (UNO) erteilt hatten, beschloss der Ministerrat der DDR am 17.1.1973 die Antragstellung auf Mitgliedschaft. Am 18.9.1973 erfolgte schließlich die Aufnahme der beiden deutschen Staaten. Vgl. Ministerrat der DDR: Beschluss über die Antragstellung der DDR auf Mitgliedschaft in der Organisation der Vereinten Nationen v. 17.1.1973; BArch, DC 20-I/3/1003, Bl. 209 f.

7 In Fränkels Redemanuskript heißt es hierzu: »Die unter den Verhältnissen unserer Welt zur Frage der Existenz überhaupt gewordene friedliche Koexistenz kann nicht Ziel, sondern muss Ausgangspunkt sein für eine neue Völkerordnung, die wachsende Zusammenarbeit ermöglicht, gegenseitiges Verstehen fördert, menschliche Kommunikation erleichtert, Gegensätze entschärft und Grenzen durchlässiger macht.« Fränkel, Hans-Joachim: Vortrag auf der dritten ordentlichen Tagung der sechsten Provinzialsynode der Evangelischen Kirche des Görlitzer Kirchengebietes vom 30.3.–2.4.1973. Ein Wort zur öffentlichen Verantwortung der Kirche in der gegenwärtigen Stunde; BArch, DO 4/437, Bl. 157–169, hier 165.

8 In Fränkels Redemanuskript heißt es hierzu: »Mit der Aufnahme in die UNO wird unser Staat teilnehmen an der weltweiten Verantwortung für den Frieden, die Gemeinschaft der Völker und die Durchsetzung der Menschenrechte in allen Kontinenten. Das aber muss für unsere Gesellschaft zur Folge haben: Menschenwürde wie allgemeine Menschenrechte wer-

Den von der SED erhobenen Führungsanspruch müsse die Kirche einengen.[9]

Er ging weiter auf die zwischen der DDR und der BRD abgeschlossenen Verträge[10] ein und erklärte in diesem Zusammenhang, dass den Kirchen in der DDR nicht das Recht beschnitten werden dürfe, ihre Meinung zu öffentlichen Fragen zu äußern.)[11]

Die provokatorischen Aussagen im Bericht Fränkels werden bei breiter Zitierung bestimmter Passagen gegenwärtig in westlichen Kommunikationsmitteln zum Anlass genommen, Bischof Fränkel als »besonders mutigen Kirchenmann« herauszustellen. (Unter anderem RIAS, »Süddeutsche Zei-

den als dem Mensch vorgegeben anerkannt und nicht unter die Bedingungen einer bestimmten Gesinnung gestellt. Das bedeutet echte Toleranz und damit den grundsätzlichen Verzicht, die marxistisch-leninistische Weltanschauung unter Einsatz staatlicher Autorität und Macht bei allen Bürgern durchzusetzen. Jeder Führungsanspruch gewinnt an innerer Autorität, wenn er Freiheit entbindet und Hilfe zu mündiger Selbstverantwortung gibt.« Fränkel, Hans-Joachim: Vortrag auf der dritten ordentlichen Tagung der sechsten Provinzialsynode der Evangelischen Kirche des Görlitzer Kirchengebietes vom 30.3.–2.4.1973. Ein Wort zur öffentlichen Verantwortung der Kirche in der gegenwärtigen Stunde; BArch, DO 4/437, Bl. 157–169, hier 168.

9 In Fränkels Redemanuskript heißt es hierzu u. a.: »Aus dem totalen Anspruch der marxistischen Ideologie zu folgern [...], dass eine Mitarbeit in dieser Gesellschaft weder erlaubt noch geboten sei, würde gesellschaftliche Macht mit der Allmacht des barmherzigen Schöpfers verwechseln und die uns in der Versöhnung mit Gott geschenkte Freiheit bzw. Befreiung leugnen. Die innere Emigration wäre der Verzicht, aus der Versöhnungsbotschaft zu leben. Diese Erkenntnis aber entbindet nicht etwa die Kirche, sondern verpflichtet sie, in Wahrnehmung öffentlicher Verantwortung darum bemüht zu sein, dass die in der Versöhnung Gottes mit der Welt dem Menschen geschenkte Würde und Freiheit in der Gesellschaft aller Menschen gewahrt, bestehende Gegensätze nicht in unwahrhaftigem Versöhnlertum verschleiert, sondern in sachlichem politischem Handeln ausgetragen werden und absolute Zielsetzungen, die zur Intoleranz und damit zur Entrechtung der Menschen führen, unterbleiben.« Fränkel, Hans-Joachim: Vortrag auf der dritten ordentlichen Tagung der sechsten Provinzialsynode der Evangelischen Kirche des Görlitzer Kirchengebietes vom 30.3.–2.4.1973. Ein Wort zur öffentlichen Verantwortung der Kirche in der gegenwärtigen Stunde; BArch, DO 4/437, Bl. 157–169, hier 160.

10 Im Rahmen der sogenannten Entspannungspolitik seit 1970 hatten die Bundesrepublik Deutschland und die DDR mehrere diplomatische Verträge abgeschlossen und Vereinbarungen getroffen. Der wichtigste Vertrag über die Grundlagen der Beziehungen zwischen der Bundesrepublik Deutschland und der Deutschen Demokratischen Republik wurde am 21.12.1972 geschlossen und im Mai 1973 in der Bundesrepublik bzw. im Juni 1973 in der DDR ratifiziert. Damit wurde die Existenz der beiden deutschen Staaten sowohl auf diplomatischer als auch auf völkerrechtlicher Ebene faktisch anerkannt. Dies eröffnete der DDR neue internationale Handlungsspielräume.

11 In Fränkels Redemanuskript heißt es hierzu u. a.: »Die Kirche regiert nicht mit, aber sie weist in der Proklamation der Versöhnung Gottes mit der Welt auf jene Grenzen und Markierungen hin, deren Beachtung für verantwortliches politisches Handeln zum Wohle der Menschen von entscheidender Bedeutung ist.« Fränkel, Hans-Joachim: Vortrag auf der dritten ordentlichen Tagung der sechsten Provinzialsynode der Evangelischen Kirche des Görlitzer Kirchengebietes vom 30.3.–2.4.1973. Ein Wort zur öffentlichen Verantwortung der Kirche in der gegenwärtigen Stunde; BArch, DO 4/437, Bl. 157–169, hier 159.

tung«,[12] »Tagesspiegel«,[13] »Morgenpost«[14]) Dabei wird Fränkel eingeräumt, er habe ein »Plädoyer für die Respektierung der Menschenrechte und für echte Toleranz« gehalten. (Der volle Wortlaut des Berichts von Fränkel liegt dem MfS vor und kann bei Bedarf angefordert werden.)

Am 1.4.1973 tagten die Arbeitsausschüsse der Synode u. a. auch zum Bericht von Bischof Fränkel.

Am 2.4.1973 wurde die Tagung mit der Berichterstattung des ersten Berichtsausschusses speziell zum Bischofsbericht und dem ersten Teil des Tätigkeitsberichts der Kirchenleitung fortgesetzt.

Aus dem Bericht des Ausschusses 1 (Anlage) ist erkennbar, dass dieser Ausschuss sich voll hinter den Bericht von Bischof Fränkel stellte.

Nachdem der Berichterstatter, Pfarrer *Wähner,*[15] Buchholz, den Beschluss des Ausschusses 1 begründete, wurde durch den Synodalen *May,*[16] Görlitz, die Diskussion eingeleitet.

May brachte in seinem Diskussionsbeitrag zum Ausdruck, dass die von Bischof Fränkel in seinem Bericht angeführten Fakten keinesfalls dazu beitragen würden, das Verhältnis Staat und Kirche zu normalisieren.

Er unterbreitete den Vorschlag, als Vermittler sachlicher Gespräche über die CDU zwischen Staatsapparat und Kirche zu fungieren.

Für die Aussagen im Bericht von Fränkel sprachen sich nachdrücklich vor allem folgende Synodale aus:

Der Synodale Bast,[17] Rentner, Laie, Kirchenkreis Hoyerswerda, pflichtete den Ausführungen Bischof Fränkels bei und betonte, es gehe heute darum, die Rechte der Kirche wahrzunehmen. In diesem Zusammenhang sprach er sich auch gegen die Veranstaltungsverordnung aus.

Der Synodale Scheibert,[18] Rentner, ehemals Lehrer der kaufmännischen Berufsschule Görlitz, sagte, er sei Lehrer in einer sozialistischen Schule und Mitglied der CDU gewesen. Die CDU sei niemals für die Christen eingetreten, und da sie immer Sprachrohr des Staates gewesen wäre, sei er ausgetreten.

12 Ein Artikel der »Süddeutschen Zeitung« zum Sachverhalt konnte nicht ermittelt werden.

13 Vgl. Görlitzer Bischof Fränkel fordert Menschenrechte und Toleranz. »Zunehmend unannehmbare Situation an den Schulen«. In: Der Tagesspiegel v. 3.4.1973, S. 2.

14 Vgl. Bischof Fränkel spricht von Atmosphäre der Angst. In: Berliner Morgenpost v. 4.4.1973, S. 1 u. 8.

15 Hans-Gerhard Wähnen, Jg. 1938, evangelischer Theologe, bis 1974 Pfarrer in Buchholz, 1974–90 Gemeindepfarrer in Görlitz-Rauschwalde, ab 1990 Generalsekretär des Gustav-Adolf-Werkes in Leipzig.

16 Gotthardt May, Jg. 1919, Apotheker, ab 1957 Mitglied des Gemeindekirchenrats Frauenkirche in Görlitz, ab 1962 Kreisapotheker, später Pharmazierat, Vorstandsmitglied des CDU-Kreisverbandes Görlitz, 1967–75 Mitglied der Görlitzer Synode.

17 Bast, weitere Angaben zur Person konnten nicht ermittelt werden.

18 Karl Scheibert, Jg. 1905, Lehrer, bis 1961 CDU-Mitglied (Ost), weitere Angaben zur Person konnten nicht ermittelt werden.

Da es bei den Beiträgen Bast und Scheibert großen Beifall gab, sah sich Superintendent Maiwald[19] als Leiter des Präsidiums der Synode veranlasst, darauf hinzuweisen, Beifallsbekundungen zu unterlassen; die Synode solle nüchtern und sachlich, ohne Emotionen beraten.

Der Synodale Pfarrer Hennig,[20] Kirchenkreis Niesky, brachte zum Ausdruck, dass seine Meinung mit dem Bischofsbericht und dem Beschluss des Berichtsausschusses übereinstimme. Er verstehe den Synodalen May nicht. Durch die völkerrechtliche Anerkennung der DDR werde die außenpolitische Funktion des Staates sicherer. Im gleichen Maße müsste aber auch innenpolitisch die Meinung der Christen gehört und akzeptiert werden.

Der Synodale Linke,[21] Diakon in Rothenburg, Kreis Niesky, erklärte, es sei gut, dass der Bischof zur öffentlichen Verantwortung der Kirche Stellung genommen habe. Er habe in seinem Bericht aber nur einen kleinen Teil dessen angeführt, was die Christen täglich bedrücke.

Synodaler Hamann,[22] LPG-Buchhalter Königshain, Kreis Görlitz, betonte, er stehe voll hinter den Ausführungen des Bischofs. Eine Bestätigung habe er darin erfahren, dass an der POS Königshain einem Schüler aufgrund seines Glaubens der Besuch der Vorbereitungsklasse der EOS verweigert werde. (Es handelt sich dabei um den Sohn des Kirchenleitungsmitglieds Pfarrer Günter Dreßler[23] aus Königshain.)

Der Präses der Synode, Superintendent Holzhey,[24] Kirchenkreis Ruhland, äußerte, die Christen wüssten, dass Bischof Fränkel schon immer »leidenschaftlich für die Einhaltung der Menschenrechte in der ganzen Welt« eingetreten sei.

Die Kirche in Görlitz habe in der Vergangenheit und heute immer »das gesagt, was andere Kirchen dachten, aber nicht aussprachen«.

19 Ulrich Maiwald, Jg. 1936, evangelischer Theologe, 1959/60 Vikar in Kunnerwitz, 1960 Vikar in Hähnichen, 1960/61 Predigerseminar Wittenberg, 1961/62 Vikar in Diehsa, 1962 Vikar in Weißwasser, 1962 Priesterweihe, 1963–72 Pfarrer in Weißwasser, 1964 Bausoldat, 1972–78 Kreispfarrer in Weißwasser, 1973–90 Superintendent des Kirchenkreises Weißwasser, 1978–98 Pfarrer in Schleife.

20 Hans-Wolfgang Hennig, Jg. 1936, evangelischer Theologe, 1966 Priesterweihe, ab 1967 Pfarrer im Kreis Niesky, ab 1978 Pfarrer in Ruhland.

21 Helmut Linke, Jg. 1928, Diakon, in den 1970er-Jahren Diakon in Rothenburg, ab 1977 Geschäftsführer des Diakonischen Werkes Görlitz, später kommissarischer Leiter des Diakonischen Hilfswerkes.

22 Hamann, weitere Angaben zur Person konnten nicht ermittelt werden.

23 Ernst-Günter Dreßler, Jg. 1930, evangelischer Theologe, 1955 Vikar in Berlin, 1956 Vikar in Königshain und Diehsa, 1956–57 Predigerseminar Wittenberg, 1957–59 Vikar in Königshain, 1958 Priesterweihe, 1959–74 Pfarrer in Königshain, 1974–95 Pfarrer in Görlitz.

24 Gotthold Holzhey, Jg. 1909, evangelischer Theologe, 1936 Priesterweihe in Breslau, ab 1937 Pfarrer in der Kirchengemeinde Ruhland, 1966–77 Superintendent des Kirchenkreises Ruhland, während seiner Amtszeit Mitglied der Kirchenleitung und der Provinzialsynode, Mitglied und später Vorsitzender des Ständigen Finanzausschusses der Provinzialsynode und Vertreter in der Synode der EKU, 1972–75 Präses der Provinzialsynode.

Die Vertreter des Staates sollten »alles so ernst nehmen, was sie hier gehört haben, wie wir es gesagt haben«.

Es sei doch bedenklich, wenn immer stärker für die Evangeliumsverkündung Polizeistrafen und Pfändungsbescheide verfügt würden. Die Kirche sei nicht bereit, sich mit der jetzt gültigen Veranstaltungsverordnung abzufinden.

Zustimmung zu den Ausführungen von Holzhey gab es von den Synodalen Pfarrer Mildner,[25] Synodaler Urban,[26] Laie, LPG Friedersdorf, Kreis Görlitz.

Im Anschluss daran ergriff Bischof Fränkel das Wort, um diese Diskussion, von der er offensichtlich sehr befriedigt war, abzuschließen.

Dabei lehnte er den Vorschlag des Synodalen May ab und erklärte dazu, er betrachte den Beitrag von May nicht als einen Angriff, sondern jeder Satz sei »aus innerer Not« gesprochen. Vor ihm liege ein ausgezeichneter Satz von Werner Krolikowski,[27] Erster Sekretär der Bezirksleitung der SED, den er in einer Rede anlässlich einer Jugendweihefeier zitiert habe: »Der Marxismus-Leninismus ist der zuverlässige Kompass …« Aus diesem Satz spreche die innere Überzeugung dieses Mannes für seine Sache. Wenn die Synode in diesem Satz Marxismus-Leninismus streichen und »Christus« einsetzen würde, dann sei die Aussage voll richtig.

In seinen Ausführungen verwies Fränkel weiter auf einen Empfang anlässlich des Jahrestages der DDR in Görlitz, an dem Pastor Niemöller[28] aus der BRD teilgenommen hatte. Er bezeichnete in diesem Zusammenhang die Bausoldatenlösung als einen »Silberstreifen am Horizont«.[29] Dieses Problem

25 Friedrich Mildner, Jg. 1912, evangelischer Theologe, 1938/39 Vikar in Melaune, 1939–41 Vikar in Schleife, 1940 Ordination, 1940–49 Kriegsdienst und sowjetische Kriegsgefangenschaft, 1941–78 Pfarrer in Schleife, Mitglied der Provinzialsynode.

26 Urban, weitere Angaben zur Person konnten nicht ermittelt werden.

27 Werner Krolikowski, Jg. 1928, SED-Funktionär, 1946 SED-Beitritt, 1946–50 Mitarbeiter beim Rat des Kreises Malchin, später ebenda Abteilungsleiter, 1951/52 Abteilungsleiter der SED-Landesleitung Mecklenburg, 1953–58 Sekretär für Propaganda der SED-Kreisleitung Greifswald (ab Dezember 1953 1. Sekretär), 1958–60 Sekretär für Propaganda der SED-Bezirksleitung Rostock, 1960–73 1. Sekretär der SED-Bezirksleitung Dresden, 1963–89 Mitglied des ZK der SED, ab 1970 Abgeordneter der Volkskammer, 1971–89 Mitglied des Politbüros, 1973–76 Sekretär für Wirtschaft des ZK der SED, 1976–89 Mitglied der Wirtschaftskommission u. a. beim Politbüro, 1988/89 Sekretär für Landwirtschaft des ZK der SED.

28 Martin Niemöller, Jg. 1892, evangelischer Theologe, 1910–19 Kaiserliche Marine, ab 1918 U-Boot-Kommandant, 1924 Priesterweihe, ab 1924 Geschäftsführer der »Inneren Mission« in Westfalen, ab 1931 Pfarrer in Berlin, 1933 Gründungsmitglied des »Pfarrernotbundes« und schließlich der Bekennenden Kirche, 1935–37 mehrfach Verhaftung und Redeverbot, 1937–45 KZ-Haft, 1945–55 Mitglied der EKD, ab 1945 Präsident des Kirchlichen Außenamtes, Mitinitiator des »Stuttgarter Schuldbekenntnisses«, 1947–64 Kirchenpräsident der evangelischen Landeskirche Hessen und Nassau, ab 1961 Präsident des WKR, 1967/68 ebenda Ehrenpräsident.

29 Seit der Verabschiedung des Wehrdienstgesetzes vom 24.1.1962 (GBl. I 1962, S. 2–4) bestand in der DDR eine 18-monatige Wehrpflicht. Für Wehrdienstverweigerer sah das Wehrdienstgesetz Freiheitsstrafen von bis zu fünf Jahren oder Geldstrafen vor. Durch eine Anordnung des Nationalen Verteidigungsrates wurde am 7.9.1964 (GBl. I 1964, S. 129 f.) ein waffenloser

sei aber in der DDR noch unbewältigt, und er wünsche eine »Lösung in echter Toleranz«.

Der Beschluss des Berichtsausschusses 1 (Bericht von Bischof Fränkel an die Synode) wurde mit zwei Stimmenthaltungen von den Synodalen angenommen. (Stärke der Synode: 76 Synodale.)

Die Arbeit der zwei weiteren Berichtsausschüsse behandelte im Wesentlichen innerkirchliche Probleme.

Als Gäste waren von der Görlitzer Synode folgende Vertreter westdeutscher Kirchen eingeladen worden:

- Präses *Liegnius,*[30] Evangelische Kirche im Rheinland,
- Bischof *Harms,*[31] Oldenburg,
- Superintendent Dr. von *Stieglitz,*[32] Evangelische Kirche von Westfalen.

Die Ablehnung dieser Einreisen durch den Staatsapparat wurde durch Bischof Fränkel und andere Diskussionsredner während der Synode mehrfach zum Anlass provokatorischer Äußerungen gegen den Staatsapparat genommen.

Bei der diesjährigen Synode war erstmalig im Tagungsraum ein Platz mit dem Schild »Presse« ausgezeichnet, auf dem die erforderlichen Arbeitsmaterialien der Synode lagen. Dieser Platz blieb die ganze Zeit unbelegt. Nach bisherigen Überprüfungen des MfS haben sich zum Zeitpunkt der Synode auch keine Journalisten der BRD in Görlitz aufgehalten.

Intern ist dem MfS bekannt, dass Bischof Fränkel dafür Sorge getragen hat, dass die Materialien der Synode noch während der Tagung durch eine Kurierverbindung über die Hauptstadt der DDR an bestimmte Personen in der BRD überbracht wurden.

Ersatzdienst in Bausoldateneinheiten eingeführt, in dem Wehrpflichtige, die den Dienst an der Waffe aus Gewissensgründen verweigerten, ihre Wehrpflicht ableisten mussten. Der Dienst in den Baueinheiten wurde als Wehrdienstverweigerung und damit als Indiz für eine oppositionelle Einstellung angesehen. Daher konnte er für den Einzelnen persönliche Nachteile nach sich ziehen wie eine Behinderung des weiteren Ausbildungs- und Karriereweges.

30 Hier unzutreffende Angaben, da der damalige Präses der Evangelischen Kirche im Rheinland Karl Immer (1971–81) war.

31 Hans-Heinrich Harms, Jg. 1914, evangelischer Theologe, ab 1937 Vikar in Gadenstedt, ab 1939 Pastor in Duderstadt, Mitglied Bekennende Kirche, 1939–45 Kriegsdienst und -gefangenschaft, ab 1943 Pastor in Roringen und Herberhausen, 1949/50 Studiendirektor im Bremer Studienhaus in Göttingen, ab 1950 Referent im kirchlichen Außenamt der EKD in Frankfurt/Main, 1960–67 Hauptpastor in Hamburg, ab 1959 geschäftsführender Sekretär der KEK, 1961–68 und 1975–83 Mitglied des Zentralausschusses des ÖRK und 1975–83 zugleich Mitglied des Exekutiv-Ausschusses des ÖRK, 1962–75 Vorsitzender des Bischofs der Evangelisch-Lutherischen Kirche in Hamburg, ab 1964 ebenda Stellvertreter, 1967–85 Bischof der Evangelisch-Lutherischen Kirche in Oldenburg.

32 Klaus von Stieglitz, Jg. 1924, evangelischer Theologe, 1952–55 zunächst Hilfsprediger in Münster, später ebenda Studieninspektor, ab 1955 Pfarrer in Dortmund, ab 1964 Superintendent des Kirchenkreises Dortmund-Mitte, ab 1972 nebenamtliches Mitglied der Kirchenleitung der Evangelischen Kirche von Westfalen.

Offensichtlich ist die ausführliche Berichterstattung über die Görlitzer Synode in westdeutschen Kommunikationsmitteln auf diese Tatsache zurückzuführen.

Die als intern bezeichneten Passagen der Information sind nicht zur öffentlichen Auswertung, sondern nur zur persönlichen Informierung bestimmt.

18. April 1973

Information Nr. 368/73 über den Versuch der Ausschleusung von zwei minderjährigen Kindern nach Westberlin durch ein in der DDR amnestiertes und in die BRD entlassenes Ehepaar

Quelle: BArch, MfS, ZAIG 2114, Bl. 22–26 (5. Expl.).
Serie: Informationen.
Verteiler: Kein Nachweis für externe oder interne Verteilung.
Vermerk: Handschriftlich über Verteilervorschlag »nicht rausgegangen«. Darunter handschriftlich weiter »anhängende (s. Anf[rage] [schwer lesbar, eventuell auch Inf[ormation]] an Dr. Kohl v. 24.4.73)«.
Bemerkungen: Nicht realisierter Verteilervorschlag im Dokumentenkopf: Erich Honecker, Margot Honecker – MfS: Schröder, HA IX, Ablage. Der Information 368/73 liegt eine Ergänzung zum Fall vom 23.4.1973 bei, die am 24.4.1973 an Kohl verschickt wurde, hier aber nicht als Anlage beigefügt ist.

Am 14.4.1973, gegen 17.30 Uhr, wurden durch die Grenzkontrollorgane an der Grenzübergangsstelle Bahnhof Friedrichstraße die Bürger der BRD [Name 1, Vorname 1], geborene [Name 2], geschiedene [Name 3], geboren am [Tag, Monat] 1941, ohne erlernten Beruf, tätig als Schneiderin bei der Firma Michael Lohs in Traunreut/Bayern, wohnhaft Traunreut, Bayern, [Straße, Nr.], verheiratet, zwei Kinder, seit 1965 in der DDR, viermal wegen krimineller Straftaten (Betrug, Fälschung, Diebstahl) und 1972 wegen versuchtem ungesetzlichen Grenzübertritt vorbestraft, am 9.11.1972 amnestiert[1] und nach Entlassung aus der Staatsbürgerschaft der DDR in die BRD entlassen und [Name 1, Vorname 2], geboren am [Tag, Monat] 1944, erlernter Beruf Maschinenformer, tätig als Stricker bei der Firma Michael Lohs in Traunreut, Bayern, wohnhaft Traunreut, Bayern, [Straße, Nr.], verheiratet, drei Kinder, seit 1970 in drei Fällen in der DDR wegen krimineller Straftaten (Betrug, Nötigung, Vergehen gegen das sozialistische Eigentum, Verletzung der Unterhaltspflicht) und 1972 wegen versuchtem ungesetzlichen Grenzübertritt, vorbestraft, am 15.12.1972 amnestiert und nach Entlassung aus der Staatsbürgerschaft der DDR in die BRD entlassen, bei dem Versuch der Ausschleusung ihrer beiden Kinder [Name 1, Vorname 3], geboren am [Tag, Monat] 1961 und [Name 1, Vorname 4], geboren am [Tag, Monat] 1962, beide Schüler der 34. Oberschule in Berlin-Prenzlauer Berg, [Straße, Nr.], und aufenthältlich im

1 Der Staatsrat der DDR erließ am 6.10.1972 eine Amnestie für Personen, die vor dem 7.10.1972 zu Strafen mit oder ohne Freiheitsentzug verurteilt worden waren. Ausgenommen waren Verurteilte wegen Mordes, Sittlichkeitsverbrechen, Gewaltverbrechen, Verbrechen gegen die Menschlichkeit oder wegen Verbrechen gemäß dem Völkerrecht bzw. internationaler Abkommen sowie Wiederholungstäter. Die von der Amnestie betroffenen Personen wurden schrittweise im Zeitraum vom 1.11.1972 bis 31.1.1973 entlassen bzw. begnadigt. Vgl. Beschluss über eine Amnestie aus Anlass des 23. Jahrestages der Gründung der DDR. In: Berliner Zeitung v. 7.10.1972, S. 2.

Kinderheim »Joliot-Curie« Berlin-Prenzlauer Berg, Anton-Saefkow-Str. 66–68, nach Westberlin festgenommen und gegen sie ein Ermittlungsverfahren wegen versuchter Kindesentführung nach § 144 (1), (3), (4) StGB[2] eingeleitet und Haftbefehl erlassen.

Die bisherigen Untersuchungen des MfS ergaben, dass es sich bei dem Ehepaar [Name 1, Vorname 1] und [Vorname 2] um ehemalige Bürger der DDR handelt, die nach erfolgter Amnestie aufgrund der von ihnen gestellten Anträge zur Entlassung aus der Staatsbürgerschaft der DDR am 9.11.1972 in die BRD entlassen worden waren.

(Das Ehepaar [Name 1] verbüßte zum Zeitpunkt der Amnestie eine vom Stadtbezirksgericht Berlin-Lichtenberg am 20.1.1972 ausgesprochene Gesamtstrafe (für [Name 1, Vorname 2] = vier Jahre, acht Monate Gefängnis, für [Name 1, Vorname 1] = vier Jahre, zwei Monate Gefängnis) für die von ihnen in den vergangenen Jahren begangenen kriminellen Handlungen sowie für den von ihnen am 19.6.1971 gemeinschaftlich versuchten ungesetzlichen Grenzdurchbruch mit den beiden Kindern [Name 1, Vorname 3] und [Vorname 4] im Raum Oschersleben.)

Vor ihrer Ausreise in die BRD am 9.11.1972 wurde dem Ehepaar [Name 1] auf ihre entsprechenden Anträge die Übersiedlung ihrer beiden Kinder – für die mit der Verurteilung der [Name 1, Vorname 1] eine Heimerziehung angewiesen wurde – nach Prüfung und Entscheidung zuständiger Institutionen der DDR in Aussicht gestellt. Bis zum gegenwärtigen Zeitpunkt lag die Entscheidung von den zuständigen Organen der DDR noch nicht vor.

Mit dem Ziel, die Übersiedlung der zwei Kinder durch persönliche Rücksprachen beim Rat des Stadtbezirkes Berlin-Prenzlauer Berg zu erwirken, reiste das Ehepaar [Name 1] am 11.4.1973 in die Hauptstadt der DDR ein. Da von der Abteilung Innere Angelegenheiten des Rates des Stadtbezirkes Berlin-Prenzlauer Berg aufgrund der ausstehenden Entscheidung keine verbindliche Zusage zum Verzug der beiden Kinder – die das Ehepaar [Name 1] während seines Aufenthaltes in der Hauptstadt Berlin im Kinderheim besucht hatte – gegeben werden konnte, entschloss sich das Ehepaar [Name 1] zur illegalen Ausschleusung.

2 Der § 144 Abs. 1, 3 und 4 StGB – Entführung von Kindern oder Jugendlichen – lautete: »(1) Wer ein Kind oder einen Jugendlichen unter sechzehn Jahren den Eltern oder anderen Erziehungsberechtigten entführt oder rechtswidrig vorenthält, wird mit Freiheitsstrafe bis zu einem Jahr oder mit Verurteilung auf Bewährung, Geldstrafe oder mit öffentlichem Tadel bestraft. […] (3) Wer die Tat in der Absicht begeht, das Kind oder den Jugendlichen in ein Gebiet außerhalb des Staatsgebietes der Deutschen Demokratischen Republik zu entführen, wird mit Freiheitsstrafe von einem Jahr bis zu acht Jahren bestraft. (4) Der Versuch ist strafbar.« In: Ministerium der Justiz (Hg.): Strafgesetzbuch der Deutschen Demokratischen Republik – StGB. Textausgabe mit Sachregister. Berlin 1968, S. 57.

Daraufhin begab sich die [Name 1, Vorname 1] am 13.4.1973 zurück[3] zu ihrem jetzigen Wohnsitz Traunreut, Bayern, mit dem Ziel[4], von der dortigen örtlichen Polizeibehörde gegen Vorlage von Passfotos der Kinder [Vorname 3] und [Vorname 4] Kinderausweise ausstellen zu lassen, wobei sie dort angab, dass sie ihre Kinder aus der DDR in die BRD holen wolle. Da die Ausstellung von Kinderausweisen – die offiziell bescheinigen, dass die Kinder in Traunreut, Bayern gemeldet sind – acht bis 14 Tage in Anspruch nimmt, erhielt die [Name 1, Vorname 1] eine vorläufige schriftliche Bestätigung bzw. Zustimmungserklärung zur Ausstellung von Kinderausweisen, die durch Unterschrift auch vom Gemeindeamt Traunreut beglaubigt wurde.

Am 14. April 1973 reisten [Vorname 1] und [Vorname 2 Name 1] erneut in die Hauptstadt der DDR ein und holten ihre Kinder, unter dem Vorwand, spazieren gehen zu wollen, von der Tante der [Vorname 1 Name 1], der DDR-Bürgerin [Name 4, Vorname], wohnhaft Berlin-Prenzlauer Berg, [Straße, Nr.], bei der sich die Kinder jeweils an den Wochenende aufhielten, ab. Sie informierten die Kinder über den beabsichtigten ungesetzlichen Grenzübertritt und fuhren mit ihnen zur Grenzübergangsstelle Bahnhof Friedrichstraße. Zuvor hatten sie ihren Kindern Bekleidungsstücke westlicher Produktion angezogen, ihnen den ungefähren Kontrollablauf auf der Grenzübergangsstelle Bahnhof Friedrichstraße erklärt und ihnen »ihre« Wohnanschriften in der BRD genannt, damit sie diese bei Befragungen durch die Sicherheitsorgane der DDR angeben konnten.

Bei der Ausreisekontrolle gaben [Vorname 1] und [Vorname 2 Name 1] vor, mit ihren Kindern am gleichen Tage aus Westberlin kommend in die Hauptstadt der DDR eingereist zu sein und wiesen die beglaubigten Zustimmungserklärungen vor. Sie behaupteten, die Sicherheitsorgane der DDR hätten bei der Einreise vergessen, die Kinder in die Grenzübertrittsdokumente einzutragen.

Die Kinder [Vorname 3] und [Vorname 4 Name 1] wurden am 14. April 1973 erneut im Kinderheim »Joliot Curie« in Berlin-Prenzlauer Berg, Anton-Saefkow-Straße 66–68, untergebracht.

Die Untersuchungen des MfS zur umfassenden Aufklärung der Kindesentführung werden fortgesetzt.

3 Text von Beginn des Absatzes bis hier handschriftlich gestrichen, über dem Wort »zurück« steht mit Bleistift »in«.

4 »mit dem Ziel« im Original handschriftlich gestrichen.

30. April 1973

Information Nr. 406/73 über einen verhinderten Grenzdurchbruch DDR – Westberlin im Bereich Berlin-Mitte, Reichstagsufer, am 27. April 1973

Quelle: BArch, MfS, ZAIG 2130, Bl. 16–19 (7. Expl.).
Serie: Informationen.
Verteiler: Honecker, Heinz Hoffmann, Scheibe, Kohl – MfS: HA I, HA IX, Ablage.

Am 27.4.1973, gegen 17.45 Uhr, versuchte der *Gertzki,* Manfred,[1] geboren am [Tag, Monat] 1942, Beruf Blechschlosser, zuletzt tätig als Diplom-Ingenieur für Maschinenwesen im Forschungszentrum, Abteilung II, des VEB Elektronische Rechenmaschinen *Robotron,*[2] Karl-Marx-Stadt, wohnhaft Karl-Marx-Stadt, [Straße, Nr.], am Reichstagsufer (Höhe Ebertstraße) in Berlin-Mitte die Staatsgrenze der DDR in Richtung Westberlin zu durchbrechen.[3]

Der Grenzverletzer war in unmittelbarer Nähe der Marschallbrücke durch Aufbrechen des Schlosses des dort befindlichen Tores der Grenzsicherungsanlagen (Hinterlandsicherungszaun) in das Grenzsperrgebiet eingedrungen und bewegte sich unter Ausnutzung der Uferböschung gedeckt entlang des Spreeufers in Richtung Staatsgrenze.

Die an der Grenzübergangsstelle Marschallbrücke eingesetzten Grenzsicherungskräfte stellten das Eindringen des Grenzverletzers in das Grenzsperrgebiet zunächst nicht fest, erkannten den Grenzverletzer jedoch zu dem Zeitpunkt, als er sich auf der Höhe des unmittelbar an der Staatsgrenze gelegenen Postenturmes (Bereich des VEB Schallplatte)[4] befand.

Sie informierten sofort die auf diesem Postenturm im Bereich des VEB Deutsche Schallplatten Berlin eingesetzten Grenzsicherungskräfte, durch

1 Manfred Gertzki, Jg. 1942, Blechschlosser und Maschinenbau-Ingenieur, 1960–62 Wehrdienst bei der NVA-Luftabwehr, 1962–65 Maschinenbaustudium in Leipzig, 1965–73 zunächst Technologe für Musterbau im »Zentrum für Forschung und Technik«, später ebenda im Forschungszentrum beschäftigt, 1967–73 mehrere Preise bei Bezirksmeisterschaften im Diskuswerfen und Kugelstoßen, 1972 Abschluss eines Abendstudiums zum Diplom-Ingenieur in Karl-Marx-Stadt.

2 Falsche Firmenbezeichung. Gemeint ist »Fachgebiet Geräte«. Der VEB Elektronische Rechenmaschinen war seit seiner Eingliederung in das Kombinat Robotron 1969 für die Entwicklung von Rechner-Systemen in der DDR zuständig. Zugleich betrieb er eine rege Zusammenarbeit mit Entwicklern aus der UdSSR und aus anderen Warschauer-Pakt-Staaten. Mit seinem Eingang in das Dresdner Großforschungszentrum »Zentrum für Forschung und Technik« des Kombinates Robotron 1971 erhielt er die Strukturbezeichnung »Fachgebiet Geräte«.

3 Weitere Informationen zum Sachverhalt, online abrufbar unter: www.chronik-der-mauer.de/todesopfer/171341/gertzki-manfred (letzter Abruf: 11.9.2024).

4 Die genaue Bezeichnung war VEB Deutsche Schallplatten Berlin.

welche die Annäherung des Grenzverletzers aufgrund der Sichtbehinderung (Uferböschung) selbst nicht festgestellt werden konnte.

Circa 15 m vom Postenturm entfernt wurde der Grenzverletzer durch den Postenführer angerufen und ein Warnschuss abgegeben. Da der Grenzverletzer nicht reagierte, wurde durch die Grenzsicherungskräfte gezieltes Feuer eröffnet.

Der Grenzverletzer blieb zunächst, offensichtlich verletzt, unmittelbar vor dem Grenzzaun auf der Uferböschung liegen, raffte sich aber nochmals auf und umkletterte den Grenzzaun an der Spreeseite.

(Der Grenzzaun (Streckmetallzaun, ca. drei Meter Höhe) ist an dieser Stelle das letzte pionier-technische Hindernis vor der ca. zwei Meter feindwärts dieses Zaunes verlaufenden Staatsgrenze zwischen der DDR und Westberlin. Dieser Grenzzaun verläuft am Tatort als Verlängerung der zwischen dem ehemaligen Reichstagsgebäude (Westberlin) und dem ehemaligen Reichspräsidentenpalais (Hauptstadt der DDR) befindlichen Grenzmauer bis auf die unmittelbare Uferbefestigungsmauer.)

Im Verlauf einer erneuten Feuerführung durch die Grenzsicherungskräfte auf dem Postenturm im Bereich »Schallplatte« und mit Unterstützung der Feuerführung durch das in ca. 250 m Entfernung auf dem Postenturm Reinhardtstraße eingesetzte Postenpaar (Abgabe von fünf Schuss), wurde der Grenzverletzer tödlich getroffen.

Insgesamt waren auf den Grenzverletzer 21 Schuss abgegeben worden.

Anschließend wurde durch Kräfte der NVA versucht, mit Unterstützung eines Motorbootes der Grenzübergangsstelle Marschallbrücke den Täter zu bergen, der unmittelbar hinter dem von ihm umkletterten Grenzzaun, ca. 1,50 m von der Staatsgrenze entfernt, auf der Uferbefestigungsmauer zusammengebrochen war.

Aufgrund der an dieser Stelle vorhandenen starken Strömungsverhältnisse konnte jedoch das Motorboot nicht anlegen, sodass die Bergungsversuche zunächst scheiterten und der Tote in die Spree fiel. Er konnte gegen 19.40 Uhr durch Einsatz von Tauchern geborgen werden.

Zum Zeitpunkt des Versuchs, den Grenzverletzer mit Unterstützung des Motorbootes zu bergen, näherten sich dem Tatort auf Westberliner Seite englische und Westberliner Uniformierte sowie Zivilpersonen, wobei durch eine unbekannte Person gegenüber den Grenzsicherungskräften der DDR die Anwendung der Schusswaffe angedroht wurde.

Die Bergungsarbeiten wurden von Westberliner Seite ständig beobachtet und fotografiert.

Während der Bergungsarbeiten hielten sich auf Westberliner Seite ca. 30 Zivilpersonen und ca. zehn Uniformierte (Polizei und englische Besatzer) auf.

Im eigenen Hinterland wurden keine Reaktionen festgestellt.

Die bisherigen Untersuchungen ergaben, dass der Grenzverletzer unter der Kleidung seinen Körper an mehreren Stellen mit Stahlplatten (zwei Millimeter) abgedeckt hatte, einen Sturzhelm und eine in den Helm einhängbare Gesichtsschutzplatte aus Stahl mit Sichtlöchern trug. Der Grenzverletzer führte zwei Taschen mit zahlreichen persönlichen Dokumenten (Personal- und Ausbildungsunterlagen, Diplomarbeit, Fotos, Urkunden) sowie Medikamente und Verbandsmaterial mit sich.

Die bisherigen Untersuchungen des MfS zur Person ergaben, dass *Gertzki* nach Beendigung der Grundschule den Beruf eines Blechschlossers erlernte und gleichzeitig die 10. Klasse in der Volkshochschule absolvierte.

Von 1960 bis 1962 leistete er freiwillig seinen Wehrdienst bei den Luftstreitkräften der NVA in Trollenhagen ab, den er mit dem Dienstgrad eines Unteroffiziers beendete.

Anschließend absolvierte *Gertzki* bis 1965 ein Studium an der Ingenieur-Schule für Maschinenbau Leipzig und war seit 1965 als Technologe für Musterbau im VEB Robotron Karl-Marx-Stadt tätig. 1972 erwarb er im Abendstudium an der Technischen Hochschule Karl-Marx-Stadt, Sektion Fertigungsprozess und Fertigungsmittel, den Grad eines Diplom-Ingenieurs und war zuletzt im Forschungszentrum, Abteilung II, des VEB *Robotron* Karl-Marx-Stadt tätig.

Er gehörte von 1958 bis 1968 der FDJ, von 1962 bis 1966 der GST und DSF an und war seit 1958 Mitglied des DTSB.

Gertzki war Mitglied des Sportclubs Karl-Marx-Stadt (Leichtathletik) und 1967 Bezirksmeister im Diskuswerfen.

Die Eltern des *Gertzki* sind 1945 bzw. 1967 verstorben. *Gertzki* war ledig.

Die Untersuchungen des MfS zur umfassenden Aufklärung der Ursachen, Motive und begünstigenden Bedingungen werden fortgeführt.[5]

5 Der Todesfall Manfred Gertzki erregte in Westberlin große Aufmerksamkeit. Die westdeutschen Medien berichteten darüber. Vgl. z. B. »DDR«-Posten erschießen Flüchtling an der Mauer. In: Die Welt v. 28.4.1973, S. 1; ZDF-Magazin v. 2.5.1973.

4. Mai 1973

Information Nr. 375/73 über die Festnahme von zwei Angehörigen der Nationalen Volksarmee wegen dringenden Verdachts der Spionage und Fahnenflucht

Quelle: BArch, MfS, ZAIG 2170, Bl. 1–4 (5. Expl.).
Serie: Informationen.
Verteiler: Heinz Hoffmann, Scheibe – MfS: HA I, HA IX, Ablage.
Vermerk: Weitere handschriftliche Datierung im Dokumentenkopf »19.4.73«.

Am 12.4.1973 wurden gegen die Angehörigen der NVA und Unterleutnant [Name 1, Vorname], geboren am [Tag, Monat] 1948, Beruf: Elektromechaniker/Finanzökonom, zuletzt Offizier für Finanzen der 7. PD, Nachrichtenbataillon 7 in Dresden, wohnhaft 806 Dresden, [Straße, Nr.], und Feldwebel [Name 2, Vorname], geboren am [Tag, Monat] 1950, Beruf: Werkzeugmacher, zuletzt Funkmeister der 7. PD, Nachrichtenbataillon 7 in Dresden, wohnhaft 7022 Leipzig , [Straße, Nr.], NW in 8023 Dresden, [Straße, Nr.], wegen des dringenden Verdachts der Spionage und Fahnenflucht gemäß §§ 97[1] und 254 StGB[2] Ermittlungsverfahren eingeleitet und Haftbefehle erlassen.

1 Der § 97 StGB – Spionage – lautete. »(1) Der sozialistische Staat schützt und sichert seine staatlichen, wirtschaftlichen und militärischen Geheimnisse allseitig gegenüber jedermann. (2) Wer es unternimmt, Tatsachen, Gegenstände, Forschungsergebnisse oder sonstige Nachrichten, die im politischen oder wirtschaftlichen Interesse oder zum Schutze der Deutschen Demokratischen Republik geheim zu halten sind, für einen imperialistischen Geheimdienst oder für andere Organisationen, Einrichtungen, Gruppen oder Personen, deren Tätigkeit gegen die Deutsche Demokratische Republik oder andere friedliebende Völker gerichtet ist, oder deren Vertreter oder Helfer zu sammeln, an sie auszuliefern oder zu verraten, wird mit Freiheitsstrafe nicht unter fünf Jahren bestraft. (3) Das Unternehmen der Spionage begeht auch, wer 1. sich von einem imperialistischen Geheimdienst anwerben lässt; 2. sich von Organisationen, Einrichtungen, Gruppen oder Personen oder deren Vertretern oder Helfern zum Zwecke der Sammlung oder Auslieferung geheim zu haltender Nachrichten anwerben lässt; 3. bei Spionage gegen die Deutsche Demokratische Republik in anderer Weise als durch Sammlung oder Auslieferung geheim zu haltender Nachrichten mitwirkt. (4) In besonders schweren Fällen kann auf lebenslängliche Freiheitsstrafe oder Todesstrafe erkannt werden.« In: Ministerium der Justiz (Hg.): Strafgesetzbuch der Deutschen Demokratischen Republik – StGB. Textausgabe mit Sachregister. Berlin 1968, S. 43.

2 Der § 254 StGB – Fahnenflucht – lautete: »(1) Wer seine Truppe, seine Dienststelle oder einen anderen für ihn bestimmten Aufenthaltsort verlässt oder ihnen fernbleibt, um sich dem Wehrdienst zu entziehen, wird mit Freiheitsstrafe von einem Jahr bis zu sechs Jahren bestraft. (2) In schweren Fällen wird der Täter mit Freiheitsstrafe von zwei bis zu zehn Jahren bestraft. Ein schwerer Fall liegt insbesondere vor, wenn die Tat 1. mit dem Ziel begangen wird, das Staatsgebiet der Deutschen Demokratischen Republik zu verlassen oder diesem fernzubleiben; 2. unter Mitnahme einer Waffe erfolgt oder zur Verwirklichung der Tat Gewalt gegen andere Personen angewandt oder mit Gewalt gedroht wird; 3. von mindestens zwei Militärpersonen gemeinschaftlich begangen wird. (3) Vorbereitung und Versuch sind strafbar. (4) Wer die Tat im Verteidigungszustand begeht, wird mit Freiheitsstrafe nicht un-

Die bisherigen Untersuchungen des MfS ergaben:

[Name 1] gehörte seit dem 25.7.1970 der NVA an. Da sich seine karrieristischen Vorstellungen über seine Entwicklung nicht verwirklichten, und insbesondere durch die Einwirkung seiner Ehefrau, die gegen den Dienst in der NVA eingestellt ist, versah er schon seit Längerem seine Aufgaben als Offizier für Finanzen mit Unlust. Er war bestrebt, seine Verpflichtung als Berufssoldat zu lösen. Um dieses Ziel zu erreichen, arbeitete er darauf hin, als Kandidat der SED gestrichen zu werden. Die Streichung wurde im März 1972 von der SED-Grundorganisation beschlossen.

Nachfolgend versuchte er durch eine Erkrankung an einer Haarflechte seine Entlassung aus dem aktiven Dienst zu erwirken. Da er trotz der gezielten negativen Verhaltensweisen dieses Ziel nicht erreichte, entschloss er sich, sich im März 1973 durch eine Fahnenflucht nach der BRD dem weiteren Wehrdienst in der NVA zu entziehen.

In Vorbereitung des geplanten Verbrechens, das er unter Ausnutzung einer Reise in das sozialistische Ausland realisieren wollte (er beabsichtigte, über die diplomatische Vertretung eines kapitalistischen Staates Kontakt zu einem imperialistischen Geheimdienst aufzunehmen), begann [Name 1] systematisch alle ihm zugänglichen geheim zu haltenden Angaben zu sammeln. Zu diesem Zweck fertigte er u. a. von GVS- und VVS-Dokumenten, von geheim zu haltenden Personal- und Finanzunterlagen sowie von OvD-Dokumenten Film- und Fotoaufnahmen an, die in seiner Wohnung sichergestellt werden konnten. Von der Übermittlung dieser Materialien an einen imperialistischen Geheimdienst versprach sich [Name 1] Hilfe und Unterstützung bei der Realisierung der geplanten Fahnenflucht.

Anfang April 1973 hat [Name 1] den in der gleichen Einheit tätigen Feldwebel [Name 2] über seine feindliche Tätigkeit informiert und ihn aufgefordert, Hilfe und Unterstützung bei der Durchführung der Spionagetätigkeit zu leisten. Zwischen [Name 1] und [Name 2] kam es in diesem Zusammenhang zu der Vereinbarung, gemeinsam fahnenflüchtig zu werden.

[Name 2], der seit dem 2.5.1969 der NVA angehörte, erfüllte seine dienstlichen Aufgaben nur äußerst mangelhaft. Mehrfach mussten mit [Name 2] dienstliche und parteiliche Auseinandersetzungen geführt werden. Aufgrund seiner schlechten Dienstdurchführung wurde ihm im Frühjahr 1973 die Weiterführung eines von ihm durchgeführten Fernstudiums gestrichen, wodurch seine Unlust zum Dienst in der NVA weiter bestärkt wurde. Er verlangte seinen Austritt aus der SED als erste Maßnahme, um seine Entlassung aus der Verpflichtung als Berufssoldat zu erreichen. Wegen dieses Verhaltens wurden [Name 2] für April 1973 parteierzieherische Maßnahmen angekündigt. Um weiteren Differenzen zu entgehen, entschloss sich [Name 2] zur Fahnenflucht.

ter drei Jahren bestraft.« In: Ministerium der Justiz (Hg.): Strafgesetzbuch der Deutschen Demokratischen Republik – StGB. Textausgabe mit Sachregister. Berlin 1968, S. 91 f.

Bei seiner Entschlussfassung kalkulierte er ein, in der BRD mit Geheimdiensten zusammenzukommen und war bereit, in der Erwartung von Vorteilen alle ihm bekannten geheim zu haltenden Angaben über die NVA an Geheimdienste auszuliefern.

Entgegen den zwischen [Name 1] und [Name 2] getroffenen Vereinbarungen über eine gemeinsame Fahnenflucht unternahm [Name 2] – in der Vorstellung, allein besser einen Grenzdurchbruch nach der BRD vornehmen zu können – am 7.4.1973, nachdem er sich unberechtigt in den Besitz eines Urlaubsscheines gebracht und diesen mit der Unterschrift des Kommandeurs gefälscht hatte, den Versuch der Fahnenflucht. Zu diesem Zweck reiste er am 8.4.1973 in die ČSSR, wo er am 9.4.1973 im Gebiet von Mariánské Lázně beim Versuch der Überwindung der Grenzsicherungsanlagen durch die tschechoslowakischen Sicherheitsorgane festgenommen wurde.

Die Untersuchungen des MfS zur umfassenden Aufklärung der Motive, Ursachen und begünstigenden Bedingungen der von [Name 1] und [Name 2] begangenen Straftaten werden fortgesetzt.

17. Mai 1973

Information Nr. 407/73 über die Begehung von Straftaten gegen die Volkswirtschaft der DDR durch zwei leitende Angestellte des Fotoehemischen Kombinates VEB Filmfabrik Wolfen

Quelle: BArch, MfS, ZAIG 2173, Bl. 1–8 (10. Expl.).
Serie: Informationen.
Verteiler: Stoph, Mittag, Sindermann, Jarowinsky, Rauchfuß, Sölle, Wyschofsky – MfS: Schröder (weiter an HA XVIII), HA IX, Ablage.
Vermerk: Weitere handschriftliche Datierung im Dokumentenkopf »8.5.73«. Handschriftliche Notiz im Dokumentenkopf »Kurzfassung: Gen. Honecker« (laut Postausgangsbuch am 22.5.1973 verteilt (BArch, MfS, ZAIG 8518, Bl. 186)).
Bemerkungen: Erich Mielke verschickte diese Information gemeinsam mit der Information 417/73 an Erich Honecker auf dessen eigenen Wunsch hin. Vgl. Erich Mielke an Erich Honecker, o. D.; BArch, MfS, ZAIG 2174, Bl. 27.

Durch das MfS wurde gegen die Personen *Schiebel,* Helmut,[1] geboren am [Tag, Monat] 1921, Ingenieur für Chemischen Apparatebau, Leiter des Kraftwerkes im VEB Filmfabrik Wolfen,[2] Fotochemisches Kombinat, wohnhaft Wolfen, Kreis Bitterfeld, [Straße, Nr.], Mitglied der SED, und *Sandt,* Julius,[3] geboren am [Tag, Monat] 1933, Diplom-Ingenieur für Regelungstechnik, Direktor für Informations- und Aufzeichnungsmaterialien im Fotochemischen Kombinat, VEB Filmfabrik Wolfen, wohnhaft Dessau, [Straße, Nr.], Mitglied der SED, wegen dringenden Verdachts begangener Straftaten gegen die Volkswirtschaft der DDR Ermittlungsverfahren mit Haft eingeleitet.

Schiebel und *Sandt* haben seit 1964 fortgesetzt und größtenteils gemeinschaftlich handelnd im Bereich der Fotochemischen Industrie der DDR auf den Gebieten Verfahrenstechnik, Fertigung und Technologie der Filmher-

1 Helmut Schiebel, Jg. 1921, Maschinenschlosser und Ingenieur, 1940–45 Marine, 1945/46 Kriegsgefangenschaft, ab 1946 Turbinenschlosser in der Filmfabrik Agfa Wolfen, ab 1948 SED-Mitglied, 1952–54 Referent für kulturelle Fragen und amtierender Kulturdirektor in der Filmfabrik Wolfen, 1956–61 Fernstudium Ingenieurwesen, 1956–58 Ökonom des Kraftwerkes im VEB Filmfabrik Wolfen, 1958–61 ebenda stellvertretender Leiter der Investabteilung, ab 1961 ebenda Bereichsingenieur in der technischen Direktion, ab 1962 ebenda Stellvertreter des Technischen Direktors, 1962/63 Kontrollbeauftragter des VWR Hauptabteilung Chemie, ab 1964 technischer Direktor im VEB Filmfabrik Wolfen, 1970–72 Auftragsleiter für die Magnetbandfabrik in Dessau, ab 1972 Haft.

2 Der VEB Filmfabrik Wolfen geht auf die im Jahr 1909 durch die Aktiengesellschaft für Anilinfabrikation (Agfa) Berlin gegründete Industrieanlage zur Herstellung von Rohfilmen in Greppin/Wolfen zurück. Seitdem sie sich 1964 von ihrem Warenzeichen Agfa getrennt hatte, produzierte sie ihre Erzeugnisse unter dem Warenzeichen ORWO. 1970 war die Gründung des Fotochemischen Kombinats gefolgt, in dem der VEB Filmfabrik Wolfen als größte Filmfabrik der DDR eine führende Rolle einnahm.

3 Julius Sandt, Jg. 1933, Ingenieur, ab 1958 zunächst Ingenieursabsolvent im VEB Filmfabrik Agfa Wolfen, später Laborleiter, ab 1960 Abschnittsleiter, ab 1961 Abteilungsleiter, ab 1963 Haupttechnologe, ab 1968 SED-Mitglied, ab 1969 Direktor im Direktorat Fotochemie.

stellung Abhängigkeitsverhältnisse zu Wirtschaftsunternehmen der BRD geschaffen.

Sie nutzten ihre leitenden Funktionen im VEB Filmfabrik Wolfen als Stellvertreter des Technischen Direktors, Technischer Direktor und Vorsitzender des Importausschusses (Schiebel) bzw. Haupttechnologe, stellvertretender Direktor für Forschung und Entwicklung, Produktionsdirektor und Mitglied des Importausschusses (Sandt) aus, den Beschluss des Politbüros des ZK der SED von 1958 über die Störfreimachung der Fotochemischen Industrie der DDR von Konzernen und Firmen aus dem kapitalistischen Ausland, insbesondere der BRD, zu hintertreiben.[4]

(Die aus dem Politbürobeschluss entstandenen staatlichen Weisungen, so z. B. eine Reihe von Beschlüssen des Ministerrats, des ehemaligen Volkswirtschaftsrates bzw. des Ministeriums für Chemische Industrie und der ehemaligen VVB Fotochemie und Chemiefasern, werden seit diesem Zeitpunkt in der Fotochemischen Industrie der DDR allgemein als »Foto-Kino-Filmprogramm« bezeichnet.)

Das Ziel des Programms bestand in einer erheblichen Steigerung der Filmproduktion, der Verbesserung der Qualität der Filme und der Steigerung der Arbeitsproduktivität durch den Einsatz moderner technologischer Ausrüstungen zur Filmherstellung.

In den Jahren nach 1965 sollte im Rahmen des Foto-Kino-Filmprogramms eine Abstimmung mit der UdSSR erfolgen, um im Zusammenhang mit der Steigerung der Filmproduktion deren langfristigen Absatz in der UdSSR zu erreichen.[5]

Eine Schwerpunktaufgabe innerhalb des Foto-Kino-Filmprogramms bestand in der Durchführung des Investitionsvorhabens Begießerei[6] VII im VEB Filmfabrik Wolfen. In der Begießerei VII sollten zwei Hochleistungsbegießmaschinen (Maschine FB 6) und fotochemische Spezialausrüstungen

4 Vgl. Direktive zur beschleunigten Beseitigung der Abhängigkeit der chemischen Industrie der DDR vom kapitalistischen Ausland. Anlage Nr. 1 zum Protokoll der Sitzung des Politbüros v. 3.6.1958; BArch, DY 30/42569, Bl. 11–42.

5 Im Jahr 1971 schlossen die DDR und die UdSSR ein »Abkommen über die Zusammenarbeit auf dem Gebiet der Entwicklung neuer technologischer Verfahren und Ausrüstungen für die Produktion fotochemischer und magnetischer Informationsaufzeichnungsmaterialien«. Es sollte die technische und wissenschaftliche Weiterentwicklung u. a. auf dem Gebiet der Film- und Fotoproduktion fördern, den bis dahin hohen Silberverbrauch in der fotochemischen Industrie senken sowie den Austausch von notwendigen Geräten und Materialien verbessern. Vgl. Anlage 4. Abkommen zwischen der Regierung der DDR und der Regierung der UdSSR über die Zusammenarbeit auf dem Gebiet der Entwicklung neuer technologischer Verfahren und Ausrüstungen für die Produktion fotochemischer und magnetischer Informationsaufzeichnungsmaterialien. In: 161. Sitzung des Präsidiums des Ministerrates v. 26.5.1971, Bd. 1; BArch, DC 20-I/4/2466, Bl. 90–95.

6 In einer Begießerei wird die Photoemulsion mithilfe einer Begieß- bzw. Gießmaschine auf die Filmunterlage aufgetragen, wodurch der Film seine Bildaufnahmen erhält. Auf diese Weise entstehen etwa Mehrschichten-, Foto-, Röntgen oder Schmalfilme.

zum Einsatz gelangen. Es war vorgesehen, beide Hochleistungsbegießmaschinen aus der Eigenentwicklung im VEB Filmfabrik Wolfen in Zusammenarbeit mit dem VEB Radebeuler Maschinenfabrik etwa 1968/69 produktionsreif zum Einsatz zu bringen.

(Die Zusammenarbeit zwischen dem VEB Filmfabrik Wolfen – ehemals IG-Betrieb Agfa Wolfen – und dem Radebeuler Maschinenfabrik – ehemals kapitalistischer Privatbetrieb August Koebig & Co (ehemaliger Betriebsleiter Hofmann[7]) – besteht bereits seit mehreren Jahrzehnten. Der ehemalige Betriebsleiter Hofmann dieses kapitalistischen Privatbetriebes wurde nach Verbüßung einer Haftstrafe in der DDR republikflüchtig und gründete 1950 in Krefeld/BRD erneut einen Maschinenbaubetrieb für die Herstellung von Ausrüstungen für die filmherstellende Industrie, die Firma »Hoffmann und Schwabe« Krefeld.)

Schiebel ging in seiner Eigenschaft als Technischer Direktor bei der Realisierung der Ausrüstungsprobleme für die Begießerei VII so vor, dass er an Stelle einer eigenständigen Entwicklung auf dem Sektor der Gieß- und Begießtechnologie für die Filmherstellung sowie der Beschichtungs- und Verstrecktechnologie für die Magnetbandherstellung (Tonband) ungerechtfertigte Maschinenimporte von den BRD-Firmen Hoffmann und Schwabe, Krefeld, (maschinentechnische Ausrüstungen) Kurt Brückner, Leonberg (klima- und trockentechnische Ausrüstungen), durchsetzte.

Schiebel wirkte dabei arbeitsteilig mit *Sandt* zusammen. *Sandt* legte Anfang 1964 *Schiebel* eine Konzeption vor, die vorsah, statt der Entwicklung und Bau von zwei Hochleistungs-Begießmaschinenen FB 6 – in Zusammenarbeit mit dem VEB Radebeuler Maschinenfabrik – im VEB Filmfabrik Wolfen nur eine Hochleistungsbegießmaschine FB 6 zu fertigen. Für die zweite Begießmaschine der Begießerei VII sollten die Ausrüstungen aus der BRD importiert werden. *Sandt* orientierte dabei auf den Import von Ausrüstungen für den langjährig erprobten Typ Begießmaschine M. Dieser Konzeption schloss sich *Schiebel* vorbehaltlos an.

Bereits bei der Importbegründung für die Importe von Ausrüstungen für die Begießmaschine M im Mai 1964 führte *Schiebel* nicht den Tatsachen entsprechende Fakten an. Er begründete die Notwendigkeit des Imports aus der BRD u. a. damit, »den konventionellen Stand von Begießmaschinen auf dem kapitalistischen Weltmarkt kennen zu lernen«.

Schiebel war zu jenem Zeitpunkt bereits bekannt, dass das technische Niveau der Ausrüstungen für die Begießmaschine M der BRD-Firma Hoffmann und Schwabe, Krefeld, dem zum damaligen Zeitpunkt vorgesehenen Lieferanten des maschinen-technischen Teils dieser Begießmaschine, unter dem Niveau der in der Filmfabrik im Einsatz befindlichen Begießmaschinen lag.

7 Hier und im Folgenden im Original: »Hoffmann«, weitere Angaben zur Person konnten nicht ermittelt werden.

Außerdem sagte *Schiebel* bereits vor Unterzeichnung der Importbegründung im Mai 1964 der BRD-Firma Kurt Brückner, Lieferant des klima- und trockentechnischen Teils, einen Auftrag in Höhe von insgesamt zehn Millionen Valutamark zu, ohne sich von der Leistungsfähigkeit der Anlage überzeugt zu haben.

Die Entscheidung über den Ausrüstungsimport (maschinen-, klima- und trockentechnischer Teil für die zweite Begießmaschine M der Begießerei VII) zugunsten der genannten BRD-Firmen veranlasste den VEB Radebeuler Maschinenfabrik im August 1965, in Abstimmung mit der VVB Polygraph dem VEB Filmfabrik Wolfen auch für die Fertigung des maschinen-technischen Teils der Begießmaschine M sozialistische Hilfeleistung anzubieten.

(Das Angebot zur sozialistischen Hilfeleistung entstand, um zukünftig die vorhandenen spezialisierten Fertigungskapazitäten im VEB Radebeuler Maschinenfabrik auslasten zu können.

In diesem Stadium der sich anbahnenden kooperativen Zusammenarbeit mit den BRD-Firmen musste eine Entscheidung unter Einbeziehung der VVB Polygraph gefällt werden, ob die Fertigungskapazitäten des Spezialmaschinenbaus weiter für die filmherstellende Industrie genutzt werden bzw. eine Umprofilierung zugunsten des polygraphischen Maschinenbaus erfolgten sollte.)

In den Verhandlungen mit den Vertretern des VEB Radebeuler Maschinenfabrik trat *Schiebel* stets mit überspitzten und teilweise technisch falschen Behauptungen auf, um den VEB Radebeuler Maschinenfabrik von Zulieferungen für den maschinen-technischen Teil der Begießmaschine M auszuschalten.

Unter anderem behauptete *Schiebel,* die Fertigung des maschinen-technischen Teils und des klima- und trockentechnischen Teils der Begießmaschine müsse von einem Betrieb komplett vorgenommen werden bzw. der maschinen-technische Teil müsste völlig neu konstruiert werden, wofür im VEB Filmfabrik Wolfen keine Unterlagen vorhanden wären.

Ihm war jedoch bekannt, dass in der Vergangenheit im VEB Filmfabrik Wolfen mehrfach Begießmaschinen gebaut worden waren und entsprechende Konstruktionszeichnungen vorhanden sein mussten.

Er selbst veranlasste andererseits die ständige Übergabe von Konstruktionsunterlagen aus der Wolfener Filmfabrik an den BRD-Lieferanten Hoffmann und Schwabe, Krefeld. Auf sein Einwirken hin wurde ein erfahrener Konstrukteur aus Wolfen mehrere Wochen zur Firma Hoffmann und Schwabe/Krefeld entsandt. Dieser Konstrukteur beriet die BRD-Lieferfirma in allen Konstruktionsfragen.

(Dem BRD-Lieferanten für Ausrüstungen des maschinen-technischen Teils der Begießmaschine Typ M wurden u. a. auch kostenlos die Erkenntnisse aus der Entwicklung der Hochleistungsbegießmaschine FB 6, die im VEB Filmfabrik im Verlauf der Entwicklungs- und Konstruktionsarbeiten gesammelt wurden, übergeben.)

Durch die Machenschaften von *Schiebel* gelang es zeitweilig, die Entwicklung einer eigenen Fertigung von hochleistungsfähigen Spezialausrüstungen für die Fotochemische Industrie in der DDR (VEB Radebeuler Maschinenfabrik, später auch Sonderanlagenbau Gölzau sowie Werkstätten der Filmfabrik) zu unterbinden bzw. auszuschalten. *Schiebel* fand dabei in den BRD-Lieferanten Personen mit einer feindlichen Einstellung zur sozialistischen Staats- und Gesellschaftsordnung in der DDR. Sie waren teilweise ehemalige Besitzer von in der DDR enteigneten kapitalistischen Betrieben. So wurde u. a. der BRD-Firmeninhaber Brückner[8] erst 1959 republikflüchtig. Bis zu diesem Zeitpunkt unterhielten *Schiebel* und Brückner in Wolfen engere Beziehungen.

Schiebel, der 1946 als Schlosser im Kraftwerk der ehemaligen Filmfabrik Agfa-Wolfen zu arbeiten begann und seit 1950 verschiedene leitende Funktionen ausübte, gelangte unter dem Einfluss konzernverbundener Kräfte der I.G. Farben,[9] die nach 1945 zeitweilig in Wolfen verblieben waren, zu einer ablehnenden Einstellung zur Wirtschaftspolitik von Partei und Regierung. Besonders seit dem Bekanntwerden der Beschlüsse und Weisungen zur Störfreimachung des VEB Filmfabrik Wolfen von ausländischen Konzernen suchte er Möglichkeiten zur Aufrechterhaltung und Angleichung des Produktionsprofils des VEB Filmfabrik Wolfen mit dem zwischenzeitlich errichteten und auf dem Weltmarkt konkurrenzfähig gewordenen westdeutschen IG-Nachfolgeunternehmen Agfa-Leverkusen.[10] Auch der ständige politisch-ideologische Einfluss, insbesondere seine Voreingenommenheit für westliche Wirtschafts- und Leitungsmethoden sowie ein ausgeprägter persönlicher

8 Kurt Brückner, Jg. 1911, Ingenieur, 1949 Gründer und Direktor der Firma »Brückner Klimatechnik GmbH« in Stuttgart, 1953 Firmenumzug nach Leonberg.

9 Der Chemie- und Pharma-Konzern I.G. Farbenindustrie AG war 1925 als Fusion von sechs Firmen der Chemischen Industrie entstanden. Während des Nationalsozialismus hatte die Firmenleitung die NSDAP unterstützt, sich an der Übernahme arisierter und eroberter Unternehmen bereichert, war mit ihrer Produktion wichtiger Bestandteil der NS-Rüstungswirtschaft gewesen und hatte sich u. a. durch die Beschäftigung von Zwangsarbeitern sowie die Herstellung und Lieferung des im Vernichtungslager Auschwitz-Birkenau eingesetzten Schädlingsbekämpfungsmittels Zyklon B an den nationalsozialistischen Völkermorden beteiligt. Nach 1945 von den Alliierten in den jeweiligen Besatzungszonen beschlagnahmt, wurden die Werke in der DDR, u. a. in Wolfen, in Volkseigentum überführt, während in der Bundesrepublik eine Aufspaltung des Konzerns in zwölf eigenständige Unternehmen erfolgte. Die verbliebene Firma war seit 1955 bis zu ihrer Auflösung 2012 eigenständig, aber in einem permanenten Schwebezustand der Abwicklung tätig.

10 Die Aktiengesellschaft für Anilinfabrikation (Agfa) betrieb neben der Fabrik in Wolfen ebenfalls seit 1925 eine Fotofabrik in Leverkusen. Zudem schloss sie sich 1925 gemeinsam mit fünf weiteren Firmen zur I.G. Farbenindustrie AG zusammen. Obwohl sie sich während der Zeit des Nationalsozialismus durch die Beschäftigung von Zwangsarbeitern an den nationalsozialistischen Völkermorden beteiligt hatte, konnte die Agfa 1945 den Betrieb ihrer Leverkusener Fabrik rasch wiederaufnehmen, die ab 1957 unter dem Firmennamen »Agfa AG Leverkusen« firmierte. Die ostdeutsche »Filmfabrik Agfa Wolfen« und die westdeutsche »Agfa AG Leverkusen« waren bis 1963 vertraglich darin übereingekommen, die Firmenbezeichnung »Agfa« für Auslandsbeziehungen und -vertriebswege beizubehalten. Zudem war die Wolfener Fabrik auf Rohstoffimporte aus Westdeutschland angewiesen, die über die Leverkusener Firma liefen sowie auf die problemlose Nutzung von patentierten Verfahren und Produkten, deren Rechte die Leverkusener Firma hielt.

Geltungsdrang haben ihn zu dieser die DDR schädigenden Einstellung und Handlungsweise veranlasst.

Der Beschuldigte *Sandt* hat ebenfalls unter Ausnutzung seiner Leitungsfunktionen als Haupttechnologe, stellvertretender Direktor für Forschung und Entwicklung, Produktionsdirektor und Mitglied des Importausschusses im VEB Filmfabrik Wolfen seine Pflichten als leitender Wirtschaftsfunktionär eines volkseigenen Schwerpunktbetriebes missbraucht.

In den bisherigen Untersuchungen wurde festgestellt, dass *Sandt* eine feindliche Einstellung zur sozialistischen Staats- und Gesellschaftsordnung in der DDR und zur Sowjetunion besitzt. Das wird auch darin sichtbar, dass Sandt eine Zusammenarbeit mit der Sowjetunion ablehnte und bemüht war, Kooperationsbeziehungen auf dem Gebiet der Filmproduktion mit BRD-Wirtschaftsunternehmen herzustellen.

Aus diesem Grund unterstützte er rückhaltlos die Machenschaften seines Vorgesetzten *Schiebel*. Seine Aktivitäten bestanden ebenfalls darin, durch Ausrüstungsimporte aus der BRD die Störfreimachung der Fotoehemischen Industrie der DDR entgegen den staatlichen Weisungen zu hintertreiben.

Aus diesem Grund schloss er sich den Bestrebungen von *Schiebel* an und wirkte aktiv mit, dass die zwischen dem VEB Filmfabrik und dem VEB Radebeuler Maschinenfabrik bestehende kooperative Zusammenarbeit abgebrochen und eine weitere Zusammenarbeit mit diesem volkseigenen Maschinenbaubetrieb verhindert wurde.

Durch täuschende und teilweise irreführende Behauptungen und Entstellungen begründete er zugunsten der BRD-Firmen Hoffmann & Schwabe, Krefeld, und Kurt Brückner Importforderungen in Gutachterausschusssitzungen. Dabei hob er wider besseres Wissen das technische Niveau dieser BRD-Lieferanten hervor und diskriminierte das Leistungsniveau des volkseigenen Industriebetriebes, welches er mit dem Stand des Jahres 1936 verglich.

Auch der Beschuldigte *Sandt* ließ sich von den Methoden der Wirtschaftsführung in BRD-Betrieben (Managertum) blenden und nahm diese zu seinem Vorbild. Beide Beschuldigten erhielten von den BRD-Firmen Ersatzteile für Pkw, Nahrungs- und Genussmittel, Westmarkbeträge, kostenlose Aufenthalte in BRD-Erholungszentren usw.

Beide Beschuldigten haben nach bisherigen Berechnungen der Volkswirtschaft der DDR Schaden in Höhe von 20 Mio. Mark zugefügt. In dieser Summe ist der materielle und moralische Schaden der DDR im internationalen Filmgeschäft, insbesondere in der Zusammenarbeit mit der UdSSR, nicht enthalten.

17. Mai 1973

Information Nr. 417/73 über aufgedeckte feindliche Aktivitäten gegen den Industriezweig Technisches Glas der DDR

Quelle: BArch, MfS, ZAIG 2174, Bl. 1–20 (10. Expl.).
Serie: Informationen.
Verteiler: Stoph, Mittag, Sindermann, Jarowinsky, Kleiber, Sölle, Greiner-Petter – MfS: Schröder (weiter an HA XVIII), HA IX, Ablage.
Vermerk: Weitere handschriftliche Datierung »8.5.73«; handschriftliche Notiz unter Verteiler »Kurzfassung: Hon[ecker]«.
Bemerkungen: Honecker erhielt am 22.5.1973 eine Kurzfassung der Information, vgl. 417a/73.
Verweise: Informationen 417a/73 und 1106/73.

Durch das MfS werden gegen die Personen *Rudolph,* Wilhelm,[1] geboren [Tag, Monat] 1927, wohnhaft 114 Berlin-Biesdorf, [Straße, Nr.], ehemaliger stellvertretender Generaldirektor im VE AHB Glas-Keramik, Mitglied der SED, *Schneider,* Erich,[2] geboren [Tag, Monat] 1921, wohnhaft 113 Berlin, [Straße, Nr.], ehemaliger Direktor für Industrie im VE AHB Glas-Keramik Mitglied der SED, *Morgenbrodt,* Helmut,[3] geboren [Tag, Monat] 1928, wohnhaft 6421 Schmiedefeld, [Straße, Nr.], ehemaliger Sonderbeauftragter des Generaldirektors der VVB Technisches Glas,[4] Mitglied der SED, *Demm-*

1 Wilhelm Rudolph, Jg. 1927, Kaufmann und Ökonom, 1943–45 Luftwaffe und Marine, 1945–50 Lehrling und später Mitarbeiter in der Steingutfabrik Colditz, 1948–50 Aushilfslehrer in der Berufsschule Colditz, ab 1950 Disponent im AHB Glas-Keramik, 1956–64 ebenda Verkaufsdirektor, 1958–63 Fernstudium der Ökonomie mit Diplomabschluss, ab 1964 SED-Mitglied, 1964–70 Direktor für Export und stellvertretender Generaldirektor im AHB Glas-Keramik, ab 1970 ebenda 1. Stellvertreter des Generaldirektors.

2 Erich Schneider, Jg. 1921, Kaufmann, 1935–42 Lehrling und später Mitarbeiter der Glasinstrumenten- und Thermometerfabrik Brandt in Ilmenau, 1942–44 Kriegsdienst, 1944/45 Sachbearbeiter bei Siemens in Berlin, 1945 SPD-Beitritt, 1945–49 Mitarbeiter der Glasinstrumenten- und Thermometerfabrik Brandt & Paulsen in Ilmenau, 1948 Austritt aus SED und 1954 Wiedereintritt, 1949–72 Sachbearbeiter der »Deutschen Handelsgesellschaft Berlin« (später AHB Glas-Keramik), ab 1952 ebenda Kontordirektor, ab 1967 ebenda Direktor für Industrie.

3 Helmut Morgenbrodt, Jg. 1928, Glastechniker, 1946 SED-Beitritt, 1948/49 Glasfachschule in Zwiesel/Bayerischer Wald, ab 1949 in verschiedenen Glaswerken beschäftigt u. a. VEB Glaswerk Gräfenroda, Lauscha und Schwiedefeld als Glastechniker, später technischer Leiter und Werkleiter, 1954–66 Stellvertreter Polit einer Kampfgruppenhundertschaft, 1962/63 Gruppenleiter »Neue Technik« im Betriebswirtschaftsrat Suhl, ab 1962 tätig im VVB Technisches Glas Ilmenau in verschiedenen Funktionen, ab 1971 Sonderbeauftragter des Generaldirektors für das Glasseidenwerk Oschatz, ab 1972 Haft, 1974 zu lebenslanger Haft verurteilt wegen Spionage für den BND.

4 Das Kombinat »VVB Technisches Glas« wurde 1964 mit Sitz in Ilmenau gebildet und vereinte Betriebe der technischen Glasindustrie, die u. a. Laborgeräte, Rohrleitungen, Thermometer, Kolben oder Isoliergefäße produzierten.

ler, Werner,[5] geboren [Tag, Monat] 1909, wohnhaft 69 Jena, [Straße, Nr.], Okenstraße 38, im VEB Glaswerk Schott & Genossen, Jena,[6] Mitglied der SED und [Name, Vorname], geboren [Tag, Monat] 1936, wohnhaft 1071 Berlin, [Straße, Nr.], ehemaliger Importkaufmann im VE AHB Glas-Keramik, Mitglied der SED, wegen dringenden Verdachts begangener Straftaten gegen die Volkswirtschaft der DDR Ermittlungsverfahren mit Haft durchgeführt.

([Name] fiel unter Amnestieerlass und wurde im Oktober 1972 amnestiert.[7])

Die Handlungen der Beschuldigten verfolgten nach bisher vorliegenden Untersuchungsergebnissen das Ziel, die Volkswirtschaft der DDR zu schädigen, indem sie – unabhängig voneinander und im Sinne einer im Pseudounternehmen Schott & Genossen in Mainz[8] bzw. im Glaswerk Wertheim/Baden[9]/BRD existierenden DDR-feindlichen Gruppe handelnd

– wesentliche Forschungs- und Entwicklungsergebnisse sowie andere Informationen über den Industriezweig Technisches Glas[10] an BRD-Unternehmen bzw. an westliche Geheimdienste auslieferten und dazu beitrugen, DDR-Erzeugnisse von internationalen Märkten zu verdrängen,

5 Werner Demmler, Jg. 1909, kaufmännischer Angestellter, ab 1928 Mitarbeiter beim Glaswerk Schott & Gen. in Jena, bis 1970 ebenda Abteilungsleiter, ab 1970 Marktforschungsökonom, ab 1972 Haft.

6 Der VEB Glaswerk Schott und Genossen Jena geht auf das im Jahr 1884 gegründete Glaslabor »Glastechnisches Laboratorium Schott & Genossen« in Jena zurück, das nach raschem wirtschaftlichem Aufschwung ab 1919 den Firmennamen Jenaer Glaswerk Schott & Gen. trug. Nach Ende des Zweiten Weltkrieges enteignet und schließlich 1948 in einen VEB umgewandelt, wurde es 1976 in das Kombinat »VEB Carl Zeiss Jena« integriert.

7 Der Staatsrat der DDR erließ am 6.10.1972 eine Amnestie für Personen, die vor dem 7.10.1972 zu Strafen mit oder ohne Freiheitsentzug verurteilt worden waren. Ausgenommen waren Verurteilte wegen Mordes, Sittlichkeitsverbrechen, Gewaltverbrechen, Verbrechen gegen die Menschlichkeit oder wegen Verbrechen gemäß dem Völkerrecht bzw. internationaler Abkommen sowie Wiederholungstäter. Die von der Amnestie betroffenen Personen wurden schrittweise im Zeitraum vom 1.11.1972 bis 31.1.1973 entlassen bzw. begnadigt. Vgl. Beschluss über eine Amnestie aus Anlass des 23. Jahrestages der Gründung der DDR. In: Berliner Zeitung v. 7.10.1972, S. 2.

8 Vollständig »Jenaer Glaswerk Schott & Genossen Mainz«. Ebenso wie der »VEB Glaswerk Schott & Genossen« geht auch die Mainzer Firma auf das 1884 gegründete »Glastechnische Laboratorium Schott & Genossen« in Jena zurück. Nach der Enteignung und Demontage des Jenaer Werks errichtete der Geschäftsführer Erich Schott 1952 in Mainz einen neuen Firmensitz, den er unter der alten Firmenbezeichnung fortführte.

9 Das Glaswerk Wertheim wurde 1950 von fünf Glasunternehmern aus Thüringen in Wertheim gegründet. Es war auf die Produktion von Rohglas und Halbfabrikaten spezialisiert.

10 Der Industriezweig Technisches Glas umfasste u. a. die Produktion von optischen Glaserzeugnissen für den wissenschaftlichen und technischen Gerätebau, die Kino- und Brillenindustrie, von Rohrleitungen und technischen Anlagen für die Lebensmittel-, Landwirtschafts- und die chemische Industrie, von Erzeugnissen für die Elektrotechnik sowie den Schifffahrts- und Fahrzeugbau, die Pharmazie und Medizin sowie Produkte des täglichen Bedarfs im Haushalt.

- illegale Kooperationsbeziehungen zum Pseudounternehmen in Mainz herstellten und die Exponate der Technischen Glasindustrie der DDR dem Preisdiktat dieses Unternehmens unterwarfen,
- den Industriezweig Technisches Glas auf die Beibehaltung überwiegend manueller Fertigung als billigen Komplettierungspartner für das im Pseudounternehmen maschinell produzierte Sortiment orientierten,
- die Rekonstruktion der Technischen Glasindustrie der DDR durch den Import veralteter bzw. technisch unausgereifter Glasbe- und -verarbeitungsmaschinen aus dem NSW behinderten und
- die sich entwickelnden Beziehungen im Rahmen des RGW[11] auf dem Gebiet Technisches Glas störten.

Durch die strafbaren Handlungen der Beschuldigten und der im Pseudounternehmen Schott & Genossen Mainz wirkenden DDR-feindlichen Gruppe entstand der Volkswirtschaft der DDR ein in die Hunderte von Millionen gehender Schaden, der in seiner exakten Höhe nicht mehr feststellbar ist.

Die feindlichen Handlungen trugen wesentlich mit dazu bei, dass die Technische Glasindustrie der DDR mit ihrem Schwerpunktbetrieb, dem VEB Jenaer Glaswerke Schott & Genossen, die früher innegehabte Spitzenposition verloren hat, maßgeblich an Konkurrenz- und Marktfähigkeit einbüßte und zunehmend die Realisierung anderer volkswirtschaftlicher Aufgaben in der DDR gefährdet.

Auf wichtigen Gebieten wurde der Industriezweig Technisches Glas innerhalb des eigenen Produktionsprofils vom Pseudounternehmen in Mainz importabhängig.

Gleichzeitig verloren sozialistische Partnerländer teilweise das Vertrauen in das Leistungsvermögen und die Zuverlässigkeit des Industriezweiges Technisches Glas der DDR.

Damit wurden objektiv die Expansionsbestrebungen des Pseudounternehmens in Mainz unterstützt, das sich in den letzten Jahren besonders stark um den Markt der RGW-Länder bemühte und sich feste Marktpositionen in der VR Bulgarien, der Ungarischen Volksrepublik und der SR Rumänien geschaffen hat.

Begünstigend für die strafbaren Handlungen der Beschuldigten wirkte sich die Tatsache aus, wonach die Situation im Industriezweig Technisches Glas der DDR insbesondere durch Konzeptionslosigkeit in der perspektivischen Gestaltung des Industriezweiges, in der Forschung und Entwicklung

11 Die DDR war ab September 1950 Mitglied im »Rat für gegenseitige Wirtschaftshilfe« (RGW), dem von der Sowjetunion initiierten und getragenen wirtschaftlichen Zusammenschluss der Ostblockstaaten sowie später auch anderer Länder wie der Mongolei, Kuba oder Vietnam. Ihm lag das Ideal der arbeitsteiligen Produktionsgemeinschaft zugrunde, wonach sich die Mitgliedsländer auf spezialisierte Industriezweige fokussieren und mit ihren Erzeugnissen den Gesamtbedarf aller Kooperationsstaaten decken sollten.

der Technologie, bei der Einführung qualitativ neuartiger und das Weltniveau bestimmender Erzeugnisse in die Produktion sowie durch eine nicht den Erfordernissen entsprechende Absatzpolitik gekennzeichnet war.

Andererseits haben die strafbaren Handlungen des genannten Personenkreises in großem Umfang dazu beigetragen, die geschilderte Situation zuungunsten der DDR zu verschärfen.

Im Verlaufe der bisherigen Untersuchungen wurden den einzelnen Beschuldigten folgende strafbare Handlungen nachgewiesen:

Der Beschuldigte *Rudolph* hat unter Ausnutzung seiner Funktion seit 1966 mit dem Inhaber einer Westberliner Firma umfangreiche Manipulationen zum Schaden der DDR durchgeführt, indem er dieser Firma

- eine Monopolstellung für den Export bestimmter Warengruppen aus der DDR nach Westberlin verschaffte,
- Sonderprovisionssätze bis zu 25 % des Warenpreises gewährte (die branchenübliche Provision liegt bei 6–7 %) und
- umfangreiche, geheim zu haltende Informationen übermittelte, die diese Firma in die Lage versetzten, ihre Tätigkeit zum Schaden der DDR auch auf Industriebetriebe des Zweiges Technisches Glas auszudehnen.

Zur Tarnung seiner strafbaren Handlungen fälschte *Rudolph* vorsätzlich Weisungen des Ministeriums für Außenwirtschaft bzw. fertigte er gefälschte Dokumentationen an.

Der Beschuldigte *Rudolph* ordnete ferner an, dem AHB rechtmäßig zustehende Valutamittel illegal auf Konten zweier Westberliner Firmen zu überweisen. Von diesen Valutamitteln, deren genaue Höhe noch nicht ermittelt ist, wurden nichtgenehmigte Rationalisierungsmittel für den AHB importiert bzw. materielle Wünsche von *Rudolph* und anderen Personen befriedigt.

Rudolph genehmigte dem inhaftierten *Schneider* illegale »Kooperationsverhandlungen« mit dem Pseudounternehmen in Mainz und dem Glaswerk Wertheim, wobei er davon ausging, damit einer »notwendigen gesamtdeutschen Annäherung« zu dienen.

Er täuschte in diesem Zusammenhang andere staatliche Organe der DDR, indem er zum gleichen Zeitpunkt das Bestehen irgendwelcher Kontakte zu diesen Firmen schriftlich bestritt.

Rudolph, der sich durch diese Handlungen in völlige Abhängigkeit von der Westberliner Firma begab, erhielt von dieser umfangreiche Zuwendungen wie z.B. einen Pkw »Wartburg«, andere wertvolle Gegenstände sowie hohe Bargeldbeträge.

Rudolph ließ auch zu, dass der ihm unterstellte Mitarbeiter [Name] ebenfalls korrumpiert wurde.

(Der durch die Handlungen des Rudolph entstandene materielle Schaden wird gegenwärtig von einer Gutachtergruppe festgestellt. Schon jetzt ist abzusehen, dass er sich auf mehrere Millionen Valutamark belaufen wird.)

Der Beschuldigte *Schneider*, der bereits 1946 mit dem ehemaligen Ilmenauer Firmeninhaber *Brand*[12] versuchte, die Überführung von privatkapitalistischen Betrieben der Glasindustrie des Kreises Ilmenau in Volkseigentum zu verhindern und der wegen Verbreitens von Hetzschriften des SPD-Ostbüros[13] von sowjetischen Organen zeitweilig inhaftiert war, hat

- wichtige Produktionsmittel aus der Technischen Glasindustrie der DDR als Warenlieferungen getarnt nach der BRD verbracht,
- durch Finanzmanipulationen bei Warenlieferungen in die BRD ermöglicht, illegale finanzielle Fonds in der BRD zu bilden, die republikflüchtigen Glasfabrikanten als sogenanntes Startkapital dienten und
- qualifizierte Facharbeiter aus den Glasbetrieben des Ilmenauer Raumes abgeworben und zur Republikflucht veranlasst.

Anlässlich der ACHEMA-Tagung 1958[14] in der BRD wurde *Schneider* von *Brand* in dessen politische Konzeption eingeweiht, wonach bei der »Wiedervereinigung Deutschlands« die alten Machtverhältnisse wiederhergestellt werden müssten. Im gleichen Zusammenhang wurde *Schneider* in der Firma Brandt eine leitende Stellung zugesagt.

In den Jahren 1961 bis 1964 ließ sich *Schneider* durch Vertreter der DDR-feindlichen Gruppe im Pseudounternehmen Mainz bzw. im Glaswerk Wertheim in eine sogenannte Preisabstimmung einbeziehen.

Diese zielte darauf ab, das westdeutsche Preisdiktat widerspruchslos zu akzeptieren. Die westdeutschen Firmen wurden dadurch in die Lage versetzt, die Exporttätigkeit der DDR und anderer sozialistischer Länder auf dem westeuropäischen Markt weitgehend zu beeinflussen.

Gleichzeitig nutzte *Schneider* seine Funktion als Mitglied der DDR-Delegation bei den mehrseitigen Vereinbarungen von Mitgliedsländern des RGW über Preisbildungsprinzipien und Lieferbedingungen auf dem Gebiet des Exports von Erzeugnissen der Technischen Glasindustrie, um die Interessen des Pseudounternehmens durchzusetzen.

Ab 1965 unterstützte *Schneider* Vertreter der DDR-feindlichen Gruppe in der westdeutschen Glasindustrie unter teilweiser Anwendung konspirativer Methoden bei dem Versuch, durch ein sogenanntes Kooperationspro-

12 Rudolf Brand, Jg. 1902, Unternehmer, ab 1927 kaufmännischer Mitarbeiter des Exporthandelshauses »Hermann Paulsen«, 1946 Neugründung der Firma als »Brand & Paulsen Ilmenau«, ab 1948 hier Alleininhaber, 1948 Flucht in die Bundesrepublik, 1949 Gründung der Firma »Rudolf Brand« in Wertheim, 1974–77 Handelsrichter am Landgericht Mosbach.

13 Das Ostbüro der SPD wurde 1946 zur Unterstützung der von der Zwangsvereinigung betroffenen ostdeutschen Sozialdemokraten gegründet. Zu seinen Aufgaben gehörten Flüchtlingsbetreuung, Informationsbeschaffung und das Einschleusen von Informations- und Propagandamaterialien in die SBZ/DDR.

14 Die u. a. im Frühjahr 1958 in Frankfurt/Main ausgerichtete »Ausstellungstagung für chemisches Apparatewesen« (ACHEMA) ist eine dreijährlich durchgeführte Fachmesse der Prozessindustrie für chemische und Verfahrenstechnik sowie Biotechnologie.

gramm die völlige Unterwerfung der Technischen Glasindustrie der DDR unter das Diktat des Pseudounternehmens in Mainz zu vollziehen.

(Dieser Versuch konnte durch progressive Kräfte verhindert werden.)

In seiner späteren Funktion als Direktor für Industrie im VE AHB Glas-Keramik war *Schneider* bestrebt, das unrentable, breite, manuelle Produktionssortiment der Technischen Glasindustrie der DDR beizubehalten.

Der Beschuldigte *Morgenbrodt,* der Agent des amerikanischen Geheimdienstes war, hat in dessen Auftrag und unter Ausnutzung seiner leitenden Funktionen in verschiedenen Glasbetrieben der DDR technische Störungen verursacht, über die er den Geheimdienst ausführlich informierte.

Später wurde *Morgenbrodt* auch in die Spionagetätigkeit des Bundesnachrichtendienstes (BND) einbezogen und lieferte umfangreiche und detaillierte Informationen über den technischen Glassektor der DDR, insbesondere über neue Investvorhaben, wie z. B. das Kombinat Technisches Glas Ilmenau und das Glaswerk Maura.

Im Auftrage eines westdeutschen Unternehmers, der *Morgenbrodt* für den Bundesnachrichtendienst geworben hatte, schaffte *Morgenbrodt* die Voraussetzungen dafür, dass von diesem Unternehmer entsprechend vorbereitete Maschinen von der Technischen Glasindustrie der DDR importiert wurden.

Das geschah dadurch, indem er als amtierender Generaldirektor der VVB Technisches Glas im Jahre 1966 die grundsätzliche Entscheidung traf, für zukünftige Investvorhaben nur Maschinen der Firma dieses Unternehmers einzusetzen.

Die tatsächlich importierten Glasverarbeitungsmaschinen dieser Firma erwiesen sich bei ihrem Einsatz in den Betrieben der Glasindustrie der DDR größtenteils als funktionsuntüchtig.

Nachdem *Morgenbrodt* von einem italienischen Firmeninhaber korrumpiert worden war, stellte er vorsätzlich falsche Gutachten über die von diesem angebotenen Maschinen aus, worauf durch zuständige Außenhandelsorgane der DDR auch verschiedene dieser technisch und technologisch noch nicht ausgereiften bzw. mit Störungen versehenen Maschinen importiert wurden.

Dadurch entstand der Volkswirtschaft der DDR umfangreicher Schaden, dessen Ausmaß gegenwärtig von Gutachtern festgestellt wird.

Durch die Gesamtheit der strafbaren Handlungen des *Morgenbrodt* wurde die planmäßige Rekonstruktion der Glasindustrie der DDR wesentlich behindert.

Demmler war langjähriger Spion des amerikanischen Geheimdienstes. Er übermittelte umfangreiche Informationen über die Technische Glasindustrie der DDR, über zahlreiche Angehörige der wissenschaftlichen, technischen und medizinischen Intelligenz aus dem Raum Jena.

(Außerdem lieferte er Informationen über in der Garnison Jena stationierte Einheiten der Sowjetarmee an seine Auftraggeber.)

Demmler missbrauchte – ausgehend von seiner feindlichen ideologischen Grundposition – seine Vertrauensstellung im Betrieb insbesondere dazu,

- das Pseudounternehmen in Mainz unter Anwendung konspirativer Methoden über alle marktstrategischen Maßnahmen (z. B. beabsichtigte Preisveränderungen) seines Betriebes zu informieren,
- Kunden aus kapitalistischen Ländern, mit denen sich günstige Außenwirtschaftsbeziehungen anbahnen ließen, an das Pseudounternehmen in Mainz zu verweisen und
- die ihm übertragene Marktbearbeitung in westeuropäischen Ländern derart zu vernachlässigen und den Abschluss von Verträgen so hinauszuzögern, dass der DDR diese Marktpositionen verloren gingen und in der Folgezeit vom Pseudounternehmen in Mainz eingenommen werden konnten.

Der Beschuldigte [Name] hat – gemeinschaftlich handelnd mit seinem damaligen Dienstvorgesetzten *Westerschell,*[15] der zwischenzeitlich zu zehn Jahren Freiheitsstrafe verurteilt wurde – dazu beigetragen, dem Pseudounternehmen in Mainz die Monopolstellung bei der Lieferung von Erzeugnissen an technischem und optischem Glas in die DDR einzuräumen.

Er war außerdem am illegalen Verbringen von Valutamitteln der DDR nach Westberlin beteiligt, wofür er, wie bereits zum Beschuldigten *Rudolph* angeführt, umfangreiche materielle Zuwendungen erhielt.

Die durch das MfS geführten Untersuchungen erbrachten weiter eindeutige Beweise dafür, dass im Pseudounternehmen Schott & Genossen, Mainz, und dem mit diesem Konzern kapitalmäßig verflochtenen Glaswerk Wertheim eine Gruppe existiert, deren leitende Kräfte im arbeitsteiligen Zusammenwirken untereinander und mit in ihrem Sinne handelnden Interessenvertretern im Bereich der Außenwirtschaft der DDR, in wirtschaftsleitenden Organen sowie volkseigenen Betrieben bzw. Kombinaten der DDR auf der Basis einer weitestgehend aufgeklärten feindlichen Konzeption ein System ökonomischer Störtätigkeit organisiert und durchgesetzt haben.

Bei diesen leitenden Kräften handelt es sich um Dr. *Schott,* Erich,[16] ehemaliger Geschäftsführer des Pseudounternehmens Schott & Genossen,

15 Helmut Westerschell, Jg. 1924, Ökonom, 1938–41 zunächst Lehrling und später kaufmännischer Angestellter der Glashütte Raetsch, 1941–44 Luftwaffe, 1944–48 US-amerikanische und britische Kriegsgefangenschaft, 1948/49 Angehöriger der Bahnpolizei in Weißwasser, 1948 SED-Beitritt, ab 1948 Sachbearbeiter im VVB Ostglas in Weißwasser, ab 1951 ebenda Abteilungsleiter, 1957/58 Delegat in der Handelsvertretung in Brüssel, 1958–69 Mitarbeiter im AHB Glas/Keramik, 1959–66 ebenda Mitglied der SED-Parteileitung und 1964–66 SED-Parteisekretär, ab 1968 ebenda Direktor für Ex- und Import, ab 1969 Haft wegen Vorwurf des Vertrauensmissbrauchs gemäß § 165 StGB.

16 Erich Schott, Jg. 1891, Physiker, Chemiker und Unternehmer, ab 1917 Mitarbeiter im Unternehmen Jenaer Glaswerke Schott & Gen., 1927–68 Übernahme der Geschäftsleitung des Unternehmens von seinem Vater und zugleich ebenda wissenschaftlicher Leiter, ab 1933 ebenda auch kaufmännischer Leiter, 1945 Enteignung und Demontage der Firma und Weggang aus Jena, 1952 Errichtung eines neuen Zentralwerkes in Mainz.

Mainz, *Schott,* Rolf,[17] geschäftsführendes Mitglied des Glaswerkes Wertheim, Dr. *Löber,* Hans,[18] Gesellschafter und Leiter des Glaswerkes Wertheim, *Eichhorn,* Ernst,[19] Prokurist des Glaswerkes Wertheim und *Hofmann,* Karl-Joachim,[20] Leiter der Abteilung Koordinierung Ausland im Pseudounternehmen Schott & Genossen Mainz.

Ziel dieser Konzeption war und ist, die planmäßige Entwicklung der ökonomischen Grundlagen der DDR im allgemeinen und des Industriezweiges Technisches Glas als wichtigen Kooperationspartner der chemischen Industrie, des wissenschaftlichen Gerätebaus, der Elektronik, der Verteidigungsindustrie u. a. im besonderen zu durchkreuzen und zu desorganisieren.

Zur Durchsetzung dieser Konzeption richtete die DDR-feindliche Gruppe ihre Anstrengungen darauf, die Technische Glasindustrie der DDR in Abhängigkeit zu den westdeutschen Glaszentren zu bringen, um dieses Potenzial als Kooperations- und billigen Komplettierungspartner ausnutzen zu können, wobei die volkseigenen Betriebe die kosten- und arbeitsaufwendigen Komplettierungsteile für die von den westdeutschen kapitalistischen Wirtschaftsunternehmen fast ausschließlich mechanisiert gefertigten Erzeugnisse liefern sollten.

Obwohl die Untersuchungstätigkeit des MfS noch nicht abgeschlossen ist, kann eingeschätzt werden, dass die Handlungen des angeführten Personenkreises, die sich über einen längeren Zeitraum erstreckten, eine wesentliche Ursache für die Nichterfüllung der seit Jahren von Partei und Regierung dem Industriezweig Technisches Glas gestellten Aufgaben waren und sind.

Auf solchen entscheidenden Gebieten wie Forschung und Entwicklung, Produktion und Absatz des Industriezweiges traten große Rückstände ein.

17 Rolf Schott, Jg. unbekannt, 1970 technischer Leiter der Glaswerke Wertheim, weitere Angaben zur Person konnten nicht ermittelt werden.

18 Hans Löber, Jg. 1900, Physiker und Unternehmer, 1925 wissenschaftlicher Mitarbeiter an der Physikalisch-Technischen Reichsanstalt Berlin, 1925–28 Abteilungsleiter im Landesamt für Maß und Gewicht Ilmenau, 1928–30 Leiter der Landesfachschule für Glasinstrumententechnik in Ilmenau, ab 1930 Mitglied der Geschäftsführung der Thüringischen Glasinstrumentenfabrik Alt, Eberhardt und Jäger, 1934–47 ebenda Geschäftsführer, 1933 NSDAP-Beitritt (1936 vergeblicher Versuch des Parteiaustritts), 1945 CDU-Beitritt, 1947–49 leitender Mitarbeiter des Glaseichamtes Ilmenau, 1949 Flucht aus der SBZ, 1950 Mitbegründer und bis 1968 Geschäftsführer des Glaswerkes Wertheim, 1959–71 CDU-Gemeinderatsmitglied in Wertheim.

19 Ernst Eichhorn, Jg. 1907, Kaufmann, 1925–29 Fakturist bei »Heinz & Kühn« in Manebach, 1930–39 ebenda Lohnbuchhalter, 1939/40 Lohnbuchhalter bei der Firma Gebrüder Schübel in Frauenwald, 1940–50 Sachbearbeiter bei der Hohlglashütte Grenzhammer, 1945–48 sowjetische Kriegsgefangenschaft, 1950 DDR-Flucht, ab 1950 Mitarbeiter im Glaswerk Wertheim, ab 1962 ebenda Prokurist.

20 Karl-Joachim Hofmann, Jg. 1919, Kaufmann, 1940–45 Kriegsdienst, ab 1963 Abteilungsleiter im Jenaer Glaswerk Schott & Gen. Mainz.

Die von der angeführten feindlichen Gruppe in der BRD ausgehenden Handlungen stellen gesellschaftsgefährliche Angriffe gegen die Volkswirtschaft der DDR sowie gegen die Rechte und Interessen der Bürger der DDR dar.

Sie sind der Zielstellung und der Art und Weise der konkreten Handlungen nach eine schwerwiegende Missachtung der sozialistischen Gesetzlichkeit, bei der die in der DDR tätigen Interessenvertreter dieser Gruppe im unterschiedlichen Umfang willfährig mitwirkten.

Bereits kurz nach Beendigung des Zweiten Weltkrieges wurden von westdeutscher Seite aus zielgerichtete Maßnahmen zur schädigenden Einflussnahme auf die Entwicklung des Industriezweiges Technisches Glas in der damaligen sowjetischen Besatzungszone eingeleitet und verwirklicht.

Eine entscheidende Voraussetzung dafür war die durch die amerikanische Besatzungsmacht verfügte Zwangsverlagerung von Wissenschaftlern, Facharbeitern, Maschinen, Ausrüstungen, Patenten und Kapital von Jena nach Westdeutschland, bei der die führenden Kräfte des Schott-Konzerns eine aktive Rolle spielten.

Auf der Basis dieser Zwangsverlagerung und im Zusammenwirken mit der Landesregierung von Baden-Württemberg und Institutionen der westdeutschen Klassenjustiz wurden die Glaszentren in Mainz und Wertheim gegründet, von deren führenden Kräften in der Folgezeit gegen die DDR gerichtete feindliche Aktivitäten ausgingen.[21]

Diese Kräfte versuchten auch intensiv ihre angeblichen Besitzansprüche auf die in der DDR befindlichen Werke geltend zu machen. Eine juristische Fiktion dieser angeblichen Besitzansprüche erfolgte u. a. durch das nach der widerrechtlichen Gründung des Pseudounternehmens mithilfe der westdeutschen Klassenjustiz willkürlich geschaffene »Warenzeichenrecht«, das dem Pseudounternehmen die alleinige Inanspruchnahme aller Schott-Warenzeichen sichern sollte, wozu eine Vielzahl von Warenzeichenprozessen in Westdeutschland und anderen Ländern angestrebt wurde.

Da mit allen genannten Aktivitäten die geplante Zielstellung, die Glasindustrie der DDR konkurrenzunfähig zu machen, nicht restlos erreicht wurde, orientierten die DDR-feindlichen Kräfte im Pseudounternehmen auf die systematische Durchsetzung ihrer Zielstellung unter dem Deckmantel der kommerziellen Tätigkeit.

Die von der feindlichen Gruppe im Pseudounternehmen Schott & Genossen Mainz bei der versuchten Durchsetzung dieser feindlichen Zielstellung erkannten Mittel und Methoden der wirtschaftlichen Störtätigkeit bestanden in Folgendem:

– Abwerbung von Spezialisten und Fachkräften aus dem Industriezweig Technisches Glas,

21 Vgl. Kiaulehn, Walther: Der Zug der 41 Glasmacher. München 1959.

- Auswahl von »Interessenvertretern« in der DDR, um die feindliche Zielstellung insbesondere unter Vortäuschung kommerzieller Beziehungen verwirklichen zu können und um sich konspirativ umfangreiche Informationen aus dem Industriezweig Technisches Glas zu beschaffen,
- Störmaßnahmen gegen den Industriezweig auf dritten Märkten,
- Korrumpierung verantwortlicher Mitarbeiter des Industriezweiges und seines Außenhandelsbetriebes sowie
- Störmaßnahmen gegen die Entwicklung der Zusammenarbeit der RGW-Länder auf dem Gebiet des Technischen Glases.

Zum Beispiel versuchten Dr. *Löber* und *Eichhorn* unter Anwendung konspirativer Methoden und arbeitsteilig handelnd – wie das bereits bei den beschuldigten DDR-Bürgern dargelegt wurde –
- das Produktionsprofil des Industriezweiges Technisches Glas auf vorwiegend manuelle, arbeitsaufwendige Produktion festzulegen,
- Preisvereinbarungen mit dem Technischen Glassektor zu erreichen und damit Sortiments- und Marktabstimmungen mit eindeutigen Vorteilen für das Pseudounternehmen durchzusetzen und
- unter Ausnutzung der DDR-Betriebe den sozialistischen Markt zu gewinnen.

Auf der gleichen Linie lagen auch Bestrebungen zur Schaffung eines einheitlichen, abgestimmten Vertreternetzes sowie zur Bildung einer gemeinsamen Absatzorganisation.

Diese gesamte Zielstellung war in einem sogenannten Elf-Punkte-Programm verankert, das als Versuch zu werten ist, den Bonner Alleinvertretungsanspruch[22] konkret auf den Industriezweig Technisches Glas zu übertragen.

Das bestätigt auch ein offizielles Gutachten des Ministeriums für Außenwirtschaft über dieses Programm.

Einen besonderen Schwerpunkt legten die im Pseudounternehmen Mainz tätigen feindlichen Kräfte auf die Schaffung von Voraussetzungen zur Einflussnahme auf die Exportpreisgestaltung der DDR und anderer sozialistischer Länder.

22 Die Bundesrepublik Deutschland erhob zwischen 1949 und 1969 den Alleinvertretungsanspruch für das gesamte deutsche Volk, also auch für Bürger der DDR. Im Zuge der »Neuen Ostpolitik« der sozialliberalen Regierung unter Willy Brandt wurde der Alleinvertretungsanspruch aufgeweicht und die Existenz der beiden deutschen Staaten spätestens mit Abschluss des Grundlagenvertrages 1972 auf diplomatischer und völkerrechtlicher Ebene faktisch anerkannt. Allerdings blieb es bei einer begrenzten Anerkennung der DDR-Staatsbürgerschaft durch die Bundesrepublik, sodass DDR-Bürger bis 1990 zugleich auch als Bundesbürger galten.

Besonders von *Hofmann* wurden wesentliche Aktivitäten entwickelt, die Fragen der Preisgestaltung im Interesse der feindlichen Gruppe im Pseudounternehmen zu regeln.

Hofmann äußerte gegenüber Mitarbeitern des VE AHB Glas-Keramik, dass dem Pseudounternehmen durch die von der DDR betriebene Außenwirtschaftstätigkeit auf den Märkten der VAR, Finnlands und der sozialistischen Länder erheblicher Profitverlust entstanden sei und deshalb eine Klärung erzielt werden müsse, »weil es gegenüber der anderen Konkurrenz doch sehr schlecht wäre, wenn die beiden deutschen Staaten einen gegenseitigen Kampf ausfechten«.

Nach Auffassung von *Hofmann* sollten sich Vertreter des Pseudounternehmens und die verantwortlichen Mitarbeiter des Industriezweiges Technisches Glas der Deutschen Demokratischen Republik in gewissen Zeitabständen zusammensetzen, um über Preise, Rabattsätze und Sortimentsgestaltung sowie über einzelne Märkte und Absatzorganisationen zu beraten.

Ähnlicher Praktiken bedienten sich auch Dr. *Löber* und *Eichhorn.*

Wie die bisherigen Untersuchungen durch das MfS beweisen, passte sich die DDR-feindliche Gruppe in ihrem konkreten Vorgehen gegen den Industriezweig Technisches Glas der DDR weitgehend den jeweiligen politischen Gegebenheiten an.

So wurde anlässlich der Glastechnischen Tagung im Juli 1972 in Wiesbaden/BRD von Vertretern der DDR-feindlichen Gruppe im Pseudounternehmen zum Ausdruck gebracht, neue »Kontakte« in der DDR zu brauchen, mit der DDR in »Gedankenaustausch« treten und sich zu diesem Zweck in der DDR selbst »umsehen« zu wollen.

Diese Gedanken entsprachen der seit dem Frühjahr 1972 von den Mitgliedern der DDR-feindlichen Gruppe mit besonderer Intensität vertretenen Konzeption einer »gesamtdeutschen Kooperation auf dem Gebiet der Technischen Glasindustrie«, die es zu verwirklichen gelte und für die »weitblickende Menschen gewonnen werden müssen, die deutsch denken und handeln und Bereitschaft für den Aufbau einer gut funktionierenden indirekten Zusammenarbeit haben«.

Zur Zeit der Verhandlungen über den Grundlagenvertrag zwischen der DDR und der BRD[23] wurde die Konzeption der DDR-feindlichen Gruppe im Pseudounternehmen dahingehend präzisiert, dass sich mit dem Abschluss des Grundlagenvertrages zwischen beiden deutschen Staaten für sie neue und

23 Der Vertrag über die Grundlagen der Beziehungen zwischen der Bundesrepublik Deutschland und der Deutschen Demokratischen Republik wurde am 21.12.1972 geschlossen und im Mai 1973 in der Bundesrepublik bzw. im Juni 1973 in der DDR ratifiziert. Damit wurde die Existenz der beiden deutschen Staaten sowohl auf diplomatischer als auch auf völkerrechtlicher Ebene faktisch anerkannt. Dies eröffnete der DDR neue internationale Handlungsspielräume.

legale Möglichkeiten eröffnen, um die seit Langem angestrebten Kooperationsbeziehungen zu verwirklichen.

Darunter verstanden die Angehörigen dieser DDR-feindlichen Gruppe, sich intensiv damit zu beschäftigen, entsprechende Personen in der DDR zu finden, mit deren Hilfe die »bisherigen Gegner einer Kooperation mit dem Pseudounternehmen in die Defensive gedrängt bzw. von ihren Funktionen entfernt werden könnten«.

Weiter sollte es Aufgabe dieser Personen sein, Verbindungen zwischen Konzernvertretern und solchen leitenden Mitarbeitern zentraler staatlicher und wirtschaftsleitender Organe der DDR zu vermitteln, »mit denen konzeptionelle Fragen der Zusammenarbeit beraten werden können und die bereit sind, inoffizielle Absprachen zu treffen«.

Die gegnerischen Kräfte gehen in ihren Überlegungen davon aus, wonach mit dem Grundlagenvertrag neben den Möglichkeiten der Besuche und des »freieren« Meinungsaustausches zugleich die ideologische Basis bereitet wäre, auf »größeres Verständnis und umfassendere Bereitschaft für eine Zusammenarbeit im Rahmen besonderer Beziehungen zwischen beiden deutschen Staaten zu stoßen«.

Durch die Untersuchungstätigkeit und den Einsatz von Gutachtern und Experten wurden Bedingungen aufgedeckt, die das Wirksamwerden gegnerischer Kräfte begünstigten bzw. in diesem Umfang erst ermöglichten.

Neben der bereits eingangs erwähnten Konzeptionslosigkeit für die weitere Gestaltung des Industriezweiges Technisches Glas handelt es sich dabei in erster Linie um

- die ständige Verletzung von Sicherheit und Ordnung, von Festlegungen des Geheimnisschutzes und anderer staatlicher Regelungen und
- die Manipulierung staatlicher Pläne und erreichter wirtschaftlicher Ergebnisse mithilfe von Falschmeldungen und Fehlinformationen auf den verschiedensten Leitungsebenen.

Insbesondere haben leitende Mitarbeiter der VVB Technisches Glas, der Werkdirektor, Genosse *Eichhorn*, und der Technische Direktor , Genosse *Matthes*,[24] aus dem VEB Jenaer Glaswerk Schott & Gen., Jena, sowie der ehemalige Direktor des Wärmetechnischen Institutes der Silikatindustrie, Prof. Dr. *Costa*,[25] in ihrer Berichterstattung gegenüber der Partei- und

24 Joachim Matthes, Jg. 1932, Ingenieur, ab 1948 Hilfsarbeiter und später Lehrling im Jenaer Glaswerk Schott & Gen., 1951 SED-Beitritt, 1952–55 Studium an der Fachschule für Glastechnik in Weißwasser, ab 1955 Ingenieur im Jenaer Glaswerk Schott & Gen., 1962–73 ebenda Direktor für Technik, ab 1973 Haft.

25 Harald Costa, Jg. 1913, Physiker, 1937–45 NSDAP-Mitglied, 1938–40 Assistent am Physikalischen Institut der Universität Jena, 1940/41 Entwicklungsingenieur bei Elektromechanik List in Teltow, 1942–47 Inhaber und Betriebsleiter des Elektrotechnik- und Gerätebaus Litzmannstadt, 1948 Enteignung der Firma (die 1944 nach Taubenbach verlagert worden war), 1948/49 Wissenschaftler im Wissenschaftlich-Technischen Büro der SMA in Jena,

Staatsführung durch Falschmeldungen und Schönfärberei versucht, über die tatsächliche Lage im Industriezweig zu täuschen.

Diese Lage im Industriezweig war insbesondere gekennzeichnet durch

- Verschleierung und Vertuschung aufgetretener Schwierigkeiten und Missstände gegenüber übergeordneten Organen,
- Verletzung grundlegender Prinzipien der sozialistischen Leitungstätigkeit, insbesondere völlige Vernachlässigung der Kontrollpflicht seitens der zuständigen Leiter,
- politisch-moralisches Fehlverhalten leitender Kader im Umgang mit Kontrahenten aus dem NSW, im Arbeitskollektiv und im Freizeitbereich,
- Inkonsequenz leitender Kader bei der Verfolgung erkannter Missstände und des
- Vorhandenseins konkurrenzähnlicher Bedingungen zwischen den Wirtschaftseinheiten des Industriezweiges untereinander und gegenüber anderen sozialistischen Betrieben einschließlich solcher in RGW-Staaten.

Ausgehend von diesen Feststellungen wurden im Industriezweig Technisches Glas durch das MfS in enger Zusammenarbeit mit staatsbewussten Kräften der Betriebe und Einrichtungen geeignete Maßnahmen eingeleitet, um im Industriezweig Technisches Glas Disziplin, Sicherheit und Ordnung wiederherzustellen.

So wurden z. B. verschiedene verantwortliche Leiter des Industriezweiges wegen grober Verstöße gegen die Staats- und insbesondere Plandisziplin von ihren Funktionen entbunden.

Weitere Verantwortliche wurden durch Umsetzungen in ihren Wirkungsmöglichkeiten eingeschränkt und durch parteiverbundene Kader ersetzt. (Dieser Prozess notwendiger Kaderveränderungen ist noch nicht abgeschlossen.)

Zur Gewährleistung von Sicherheit und Ordnung wurden eine Reihe von Regelungen erlassen, die auf

- eine Verbesserung des Geheimnisschutzes,
- die Gewährleistung der Disziplin und Ordnung auf Baustellen, einschließlich der Objektsicherung und
- die Herstellung der Gesetzlichkeit beim Aufenthalt von Bürgern und Kunden aus dem NSW in den Betrieben und Einrichtungen des Industriezweiges sowie im entsprechenden Außenhandelsbetrieb

gerichtet sind.

1949–51 Aufbau eines Entwicklungslabors der VVB Maschinen-Elektro-Ost Thüringen, 1951–73 Direktor seiner alten Firma – nun Wärmetechnische Abteilung des Instituts für angewandte Silikatforschung (ab 1956 Umwandlung der Abteilung in das eigenständige Institut für Wärmetechnik und Automatisierung der Silikathütten-Industrie in Jena mit Costa als Direktor), 1958–72 Professur an der Hochschule für Architektur und Bauwesen in Weimar, 1972–78 ebenda Honorarprofessor, ab 1973 Mitarbeiter im Glaswerk Altenfeld.

Zur Überwindung der vom Pseudounternehmen verursachten Hemmnisse bei der Durchsetzung einheitlicher Preisbildungsprinzipien und Lieferbedingungen von Erzeugnissen der Technischen Glasindustrie in Mitgliedsländern des RGW konnte eine Loslösung vom Preisdiktat des Pseudounternehmens erreicht werden.

Diese Maßnahmen reichen jedoch in Anbetracht der neuesten Situation im gesamten Industriezweig Technisches Glas und speziell beim Aufbau des Kombinates Technisches Glas Ilmenau nicht aus, den gegenwärtigen Zustand generell zu überwinden und die Erfüllung der dem Industriezweig gestellten Aufgaben zu gewährleisten.

Um weitere volkswirtschaftliche Verluste zu vermeiden und die restlose Erfüllung der staatlichen Aufgaben zu gewährleisten, erscheint es angebracht, durch die zuständigen staatlichen Organe einen Arbeitsstab aus überprüften und erprobten Kadern zu bilden, der

- die bisherige Linie der technischen und ökonomischen Politik im Industriezweig Technisches Glas kompromisslos überprüft,
- vom volkswirtschaftlichen Bedarf ausgehend die realen Grundlagen für die Entwicklung des Industriezweiges bewertet und
- entsprechende Entscheidungsvorschläge für die Perspektive des Industriezweiges und besonders für die Größenordnung und das künftige Produktionssortiment des Kombinates Technisches Glas Ilmenau unterbreitet.

In diesem Zusammenhang sollten auch Festlegungen getroffen werden zur

- zielstrebigen Lösung verfahrenstechnischer Grundlagen für die Nutzbarmachung einheimischer Rohstoffe wie Glassand und Feldspat zum schrittweisen Abbau der Abhängigkeit von Rohstoffimporten aus dem NSW und zur
- Schaffung eigener Produktionskapazitäten auf dem Gebiet der Glasbe- und -verarbeitungsanlagen im Zusammenwirken mit der UdSSR und den anderen sozialistischen Ländern, um die Monopolstellung kapitalistischer Firmen zu brechen.

Das MfS wird zum gegebenen Zeitpunkt über weitere Erkenntnisse zum Vorgehen der DDR-feindlichen Gruppe gegen den Industriezweig Technisches Glas der DDR informieren.

22. Mai 1973

Information Nr. 466/73 über den ungesetzlichen Grenzübertritt Westberlin – DDR durch einen Westberliner Bürger am 19. Mai 1973

Quelle: BArch, MfS, ZAIG 2171, Bl. 3–5 (8. Expl.).
Serie: Informationen.
Verteiler: Honecker, Kohl, Heinz Hoffmann, Mitdank – MfS: Beater, HA I, HA IX, Ablage.
Vermerk: Weitere handschriftliche Datierung »21.5.73«. Handschriftlicher Vermerk im Dokumentenkopf »(dem Minister zur Kenntnis gegeben)«.
Verweise: Informationen 667/73 u. 947/73.

Am 19.5.1973, gegen 3.45 Uhr, verübte der Bürger Westberlins *Slawinski*, Walter,[1] geboren [Tag, Monat] 1929, wohnhaft Berlin-West 61 (Kreuzberg), [Straße, Nr.], zuletzt tätig als Bauarbeiter bei der Firma Bleck und Söhne in Westberlin, geschieden, sechs Kinder, [Passage mit schutzwürdigen Informationen nicht wiedergegeben], Mitglied der SPD seit September 1972 in Berlin-Mitte, Grenzabschnitt Dresdner Straße, von Westberlin kommend einen ungesetzlichen Grenzübertritt in die Hauptstadt der DDR.

Der Grenzverletzer stand unter starkem Alkoholeinfluss. Beim Übersteigen der Grenzmauer zog sich *Slawinski* am linken Fuß eine leichte Verletzung (Verstauchung) zu.

Die Festnahme des *Slawinski* durch die Grenzsicherungskräfte der NVA erfolgte ohne Widerstand und ohne Anwendung der Schusswaffe.

Die bisherigen Untersuchungen des MfS ergaben zweifelsfrei, dass die von der Westberliner Springer-Presse[2] verbreiteten Meldungen über dieses Vorkommnis unwahr sind und im völligen Gegensatz zu den festgestellten Tatsachen stehen.[3]

Am 18.5.1973 begab sich *Slawinski* gegen 17.30 Uhr in sein Stammlokal »Probierstube«, Westberlin-Kreuzberg, Dresdener Straße, wo er eine größere Menge Alkohol zu sich nahm. Er erklärte selbst, dass er infolge dieses Alkoholgenusses stark betrunken war.

Nach Verlassen der Gaststätte gegen 1.30 Uhr suchte *Slawinski* die Wohnung seiner seit 1953 geschiedenen Ehefrau, mit der er wieder in einer Kameradschaftsehe zusammenlebt, auf.

1 Walter Slawinski, Jg. 1929, ohne Beruf, ab 1972 SPD-Mitglied, bis 1973 Bauarbeiter in Westberlin, 1973/74 Haft.

2 Die Verlagsgruppe »Axel Springer SE« mit Sitz in Westberlin gab in den 1970er-Jahren u. a. die Zeitungen »Bild«, »Hamburger Abendblatt«, »Die Welt« oder die »Welt am Sonntag« heraus. Zudem hielt sie die Mehrheit der Aktien am Ullstein Verlag, der die »B.Z.« und die »Berliner Morgenpost« publizierte.

3 Vgl. Er wollte ihr die Meinung sagen. Westberliner von Grepos niedergeschossen und verletzt. In: BZ v. 21.5.1973, S. 8; Grepos schossen auf angetrunkenen Mann. In: Bild v. 21.5.1973, S. 6.

Wie *Slawinski* aussagt, habe er sich in der unmittelbar an der Staatsgrenze zur DDR gelegenen Wohnung seiner Ehekameradin entschlossen, die Staatsgrenze zur Hauptstadt der DDR zu durchbrechen, und teilte dies auch seiner Ehekameradin mit.

Daraufhin habe diese versucht, ihn von dem Vorhaben abzubringen.

Ungeachtet der Reaktion seiner Lebenskameradin begab er sich dann von der Wohnung zur Staatsgrenze.

Beim Absprung von der Grenzmauer auf das Territorium der DDR verstauchte er sich den Fuß.

In diesem Zustand wurde der *Slawinski* ohne Anwendung der Schusswaffe oder irgendwelcher körperlicher Gewalt aus dem Grenzgebiet heraus und dem VP-Krankenhaus zur Blutprobenentnahme und zur medizinischen Versorgung der Verstauchung zugeführt.

Die Untersuchungen ergaben, dass *Slawinski* zur Zeit der Tat infolge übermäßigen Alkoholgenusses zurechnungsunfähig war.

Slawinski wird deshalb am 22.5.1973 gegen 17.00 Uhr nach Westberlin abgeschoben.

[4]Soweit es in den Gesprächen mit Bahr[5] bzw. Kunze[6] für erforderlich erachtet wird, könnte dieses Vorkommnis in geeigneter Form ausgewertet und gegen den Missbrauch solcher Elemente und ihrer Handlungen zur Hetze gegen die DDR Stellung genommen werden.[7]

4 Über dem Absatz handschriftliche Anmerkung: »Zusatz für Dr. Kohl«.

5 Egon Bahr, Jg. 1922, Journalist und SPD-Politiker, 1942–44 Kriegsdienst, ab 1945 Journalist in Berlin bei verschiedenen Zeitungen (u. a. »Berliner Zeitung«, »Neue Zeitung«), 1948–50 Korrespondent des »Tagesspiegels« in Hamburg und Bonn, 1950–60 Chefkommentator des RIAS im Bonner Büro, 1956 SPD-Beitritt, 1960–66 Leiter des Presse- und Informationsamtes des Berliner Senats, 1966–69 Sonderbotschafter und Leiter Planungsstab beim Auswärtigen Amt, 1969–72 Staatssekretär im Bundeskanzleramt, 1972–90 MdB, 1972–74 Bundesminister für besondere Aufgaben, 1974–76 Bundesminister für wirtschaftliche Zusammenarbeit, 1976–81 SPD-Bundesgeschäftsführer und -Präsidiumsmitglied, 1984–94 Direktor des Instituts für Friedensforschung an der Universität Hamburg.

6 Gerhard Kunze, Jg. 1926, Verwaltungsbeamter, 1944 Kriegsdienst, 1946–48 Angestellter der Stadtverwaltung und des Amtsgerichts Freital, 1957–91 Beamter in der Westberliner Senatskanzlei, 1973–89 Besuchsbeauftragter des Westberliner Senats, 1990–94 Geschäftsführer der »Neue Länder Grundstücksverwertungs- und -verwaltungs GmbH« in Berlin.

7 Im Zuge der sogenannten Entspannungspolitik kam es 1973 zu mehreren Gesprächen zwischen Egon Bahr und Michael Kohl sowie zwischen Joachim Mitdank und Gerhard Kunze, um u. a. Fragen und Probleme des deutsch-deutschen Reise- und Besucherverkehrs zu besprechen. Drei Tage nach dieser Information, am 25.5.1973, fand eine Unterredung zwischen Mitdank und Kunze in Westberlin statt, in der sie u. a. auch ein mögliches Vorgehen des Berliner Senats gegen »Provokationen und kriminelle Handlungen« gegen die DDR-Staatsgrenze besprachen. Vgl. Abteilung Westberlin: Bericht über die Unterredung des Genossen Mitdank mit Herrn Senatsrat Kunze am 25. Mai 1973 in Westberlin v. 25.5.1973; BArch, MfS, Rechtsstelle 1036, Bl. 146–154, hier 153.

25. Mai 1973

Information Nr. 474/73 über die versuchte Abwerbung des Generaldirektors der Gemischten Vertriebsgesellschaft des VEB Carl Zeiss in Frankreich, Genosse [Name]

Quelle: BArch, MfS, ZAIG 2178, Bl. 1–2 (6. Expl.).
Serie: Informationen.
Verteiler: Honecker, Stoph, Kleiber – MfS: Mittig, HV A/SWT, Ablage.
Vermerk: Im Verteiler hinter Stoph in Klammern »nicht erli.[nicht auflösbar]/krank/ Urlaub b. Mitte Juli«.

Am 15. Mai 1973 wurde der Generaldirektor der Gemischten Vertriebsgesellschaft des VEB Carl Zeiss in Frankreich, Genosse [Vorname Name], in seiner Pariser Wohnung von zwei Personen aufgesucht, die sich als Vertreter der westdeutschen Industrie ausgaben und um ein Gespräch baten.

Da Genosse [Name] diesen Personen den Zutritt zu seiner Wohnung verweigerte, fand dieses Gespräch in einer in unmittelbarer Nähe seiner Wohnung gelegenen Gaststätte statt.

Nachdem die beiden Personen nochmals darauf verwiesen hatten, Vertreter der westdeutschen Industrie zu sein, deren Identität von der Botschaft der BRD in Paris bestätigt werden könne, forderten sie Genosse [Name] offen und ohne Umschweife auf, nicht wie vorgesehen im Juli 1973 in die DDR zurückzukehren, sondern in der westdeutschen Industrie eine gut bezahlte Stellung anzunehmen.

(Nähere Angaben zu der vorgesehenen Tätigkeit wurden nicht gemacht.)

Dem Genossen [Name] wurde weiter ein sogenanntes Startkapital von 200 geboten und zugesagt, seinen Sohn aus der DDR nach der BRD auszuschleusen.

Im Verlaufe ihrer Ausführungen verwiesen diese Personen auch auf republikflüchtige ehemalige Mitarbeiter von Auslandsvertretungen der DDR, die seit 1971 bzw. 1973 in der BRD leben und denen es gut gehen solle, ohne jedoch näher darauf einzugehen.

Genosse [Name] verhielt sich während des Gespräches parteimäßig und protestierte energisch gegen das Ansinnen der genannten Personen.

Er erklärte das Gespräch sofort für beendet, nachdem sie ihren »Vorschlag« unterbreitet hatten.

Abschließend gaben sie Genosse [Name] noch den »Rat«, sich die »ganze Angelegenheit wohl zu überlegen, ansonsten jedoch das Gespräch als nicht geführt zu betrachten«.

Aufgrund dieses Vorkommnisses wurde nach Rücksprache mit dem Minister für Elektrotechnik/Elektronik, Genosse Steger,[1] aus Sicherheitsgrün-

1 Otfried Steger, Jg. 1926, SED-Funktionär, 1944/45 Kriegsdienst, 1945–47 Bauarbeiter und später Schlosser in Wechselburg, 1947–49 CDU-Mitglied, 1948–53 Fördermann, Geologe

den entschieden, Genosse [Name] nicht nach Paris zurückzuschicken, zumal dessen Einsatz tatsächlich im Juli 1973 beendet werden sollte.

Genosse Steger wird die Rückgliederung des Genossen [Name] in eine geeignete Funktion des VEB Carl Zeiss Jena veranlassen.

Vom MfS wurden Maßnahmen zur Aufklärung der Verantwortlichen für diesen Abwerbungsversuch eingeleitet und wird geprüft, ob offizielle Schritte unternommen werden könnten.

und Revierleiter bei der SAG Wismut, 1950 SED-Beitritt, 1953–56 verschiedene Tätigkeiten u. a. als Gruppenleiter und Normenbearbeiter in der elektrotechnischen Industrie, 1956–58 Direktor des VEB Starkstromanlagenbau Karl-Marx-Stadt, 1958–63 Generaldirektor der VVB Elektroprojektierung und Anlagenbau Berlin, 1963–65 Abteilungsleiter für Elektrotechnik im Volkswirtschaftsrat, 1965–82 Minister für Elektrotechnik und Elektronik, 1971–86 Mitglied des ZK der SED, 1976–86 Abgeordneter der Volkskammer.

4. Juni 1973

Information Nr. 503/73 über das gewalttätige Vorgehen gegen den Sekretär für Landjugend der FDJ-Kreisleitung Angermünde, [Kreis] Frankfurt (Oder), Genosse Lüdtke, Ludolf, am 1. Juni 1973

Quelle: BArch, MfS, ZAIG 2187, Bl. 1–3 (6. Expl.).
Serie: Informationen.
Verteiler: Honecker, Verner – MfS: Mittig (durch HA XX), HA IX, BV Frankfurt (Oder), Ablage.

Am 1.6.1973, gegen 22.30 Uhr, wurde der Sekretär für die Landjugend in der FDJ-Kreisleitung Angermünde, *Lüdtke,* Ludolf,[1] geboren [Tag, Monat] 1941, wohnhaft Frauenhagen, [Kreis] Angermünde, auf dem Weg zu seinem Wohnort (ca. zwei km von Mürow entfernt), überfallen und brutal misshandelt. Durch Fausthiebe und Fußtritte erlitt *Lüdtke* eine Platzwunde am Hinterkopf, eine Gehirnerschütterung und mehrere Blutergüsse im Bereich des Gesichts, des Brustkorbs und des Bauches. *Lüdtke* musste zur stationären Behandlung in das Kreiskrankenhaus Angermünde eingeliefert werden.

Im Ergebnis der durch das MfS im Zusammenwirken mit der Deutschen Volkspolizei sofort durchgeführten Untersuchungen wurden als Täter ermittelt und festgenommen:

[Name 1, Vorname], geboren [Tag, Monat] 1954, Maurer, seit 17.5.1973 ohne Beschäftigung, 1970 wegen Körperverletzung zu einer Freiheitsstrafe von einem Jahr und sechs Monaten bedingt verurteilt, wohnhaft Mürow, [Kreis] Angermünde, [Name 2, Vorname], geboren [Tag, Monat] 1948, Transportarbeiter im Kreisbaubetrieb Angermünde 1967 wegen schweren Raubes und Körperverletzung zu fünf Jahren Freiheitsentzug verurteilt, wohnhaft Mürow, [Kreis] Angermünde.

Gegen die Beschuldigten wurden Ermittlungsverfahren mit Haft eingeleitet. Die bisherigen Untersuchungen des MfS ergaben, dass sich Genosse *Lüdtke* auf dem Rückweg von der FDJ-Kreisleitung Angermünde zu seinem Wohnort befand und wegen eines Unwetters zeitweise in der HO-Gaststätte in Mürow Schutz suchte.

Die beiden Täter, die sich zu diesem Zeitpunkt ebenfalls in der HO-Gaststätte aufhielten, erkannten Genosse *Lüdtke* als denjenigen FDJ-Funktionär, welcher anlässlich des Treffens Junger Sozialisten im Oktober 1969 in der Hauptstadt Berlin [Name] und [Name 2] aus dem Sonderzug der Bezirksdelegation der FDJ Frankfurt (Oder) durch Angehörige der Trapo entfernen ließ.

1 Ludolf Lüdtke, Jg. 1941, FDJ-Funktionär, weitere Angaben zur Person konnten nicht ermittelt werden.

Die Beschuldigten waren zum damaligen Zeitpunkt unberechtigt in den Sonderzug der Deutschen Reichsbahn eingestiegen und wollten unbefugt nach Berlin zum Treffen der Jungen Sozialisten mitfahren.

Wegen des unbefugten Mitfahrens im Sonderzug der Deutschen Reichsbahn wurden die Beschuldigten seinerzeit jeweils mit einer Ordnungsstrafe in Höhe von 50 Mark durch die Transportpolizei[2] belegt.

[Name 1] und [Name 2] beabsichtigten seit diesem Zeitpunkt, sich an dem Genosse *Lüdtke* zu »rächen«, ohne klare Vorstellungen für die Realisierung dieses Vorhabens zu besitzen.

Als sie am Abend den zeitweiligen Aufenthalt des Genossen *Lüdtke* in der HO-Gaststätte Mürow bemerkten, entschlossen sie sich, ihn zu überfallen und zu misshandeln.

Um möglichst schnell den Tatort, die Verbindungsstraße zwischen Mürow und Frauenhagen, wieder verlassen zu können, benutzten sie das Motorrad des Beschuldigten [Name 1].

Beide Beschuldigten motivieren bisher ihr gewalttätiges Vorgehen gegen den Genossen *Lüdtke* als »Racheakt«.

Die Untersuchungen zur umfassenden Aufklärung der Ursachen, Motive und anderer damit im Zusammenhang stehender Umstände und Bedingungen werden fortgesetzt, insbesondere auf Zusammenhänge und geplante Störaktionen der Beschuldigten gegen die X. Weltfestspiele der Jugend und Studenten.[3]

2 Die Transportpolizei (Trapo) war als Dienstzweig der Deutschen Volkspolizei für die Sicherheit und Überwachung des Verkehrswesens auf dem Schienennetz und den Bahnhöfen der Deutschen Reichsbahn zuständig.

3 Die 10. »Weltfestspiele der Jugend und Studenten« fanden vom 28.7. bis 5.8.1973 in Ostberlin statt.

13. Juni 1973

Information Nr. 540/73 über die Haltung staatlicher Organe der VR Polen zu grundsätzlichen Fragen des Einsatzes polnischer Arbeitskräfte in der Volkswirtschaft der DDR

Quelle: BArch, MfS, ZAIG 2191, Bl. 1–6 (8. Expl.).
Serie: Informationen.
Verteiler: Honecker, Mittag, Sindermann, Fichtner, KGB Berlin-Karlshorst (»AG«) – MfS: HA XVIII, Abt. X, Ablage.
Vermerk: Zusätzliche Datierung im Dokumentenkopf »12.6.73«.

Dem MfS wurde zuverlässig bekannt, dass sich staatliche Organe der VR Polen mit Problemen des Einsatzes polnischer Arbeitskräfte in der Volkswirtschaft der DDR befassten. Dabei wurden im Wesentlichen folgende Auffassungen vertreten:

Sowohl der gegenwärtige Stand als auch die weitere Perspektive des Einsatzes polnischer Arbeitskräfte in der Volkswirtschaft der DDR sollten für beide Seiten Anlass sein, sich gründlicher mit dieser Problematik auseinanderzusetzen.

Eine Analyse der gegenwärtigen und künftigen wirtschaftlichen Entwicklung der DDR lasse immer deutlicher erkennen, dass das Arbeitskräfteproblem einen neuralgischen Punkt darstelle.

Daraus würde sich für die DDR auch in den Folgejahren die Notwendigkeit ableiten, das Erreichen der geplanten volkswirtschaftlichen Zielstellung u. a. auch durch den Transfer von Arbeitskräften aus anderen sozialistischen Staaten zu sichern.

Da sich jedoch der Einsatz von Arbeitskräften aus anderen sozialistischen Staaten in dem von der DDR angestrebten Umfang als unreal erwiesen habe, müsse die VR Polen, die über das größte Arbeitskräftepotenzial verfüge, damit rechnen, dass die DDR alle Möglichkeiten nutzen werde, die komplizierte Arbeitskräftesituation durch verstärkten Einsatz insbesondere polnischer Arbeitskräfte weitgehend zu kompensieren.

In diesem Zusammenhang werde jedoch die polnische Seite darauf aufmerksam machen müssen, dass einem Transfer polnischer Arbeitskräfte in die DDR im Interesse der Entwicklung der Volkswirtschaft der VR Polen objektive Grenzen gesetzt seien.

Im Vordergrund dürfe nicht mehr die Frage nach der Erhöhung der Anzahl der polnischen Arbeitskräfte stehen, sondern vielmehr deren rationeller und effektiver Einsatz in der Volkswirtschaft der DDR.

Unter diesem Aspekt sollten beide Seiten gründlich prüfen, ob sich die bisher praktizierten Formen und Methoden des Einsatzes polnischer Arbeitskräfte in der DDR bewährt haben. Von polnischer Seite aus sollten insbesondere Überlegungen darüber angestellt werden, wie mit vertraglichen Regelungen über die Begrenzung der Zahl der Arbeitskräfte vor allem auf deren effektiveren Einsatz in der DDR Einfluss genommen werden könne.

Wie generell einzuschätzen sei, hätten sich die an den Einsatz polnischer Arbeitskräfte in der Volkswirtschaft der DDR geknüpften ökonomischen Erwartungen nicht erfüllt.

Für beide Seiten sei der Nutzen noch zu gering, weil die Formen des Einsatzes und der Beschäftigung polnischer Arbeitskräfte in der DDR kaum geeignet wären, die geplanten Resultate zu erzielen.

Dieser unbefriedigende Zustand sei insbesondere darauf zurückzuführen, dass einerseits polnische Arbeitskräfte zum Teil in größeren Gruppen in Betrieben mit modernster Technik und Technologie eingesetzt werden, ohne deren Qualifikation, Fähigkeiten, Fertigkeiten und die Ziele der Weiterbildung in der erforderlichen Weise zu berücksichtigen und andererseits ein Einsatz in Betrieben mit veralteter Technik und Technologie erfolgt, was eine effektivere Nutzung der Arbeitskraft sowie die Qualifizierung der Arbeitskräfte unter volkswirtschaftlichen Gesichtspunkten der VR Polen von vornherein einschränke.

Auch der Einsatz kleinerer Gruppen polnischer Arbeitskräfte unter zum Teil komplizierten Bedingungen in Betrieben der DDR zeige insbesondere hinsichtlich der erreichten Produktivität kaum befriedigende Ergebnisse.

Letzterer Weg würde außerdem die erforderliche politisch-ideologische Erziehungsarbeit unter den polnischen Arbeitskräften erschweren.

Weiter habe eine Analyse polnischer Außenhandelsorgane ergeben, dass sich der Einsatz einiger Tausend polnischer Arbeiter in der DDR bisher nicht in der angestrebten Steigerung des Warenexports der DDR in die VR Polen niedergeschlagen habe. Bedenklich sei auch der Zustand, dass einige DDR-Betriebe, in denen polnische Arbeitskräfte tätig seien, die Exportverträge gegenüber der VR Polen nicht einhalten.

Aus polnischer Sicht würden sich in Anbetracht der geschilderten Situation für den künftigen Einsatz polnischer Arbeitskräfte in der Volkswirtschaft der DDR folgende Schlussfolgerungen anbieten:

Entsprechend der Festlegung in der Konzeption der 12. Tagung der Sektion für Zusammenarbeit der VR Polen mit der DDR sollte in der Perspektive die volle Besetzung moderner Industrieanlagen in der DDR durch polnische Arbeitskräfte (technische, ökonomische und leitende Kader) sowie durch den Einsatz polnischer Bau- und Montagearbeiter angestrebt und ermöglicht werden.[1]

1 Hier ist die 12. Tagung des Ausschusses für wirtschaftliche und wissenschaftlich-technische Zusammenarbeit zwischen der DDR und der Volksrepublik Polen gemeint, die vom 9. bis 12.11.1972 in Ostberlin stattfand. Dort sicherten die polnischen Vertreter eine weitere Delegierung von 210 polnischen Arbeitnehmern im November 1972 und von 140 polnischen Arbeitnehmern im Dezember 1972 in die DDR für eine Beschäftigung in Betrieben des Metallleichtbaus zu. Vgl. Protokoll der XII. Tagung des Ausschusses für wirtschaftliche und

In erster Linie seien dabei Betriebe in Erwägung zu ziehen, die für den Export in die VR Polen oder in dritte Länder produzieren, wobei sich die von den polnischen Arbeitern erzielten Zuwachsraten vorrangig im erhöhten Warenumsatz nach der VR Polen niederschlagen müssten.

Diese Form des Einsatzes polnischer Arbeitskräfte würde am besten den Gedanken der sozialistischen ökonomischen Integration entsprechen.

Die vom 7. Plenum der PVAP[2] gestellten Aufgaben zur Berufsausbildung und der Qualifizierung von Facharbeitern erforderten, auch Formen des kurzfristigen Einsatzes polnischer Arbeiter zum Zwecke der Berufs- und Facharbeiterausbildung in ausgewählten Betrieben der DDR stärker zur Anwendung zu bringen. Das könne vor allem dazu beitragen, die Notwendigkeit des Einsatzes und der Ausbildung der Kader effektiver zu verbinden.

Diese beiden Grundformen des Einsatzes und der Beschäftigung polnischer Arbeitskräfte in der DDR sollten verstärkt und vorrangig in Betrieben der Elektrotechnik/Elektronik, der Chemie und im Bereich der Energie praktiziert werden. (Eine nähere Begründung dafür liegt nicht vor.)

Bezüglich der Realisierung der gegenwärtig bestehenden Abmachungen (Abkommen über den Arbeiterverkehr in den Grenzorten[3] und Vertrag über die zeitweilige Beschäftigung polnischer Arbeiter in der DDR vom Mai 1971[4]) wolle die polnische Seite besonders folgende Vorstellungen durchzusetzen versuchen:

- Einsatz größerer Gruppen von 100 bis 300 Personen in solchen Betrieben der DDR, die bei der Lösung der ökonomischen Aufgaben eine Schlüsselstellung einnehmen;
- stärkere Beachtung der Qualifikation polnischer Arbeitskräfte bei ihrem Einsatz in DDR-Betrieben;
- Einsatz, Beschäftigung und Ausbildung der Kader unter Beachtung perspektivischer Gesichtspunkte der Entwicklung der polnischen Volkswirt-

wissenschaftlich-technische Zusammenarbeit zwischen der Deutschen Demokratischen Republik und der Volksrepublik Polen v. 12.11.1972; BArch, DC 20/16901, Bl. 43–74.

2 Das VII. Plenum des ZK der PVAP tagte im November 1972 in Warschau.

3 Die »Vereinbarung zwischen dem Staatlichen Amt für Arbeit und Löhne der Deutschen Demokratischen Republik und dem Komitee für Arbeit und Löhne der Volksrepublik Polen über die Grundsätze der Beschäftigung polnischer Werktätiger aus Grenzbezirken der Volksrepublik Polen in Betrieben der Grenzbezirke der Deutschen Demokratischen Republik« wurde am 17.3.1966 geschlossen. Sie regelte die Bedingungen, unter denen polnische Werktätige aus polnischen Grenzbezirken in den Betrieben der DDR-Grenzbezirke arbeiten sollten. Der DDR-Ministerrat bestätigte die Vereinbarung am 3.5.1966. Am 1.10.1973 traten Änderungen der Vereinbarung in Kraft; BArch, DC 20/9992.

4 Das am 25.5.1971 unterzeichnete »Abkommen zwischen der Regierung der DDR und der Regierung der VR Polen über die zeitweilige Beschäftigung polnischer Werktätiger in Betrieben der DDR« sah den Einsatz von vornehmlich ausgebildeten polnischen Arbeitern in DDR-Produktionsbetrieben vor. Am 1.10.1973 traten Änderungen des Abkommens in Kraft; BArch, DC 20-I/4/2426 sowie DL 2–MF/3439.

schaft, um weitgehend die Gewähr zu bieten, dass die Kader nach Ablauf ihrer Tätigkeit in der DDR weiterhin in ihrem Fach arbeiten können;
- verstärkter Einsatz von Kadern der unteren und mittleren Leitungsebene mit dem Ziel, die Ausbildung dieser Kader in Fragen der Leitung und Organisation ökonomischer Produktionsprozesse sowie der Anwendung und Nutzung der modernen Technik und Technologie zu forcieren;
- durch eine effektivere Arbeitsproduktivität der polnischen Arbeitskräfte müsse insbesondere beigetragen werden, eine Balance in den Außenwirtschaftsbeziehungen zwischen beiden Staaten zu erreichen.

Der von den polnischen Arbeitskräften eingebrachte Teil des Nationaleinkommens der DDR sollte als Element des Exportes der VR Polen an die DDR im Rahmen der gemeinsam festgelegten Verrechnungseinheiten wirksamer zur Geltung gebracht werden.

Um diese Vorstellungen zum Tragen zu bringen, müsse nach neuen Formen der Zusammenarbeit bei der Bereitstellung von Arbeitskräften für die DDR gesucht werden. Die aus polnischer Sicht entwickelten Gedanken dazu würden nicht nur den ökonomischen Interessen beider Seiten entgegenkommen, sondern auch positiv auf das Verhältnis zwischen den polnischen Arbeitern und den Bürgern der DDR wirken.

Der Einsatz starker polnischer Gruppen unter einer selbstständigen polnischen Leitung durch polnische Baubetriebe bzw. im Gaskombinat Schwarze Pumpe bestätige, dass eine echte und dauerhafte Lösung der Gesamtproblematik nur dann herbeigeführt werden könne, wenn die polnischen Arbeitskräfte konzentriert zum Einsatz gelangten und deren Leitung in polnische Hände gelegt würde.

13. Juni 1973

Information Nr. 543/73 über die Einleitung von Ermittlungsverfahren mit Haft gegen zwei BRD- und zwei DDR-Bürger wegen Spionagehandlungen

Quelle: BArch, MfS, ZAIG 2192, Bl. 1–2 (4. Expl.).
Serie: Informationen.
Verteiler: Honecker – MfS: Beater (durch HA II), HA IX, Ablage.

Am 10.6.1973 wurden durch das MfS gegen die zu Besuch in der DDR weilenden BRD-Bürger *Staude,* Heinz,[1] geboren [Tag, Monat] 1921, beschäftigt als Elektriker in den Dornier-Flugzeugwerken München, wohnhaft München, [Straße, Nr.], und *Staude,* Erna,[2] geboren [Tag, Monat] 1923, beschäftigt als Bürohilfe in den Dornier Flugzeugwerken München, wohnhaft wie Ehemann sowie deren Verwandte in der DDR, das Ehepaar *Staude,* Werner[3] und *Staude,* [Vorname] (Bruder und Schwester), wegen begangener Spionagehandlungen Ermittlungsverfahren mit Haft eingeleitet.

In den bisher vorliegenden Untersuchungsergebnissen wurde bestätigt, dass das BRD-Ehepaar vom Bundesnachrichtendienst der BRD (BND) angeworben wurde mit dem Ziel, ihre in der DDR wohnhaften Verwandten zur Sammlung von Informationen über militärische Anlagen und Objekte der sowjetischen Armee im Raum Merseburg zu gewinnen.

Im Zusammenhang mit den Untersuchungen wurden umfangreiche Spionagematerialien sichergestellt.

Die weiteren Überprüfungen werden insbesondere dahingehend geführt, neben detaillierten Aussagen über die Zusammenarbeit mit dem BND weitere Hinweise über den Missbrauch der vertraglichen Beziehungen zwischen der DDR und der BRD zu erarbeiten.

Die das BRD-Ehepaar *Staude* begleitenden Verwandten (Tochter und Schwiegersohn) erhielten zwischenzeitlich die Möglichkeit zur Rückreise in die BRD, da sich keine Anhaltspunkte für eine staatsfeindliche Tätigkeit ergaben.

1 Heinz Staude, Jg. 1921, Elektriker, weitere Angaben zur Person konnten nicht ermittelt werden.
2 Erna Staude, Jg. 1923, weitere Angaben zur Person konnten nicht ermittelt werden.
3 Werner Staude, Jg. 1924, weitere Angaben zur Person konnten nicht ermittelt werden.

25. Juni 1973

Information Nr. 596/73 über das ungesetzliche Verlassen der DDR durch den Segelflieger Elke, Udo, wohnhaft gewesen in Eisenhüttenstadt

Quelle: BArch, MfS, ZAIG 2172, Bl. 8–12 (6. Expl.).
Serie: Informationen.
Verteiler: Kein Nachweis für externe oder interne Verteilung.
Vermerk: Im Dokumentenkopf maschinenschriftlich »geht nicht raus. Gen. Honecker durch Minister pers[önlich] informiert«.
Bemerkungen: Nicht realisierter Verteilervorschlag auf zusätzlichem Blatt: Verner, Heinz Hoffmann, Scheibe – MfS: Schröder (weiter an HA XX), HA IX, Ablage.

Dem MfS wurde bekannt, dass der am 22.6.1973, 13.30 Uhr, (im Rahmen der im Zeitraum vom 13. bis 24.6.1973 stattgefundenen DDR-Segelflugmeisterschaften[1]) zum Streckenflug von Neustadt-Glewe über Parchim, Bützow, Wismar, Schwerin und zurück mit dem Segelflugzeug vom Typ »Foka 5«, Kennzeichen DM 22 – 46, gestartete Pilot *Elke,* Udo,[2] geboren am [Tag, Monat] 1941, wohnhaft Eisenhüttenstadt, [Straße, Nr.], Diplom-Ingenieur für Elektrotechnik im VEB Bandstahlkombinat (EKO) Eisenhüttenstadt, ledig, Mitglied der SED, des FDGB, der GST,[3] Träger des Segelflugleistungsabzeichens Stufe »C« in Gold mit drei Diamanten und des Titels »Meister des Sports« die DDR ungesetzlich verlassen hat und gegen 17.50 Uhr bei Ruploh, Kreis Soest, BRD, gelandet ist. Gegenwärtig hält sich Elke in Unna-Massen, BRD, auf.

Die bisherigen Überprüfungen ergaben, dass Elke die Staatsgrenze der DDR in einer Höhe von 800 bis 1 300 Metern überflogen hat. Die gesamte

1 Die 8. DDR-Segelflugmeisterschaften fanden vom 16. bis 24.6.1973 in Neustadt-Glewe statt und sahen für die rund 40 Teilnehmer am 22. Juni einen Dreiecksflug in einer Gesamtlänge von 180 Kilometern vor. Udo Elke wich sofort nach dem Start von der vorgeschriebenen Strecke Richtung Südwesten ab und floh in die Bundesrepublik. Vgl. Gerhard, Claus: Der überwachte Himmel. Die staatlichen Sicherungsmaßnahmen der DDR zur Verhinderung von Fluchten mit Fluggeräten. Berlin 2020, S. 336 f.

2 Udo Elke, Jg. 1941, Ingenieur, Segelflieger und Fluglehrer, 1961 Segelflugmeister, 1963 SED-Beitritt, ab 1967 Projektierungsingenieur im VEB Bandstahlkombinat Eisenhüttenstadt, 1972 Ausschluss aus dem Team der DDR-Nationalmannschaft und knapp siebenmonatige Flugsperre, 1973 Flucht in die Bundesrepublik, ab ca. 1974 Ingenieur auf dem Gebiet der Elektronik und Regeltechnik in der Bundesrepublik.

3 Die 1952 gebildete Gesellschaft für Sport und Technik (GST) richtete sich an Jugendliche und Erwachsene ab einem Alter von 14 Jahren. Mittels körperlicher Ertüchtigung in den Bereichen Wehr-, Flug- und Fallschirmsport u. a. sollte sie der Erhöhung der Verteidigungsbereitschaft der DDR dienen und die Sportler zugleich zu Bestleistungen in internationalen Wettkämpfen bringen. Mit Flugsportarten wie Motor-, Segel, Modell- oder Raketenmodellflug besaß die GST in der DDR ein Flugsport-Monopol. Vgl. Gerhard, Claus: Der überwachte Himmel. Die staatlichen Sicherungsmaßnahmen der DDR zur Verhinderung von Fluchten mit Fluggeräten. Berlin 2020, S. 245–254.

Flugroute des Segelflugzeuges des Elke war von den Erdbeobachtungsposten der GST nicht beobachtet worden. Elke wurde letztmalig etwa gegen 14.07 Uhr mit seinem Flugzeug über dem Lederkombinat in Neustadt-Glewe gesichtet.

Eine Überwachung der GST-Flugzeuge in der Luft erfolgt weder durch Radar noch durch das diensthabende System der Luftstreitkräfte/Luftverteidigung und ist bei Segelflugzeugen nach Auskunft dieser Dienststellen technisch noch nicht im vollen Maße möglich. Die GST besitzt keine technischen Voraussetzungen zur Überwachung der gestarteten Segelflugzeuge in der Luft.

Bei allen Wettkämpfen – wie auch im vorliegenden Fall – werden lediglich Erdbeobachtungsposten der GST an den Wendepunkten der Flugstrecke eingesetzt. Diese haben vorwiegend Wettkampfaufgaben, beobachten visuell die Flugzeuge, registrieren das Passieren des Wendepunktes und verfügen in der Regel über keine Nachrichtenverbindungen, sodass ein Abweichen von der Flugstrecke dem Flugleiter überwiegend erst nach dem Wettkampf bekannt wird.[4]

Die bisherigen Untersuchungen zu den Persönlichkeitsmerkmalen des Elke ergaben, dass er von 1948 bis 1951 die polnische Grundschule in Pelcznica-Swiebodzice[5] (VR Polen) besuchte und anschließend [Passage mit schutzwürdigen Informationen nicht wiedergegeben] zu seinem seit 1945 in Cottbus lebenden Vater übersiedelte. Nach Erlernung des Berufes eines Elektromonteurs leistete Elke von 1959 bis 1962 freiwillig Dienst in der NVA, den er mit dem Dienstgrad Unteroffizier beendete.

Während dieser Zeit legte er das Abitur ab und wurde 1961 mit dem Titel »Meister des Sports«[6] (Segelflug) ausgezeichnet. Von 1962 bis 1967 studierte er an der TU Dresden und schloss das Studium als Diplom-Ingenieur für Elektrotechnik ab. Im Anschluss daran arbeitete Elke im Eisenhüttenkombinat Ost vorwiegend als Projektierungsingenieur. Elke wird ein hohes theore-

4 Elkes Flugzeug verfügte zudem über kein sprachfähiges Funkgerät und damit über keine Kommunikationsmöglichkeiten. Sein plötzliches Verschwinden wurde daher zunächst mit einem Absturz erklärt. Erst am Folgetag offenbarte eine DPA-Meldung Elkes Grenzüberflug. Vgl. Gerhard, Claus: Der überwachte Himmel. Die staatlichen Sicherungsmaßnahmen der DDR zur Verhinderung von Fluchten mit Fluggeräten, Berlin 2020, S. 337; DDR-Segelflugmeister gelang Flucht mit Flugzeug. In: Der Tagesspiegel v. 24.6.1973, S. 3; Flucht aus der »DDR« mit Segelflugzeug. In: Welt am Sonntag v. 24.6.1973, S. 4.

5 Im Original: »Pelcznica/Swiebodzinski«. Hier gemeint der Stadtteil Pelcznica in Swiebodzice.

6 Die staatliche Auszeichnung »Meister des Sports« wurde ab 1954 an Spitzensportlerinnen und -sportler unterschiedlichster Disziplinen für hervorragende Leistungen auf Lebenszeit in Form einer Urkunde und einer Medaille verliehen. In Anlehnung an das sowjetische Auszeichnungswesen sollte das Ringen um den Titel die Teilnehmer zu international vergleichbaren sportlichen Bestleistungen animieren und zugleich die allgemeine Wehrfähigkeit unter den Sportlerinnen und Sportlern verbessern.

tisches Fachwissen und die Fähigkeit, selbstständig wissenschaftlich zu arbeiten, bestätigt.

Seit 1961 ist Elke Kandidat und seit 1963 Mitglied der SED. Er trat auch 1971 während eines Wettkampfes in der SR Rumänien gegenüber westdeutschen Bürgern positiv auf. Seine Einstellung wird jedoch auch häufig als nicht immer parteilich und als unsachlich eingeschätzt. Zu aktuell-politischen Problemen bezog er häufig eine negierende Haltung, was sich in vielen Gesprächen zeigte. [Passage mit schutzwürdigen Informationen nicht wiedergegeben]

Aufgrund seiner fliegerischen Tätigkeit traf Elke in einigen Fällen auf GST-Flugplätzen mit westdeutschen Flugsportlern zusammen, mit denen er Gespräche führte, nach bisherigen Ermittlungen jedoch keine engeren Kontakte herstellte.

Wie die Untersuchungen weiter ergaben, bestanden bei Elke seit etwa 1971 einige Unzufriedenheiten im Zusammenhang mit seiner beruflichen Tätigkeit beim EKO. Bereits 1971 bewarb sich Elke um eine Tätigkeit bei der Deutschen Seereederei,[7] um sich angeblich beruflich zu verbessern. Nach Ablehnung seines Antrages äußerte er, er suche eine Tätigkeit, durch welche er »die Welt kennenlernen« könne, da er »die Freiheit« liebe.

Im April 1973 gab Elke eine Eingabe an den Direktor für Instandhaltung des EKO und kritisierte seinen für zwei Tage vorgesehenen Einsatz als Fachkader in der Produktion. Er begründete seine Eingabe mit fehlenden spezifischen Kenntnissen. In einer mit ihm geführten Aussprache wurde ihm die Notwendigkeit des Einsatzes aufgezeigt. Gleichzeitig wurde ihm erklärt, dass auch er im letzten Jahr an einem Projekt gearbeitet habe, das wegen technischer Unvollkommenheit neu überarbeitet werden müsse und deshalb ein Einsatz direkt an den Produktionsanlagen zur Vertiefung der Kenntnisse positiv sein könnte.

Mit dem Ausgang der Aussprache war Elke nicht zufrieden, da seiner Meinung nach die Probleme nicht geklärt worden seien. Deshalb wandte er sich erneut schriftlich an die Direktion für Instandhaltung und brachte zum Ausdruck, dass er mit seinem Aufgabenbereich nicht zufrieden sei. Am 29.5.1973 fand daraufhin mit Elke eine erneute Aussprache statt, in deren Ergebnis er sich damit einverstanden erklärte, dass er nach seiner Rückkehr von den DDR-Meisterschaften in der Produktion tätig wird, um sich praxiswirksame Anlagenkenntnisse anzueignen. Weiter wurde in dieser Aussprache festgelegt, dass er ab 1974 als Anlageningenieur tätig wird.

Elke äußerte im Anschluss an diese Aussprache, dass ihm die Funktion des Anlageningenieurs sehr zusage. Er wolle sich aber trotzdem beim Generaldirektor des Bandstahlkombinates Eisenhüttenstadt beschweren, da ihm in

7 Die Rostocker »Deutsche Seerederei« war seit 1952 für den Außenhandelsschiffverkehr zuständig. Bis 1970 und ab 1974 hatte sie in der DDR eine Monopolstellung inne.

der Aussprache das Verhalten des Direktors für Instandhaltung nicht gefallen habe.

(Eine Aussprache beim Generaldirektor, um die Elke inzwischen ersucht hatte, war für den 26.6.[1973] zugesagt worden.)

Andere Hinweise aus dem Arbeits-, Wohn- und Freizeitbereich, die auf Vorbereitungshandlungen bzw. mögliche Motive des Elke auf einen ungesetzlichen Grenzübertritt hindeuten, sind bisher – außer, dass seine Zeugnisse sowie Qualifizierungsnachweise nicht auffindbar sind – nicht festgestellt worden. Es gab keinerlei Abweichungen zu seinem sonstigen Verhalten.

Die Untersuchungen zur weiteren Aufklärung der Hintergründe, Ursachen, Motive und begünstigenden Bedingungen des ungesetzlichen Verlassens der DDR durch Elke werden durch das MfS fortgesetzt.

28. Juni 1973

Information Nr. 570/73 über vermutlichen ungesetzlichen Grenzübertritt des Prof. Dr. rer. nat. habil. Karras vom Kombinat Robotron Dresden

Quelle: BArch, MfS, ZAIG 2197, Bl. 1–4 (6. Expl.).
Serie: Informationen.
Verteiler: Honecker, Sindermann, Mittag, Steger – MfS: Schröder (weiter an HA VIII), Ablage.

Dem MfS wurde bekannt, dass der Prof. Dr. *Karras*, Hans[1] geboren [Tag, Monat] 1930, wohnhaft Dresden, [Straße, Nr.], beschäftigt Kombinat Robotron Dresden, als HA-Leiter Grundlagenforschung im Zentrum für Forschung und Technik, [Passage mit schutzwürdigen Informationen nicht wiedergegeben], Mitglied der SED, von einer am 9.6.1973 in die ČSSR angetretenen Reise nicht wie vorgesehen am 11.6.1973 zurückkehrte. Aufgrund der vorgefundenen Umstände liegt der Verdacht nahe, dass Karras die DDR über die ČSSR auf ungesetzlichem Wege verlassen hat.

Die vom MfS eingeleiteten Ermittlungen ergaben bisher Folgendes:

Prof. Dr. Karras wurde Ende Mai 1973 von seinen in der BRD lebenden Eltern auf postalischem Wege aufgefordert, sich in der Zeit vom 7. bis 11.6.1973 zwecks Klärung persönlicher Probleme und unbedingt allein mit seinen Eltern in der ČSSR zu treffen.

Als Ort des Zusammentreffens wurde später Mariánské Lázně/ČSSR vereinbart.

Prof. Dr. Karras reiste daraufhin am 9.6.1973 in die ČSSR, die Rückkehr sollte am 11.6.1973 erfolgen. Die nach seiner nicht erfolgten Rückkehr eingeleiteten Überprüfungen ergaben, dass er in der ČSSR nicht auffindbar ist.

In der Wohnung, die er noch mit [Passage mit schutzwürdigen Informationen nicht wiedergegeben] bewohnte, wurden zwei Briefe vorgefunden, die den Verdacht des ungesetzlichen Verlassens der DDR durch Karras erklärten. Einer enthielt den Betriebsausweis, den SVK-Ausweis, die Zimmerschlüssel und den Krankenschein (Prof. Karras war vom 29.5. bis 8.6.1973 krankgeschrieben); während der andere, an eine Rechtsanwältin Großer[2] in Dresden gerichtete Brief, die Verfügung über den Verbleib seines vorhandenen persönlichen Besitzes beinhaltete.

Im Schreibtisch des Prof. Karras wurden das Parteidokument sowie die Mitgliedsbücher des FDGB, der DSF und der FDJ vorgefunden.

1 Hans-Josef Karras, Jg. 1930, Physiker, bis 1968 Abteilungsleiter für wissenschaftliche Grundlagenforschung im VEB Carl Zeiss; Jena, 1968–70 Professur an der Universität Rostock, ab 1970 Kombinat Robotron Dresden.

2 Ingeborg Großer, geb. Borchardt, Jg. 1928, Juristin, weitere Angaben zur Person konnten nicht ermittelt werden.

Nicht aufgefunden wurden alle Diplome, Berufungsurkunden und die Promotionsschrift.

Sowohl in der Wohnung als auch auf der Arbeitsstelle befanden sich alle Gegenstände und Unterlagen in einem geordneten Zustand.

Das Fehlen von Arbeitsunterlagen ist nach erster grober Übersicht bisher nicht festgestellt worden.

Zur Person von Prof. Dr. Karras erscheinen folgende Fakten bemerkenswert:

Prof. Dr. Karras war bis 1968 im VEB Carl Zeiss Jena als Abteilungsleiter in der HA Wissenschaftliche Grundlagenforschung (Festkörperphysik, Kristallzüchtung, Lasertechnik und optische Medien) und von 1968 bis 1970 als Dozent und Professor an der Universität Rostock tätig.

Im Verlaufe seiner Tätigkeit im Kombinat Robotron Dresden seit 1970 befasste er sich vorwiegend mit dem Forschungsthema »Supraleitende Grundlösungen«.

Dieses Forschungsthema soll jedoch auf Beschluss des Ministeriums für Elektrotechnik und Elektronik vom Kombinat Robotron an die Friedrich-Schiller-Universität Jena übergeben werden, da es für die Datenverarbeitung gegenwärtig keinen unmittelbaren Nutzen bringt.

Die bisher erreichten Forschungsergebnisse wurden an die UdSSR übergeben.

Mit dem Abbruch des Forschungsthemas im Kombinat Robotron war gleichzeitig eine Berufung des Prof. Dr. Karras an die Friedrich-Schiller-Universität Jena vorgesehen.

Prof. Dr. Karras hat in mehreren zu diesem Zweck durchgeführten Aussprachen geäußert, mit den vorgesehenen Maßnahmen nicht einverstanden zu sein. Er betrachte diese vielmehr »als eine Untergrabung seines Ansehens als profilierter Wissenschaftler«. Hinzu komme, dass er sich im Sektionsrat der Universität Jena »stets als Fremdkörper fühlen würde«. Letzteres wurde von Prof. Dr. Karras nicht näher begründet.

[Passage mit schutzwürdigen Informationen nicht wiedergegeben]

Prof. Dr. Karras wird allgemein als ehrgeiziger, korrekter, zum Teil pedantischer Wissenschaftler eingeschätzt. Als Mitarbeiter verschiedener wissenschaftlicher Gremien führte er Dienstreisen zu Fachtagungen in die BRD und nach England durch.

Prof. Dr. Karras wurde 1960 als Aktivist des Sieben-Jahrplanes und 1963 sowie 1964 im Kollektiv mit dem »Orden Banner der Arbeit« ausgezeichnet.

SED gesellschaftlich nicht in Erscheinung trat.

Zur weiteren Aufklärung des Sachverhaltes wurden durch das MfS entsprechende Maßnahmen eingeleitet.

3. Juli 1973

Information Nr. 586/73 über die Aktivitäten der insbesondere von der BRD und Berlin (West) aus gegen die DDR operierenden Menschenhändlerbanden zur Organisierung und Durchführung der Abwerbung und Ausschleusung von Bürgern der DDR

Quelle: BArch, MfS, ZAIG 2200, Bl. 1–13 (8. Expl.).
Serie: Informationen.
Verteiler: Honecker, KGB Berlin-Karlshorst (»AG«), Verner – MfS: Mielke, Beater, Schröder, HA IX, Ablage, Lamberz, Beater, Poppitz (ZAIG).
Bemerkungen: In der Akte befinden sich weitere Dokumente, die teilweise mit »Anlage« betitelt sind. Diese »Anlagen« wurden nicht mit der Information verteilt, da sie zum Teil deutlich nach dem Dokument erstellt wurden. Sie werden hier nicht wiedergegeben. Das Honecker-Exemplar der Information wurde nicht zurückgegeben und befindet sich in den Unterlagen der SED (BArch, DY 30/52233, o. Pag.).

Die durch das Ministerium für Staatssicherheit im engen Zusammenwirken mit den anderen Schutz- und Sicherheitsorganen und mit Unterstützung weiterer gesellschaftlicher Kräfte bei der Bekämpfung, Verhinderung und Aufklärung des staatsfeindlichen Menschenhandels[1] sowie anderer Methoden des ungesetzlichen Grenzübertritts bisher gewonnenen Erkenntnisse zeigen, dass der Gegner in zunehmendem Maße seine feindlichen Angriffe gegen die DDR auf die Planung, Organisierung, Vorbereitung und Durchführung der Abwerbung und Ausschleusung von Bürgern der DDR konzentriert.

Charakteristisch für die in diesem Zusammenhang festzustellenden umfangreichen Aktivitäten der gegnerischen Kräfte sind der Missbrauch des Transitabkommens[2] und der Reise- und Besuchervereinbarung,[3] die Ausnutzung des sich

1 Als Menschenhändlerorganisation, -zentrale oder -bande wurden in der DDR Gruppen von Menschen bezeichnet, die die Flucht von Personen aus der DDR organisierten. Ihr Handeln wurde in der DDR als staatsfeindlicher Menschenhandel und organisiertes Verbrechen strafrechtlich verfolgt.

2 Das am 3.6.1972 in Kraft getretene Transitabkommen regelte den Schifffahrts-, Bahn- und Straßenverkehr zwischen der Bundesrepublik und Westberlin. Ziel war eine schnellere und humanere Durchführung der Grenzkontrollen und Visavergaben. Der Verkehrsvertrag war die erste Vereinbarung, die im Rahmen der Entspannungspolitik der Regierung Brandt/Scheel auf Regierungsebene zwischen der Bundesrepublik und der DDR abgeschlossen wurde. Vgl. Bekanntmachung über das Inkrafttreten des Abkommens zwischen der Regierung der Deutschen Demokratischen Republik und der Regierung der Bundesrepublik Deutschland über den Transitverkehr von zivilen Personen und Gütern zwischen der Bundesrepublik Deutschland und Berlin (West) v. 3.6.1972. In: GBl. II 1972, S. 349–354.

3 Die »Vereinbarung zwischen der Regierung der Deutschen Demokratischen Republik und dem Senat über Erleichterungen und Verbesserungen des Reise- und Besucherverkehrs« wurde am 20.12.1971 geschlossen. Diese Vereinbarung sollte eine Erleichterung und Verbesserung des Reise- und Besucherverkehrs für Personen ermöglichen, die einen ständigen Wohnsitz in Westberlin hatten. Ihnen sollte etwa für die Dauer von 30 Tagen im Jahr »aus humanitären, familiären, religiösen, kulturellen und touristischen Gründen« u. a. die Einrei-

ständig erweiternden grenzüberschreitenden Reise- und Touristenverkehrs aus dem nichtsozialistischen Ausland in die DDR und des Reise- und Touristenverkehrs in das sozialistische Ausland, durch die besonders von der BRD und Berlin (West) aus operierenden professionellen Menschenhändlerbanden.

Gleichzeitig ist festzustellen, dass zunehmend weitere Personen aus Berlin (West), der BRD und aus anderen nichtsozialistischen Staaten zur Organisierung und Durchführung der Ausschleusung bzw. der Beihilfe zum ungesetzlichen Verlassen der DDR auf größtenteils individueller Basis inspiriert werden und sich dabei weitgehend der Praktiken, Mittel und Methoden der Menschenhändlerbanden bedienen.

Seit dem Inkrafttreten des Transitabkommens und der Reise- und Besuchervereinbarung bis zum gegenwärtigen Zeitpunkt wurden durch das Ministerium für Staatssicherheit *gegen insgesamt 531 Personen,* davon gegen *124* Bürger[4] aus nichtsozialistischen Staaten und Berlin (West) *407* DDR-Bürger[5] Ermittlungsverfahren eingeleitet und Haftbefehle erlassen.

Bei den festgenommenen Personen handelt es sich ausschließlich um solche, die sich in die Tätigkeit von Menschenhändlerorganisationen eingliederten bzw. als Bürger der BRD, Westberlins oder anderer nichtsozialistischer Staaten an der Organisierung von ungesetzlichen Grenzübertritten mitwirkten oder ihr Vorhaben zum ungesetzlichen Verlassen der DDR im Zusammenwirken mit Bürgern der BRD, Westberlins oder anderer nichtsozialistischer Staaten zu realisieren versuchten.

Die Intensivierung des gegnerischen Vorgehens zur Organisierung und Durchführung der Abwerbung und Ausschleusung von DDR-Bürgern bzw. der Gewährung von Beihilfe zum ungesetzlichen Verlassen der DDR wird besonders durch folgende Zahlen und Fakten deutlich:

Während von Juni bis Dezember 1972 insgesamt 282 Festnahmen wegen derartiger Straftaten erfolgten, mussten vom 1.1.1973 bis 31.5.1973 bereits 249 Personen festgenommen werden. Dazu folgende Übersicht:

se und der Aufenthalt in Ostberlin möglich sein. Bekanntmachung über das Inkrafttreten der Vereinbarung zwischen der Regierung der Deutschen Demokratischen Republik und dem Senat über Erleichterungen und Verbesserungen des Reise- und Besucherverkehrs v. 3.6.1972. In: GBl. II 1972, S. 357 f., hier 357.

4 Dieser und der vorherige Wert wurden im Honecker-Exemplar handschriftlich groß umkreist. Vgl. BArch, DY 30/52233, o. Pag.

5 Absatz durch Überkleben verändert. Der, mit Bleistift durchgestrichene Urtext lautete: »[...] wegen des Verdachts des staatsfeindlichen Menschenhandels, des ungesetzlichen Grenzübertritts bzw. wegen Beihilfe zum ungesetzlichen Verlassen der DDR Ermittlungsverfahren eingeleitet und Haftbefehle erlassen.«

Zeitraum	Festnahmen Bürger aus nichtsozialistischen Staaten und Berlin (West)	DDR-Bürger
Juni – Dezember 1972	71	211
Januar – Mai 1973	53	196
davon im: Januar	10	24
Februar	9	[–]
März	20	[–]
April	6	[–]
Mai	8	[–]

- Von den festgenommenen 124 Bürgern aus nichtsozialistischen Staaten und Berlin (West) handelten 47 Personen im direkten Auftrag von Menschenhändlerbanden.[6]
- Unter den festgenommenen 407 DDR-Bürgern befanden sich 164 Personen (davon 1973 allein 110!) mit unmittelbaren Verbindungen zu Menschenhändlerbanden in Berlin (West) und der BRD, wobei sich zwölf DDR-Bürger in die verbrecherische Tätigkeit von Menschenhändlerbanden als »Anlaufstellen, Kuriere und Zubringer«[7] eingegliedert hatten.

Außer den im analysierten Zeitraum erreichten Ergebnissen bei der Bekämpfung und Verhinderung des staatsfeindlichen Menschenhandels und der Beihilfe zum ungesetzlichen Verlassen der DDR ist festzustellen, dass es einer Reihe von DDR-Bürgern gelungen ist, die DDR auf zunächst unbekannte Art und Weise ungesetzlich zu verlassen, bei denen die konkreten Wege der Ausschleusung erst nachträglich aufgeklärt werden konnten bzw. an deren Aufklärung noch weiter intensiv gearbeitet wird.

Im Prozess der Aufklärung und Untersuchung der verbrecherischen Tätigkeit der Menschenhändlerbanden wurden Beweise dafür erarbeitet, dass die Aktivitäten zur Abwerbung und Ausschleusung von DDR-Bürgern besonders von den gerichtsbekannten, in Berlin (West) ansässigen Menschenhändlerbanden

6 Der Stichpunkt wurde ab hier bis zum Ende im Honecker-Exemplar unterstrichen, wobei die Zahl 47 handschriftlich umrundet wurde. Vgl. BArch, DY 30/52233, o. Pag.

7 Von Tätigkeit bis zu dieser Stelle handschriftliche Unterstreichungen im Honecker-Exemplar. Vgl. BArch, DY 30/52233, o. Pag.

- *Löffler*, Wolfgang,[8]
- *Herschel*, Hasso, alias Habermann, alias Kronfeld,[9]
- [Name 1, Vorname],
- *Dawid*, Horst,[10]
- *Bley*, Karlheinz,[11]
- *Pudelski*, Joachim,[12]
- *Schütz*, Albert,[13]
- *Wordel*, Kurt,[14]
- *Fuchs*, Wolfgang, alias Leo, alias Kästler,[15]
- *Mierendorff*, Kay,[16]

8 Wolfgang Löffler, Jg. 1925, Fluchthelfer, ab 1961 Betreiber eines Reisebüros in Westberlin gemeinsam mit Horst Dawid, ab 1961 zunehmend Fluchthelfer, ab 1963 gemeinsam mit Dawid professioneller kommerzieller Fluchthelfer, 1966 in Westberlin zeitweise inhaftiert.

9 Hasso Herschel, Jg. 1935, Fluchthelfer, 1953 Teilnahme am Aufstand in Dresden und anschließend kurze Haft, 1955–60 erneut Haft, 1961 Flucht aus der DDR, 1962–72 Fluchthelfer u. a. mithilfe von selbst gegrabenen Tunneln, umgebauten Autos oder gefälschten Pässen.

10 Horst Dawid, Jg. 1933, Fluchthelfer und Maler, ab 1961 Betreiber eines Reisebüros in Westberlin gemeinsam mit Wolfgang Löffler, ab 1961 zunehemend Fluchthelfer, ab 1963 gemeinsam mit Löffler professioneller kommerzieller Fluchthelfer, 1966 Haft in Westberlin.

11 Karlheinz Bley, Jg. 1941, Schneider und Fluchthelfer, 1964–77 kommerzieller Fluchthelfer, 1975/76 Verurteilung und Haft wegen Urkundenfälschung und Anstiftung zum Betrug.

12 Joachim Pudelski, Jg. 1938, Maurer und Autohändler, 1962 Kurier der Fluchthelfergruppe um Detlef Girrmann, 1962–64 DDR-Haft, Freikauf durch Bundesregierung, ab 1964 bis in die 1980er-Jahre kommerzieller Fluchthelfer, 1966 vorübergehend inhaftiert in der Bundesrepublik.

13 Albert Schütz, Jg. 1923, Schankwirt, ab 1962 kommerzieller Fluchthelfer, bis 1964 gemeinsam mit Dietrich Jensch.

14 Kurt Wordel, Jg. 1924, Taxiunternehmer und Gastwirt, 1962–74 kommerzieller Fluchthelfer für ca. 400 DDR-Bürger, 1966 in Westberlin zeitweise inhaftiert, bis 1970er-Jahre mehrfach vorbestraft u. a. wegen Urkundenfälschung, Falschaussagen, Betrug etc.

15 Wolfgang Fuchs, Jg. 1939, Fluchthelfer, 1953–57 Lehrling und später Facharbeiter in der optischen Betriebsleitung des VEB Carl Zeiss Jena, 1957 Flucht aus der DDR, 1962–68 Fluchthelfer erst für Familienangehörige, dann auch für andere Fluchtwillige u. a. mithilfe von selbst gegrabenen Tunneln und präparierten Autos, ab 1964 auch Fluchthilfe für die Westberliner CDU bzw. für Angehörige der Exil-CDU in der DDR, ab 1967 Inhaber und Betreiber von Drogerien.

16 Kay Mierendorff, Jg. 1946, Hausverwalter, Geschäftsinhaber und Fluchthelfer, bis 1974 Betrieb eines Gebrauchtwarenhandels und eines Abschleppdienstes, zugleich Hausverwalter in Westberlin, ab 1969/70 kommerzieller Fluchthelfer v. a. für andere Gruppen, ab 1974 hauptberuflicher Fluchthelfer, ab 1978 zugleich Hotelbetreiber in Bayern.

sowie der in der Schweiz ansässigen Menschenhändlerbande *»Aramco«* AG Zürich,[17] unter Leitung des mehrfach kriminell vorbestraften *Lenzlinger,*[18] ausgehen.[19]

Von den Menschenhändlerbanden, anderen Personen aus der BRD, Berlin (West) und anderen nichtsozialistischen Staaten werden in Vorbereitung und Durchführung der Ausschleusung von Bürgern der DDR vielfältige Praktiken, Mittel und Methoden angewandt, um die neuen Bedingungen und die vereinfachte Abfertigung an den Grenzübergangsstellen skrupellos zu missbrauchen bzw. auszunutzen.

Seinen Ausdruck findet das u. a. darin, dass sich – ausgehend von der Gesamtzahl der im analysierten Zeitraum durch das MfS erfolgten 531 Festnahmen – diese Versuche der Ausschleusung konzentrieren auf

- den Missbrauch der Transitstrecken zwischen der BRD und Berlin (West) (134 Festnahmen[20]),[21]
- die Ausnutzung des Reise- und Besucherverkehrs Westberliner Bürger in die DDR (29 Festnahmen[22]),
- die Ausnutzung des sich ständig erweiternden Reise- und Touristenverkehrs nach sozialistischen Staaten, besonders im Rahmen der Individualtouristik (278 Festnahmen),

während bei weiteren 90 Festnahmen die Art und Weise der Ausschleusung noch nicht konkret festgelegt war.

17 Im Original: »Armaco«. Hans Lenzlinger betrieb unter dem Firmennamen »Aramco AG« kommerzielle Fluchthilfe mit insgesamt rund 30 Mitarbeitern. Die Firma inserierte in den 1970er-Jahren offen in der Bundesrepublik und Westberlin, um potenzielle Fluchtwillige oder Angehörige von Fluchtwilligen auf sich aufmerksam zu machen. Die Schleusungen erfolgten u. a. mittels umgebauter Pkw oder via Zug mit gefälschten Pässen über die ČSSR. Im Vergleich zu anderen Fluchthelfern verlangte die »Aramco AG« die höchsten Honorare. Vgl. Detjen, Marion: Ein Loch in der Mauer. Die Geschichte der Fluchthilfe im geteilten Deutschland 1961–1989. München 2005, S. 258; »Morgen um sechs bist du in Michendorf«. In: Der Spiegel v. 19.8.1973.

18 Hans Lenzlinger, Jg. 1929, Händler und Fluchthelfer, in den 1960er- und 1970er-Jahren Handel mit exotischen Tieren, Golduhren und afrikanischen Souvenirs sowie Betrieb von Massagesalons und Bordellen in Zürich, 1971 achtmonatige Haft in der Schweiz, ab 1971 kommerzieller Fluchthelfer.

19 Absatz ab »sowie« im Honecker-Exemplar handschriftlich markiert. Vgl. BArch, DY 30/52233, o. Pag.

20 Dieser Wert wurde im Honecker-Exemplar handschriftlich unterstrichen. Vgl. BArch, DY 30/52233, o. Pag.

21 Transitstrecken waren die durch das »Transitabkommen« vom 3.6.1972 definierten Verkehrswege für den Grenzverkehr zwischen der Bundesrepublik und Westberlin. Vgl. Bekanntmachung über das Inkrafttreten des Abkommens zwischen der Regierung der Deutschen Demokratischen Republik und der Regierung der Bundesrepublik Deutschland über den Transitverkehr von zivilen Personen und Gütern zwischen der Bundesrepublik Deutschland und Berlin (West) v. 3.6.1972. In: GBl. II 1972, S. 349–354.

22 Dieser Wert wurde im Honecker-Exemplar handschriftlich unterstrichen. Vgl. BArch, DY 30/52233, o. Pag.

Die Mittel und Methoden der Menschenhändlerbanden und anderer krimineller Elemente reichen dabei vom einfachen Versuch der Täuschung der Grenzkontrollorgane der DDR bis zur Anwendung raffinierter, heimtückischer und zunehmend krimineller und skrupelloser Praktiken. Sie werden vielfach langfristig geplant und vorbereitet.

Charakteristische Mittel und Methoden der Menschenhändlerbanden sind:

- das *Verstecken* von DDR-Bürgern in Kraftfahrzeugen, besonders in Kofferräumen und anderen Versteckmöglichkeiten in Pkw, in Lkw, in Spezialkraftfahrzeugen unter Ausnutzung von konstruktionsbedingten Versteckmöglichkeiten (Hohlräume, Trennwände zwischen Fahrerkabine und Aufbauten);
- die Ausnutzung *zollverschlusssicher eingerichteter Transportmittel,* bei denen sich das Kontrollverfahren gemäß Artikel 6 des Transitabkommens nur auf die Prüfung der Verschlüsse (Verschlusssicherheit) und der Begleitdokumente erstreckt;[23]
- die Vornahme *technischer Veränderungen* an Kfz mit dem Ziel der Schaffung raffiniert getarnter Versteckmöglichkeiten
- sowie das Verstecken von Personen in *kontrollbefreiten Kfz* (Militärpersonen und Zivilbeschäftigte der in Berlin (West) stationierten Besatzer sowie Diplomaten-Kfz).

Darüber hinaus werden in vielen Fällen weitere Methoden und Listen angewandt, um die Realisierung des Schleusungsvorhabens zu perfektionieren.

So werden beispielsweise

- mehrere Kraftfahrzeuge zum Transport der zur Ausschleusung vorgesehenen Personen eingesetzt,
- die »Schleusungsfahrzeuge« mit automatisch auswechselbaren BRD-, WB- und DDR-Kfz-Kennzeichen versehen bzw. solche West-Kfz-Typen verwandt, die in der DDR ebenfalls zugelassen sind,
- alte und gebrechliche Personen sowie Kleinkinder in den »Schleusungsfahrzeugen« befördert, um die Sicherheitsorgane zu täuschen und Intensivkontrollen des Kfz zu verhindern, wobei vorsätzlich das Entgegenkommen

23 Der Art. 6 des Transitabkommens vom 3.6.1972 lautete: »1. Für die Beförderung von zivilen Gütern im Transitverkehr können Transportmittel […] benutzt werden, die vor der Abfahrt mit Zollverschlüssen, Bahn- oder Postplomben oder mit zur Verfügung gestellten amtlichen Verschlüssen […] versehen worden sind. […] Die zuständigen Organe der Deutschen Demokratischen Republik sehen für diese Transportmittel ein besonders günstiges Abfertigungsverfahren vor. […] 5. Die Kontrollverfahren der zuständigen Organe der Deutschen Demokratischen Republik beschränken sich auf die Prüfung der Verschlüsse und Begleitdokumente.« Bekanntmachung über das Inkrafttreten des Abkommens zwischen der Regierung der Deutschen Demokratischen Republik und der Regierung der Bundesrepublik Deutschland über den Transitverkehr von zivilen Personen und Gütern zwischen der Bundesrepublik Deutschland und Berlin (West) v. 3.6.1972. In: GBl. II 1972, S. 349–354, hier 350 f.

der Grenzkontrollorgane hinsichtlich der schnellsten Abfertigung einkalkuliert wurde.

Eine Vielzahl weiterer Mittel und Methoden der Menschenhändlerbanden zur Ausschleusung von DDR-Bürgern bestehen im *Missbrauch* und den verschiedenartigsten Methoden der *Fälschung von Reisepässen und anderen Personal- und Grenzübertrittsdokumenten.*

In diesem Zusammenhang

- werden Reisepässe der BRD und anderer nichtsozialistischer Staaten, Personaldokumente von Berlin (West) und andere Grenzübertrittsdokumente gefälscht und verfälscht, werden fiktive und fingierte Reisepässe und andere Personaldokumente angefertigt und an die zur Ausschleusung vorgesehenen Personen übergeben, um die Grenzkontrollorgane der DDR und anderer sozialistischer Staaten zu täuschen,
- werden Reisepässe, Personal- und andere zum Grenzübertritt berechtigende Dokumente auf der Grundlage des Ähnlichkeitsprinzips der zur Ausschleusung vorgesehenen Personen zum Einsatz gebracht,
- werden Blankopässe der BRD ausgefertigt, Diplomatenpässe fingiert, Reiseanlagen nachgeahmt, Pass- und Visastempel gefälscht – Methoden, um – insbesondere unter Ausnutzung der Reisemöglichkeiten nach sozialistischen Staaten – durch den sogenannten Passabtausch[24] die zur Ausschleusung vorgesehenen Personen zu einem Bürger mit »anderer« Staatsbürgerschaft »zu machen«.

Zur Realisierung ihrer verbrecherischen Machenschaften verfügen die Menschenhändlerbanden über ganze Arsenale von Fälscherwerkzeugen, die sie unter ständiger Verletzung der in der BRD und in Berlin (West) geltenden Rechtsvorschriften zum Zwecke des gewerbsmäßigen Menschenhandels zum Einsatz bringen. Dabei handelt es sich um solche strafbaren Handlungen wie Urkundenfälschung, Personen- und Sachhehlerei, Diebstahl, Amtsanmaßung und Vergehen gegen das Gesetz über das Passwesen.[25]

Im Zusammenhang mit der Aufklärung und Untersuchung der Machenschaften der Menschenhändlerbanden wurden mehrfach Beweise dafür erarbeitet, dass die Tätigkeit der Menschenhändlerbanden durch die Behörden

24 Die Methode des sogenannten Passabtausches kam vor allem im Zuge der verstärkten illegalen Ausreisen über Drittländer des Warschauer Paktes zur Anwendung. Dazu buchten die Ausreisewilligen einen Flug von der DDR in ein anderes Land des Warschauer Paktes mit planmäßigem Umstieg und Zwischenaufenthalt in einem dritten Ostblockstaat. Während des Umstiegs übermittelte ihnen ein Kurier westliche Ausweise und Flugtickets samt Gepäckquittungen für eine andere Flugstrecke Richtung Bundesrepublik. Vgl. Detjen, Marion: Ein Loch in der Mauer. Die Geschichte der Fluchthilfe im geteilten Deutschland 1961–1989. München 2005, S. 161 f.

25 Vgl. Pass-Gesetz der Deutschen Demokratischen Republik v. 15.9.1954. In: GBl. 1954, S. 786.

der BRD und in Berlin (West) nicht nur geduldet, sondern auch mittelbar und unmittelbar unterstützt wird.

So ist u. a. erwiesen, dass offizielle staatliche Dienststellen der BRD und Einrichtungen des Senats von Berlin (West) Verbindungen zu Menschenhändlerbanden unterhalten und Personen zum Zwecke der Organisierung der Ausschleusung von DDR-Bürgern an Menschenhändlerbanden vermitteln.

Seitens der DDR wurden im Rahmen der Verhandlungen mit der BRD bzw. dem Senat von Berlin (West) (auch in der Transitkommission[26] bzw. bei den Zusammenkünften des Beauftragten der Regierung der DDR mit dem Beauftragten des Senats von Berlin (West)) mehrfach auf die völkerrechtswidrigen Praktiken der Menschenhändlerbanden hingewiesen und im beiderseitigen Interesse der Fortführung des Prozesses der Normalisierung und Entspannung sowie der konsequenten Erfüllung der in den Abkommen und Vereinbarungen getroffenen Festlegungen und eingegangenen Verpflichtungen von der Regierung der BRD und dem Senat von Berlin (West) die Unterbindung der verbrecherischen Machenschaften der Menschenhändlerbanden gefordert.

Bisher konnten jedoch keine Feststellungen über entsprechende Schritte und Maßnahmen in dieser Hinsicht getroffen werden.

Die bisherigen Untersuchungen zu den im analysierten Zeitraum wegen des Versuchs des ungesetzlichen Verlassens der DDR im Zusammenhang mit Verbindungen zu Menschenhändlerbanden bzw. anderweitigen Verbindungen zu Personen aus dem nichtsozialistischen Ausland festgenommenen 407 DDR-Bürgern vermitteln folgende Erkenntnisse:

Hinsichtlich der *beruflichen Qualifikation* bilden Angehörige der Intelligenz (77 Personen), Angestellte (77 Personen) und qualifizierte Facharbeiter (75 Personen) den absoluten Schwerpunkt.

Diese Feststellungen bestätigen, dass sich die Menschenhändlerbanden verstärkt auf die Ausschleusung von DDR-Bürgern mit hoher beruflicher Qualifikation konzentrieren.

Charakteristisch wird das u. a. durch die seit geraumer Zeit festzustellende besondere Konzentration des Gegners auf die Abwerbung und Ausschleusung von Angehörigen der medizinischen und medizinisch-technischen Intelligenz, des mittleren medizinischen und medizinisch-technischen Personals und Medizinstudenten.

(Im Zeitraum vom 1.7.1972 bis 18.6.1973 haben nach vorliegenden Hinweisen 157 Ärzte (darunter 82 Fachärzte), (darunter 24 Zahnärzte), 63 mittlere medizinische Personale, 34 Medizinstudenten, 30 Arbeiter und andere Angestellte des Gesundheitswesens ungesetzlich die DDR verlassen.)

26 Infolge des sogenannten Transitabkommens vom 12.12.1971 konstituierte sich 1972 eine Transitkommission, in der Vertreter der DDR und Vertreter der Bundesrepublik wiederholt über die Klärung von Problemen und Differenzen bei der Umsetzung des Abkommens sowie über Planungs- und Entwicklungsfragen des Transitverkehrs berieten.

Zurzeit befinden sich 63 Angehörige des Gesundheitswesens (darunter u. a. 32 Ärzte, acht Zahnärzte und zwei Apotheker), die wegen vorbereiteten und versuchten ungesetzlichen Verlassens der DDR durch das MfS bearbeitet wurden, in Haft.

Dem MfS liegen Hinweise darüber vor, dass die Ausschleusung von Angehörigen der medizinischen und medizinisch-technischen Intelligenz zielgerichtet durch das enge Zusammenwirken von Pharmaziekonzernen, medizinischen Gesellschaften und Ärzte-Vereinigungen (z. B. dem »Hartmannbund«[27]) der BRD mit Menschenhändlerbanden und unter Einbeziehung weiterer Personen aus der BRD und Berlin (West) die Verbindungen in die DDR unterhalten, organisiert und realisiert wird.

Darüber hinaus entwickeln die Menschenhändlerbanden vielfältige Initiativen zur Abwerbung und Ausschleusung weiterer Spezialisten aus bedeutenden volkswirtschaftlichen Bereichen, wie z. B. Diplomingenieure, Ingenieure, Facharbeiter verschiedener Bereiche, ausgebildetes und qualifiziertes seefahrendes Personal.

Für die Versuche der Abwerbung derartiger Spezialisten aus der DDR ist charakteristisch, dass den betreffenden DDR-Bürgern eine Vielzahl von Versprechungen und Angeboten hinsichtlich der beruflichen Tätigkeit, der finanziellen Seite, der Beschaffung von Wohnraum bis zu Angeboten zur Vorbereitung der Ausschleusung weiterer Familienangehöriger unterbreitet werden.

Unter den 407 festgenommen DDR-Bürgern befinden sich 20 Ehepaare (mit 39 Kindern), sechs einzelne Elternteile (mit sechs Kindern), die sämtlich unter aktiver Mitwirkung von Menschenhändlerbanden aus der DDR ausgeschleust werden sollten.

Hinsichtlich der Wohnorte der festgenommenen DDR-Bürger ergibt sich eine bestimmte Konzentration in der Hauptstadt Berlin (112 Personen) sowie auf die Bezirke Halle (38 Personen), Leipzig (37 Personen), Karl-Marx-Stadt (34 Personen) und Dresden (30 Personen).

Die bisherigen Untersuchungen zu den Ursachen und Motiven der wegen des Versuchs des ungesetzlichen Verlassens der DDR festgenommenen DDR-Bürger ergaben:

Die Mehrzahl der mit dem Versuch des ungesetzlichen Verlassens der DDR in Verbindung mit Menschenhändlerbanden bzw. der Beihilfe und Unterstützung durch andere Personen aus dem nichtsozialistischen Ausland angefallenen DDR-Bürger unterhielt seit geraumer Zeit Verbindungen zu Verwandten und Bekannten in der BRD, anderen nichtsozialistischen Staaten und Berlin (West), die im Zusammenhang mit der Erweiterung der Möglich-

27 Der 1949 wiedergegründete Berufsverband »Hartmannbund – Verband der Ärztinnen und Ärzte Deutschlands e.V.« vertritt die Interessen von Fachärzten und Medizinstudenten in beruflichen, sozialen und wirtschaftlichen Belangen.

keiten des grenzüberschreitenden Verkehrs zur Herstellung bzw. Festigung direkter persönlicher Kontakte führten.

Auf diesem Wege erfolgte vielfach eine aktive ideologische Einflussnahme, die bei den betreffenden DDR-Bürgern, verbunden mit der sukzessiven Erzeugung und Förderung kleinbürgerlicher Denk- und Verhaltensweisen, zu einer der sozialistischen Entwicklung widersprechenden Einstellung führte, in deren Ergebnis sich die vom Gegner bewusst einkalkulierte »Fluchtwilligkeit« herausbildete.

Wesentliche Motive waren dabei u. a. die Erwartung »besserer beruflicher bzw. finanzieller Entwicklungsmöglichkeiten« bzw. die Erwartung »größerer persönlicher Freiheiten ohne gesellschaftliches Engagement«.

Im engen Zusammenhang mit der Erweiterung der Möglichkeiten des grenzüberschreitenden Reiseverkehrs kam es zur Herstellung vielfältiger neuer persönlicher, intimer Kontakte, vor allem von weiblichen, meist jugendlichen, DDR-Bürgern zu Personen aus der BRD, anderen nichtsozialistischen Staaten und Berlin (West), wodurch sich zunehmend »Verlöbnisse« und andere »feste Verhältnisse« entwickeln, mit denen häufig eine systematische Beeinflussung zum ungesetzlichen Verlassen der DDR einhergeht.

Gleichermaßen führten die erweiterten Reisemöglichkeiten und die damit verbundenen neuen Bedingungen zu einer Häufung des Anfalls jener DDR-Bürger, die auch schon wiederholt angefallen sind und denen in der Vergangenheit durch die zuständigen staatlichen Organe der Antrag auf legale Übersiedlung nach der BRD bzw. Berlin (West) abgelehnt worden war.

9. Juli 1973

Information Nr. 642/73 über zu erwartende Einreise von Bürgern der BRD, Westberlins und anderer nichtsozialistischer Länder in die Hauptstadt der DDR, Berlin, im Zeitraum der X. Weltfestspiele

Quelle: BArch, MfS, ZAIG 2180, Bl. 331–333 (10. Expl.).
Serie: Informationen.
Verteiler: Honecker, Verner, Sindermann, KGB Berlin-Karlshorst (»AG«) – MfS: Beater, Schröder, Scholz, Leiter HA VI (Fiedler), Leiter HA VI/AIG, Ablage, Mielke, Tannhäuser (ZAIG).
Vermerk: Nummerierung des Verteilers wurde nachträglich abgeändert, sodass das Ablage-Exemplar ohne Nummer vor Mielke und Tannhäuser steht. Die Exemplarnummer selbst wurde ebenfalls nachträglich von 10 in 1 abgeändert.

Im Rahmen des Antrags- und Genehmigungsverfahrens wurden bisher (Stand 7.7.1973) bereits *22 700* Bürgern[1] der oben genannten Länder die Einreise in die Hauptstadt der DDR, Berlin, – bzw. für Westberliner auch die Einreise in die Bezirke Frankfurt/Oder und Potsdam – für die Zeit vom 28.7. bis 5.8.1973 genehmigt. Davon entfallen genehmigte Einreisen auf *1 200* Bürger der BRD, *14 100* Bürger Westberlins, *2 400* Bürger anderer nichtsozialistischer Staaten.

Hinzu kommen rund *200 000* Bürger Westberlins, die im Besitz von Berechtigungsscheinen zum mehrmaligen Empfang eines Visums zur Einreise in die Hauptstadt der DDR, Berlin, bzw. in die Bezirke Frankfurt/Oder und Potsdam sind, die auch für den Zeitraum der X. Weltfestspiele[2] Gültigkeit haben.

Nach der bisherigen Entwicklung der Einreisen auf der Grundlage dieser Berechtigungsscheine für mehrmaligen Empfang eines Visums zur Einreise sowie der Einzelberechtigung ist voraussichtlich mit *65 000* derartigen Einreisen zu rechnen, wobei aber eine zur Zeit noch nicht konkret absehbare Erhöhung durch das zusätzlich aufgrund der X. Weltfestspiele geweckte Interesse an einer Einreise eintreten kann.

Nach bisher vorliegenden Übersichten und Schätzungen ist ferner mit insgesamt *70 000* Einreisen, davon *50 000* Bürgern der BRD und *20 000* Bürgern anderer nichtsozialistischer Staaten auf Tagesvisum (TAV) bzw. Devisenbescheinigung (ZV 274) zu rechnen, d. h. diese Personen sind nicht vorher im Besitz einer Genehmigung zur Einreise, sondern ihnen wird erst unmittelbar an der GÜST die Einreise genehmigt.

Auch hier kann mit einer weiteren Erhöhung, hervorgerufen durch das zusätzlich geweckte Interesse an den Weltfestspielen, gerechnet werden.

1 Handschriftlich darüber »(17.700)«.

2 Die 10. »Weltfestspiele der Jugend und Studenten« fanden vom 28.7. bis 5.8.1973 in Ostberlin statt.

Insgesamt ist demzufolge mit über *158 000* Einreisen[3] von Bürgern der BRD, Westberlins und anderen nichtsozialistischen Ländern während der X. Weltfestspiele zu rechnen.

3 Handschriftlich darüber »(152 700)«.

12. Juli 1973

Information Nr. 648/73 über den Ausbruch von zwei Untersuchungsgefangenen aus der Untersuchungshaftanstalt (UHA) des Präsidiums der Deutschen Volkspolizei Berlin, Keibelstraße

Quelle: BArch, MfS, ZAIG 2205, Bl. 1–4 (4. Expl.).
Serie: Informationen.
Verteiler: Dickel, Scheibe – MfS: Beater über HA VII, Ablage.

Am 4. Juli 1973, gegen 9.50 Uhr, gelang es den Untersuchungsgefangenen [Name 1, Vorname], geboren [Tag, Monat] 1945, wohnhaft Berlin-Lichtenberg, [Straße, Nr.], zuletzt tätig als Ausschneider im VEB Fortschritt in Berlin-Lichtenberg, in Haft wegen Diebstahls sozialistischen Eigentums seit dem 16.5.1973, mehrmals vorbestraft, u. a. im Jahre 1966 wegen Raub und Diebstahl zu zwölf Jahren Zuchthaus verurteilt und am 30.11.1972 durch Amnestie entlassen[1] und [Name 2, Vorname], geboren [Tag, Monat] 1954, wohnhaft Berlin, [Straße, Nr.], zuletzt tätig als Bauarbeiter beim VEK Tiefbau Berlin-Mitte (keine Lehre, Sieben-Klassen-Schule, sechs weitere Geschwister) in Haft wegen Rowdytum und Diebstahl persönlichen Eigentums seit dem 26.6.1973, keine Vorstrafen, während der Freistunde die Sicherung des auf dem Dach des Präsidiums der Volkspolizei Berlin befindlichen Freihofes zu überwinden und über eine an der Fassade dieses Gebäudes befindliche Baurüstung innerhalb von zwei Minuten auf die Straße zu gelangen.

Der Ausbruch wurde dadurch begünstigt, dass an den Innenflächen von drei Sichtblenden, die den Freihof begrenzen, die Abdeckplatten fehlten. Deshalb war es den Beschuldigten möglich, an der aus Vierkanthölzern bestehenden Konstruktion der Sichtblenden emporzuklettern und den Freihof zu verlassen.

Der Freihof, in dem sich zu dieser Zeit insgesamt 22 Häftlinge aufhielten, wurde von zwei mit Schlagknüppeln ausgerüsteten Strafvollzugsangehörigen gesichert. Einer dieser Strafvollzugsangehörigen befand sich zur Zeit des Ausbruchs im Postenturm.

Der sich außerhalb des Postenturmes aufhaltende Posten ist von der Strafvollzugsanstalt Unterwellenborn zugeordnet und offensichtlich mit den räumlichen Gegebenheiten noch nicht völlig vertraut.

1 Der Staatsrat der DDR erließ am 6.10.1972 eine Amnestie für Personen, die vor dem 7.10.1972 zu Strafen mit oder ohne Freiheitsentzug verurteilt worden waren. Ausgenommen waren Verurteilte wegen Mordes, Sittlichkeitsverbrechen, Gewaltverbrechen, Verbrechen gegen die Menschlichkeit oder wegen Verbrechen gemäß dem Völkerrecht bzw. internationaler Abkommen sowie Wiederholungstäter. Die von der Amnestie betroffenen Personen wurden schrittweise im Zeitraum vom 1.11.1972 bis 31.1.1973 entlassen bzw. begnadigt. Vgl. Beschluss über Amnestie aus Anlass des 23. Jahrestages der Gründung der DDR. In: Berliner Zeitung v. 7.10.1972, S. 2.

Die beiden Strafvollzugsangehörigen waren deshalb nicht in der Lage, den Ausbruch zu verhindern und lösten nach seiner Feststellung Alarm aus.

Zu diesem Zeitpunkt waren beide Beschuldigten, die als Untersuchungshäftlinge ihre persönliche Kleidung trugen, bereits im Straßenverkehr untergetaucht.

Beide Beschuldigten waren seit dem 28.6.1973 in einem Verwahrraum untergebracht und hatten in Vorbereitung ihres Vorhabens mehrere Fluchtpläne erörtert, wobei ihnen die angewandte Methode am sichersten schien.

Darüber hinaus hatten sie aus dem Henkel eines Mülleimers und den Aufhängern zweier Kleiderbügel drei Sperrhaken angefertigt, die sie zusammen mit zwei Besteckmessern der UHA mit zur Freistunde nahmen und beim Ausbruch bei sich hatten.

Die Beschuldigten hatten geplant, nach gelungener Flucht weitere schwere Straftaten zu begehen (Niederschlagen eines Angehörigen der DVP, Entwenden von dessen Schusswaffe und Anwendung bei einer eventuellen Festnahme, Ausrauben einer Einrichtung der Deutschen Post) und danach die DDR ungesetzlich zu verlassen.

Bis zum Anlaufen entsprechender Fahndungsmaßnahmen gelang es [Name 1] und [Name 2], das Stadtgebiet von Berlin zu verlassen und sich in den Raum Strausberg zu begeben.

Dort verübten sie noch am 4.7.1973 mehrere Einbrüche, wobei sie u. a. auch einen Pkw entwendeten, mit dem sie bis zum 6.7.1973 mehrere Fahrten in die Kreise Eberswalde und Fürstenwalde unternahmen.

Am 6.7.1973 wurden die Beschuldigten unmittelbar bei Bernau durch zwei Angehörige des MfS gestellt, als sie versuchten, sich einiger gestohlener Gegenstände zu entledigen.

Während [Name 2] keinen Widerstand leistete und festgenommen wurde, gelang es [Name 1], nachdem er einen MfS-Angehörigen mit einem zu diesem Zweck mitgeführten Schraubenschlüssel bewusstlos geschlagen hatte, im Verlaufe der Observationshandlungen zu entkommen.

Der vom zweiten MfS-Angehörigen abgegebene Warnschuss wurde von [Name 1] nicht beachtet.

Der [Name 1] hielt sich bis zum 8.7.1973 im Raum Bernau auf, nachdem eine sofort am 6.7.1973 von Einheiten der Basdorfer Bereitschaftspolizei im Raum Bernau durchgeführte spezielle Fahndungsaktion erfolglos verlief.

In den Vormittagsstunden des 8.7.1973 wurde [Name 1] beim Versuch, in Berlin-Lichtenberg bei Bekannten Unterstützung zu finden, nach Widerstandsleistung durch einen VP-Angehörigen und einen VP-Helfer festgenommen.

Gegen [Name 1] und [Name 2] wurden Ermittlungsverfahren mit Haft wegen Terror, Vorbereitung zum ungesetzlichen Grenzübertritt im schweren Fall, Widerstand gegen staatliche Maßnahmen, Diebstahl von sozialistischem und persönlichem Eigentum, unbefugter Benutzung von Fahrzeugen und zusätzlich bei [Name 1] wegen vorsätzlicher Körperverletzung eingeleitet.

Die weitere Untersuchung der Straftaten sieht neben der allseitigen Aufklärung der Motive und Zielstellung der begangenen und geplanten Straftaten insbesondere vor, die begünstigenden Bedingungen für den Ausbruch allseitig aufzudecken und im Zusammenwirken mit der DVP alle erforderlichen Maßnahmen zu deren Beseitigung einzuleiten.

16. Juli 1973

Information Nr. 644/73 über die Jugendwallfahrt des Katholischen Kommissariats Magdeburg auf dem Petersberg bei Halle am 17. Juni 1973

Quelle: BArch, MfS, ZAIG 2204, Bl. 1–13 (4. Expl.).
Serie: Informationen.
Verteiler: Verner, Barth (mit Anlage, siehe Bemerkungen) – MfS: Schröder (weiter an HA XX), Ablage.
Bemerkungen: Die ausgewiesenen Anlagen liegen dem Bericht nicht bei, laut Verteiler hatte nur Willi Barth die Anlagen erhalten.

Dem MfS wurde bekannt, dass am 17.6.1973 in der Zeit von 10.00 Uhr bis 15.00 Uhr auf dem Petersberg bei Halle eine Jugendwallfahrt des Katholischen Kommissariats Magdeburg stattfand.

(Bei dieser Veranstaltung handelt es sich um eine jährlich stattfindende Wallfahrt mit einer langjährigen Tradition. Die Wallfahrt findet am sogenannten Dreifaltigkeitssonntag, dem ersten Sonntag nach Pfingsten, statt. Der Dreifaltigkeitssonntag wird in der Katholischen Kirche als »Bekenntnistag« zum Glauben bezeichnet.)

An der Wallfahrt nahmen ca. 1 500 Personen, vorwiegend 14- bis 18-jährige Jugendliche aus den Bezirken Halle und Magdeburg teil. Außerdem waren Jugendliche mit Kfz aus den Bezirken Berlin, Dresden, Leipzig und Cottbus angereist.

Veranstalter dieser Wallfahrt war das Jugendseelsorgeamt Magdeburg unter verantwortlicher Leitung des katholischen Pfarrers *Hillebrand.* [1]

Das im Programmheft ausgedruckte Thema der Wallfahrt hieß: »Maske 73 – handeln – nicht behandelt werden.«

Für die Durchführung der Veranstaltung wurden im Auftrage des Jugendseelsorgeamtes des Katholischen Kommissariats Magdeburg von Franziska-

1 Markus Hillebrand, Jg. 1934, katholischer Theologe, 1963–67 Vikar in Straßfurt, 1967–70 Vikar in Naumburg, 1970/71 Vikar in Halle, ab 1971 Jugendseelsorger des Bischöflichen Amtes Magdeburg, ab 1981 Direktor der Caritas, 1986–89 Geistlicher Direktor am St.-Elisabeth-Krankenhaus in Halle, 1989–2000 Pfarrer der Pfarrei Marienstuhl Egeln.

nerpater Meinrad *Funke,*[2] Magdeburg, Vikar *Feix,*[3] Helbra, Vikar *Friebel,*[4] Zeitz, zwei Programme für den Ablauf der Wallfahrt erarbeitet:

1. Ein offizielles Programm der Jugendwallfahrt, das allen Teilnehmern ausgehändigt wurde und das eine Aufzählung des Tagesablaufes enthält,
2. eine detaillierte Ausarbeitung des gesamten Ablaufs der Veranstaltung, die sich nur im Besitz der Verantwortlichen der Wallfahrt befand.

In diesem detaillierten, fast wörtlichen Programm wird eine antisozialistische Zielsetzung der Organisatoren sichtbar. (Das Programm befindet sich auch im Besitz des MfS.[5])

Es muss eingeschätzt werden, dass das Katholische Kommissariat Magdeburg mit dieser Jugendwallfahrt die der Kirche verfassungsmäßig garantierten Rechte überschritten hat. Offensichtlich sollte von den Organisatoren getestet werden, inwieweit kirchlich legale Möglichkeiten für antisozialistische Aktionen im Gebiet der DDR missbraucht werden können.

Das den Teilnehmern übergebene »Programm« (34 Seiten stark) enthält auf der ersten Seite neben dem Thema: »Maske 73 – handeln – nicht behandelt werden« eine Abbildung der »drei indischen Affen«, die als Symbol für »nichts sehen, nichts hören, nichts reden« gelten sollen.[6]

In dem den Teilnehmern ausgehändigten Programmheft sind Lieder und Songs mit zum Teil provokatorischem Inhalt abgedruckt. Verfasser dieser Texte sind u. a. Wolf *Biermann,*[7] Herbert *Schaal,*[8] Fritz *Müller.*[9]

2 Aloys Funke, Jg. 1940, katholischer Theologe, ab 1963 Franziskanerpater Meinrad (im Original: »Meinrath«) Funke, 1970–73 Referent im Jugendseelsorgeamt Magdeburg, 1973–75 Pfarrer in Dresden, 1987–90 Kirchenredakteur für Catholica in »Neue Zeit«, 1990–93 Kirchenredakteur ebenda unter Leitung der FAZ, 1994–99 Referent für Öffentlichkeitsarbeit beim Caritasverband des Bistums Dresden-Meißen, ab 2000 freier Autor in Berlin.

3 Harald Feix, Jg. 1940, katholischer Theologe, weitere Angaben zur Person konnten nicht ermittelt werden.

4 Im Original: »Friebe«. Peter Friebel, Jg. unbekannt, katholischer Theologe, 1970–72 Vikar in Helbra, 1972/73 Vikar in Zeitz.

5 Eine unvollständige Ausgabe befindet sich in: BArch, MfS, HA XX 4/3193, Bl. 177–185.

6 Vgl. Der Ablauf des Wallfahrtstages. In: Funke, Aloys: Petersberg-Wallfahrt am 17. Juni 1973. Katholische Jugendarbeit im Visier von SED und MfS. (Betroffene erinnern sich, Bd. 15). Magdeburg 2002, S. 24.

7 Wolf Biermann, Jg. 1936, Liedermacher, 1953 Übersiedlung in die DDR, 1957–59 Schauspielschüler am Berliner Ensemble, 1961–63 Aufbau des Arbeiter- und Studententheaters »b.a.t.« in Berlin (Verbot), ab 1963 freischaffender Liedermacher, ab 1964 mehrere Gastspielaufenthalte in der Bundesrepublik, ab 1965 Veröffentlichung von Liedern, Gedichten und Büchern in der Bundesrepublik und vollständiges Auftritts- und Publikationsverbot in der DDR aufgrund seiner SED-kritischen Texte, 1976 während einer Konzertreise in der Bundesrepublik Ausbürgerung und Übersiedlung nach Hamburg.

8 Herbert Schaal, Jg. 1940, katholischer Theologe, Lehrer und Liedermacher, Schuhmacherlehre, anschließend Studium der Philosophie und katholischen Theologie, später Germanistik, anschließend Lehrer im Schuldienst, gilt als einer der Pioniere der Saar-Song-Szene.

9 Fritz Müller, Jg. 1937, evangelischer Theologe, ab 1963 Prediger und Jugendwart in der EKBB, ab 1966 Komposition und Aufführung von Liedern für die Jugendarbeit, Konzert-

Die Texte lauten u. a.:

»... Zu denen, die uns Hass lehren wollen, möchte ich sagen: Wisst ihr nicht, dass ihr so den Frieden zerstört?

Und zu denen, die stolz ihre Waffen erheben, möchte ich sagen: Wisst ihr nicht, die anderen sind auch Menschen? ...«[10]

»... Wir erleben den Gott des Friedens: Die Spaltung ist vorbei. Fröhlich Singen und Lachen gilt nicht nur uns ...«[11]

»... Du, lass dich nicht verbittern in dieser bittren Zeit. Die Herrschenden erzittern – sitzt du erst hinter Gittern – doch nicht vor deinem Leid ...«[12]

»... In Deutschlands dunklen Tagen, als Hitler hat regiert, da wurden viele Menschen wie eine Nummer ausradiert. Was nützen uns die Phrasen vom Fortschritt unsrer Zeit, wenn man nicht ehrt den Menschen in seinem Arbeitskleid ...«[13]

»... Teste mal die Zeitung, ob sie eine Meinung hat, und ist es eine schlechte, kauf' es nicht, das üble Blatt. Teste den Politiker, der dir so viel verspricht, hat er eine große Klappe, dann wähl' ihn lieber nicht ...«[14]

Eine Anlage zu diesem Programm enthielt die Aufschrift:

»Alle Jahre wieder ziehen junge Männer aus unseren Gemeinden in die Kasernen ein. Viele Frauen drängen und bedrängen dann. Antworten und Hilfen können gefunden werden bei den Vorbereitungstagen für NVA-Soldaten.

28.4.1973 in Halle, Mühlweg 18, Telefon 29161

30.4.1973 in Magdeburg, Porseestraße 6, Telefon 30697

27.10.1973 in Halle, wie oben

29.10.1973 in Magdeburg, wie oben – 10.00 bis 15.00 Uhr.

Anmeldung telefonisch an die genannten Häuser und schriftliche Delegation durch das Pfarramt nicht vergessen.«

tourneen durch die DDR und andere Länder, ab 1974 Besuchsverbot für Landesjugendtag der EKBB, Mitarbeiter der Samariteranstalten in Fürstenwalde/Spree, ab 1986 Fachbereichsleiter der EKBB, 1994–2002 Leiter der Missionarischen Dienste der EKBB.

10 Vgl. Fritz Müller: Frieden sein, durch unser Tun und Schrein. In der Fassung von: BArch, MfS, HA XX 4/3193, Bl. 177–185, hier 181.

11 Fritz Müller: Jeder Tag ist Dein. In: Funke, Aloys: Petersberg-Wallfahrt am 17. Juni 1973. Katholische Jugendarbeit im Visier von SED und MfS. (Betroffene erinnern sich, Bd. 15). Magdeburg 2002, S. 48.

12 Wolf Biermann: Ermutigung. In der Fassung von: BArch, MfS, HA XX 4/3193, Bl. 177–185, hier 184.

13 Horst Ross: Stechkarten Song. In: Funke, Aloys: Petersberg-Wallfahrt am 17. Juni 1973. Katholische Jugendarbeit im Visier von SED und MfS. (Betroffene erinnern sich, Bd. 15). Magdeburg 2002, S. 48.

14 Horst Roos: Teste immer feste. In: Funke, Aloys: Petersberg-Wallfahrt am 17. Juni 1973. Katholische Jugendarbeit im Visier von SED und MfS. (Betroffene erinnern sich, Bd. 15). Magdeburg 2002, S. 34.

Im kirchlichen Gelände war ein Plakat angebracht, Größe DIN A4, das mit dem Programm auch den Jugendlichen ausgehändigt wurde. Auf diesem Plakat war ein Löwe mit einem Bischof im Rachen abgebildet. Es trug die Unterschrift: »Warum den einen, warum nicht unseren«.

Die Eröffnungsrede wurde von dem Mitarbeiter des Jugendseelsorgeamtes Magdeburg, dem katholischen Pfarrer *Hillebrand,* gehalten. Diese Rede wurde selbst von Teilnehmern der Veranstaltung als politisch zweideutig eingeschätzt. *Hillebrand* erwähnte z. B., die Wallfahrt sei während der Zeit des Faschismus aus Protest der konfessionellen Jugend, die keine demokratischen Freiheiten genossen habe, ins Leben gerufen worden und werde jetzt beibehalten. *Hillebrand* forderte die Jugend zum Denken auf und äußerte, der Mensch sei ein »Gewohnheitstier« und könnte sich an alles gewöhnen. Er betonte, die Veranstaltung solle keine Anklage gegen andere oder gegen sich selbst sein, sondern »Anregungen zum Denken« vermitteln. Als Christ könne man nicht nur schweigen, sondern müsse seinen Glauben zum Ausdruck bringen.

Nach der Begrüßungsrede durch Pfarrer *Hillebrand* wurde die Wallfahrt in dem Ablauf, wie im detaillierten Programm festgelegt, durchgeführt. Dabei wurde in negierender und provokatorischer Weise, teilweise offen, teilweise versteckt, mittels Fabeln, Songs, Laienspielen und Gedichten besonders die gesellschaftliche Entwicklung in der DDR, aber auch das gegenwärtig politisch taktische Verhalten der Leitung der katholischen Kirche der DDR gegenüber dieser Entwicklung in der DDR, angegriffen.

Das gesamte Programm war von den Organisatoren offensichtlich darauf abgestimmt, Jugendliche mit ideologisch ungefestigter Haltung anzusprechen. Dabei wurden von Veranstaltern pessimistische Zitate, hinter formaler Gleichgültigkeit versteckte Aufforderungen zum Handeln gegen die gegenwärtigen gesellschaftspolitischen Verhältnisse in der DDR und antisozialistische Meinungen verbreitet.

Das wird z. B. in Folgendem deutlich:

In dem nichtveröffentlichten Material des Programmablaufes der Veranstaltung ist nach »Eröffnung mit Musik« eine Fabel unter dem Thema »Die große Affen- oder Wassernot« abgedruckt, die sich auf das indische Symbol der drei Affen bezieht. Diese Fabel wurde zu Beginn der Veranstaltung von Vikar *Friebel,* Zeitz, vorgetragen.

In ihr sind u. a. folgende politische Zweideutigkeiten enthalten:

»… Die Tagschicht sammelte die Steine und warf sie in den nahen Urwald, die Nachtschicht holte sie wieder heraus und verteilte sie gleichmäßig unter den Affenbrotbäumen. Das machte ihnen Spaß, denn Arbeit macht frei. An jedem Spätnachmittag trotteten die Affen … in langer Reihe an eine Ausgabestelle heran, wo es Kokosmilch als Freibier gab. Die tägliche Schlange störte sie nicht, im Gegenteil: der gleiche Mief, die gleichen Flöhe hoben ihr kollektives Bewusstsein …

Mit der Affen-Hymne begann der Morgen und endete der Abend … Der Refrain hieß:

›Ja wir sind die glücklichsten Affen unterm blauen Himmelszelt ...‹

... Sie hatten ihre Sonne, ihr Wasser, ihre Arbeit, ihre Bananen, ihr Affentheater und alles, was sonst noch zu einem anständigen Affenleben damals wie heute gehört ...

... Da gebot der Oberaffe ... das Geschwätz vom Auszug zu lassen. Rote Transparente und die täglichen Sendungen des Eimer-Radios geboten in Schrift und Wort:

Du darfst nur hören, was alle hören! Du darfst nur sehen, was alle sehen!
Du darfst nur sprechen, was alle sprechen! ...

... So wurden überall Posten aufgestellt. Abgerichtete, in Dienst genommene Flöhe, hüpften den kleinen Affen in die Ohren. Selbst noch das leiseste Zittern meldeten sie dem Oberaffen.

Der fackelte nicht lange ... Nur eine Handvoll Hartgesottener versuchte weiter Alarm zu schlagen ... Unter Hohn und Spott der Herde sperrte sie der Oberaffe in dunkle Höhlen ...«

In der Überleitung von dieser Fabel zum anschließenden Bänkelgesang: »Sogenannte Klassefrauen«[15] von Erich *Kästner*[16] ging der Sprecher ebenfalls auf das Symbol der drei indischen Affen ein und erklärte entsprechend der Vorlage u. a.:

»... Augen und Ohren verschließen und die Schnauze halten wird meist als unverantwortlich empfunden; und doch sind auf der Jagd nach 100 Gramm Glück und etwas Ruhe diese Masken im Jahr [19]73 unseres Jahrhunderts noch üblich. Im Streben nach Freiheit und Unabhängigkeit begeben sich die meisten in neue Zwänge, die sie handlungsunfähig machen ...«

Während dieses Vortrages wurden von zwei als Scharfrichter verkleideten Jugendlichen eine menschengroße Puppe aus Stoff sowie ein Galgen neben den Vortragenden aufgestellt. (Im Verlaufe des Programms wurde dann die Puppe unter Absingen verschiedener, ebenfalls z. T. politisch zweideutiger Songs, angekleidet und am Galgen hochgezogen.)

Unter Bezugnahme auf diese Puppe erklärte der Redner weiter:

»... Mit der Puppe ... werden wir uns veranschaulichen, wie der Typ des Jugendlichen aussieht, der morgen ›in‹ ist ... Die Art, sich zu kleiden, wird zu einer Art Erkennungszeichen – man könnte auch sagen: Uniform.«

15 Vgl. Kästner, Erich: Sogenannte Klassefrauen. In: Ders.: Die Zeit fährt Auto. Lyrische Bilanz. Leipzig 1978, S. 75 f.

16 Erich Kästner, Jg. 1899, Schriftsteller, 1917/18 Kriegsdienst, 1919 erste Gedichtveröffentlichung, 1922–27 Mitarbeiter der »Neuen Leipziger Zeitung«, ab 1927 freischaffender Schriftsteller, Theaterkritiker und freier Mitarbeiter bei Zeitungen, 1934 und 1937 Verhaftung durch Gestapo, bis 1945 Schreibverbot und Publikation unter zahlreichen Pseudonymen, 1945 Gründung der »Schaubude« in München, 1946–48 Feuilleton-Leiter der »Neue Zeitung«, Herausgeber der Kinder- und Jugendzeitschrift »Pinguin«, ab 1951 Präsident des PEN-Zentrums in der Bundesrepublik.

Danach trat eine sogenannte Agit-Prop-Gruppe, bestehend aus vier Sprechern, auf, die eine Rezitation zum Thema: »Man kann sich gewöhnen« vortrug.

Darin heißt es u. a.:

»... Man kann sich gewöhnen, | man kann sich an alles gewöhnen, | z. B. dass viele Leute sagen | der Westen ist gut | der Osten ist schlecht | der Westen ist frei | der Osten ist unfrei | wir haben nichts | die haben alles | ... und wenn ihr lange genug gewöhnt wurdet, | seid ihr Gewohnheitstypen; | ihr hört auf | selber zu sehen ... selber zu reden ... selber zu hören | ... ihr seid angepasst, | ihr schimpft | und macht doch mit ...«

Im folgenden Gedicht:

»Man muss mit dem Strome schwimmen« wurde u. a. zitiert:

»... Im Hirne mancher Funktionäre | nur nichts riskieren | – die Karriere | Der Jüngling vor dem Fahneneid | nur nichts riskieren | – bleib gescheit | Die Jugend in der FDJ | nur nichts riskieren | – stellt euch tot | ... Die ganze Bagage hat keine Courage | sie will überwintern und bietet den Hintern | bereitwillig der Macht: | tritt zu – nur nicht zu sacht | wenn ich bitten darf.«

Danach erfolgte in der Art eines Dialogs zwischen Mutter und Tochter die Gestaltung des Gesichtsausdruckes der bereits genannten Stoffpuppe. Auch dabei wurde symbolisiert, dass es gefährlich sei, viel zu diskutieren, da das stets zu Schwierigkeiten führe. Insgesamt war dieser Dialog auf das Verhalten der Jugend in der Schule bezogen.

Dabei wurde provozierend erklärt: »Es ist viel besser, die Schnauze zu halten ...«

Danach trat erneut die sogenannte Agit-Prop-Gruppe auf zum Thema: »Man darf sich nicht an alles gewöhnen«

- »z. B. nicht an die Zwänge der Anpassung, ...
- z. B. nicht daran, eine Maske zu tragen,
- z. B. nicht daran, behandelt zu werden, statt selbst zu handeln ...
- ihr dürft euch nicht daran gewöhnen, euch hängen zu lassen,
- ... gehängt zu werden ...«

Während dieser »Aussagen« wurde die Puppe am Galgen hochgezogen.

Nach diesem Teil der Veranstaltung begann die Eucharistiefeier (eigentliche Gottesdienstfeier) mit dem Generalvikar des Katholischen Kommissariats Magdeburg, *Hubrich.*[17]

17 Theodor Hubrich, Jg. 1919, katholischer Theologe, 1948 Priesterweihe in Freiburg, 1948–54 Vikar in Delitzsch, 1954–57 Vikar in Burg, 1957–59 Vikar in Magdeburg, 1959–64 Caritasdirektor im Erzbischöflichen Kommissariat Magdeburg, 1964–68 Caritasdirektor in Ostberlin, 1968–72 Leiter der Caritas-Zentralstelle in Ostberlin, 1972–85 Generalvikar im Bischöflichen Amt Magdeburg, 1975–87 Weihbischof, ab 1986 Caritasdirektor in Magdeburg, ab 1988 Apostolischer Administrator in Schwerin.

In den dabei gehaltenen Predigten und Begrüßungsreden stand stets im Mittelpunkt die Aufforderung an die Jugendlichen, selbst zu denken und im Interesse der Kirche zu handeln.

Vor dem Schlussgebet dieses Teils der Veranstaltung wurde laut Ablaufplan die von Wolf *Biermann* verfasste Ballade »Ermutigung« vorgetragen. Sie lautete:

»Du, lass dich nicht verhärten in dieser harten Zeit. Die allzu hart sind, brechen – die allzu spitz sind, stechen und brechen ab sogleich und brechen ab sogleich.

Du, lass dich nicht verbittern in dieser bittren Zeit. Die Herrschenden erzittern – sitzt du erst hinter Gittern – doch nicht vor deinem Leid.

Du, lass dich nicht erschrecken in dieser Schreckenszeit. Das wolln sie doch bezwecken, dass wir die Waffen strecken schon vor dem großen Streit.

Du, lass dich nicht verbrauchen, gebrauche deine Zeit. Du kannst nicht untertauchen. Du brauchst uns, und wir brauchen grad deine Heiterkeit.

Wir wolln es nicht verschweigen in dieser Schweigezeit. Das Grün bricht aus den Zweigen. Wir wolln das allen zeigen, dann wissen sie Bescheid.«

Während der Veranstaltung wurde von den Organisatoren eine vorher angekündigte Plakatausstellung durchgeführt. Von jugendlichen Teilnehmern der Veranstaltung waren u. a. ausgestellt:

- ein Plakat mit Kriegswaffen und der Beschriftung: »Gott mit uns – So sehr hat Gott die Welt geliebt«;
- ein Plakat mit der Überschrift »?Mensch!«, auf dem u. a. die Personen Angela Davis,[18] Heinrich Böll,[19] Gandhi[20] abgebildet sind;
- ein Plakat mit der Bezeichnung »Leben durch Gleichheit?«. Darauf sind auf einer aus Totenköpfen gebildeten Straße marschierende Soldaten abgebildet.

18 Angela Davis, Jg. 1944, amerikanische Soziologin und Politikerin, 1968 KPUSA-Beitritt und anhaltendes Engagement für bessere Lebensverhältnisse von Afro-Amerikanern in den USA, 1969/70 acting assistent professor in Los Angeles, 1970–72 Haft, 1974 Organisation der National Alliance Against Racist and Political Repression, 1975–77 Dozentin in Claremont, anschließend Professur zunächst in San Francisco, später in Santa Cruz, in den 1980er- und 1990er-Jahren wiederholtes Engagement für politische Protestaktionen.

19 Heinrich Böll, Jg. 1917, Schriftsteller, 1939–45 Kriegsdienst, ab 1946 freischaffender Schriftsteller, 1970–72 Präsident des PEN-Zentrums der Bundesrepublik, 1971–74 Präsident des internationalen PEN-Zentrums, 1972 Nobelpreis für Literatur.

20 Mahatma Gandhi, Jg, 1869, indischer Jurist und Politiker, 1887–90 Jurastudium in London, 1891–93 Rechtsanwalt in Bombay und Rajkot, 1894 Gründung des Natal Indian Congress, ab 1894 Anwalt in Natal, ab 1903 selbstständiger Rechtsanwalt in Johannesburg, 1904 Gründung der Zeitung Indian Opinion, 1914 Rückkehr nach Indien, ab 1920 Führung der Kongresspartei (Indischer Nationalkongress, INC), 1922–24 Inhaftierung, ab 1929 Führung der INC, 1930 »Salzmarsch« als Demonstration gegen das britische Salzmonopol in Indien, 1942–44 Inhaftierung.

Die Wallfahrt wurde mit Spirituals und Meditationen abgeschlossen.

Vom MfS werden weitere Untersuchungen zur Aufklärung der Organisatoren und Zielsetzung dieser Veranstaltung geführt.

Da es sich bei den in der Information genannten Fakten z. T. um offene, aber auch versteckte, raffiniert vorgetragene Angriffe gegen die sozialistische Gesellschaftsordnung handelt, wird vom MfS vorgeschlagen zu veranlassen, dass der Vorsitzende des Rates des Bezirkes Magdeburg eine Aussprache mit dem Bischof des Katholischen Kommissariats Magdeburg, *Braun,*[21] und dem katholischen Jugendseelsorger *Hillebrand* führt.

Dabei sollte Bischof *Braun* deutlich gemacht werden, dass er das von ihm bei zahlreichen Gelegenheiten abgegebene Versprechen, für Ruhe und Ordnung zu sorgen, nicht eingehalten und damit die Vertrauensbasis zwischen ihm und den staatlichen Vertretern stark eingeengt hat. Bischof *Braun* sollte in dieser Aussprache weiter erklärt werden, dass er als Bischof für diese Veranstaltung verantwortlich war, im Zusammenhang mit der Wallfahrt jedoch die Veranstaltungsverordnung[22] sowie die Verordnung zur Registrierung von Vereinigungen[23] verletzt wurden. (Veranstaltungsverordnung: Wallfahrt ging weit über den Rahmen einer innerkirchlichen Veranstaltung hinaus; Verordnung zur Registrierung von Vereinigungen: Kapelle und Singegruppen wurden nicht gemeldet.)

Einem eventuellen Einwand von Bischof *Braun,* dass er sich zur Zeit der Wallfahrt in Rom befunden habe und keinen Einfluss auf die Durchführung der Veranstaltung nehmen konnte, sollte mit dem Hinweis, dass eine solche Wallfahrt einer längeren Vorbereitung bedarf, nicht stattgegeben werden.

Durch das Staatssekretariat für Kirchenfragen sollte Kardinal *Bengsch*[24] nach diesem Gespräch mit Bischof *Braun* und Jugendseelsorger *Hillebrand* von dem Sachverhalt informiert werden mit dem Hinweis, als Vorsitzender

21 Johannes Braun, Jg. 1919, katholischer Theologe, 1952–70 Leitung des Norbertuswerk Magdeburgs, 1970–73 Weihbischof, 1973–90 Apostolischer Administrator in Magdeburg, 1971–90 Protektor des Bischöflichen Werkes »Not in der Welt«.

22 Die »Verordnung über die Durchführung von Veranstaltungen« war am 1.3.1971 in Kraft getreten. Sie befreite u. a. »Veranstaltungen der beim zuständigen staatlichen Organ gemeldeten Kirchen und Religionsgemeinschaften« von einer Anmeldepflicht bei der DVP, wenn es sich dabei um »religiöse Handlungen oder dienstliche Zusammenkünfte« in kircheneigenen Räumlichkeiten handelte. Sie definierte zugleich, welche Handlungen im Sinne dieser Verordnung als »religiöse Handlungen« galten. Dies regte den Widerstand der kirchlichen Vertreter, die darin einen Eingriff in kirchliche Belange und damit ein weiteres Mittel der Reglementierung sahen. Vgl. Verordnung über die Durchführung von Veranstaltungen v. 26.11.1970. In: GBl. II 1970, S. 69–71.

23 Vgl. Verordnung zur Registrierung von Vereinigungen v. 9.11.1967. In: GBl. II 1967, S. 861 f.

24 Alfred Bengsch, Jg. 1921, katholischer Theologe, 1941–44 Kriegsdienst, 1944–46 amerikanische Kriegsgefangenschaft, 1950–54 Kaplan in Berlin, 1959–61 Weihbischof von Berlin, 1961–79 Bischof von Berlin und zugleich Vorsitzender der Berliner Ordinarienkonferenz (ab 1976: Berliner Bischofskonferenz), 1962 Auszeichnung mit persönlichem Titel Erzbischof, Teilnahme am Zweiten Vatikanischen Konzil, ab 1967 Kardinal.

der Berliner Ordinarienkonferenz mehr Einfluss auf die katholischen Bischöfe zu nehmen.

Mit diesen Maßnahmen könnte erreicht werden, dass während der nächsten Bischofskonferenz der Katholischen Kirche in der DDR Auseinandersetzungen stattfinden, die zu einer weiteren Differenzierung innerhalb der Katholischen Kirche in der DDR führen.

Da sich auf dieser Jugendwallfahrt auch Angriffe gegen die katholische Hierarchie richteten, kann angenommen werden, dass Kardinal *Bengsch* ernsthaft bemüht sein wird, über die katholischen Bischöfe in der DDR weitere derartige Veranstaltungen zu verhindern.

7 Anlagen

Anlage 1: Ablaufprogramm der Jugendwallfahrt, das sich nur im Besitz der Verantwortlichen der Wallfahrt befand, 18 Blatt

Anlage 2: Wortlaut der Eucharistiefeier im Rahmen der Jugendwallfahrt, 3 Blatt

Anlage 3: Schriftlicher Hinweis zum Thema der Veranstaltung, der den Organisatoren vorlag, 1 Blatt

Anlage 4: Foto-Dokumentation über die Plakatausstellung während der Jugendwallfahrt, 2 Blatt

Anlage 5: Programmablauf zur Abschlussstunde der Wallfahrt, 4 Blatt

Anlage 6: Foto-Dokumentation über einige in der Information geschilderte Passagen der Jugendwallfahrt, 3 Blatt

Anlage 7: Offizielles, den Teilnehmern der Jugendwallfahrt ausgehändigtes Programm, 34 Blatt

23. Juli 1973

Information Nr. 696/73 über provokatorische Handlungen vom Westberliner Territorium aus gegen die Staatsgrenze der DDR

Quelle: BArch, MfS, ZAIG 2171, Bl. 25–26 (5. Expl.).
Serie: Informationen.
Verteiler: Honecker, Lamberz, KGB Berlin-Karlshorst (»AG«) – MfS: Schröder (weiter an HA XX), Ablage, Mielke, Mielke.

Am 22.7.1973 wurde in der Zeit von 12.30 Uhr bis gegen 20.30 Uhr aus einem Wohnhaus in Westberlin, das sich unmittelbar an der Staatsgrenze zur DDR befindet und gegenüber der Druckerei des »ND«, Betriebsteil Tägliche Rundschau,[1] liegt (Zimmerstraße), durch bisher nicht identifizierte drei Jugendliche mit einem Luftgewehr mit Zielfernrohr mehrfach auf das Gebäude der Täglichen Rundschau geschossen.

Im Ergebnis dieser provokatorischen Handlungen wurde gegen 20.30 Uhr der in der Druckerei des »ND«, Betriebsteil Tägliche Rundschau, beschäftigte Schlosser [Name, Vorname], der ein zur Staatsgrenze befindliches Fenster schließen und die Jalousien herunterlassen wollte, durch einen Schuss an der Lippe verletzt.

Die in der Unfallklinik, Ziegelstraße, sofort vorgenommene ärztliche Behandlung ergab, dass es sich um eine geringe Verletzung der Oberhaut handelt.

Wie weiter festgestellt wurde, waren die drei Jugendlichen auf Westberliner Territorium mit einem Pkw vom Typ »Opel« vorgefahren, bei dem zuvor das polizeiliche Kennzeichen entfernt worden war.

Durch das MfS sind die erforderlichen Maßnahmen zur Identifizierung der Täter eingeleitet worden. Nach Vorliegen weiterer Ergebnisse wird nachberichtet.

1 Die 1946 in der SBZ gegründete Zeitung »Neues Deutschland« war das Organ der SED und eines ihrer wichtigsten Propagandainstrumente.

24. Juli 1973

1. Information Nr. 706/73 über Probleme und Vorkommnisse der Sicherheit und Ordnung

Quelle: BArch, MfS, ZAIG 2180, Bl. 44–45 (10. Expl.).
Serie: Informationen.
Verteiler: Scheibe, KGB Berlin-Karlhorst (»AG«) – MfS: Beater, Schröder, Scholz, ZAIG/EG, Ablage, Hoffmann, ZOS/AG (ZAIG), Ablage.
Verweise: Informationen 709/73, 714/73, 721/73, 730/73, 738/73, 741/73, 748/73, 753/73, 762/73, 767/73 und 783/73.

[Faksimile von Deckblatt zu Information 706/73]

Bei der Realisierung der gegenwärtigen Maßnahmen hinsichtlich der weiteren Vorbereitung der X. Weltfestspiele,[1] der Anreise und Unterbringung der Delegierten hat es keine besonderen Probleme oder Vorkommnisse gegeben, die die Sicherheit und Ordnung beeinträchtigt oder gefährdet hätten.

Die am 23.7.1973 durchgeführten Veranstaltungen (Rechenschaftslegung vor dem ZK der SED, Kranzniederlegung an der Gedenkstätte der Sozialisten in Berlin-Friedrichsfelde, Veranstaltung im Friedrichstadt-Palast mit Beteiligung der Festivaldelegation der KVDR) verliefen ohne Vorkommnisse.[2]

Die getroffenen Sicherungsmaßnahmen erwiesen sich als zweckmäßig.

Mit der Zunahme der umfangreichen Ausschmückung der Hauptstadt der DDR, insbesondere der Stadtbezirke, in denen die meisten Veranstaltungen stattfinden bzw. Festivalteilnehmer konzentriert sein werden, kam es in einer Reihe von Fällen zur Zerstörung, Beschädigung und Entwendung von Sichtagitation, Fahnen, Transparenten und Emblemen der Weltfestspiele.

Bestimmte Schwerpunkte und Konzentrationen sind bisher nicht festgestellt worden.

Die Aufklärung dieser Vorkommnisse ergab, dass es sich bei den Tätern in der Mehrzahl um Jugendliche handelte, die teilweise unter Alkoholeinfluss standen.

In zwei Fällen sind Festivaldelegierte in der Hauptstadt der DDR von Jugendlichen in rowdyhafter Weise belästigt und beschimpft worden.

Gegen die Täter wurden in beschleunigten Verfahren entsprechende Strafmaßnahmen eingeleitet.

1 Die 10. »Weltfestspiele der Jugend und Studenten« fanden vom 28.7. bis 5.8.1973 in Ostberlin statt.

2 Vgl. Programm der X. Weltfestspiele der Jugend und Studenten. Berlin, Hauptstadt der DDR 28.7.bis 5.8.1973; BArch, MfS, ZAIG 11167, Bl. 25–114.

25. Juli 1973

2. Information Nr. 709/73 über Probleme und Vorkommnisse der Sicherheit und Ordnung

Quelle: BArch, MfS, ZAIG 2180, Bl. 46–47 (10. Expl.).
Serie: Informationen.
Verteiler: Scheibe, Dickel, KGB Berlin-Karlshorst (»AG«) – MfS: Beater, Schröder, Scholz, ZAIG/EG, Hoffmann, ZOS/AG (ZAIG), Ablage.
Verweise: Informationen 706/73, 714/73, 721/73, 730/73, 738/73, 741/73, 748/73, 753/73, 762/73, 767/73 und 783/73.

Es wurden weitere Hinweise über vorgesehene Aktivitäten westdeutscher und Westberliner Jugendgruppen gegen die Weltfestspiele[1] bekannt.[2] Als ein Konzentrationspunkt geplanter Störaktionen zeichnet sich der Alexanderplatz ab. Delegierte der »Jungen Union«[3] planen, dort am 29.7.1973 etwa 15 000 Flugblätter und sogenannte Grundsatzprogramme zu verteilen sowie eine Straßendiskussion zu organisieren.

Am 30.7.1973 beabsichtigen Mitglieder der maoistischen Westberliner »KPD«[4] auf dem Alexanderplatz und vor Berliner Großbetrieben ca. 30 000 Flugblätter zu verteilen und Diskussionen mit Festivalteilnehmern zu provozieren.

Im Berichtszeitraum wurden erneut einige weitere Fälle des Entfernens, Beschädigens bzw. Zerstörens von Sichtagitation, Fahnen und Symbolen der X. Weltfestspiele bekannt. Hinweise auf ein organisiertes Vorgehen liegen nicht vor.

Bei der Mehrzahl der bisher ermittelten Täter handelt es sich um Jugendliche. Nur in einem Einzelfall handelte der Täter aus einer ablehnenden Einstellung zu den X. Weltfestspielen.

1 Die 10. »Weltfestspiele der Jugend und Studenten« fanden vom 28.7. bis 5.8.1973 in Ostberlin statt.

2 Bereits in der Vergangenheit wurde in HV-A-Informationen über geplante Störaktionen gegen die Durchführung der Weltfestspiele berichtet. Vgl. Information 694/73 über die geplante Einschleusung einer Hetzbroschüre während der X. Weltfestspiele in die Hauptstadt der DDR v. 23.7.1973; BArch, MfS, ZAIG 2180, Bl. 28–43.

3 Die Jugendorganisation »Junge Union« der beiden christdemokratischen Parteien CDU und CSU vereint und repräsentiert den Nachwuchs beider Parteien sowie parteiennahe Personen vom 15. bis 35. Lebensjahr.

4 Die Kommunistische Partei Deutschlands/Marxisten-Leninisten (KPD/ML) war Ende 1968 in der Bundesrepublik gegründet worden und hatte 1976 ca. 300 Mitglieder. Vgl. Stöss, Richard (Hg.): Parteien-Handbuch. Die Parteien der Bundesrepublik Deutschland 1945–1980. Opladen 1984, S. 1831–1851. Sie verurteilte die Politik der SED als revisionistisch und orientierte sich am Sozialismus maoistischer Prägung. Aufgrund ihrer Versuche, auch in der DDR eine Parteisektion zu konstituieren stand sie unter besonderer Beobachtung des MfS. Vgl. Wunschik, Tobias: Die maoistische KPD/ML und die Zerschlagung ihrer »Sektion DDR« durch das MfS. 2. Aufl., Berlin 1998.

Vereinzelt traten Vorkommnisse des rowdyhaften Verhaltens von Jugendlichen auf. In einem Fall haben zwei Mitarbeiter des Zentralen Materiallagers des Arbeitsstabes der X. Weltfestspiele drei Festivalteilnehmer der DDR-Delegation (Studenten) und einen weiteren DDR-Bürger niedergeschlagen.

Ein DDR-Festivalteilnehmer – 20-jähriger Maurer aus Berlin –, der sich einer Personalausweiskontrolle im Grenzgebiet der Hauptstadt der DDR entziehen wollte, hat einen VP-Angehörigen tätlich angegriffen.

Alle Täter handelten unter Alkoholeinfluss.

Von den zuständigen Sicherheitsorganen wurden die entsprechenden strafprozessualen Maßnahmen eingeleitet.

Im Westberliner Grenzgebiet wurde festgestellt, dass auf einem Hochhaus in Westberlin – gegenüber dem Stadion der Weltjugend[5] – zwei Fernsehkameras installiert wurden.

Nach Einschätzung von Technikern ist es möglich, vom Kamerastandpunkt aus die gesamte Ehrentribüne des Stadions der Weltjugend im Bild zu erfassen.

5 Im Sommer 1973 war das 1950 errichtete »Walter-Ulbricht-Stadion« in Berlin-Mitte in »Stadion der Weltjugend« umbenannt worden.

26. Juli 1973

3. Information Nr. 714/73 über Probleme und Vorkommnisse der Sicherheit und Ordnung

Quelle: BArch, MfS, ZAIG 2180, Bl. 48–49 (10. Expl.).
Serie: Informationen.
Verteiler: Scheibe, Dickel, KGB Berlin-Karlshorst (»AG«) – MfS: Beater, Schröder, Scholz, ZAIG/EG, Hoffmann, ZOS/AG (ZAIG), Ablage.
Verweise: Informationen 706/73, 709/73, 721/73, 730/73, 738/73, 741/73, 748/73, 753/73, 762/73, 767/73 und 783/73.

Weiteren Hinweisen über vorgesehene Aktivitäten westdeutscher und Westberliner Jugendgruppen gegen die X. Weltfestspiele[1] zufolge, planen die »Jungsozialisten«[2] für den 4.8.1973 ein massenhaftes Auftreten auf allen Festivalveranstaltungen.

Es liegen Hinweise vor, wonach einzelne, bereits als negativ bekannte DDR-Bürger beabsichtigten, während des Festivals in der Hauptstadt der DDR bei Veranstaltungen und gegenüber Festivalgästen provokatorisch aufzutreten.

Gegen diese Personen wurden von den zuständigen Sicherheitsorganen entsprechende strafrechtliche Maßnahmen eingeleitet.

Ein Teilnehmer des Übungsverbandes Musikschau wurde von sechs Jugendlichen überfallen und niedergeschlagen. Die Täter wurden ermittelt, entsprechende strafrechtliche Maßnahmen sind eingeleitet.

Eine Angehörige des Übungsverbandes Tanzbild der Bezirksdelegation Schwerin hat vor ihrer Anreise ins Trainingslager die DDR auf bisher unbekanntem Wege ungesetzlich verlassen und befindet sich in der BRD.

In einem weiteren Fall beabsichtigte ein Festivalteilnehmer aus dem Bezirk Halle, gemeinsam mit einem weiteren Jugendlichen während des Festivals die Staatsgrenze nach Westberlin zu durchbrechen.

Zu den im Berichtszeitraum aufgetretenen Einzelfällen des Entfernens, Beschädigens bzw. Zerstörens von Sichtagitation, Fahnen und Symbolen der X. Weltfestspiele liegen keine Hinweise auf organisiertes Vorgehen vor.

In den vorgenannten Fällen erfolgte seitens der zuständigen Sicherheitsorgane die Einleitung der erforderlichen Maßnahmen.

1 Die 10. »Weltfestspiele der Jugend und Studenten« fanden vom 28.7. bis 5.8.1973 in Ostberlin statt.

2 Die Jugendorganisation der SPD »Arbeitsgemeinschaft der Jungsozialistinnen und -sozialisten in der SPD« (kurz »Jungsozialisten« oder »Jusos«) vereint und repräsentiert SPD-Mitglieder sowie SPD-nahe Jugendliche und junge Erwachsene bis zur Vollendung des 35. Lebensjahres.

28. Juli 1973

Information Nr. 720/73 über einen schweren Grenzdurchbruch an der Staatsgrenze der DDR zu Westberlin mittels eines Tunnels

Quelle: BArch, MfS, ZAIG 2172, Bl. 16–19 (10. Expl.).
Serie: Informationen.
Verteiler: Honecker, Heinz Hoffmann, KGB Berlin-Karlshorst (»AG«) – MfS: Beater, Schröder (weiter an HA XX), Scholz, HA I, HA VII, HA IX, Ablage, ZAIG/EG.

Am 26.7.1973, gegen 15.00 Uhr, wurde von dem zuständigen ABV[1] sowie einem Angehörigen der NVA/Grenztruppen festgestellt, dass auf dem Wohngrundstück Potsdam, Klein-Glienicke, Waldmüllerstraße 1, vom Keller aus ein Tunnel nach Westberlin ca. 1,80 bis 2,00 m unter der Erde gegraben worden war (Länge: 19 m, Höhe: 0,60 m, Breite: 0,70 m).

Der Tunnel endet ca. 0,80 m hinter der Sperrmauer. Der Ausstieg wurde abgedeckt und mit Erdreich versehen.

Das Grundstück Waldmüllerstraße 1 befindet sich ca. 18 m von der Sperrmauer entfernt. Zwischen Grundstück und Sperrmauer liegt der Hinterlandsicherungszaun in einer Entfernung von ca. 7,50 m vom Haus.

Die Feststellung erfolgte nach Hinweisen aus der Bevölkerung über eine nicht verschlossene Wohnung.

Nach den bisherigen Ermittlungen besteht der begründete Verdacht, dass der Tunnel von den Bewohnern dieses Hauses Dr. *Wolter*, Dietrich,[2] geboren [Tag, Monat] 1930, Beruf Diplom-Chemiker, Arbeitsstelle Blutspendeinstitut Potsdam, dessen Ehefrau *Wolter*, geborene [Name 1, Vorname], geboren am [Tag, Monat] 1930 und den Kindern [Vorname 1], geboren am [Tag, Monat] 1959 und [Vorname 2], geboren am [Tag, Monat] 1964 zum Grenzdurchbruch nach Westberlin benutzt wurde.

Des Weiteren besteht der begründete Verdacht, dass durch diesen Tunnel gleichfalls die Personen [Name 2, Vorname 1] (Bruder des Dr. W.) geboren am [Tag, Monat] 1936, wohnhaft Erfurt, [Straße, Nr.], Beruf Diplomingenieur, Arbeitsstelle VEB Optima Erfurt, dessen Ehefrau [Name 2], geborene [Name 3, Vorname 2], geboren am [Tag, Monat] 1939 und die Kinder [Vorname 3], geboren [Tag, Monat] 1961, [Vorname 4], geboren [Tag, Monat] 1963 und [Vorname 5], geboren [Tag, Monat] 1966 die DDR nach Westberlin verließen.

1 Der Abschnittsbevollmächtigte (ABV) gehörte der Volkspolizei an und war in den Gemeinden und Stadtbezirken für polizeiliche Aufgaben zuständig.

2 Dietrich Wolter, Jg. 1930, Chemiker, weitere Angaben zur Person konnten nicht ermittelt werden.

Der Grenzdurchbruch erfolgte vermutlich in der Nacht vom 25.7. zum 26.7.1973. Dr. Wolter ist am 25.7.1973, gegen 21.00 Uhr, noch von einem Angehörigen der NVA-Grenztruppen gesehen worden.[3]

Von [Name 2, Vorname], ist bekannt, dass er für die Zeit vom 7.7. bis 17.7.1973 eine Besuchsgenehmigung für das Grenzgebiet hatte und während dieser Zeit mit seiner Familie seinen Bruder besuchte.

Am 16.7. bzw. 17.7.1973 erfolgte die getrennte Ausreise des Ehepaars mit Tochter aus dem Grenzgebiet, um sich – nach Äußerungen in der Öffentlichkeit – in Urlaub nach Kühlungsborn zu begeben.

Aufgrund einer Kontrolle des ABV wurde festgestellt, dass sich die beiden Kinder [Vorname 4] und [Vorname 5] am 23.7.1973 noch im Grenzgebiet aufhielten. Für sie wurde daraufhin die Besuchsgenehmigung bis zum 30.7.1973 verlängert.

Die bisherigen Überprüfungen zum Aufenthalt des [Name 2, Vorname], seiner Ehefrau und Tochter im Gebiet der DDR haben noch nicht zu einem Erfolg geführt.

Aufgrund der vorgenannten Umstände ist mit an Sicherheit grenzender Wahrscheinlichkeit davon auszugehen, dass [Name 2, Vorname], mit Ehefrau und Tochter nach ihrer »offiziellen Ausreise« aus dem Grenzgebiet unkontrolliert zurückgekehrt sind und gemeinsam mit der Familie des Dr. Wolter und ihren Kindern [Vorname 4] und [Vorname 5] die DDR ungesetzlich verlassen haben.

Die Sicherung der Staatsgrenze in diesem Abschnitt durch die NVA-Grenztruppen wurde seit dem 20.7.1973 durch zusätzliche Kräfte verstärkt. Auf Westberliner Seite konnten in dieser genannten Zeit keine besonderen Handlungen festgestellt werden.

Der gesamte Grenzabschnitt Klein Glienicke ist als tunnelgefährdeter Abschnitt gekennzeichnet.

Das Grundstück Waldmüllerstraße 1 selbst wurde in den dazu vorhandenen Kontrollplan der NVA-Grenztruppen nicht aufgenommen, weil das Anlegen eines Tunnels bei einem Grundwasserspiegel von 1,20 m für nicht möglich eingeschätzt wurde.

Die Untersuchungen des MfS zur umfassenden Aufklärung der Ursachen, Motive und begünstigenden Bedingungen sowie der Täterpersönlichkeiten werden im engen Zusammenwirken mit den Grenztruppen der NVA und der Deutschen Volkspolizei fortgeführt.

3 Laut westdeutschen Presseberichten erfolgte die Flucht erst in der Nacht vom 27. zum 28.7.1973. Vgl. Neun Flüchtlinge kamen durch einen Tunnel nach Zehlendorf. In: Tagesspiegel v. 9.8.1973; Kühnes Unternehmen gelang in der Nacht vor den Weltfestspielen in Ost-Berlin. In: Bild v. 9.8.1973.

29. Juli 1973

Information Nr. 732/73 über weitere von Westberlin erfolgte Grenzprovokationen gegen die Staatsgrenze der DDR am 28. und 29. Juli 1973

Quelle: BArch, MfS, ZAIG 2171, Bl. 33–34 (8. Expl.).
Serie: Informationen.
Verteiler: Honecker, KGB Berlin-Karlshorst (»AG«) – MfS: Beater, Schröder, Irmler (ZAIG), Scholz, ZAIG/AG, Ablage.

1. In der Nacht zum 29.7.1973 wurde auf der Westberliner Seite des Potsdamer Platzes am Gerüst der Leuchtschriftenanlage des ehemaligen »Studios am Stacheldraht«[1] in ca. 15 bis 20 m Höhe eine Hetzlosung befestigt.

Die Hetzlosung ist auf weißem Stoff mit schwarzen Druckbuchstaben von ca. 0,50 m Größe aufgetragen und lautet: »Jugend der Welt kämpft, bis die Mauer fällt!«

Die Länge des Transparentes beträgt ca. zehn Meter. Um die Losung auch in der Dunkelheit sichtbar zu machen, wurde bis gegen 2.00 Uhr vor dem Gerüst der Leuchtschriftenanlage ein Autoreifen verbrannt.

Die Losung ist vom Haus der Ministerien[2] aus nicht mehr mit bloßem Auge erkennbar und erreicht deshalb keine Massenwirksamkeit.

Am 29.7.1973, gegen 11.30 Uhr, wurde durch Westberliner Polizisten mit der Entfernung der Hetzlosung begonnen.

2. Am 28.7.1973, zwischen 22.05 und 22.10 Uhr, wurden die Sicherungsposten der NVA-Grenze am Bahnhof Staaken durch zwei unbekannte männliche Zivilpersonen, die ca. drei Meter in das Territorium der DDR eingedrungen waren, in gemeiner Weise beschimpft.

Weiterhin bewarfen sie von ihrem Standort aus die Grenzposten mehrmals mit Steinen, ohne sie zu verletzen.

3. Am 28.7.1973, gegen 23.45 Uhr, wurden im Grenzabschnitt Sonnenallee (Postenabschnitt »Waschhaus«) durch unbekannte Täter vom Westberliner

1 Sechs Tage nach dem Mauerbau initiierte der Westberliner Senat das mobile »Studio am Stacheldraht«. Es betrieb bis 1956 Lautsprecherwagen, die direkt an der Sektorengrenze postiert waren und ihre Nachrichtensendungen in 15-minütigen Liveprogrammen vor allem an die Grenzposten der DDR richteten. Darüber hinaus unterhielt das Studio in Westberlin drei große Leuchtschriftanlagen, wobei eine seit den 1950er-Jahren am Potsdamer Platz stand. Ihre Demontage erfolgte im Zuge des deutsch-deutschen Entspannungsprozesses seit Beginn der 1970er-Jahre.

2 Das 1935/36 in Berlin erbaute Gebäude war bis 1945 Sitz des Reichsluftfahrtministeriums. Nach 1945 zunächst als Hauptquartier der SMAD genutzt, beherbergte es ab 1947 die Deutsche Wirtschaftskommission. Nach der Gründung der DDR in »Haus der Ministerien« umbenannt, fungierte es schließlich als Sitz der Staatlichen Plankommission und des Volkswirtschaftsrats der DDR.

Territorium aus mittels Luftdruckgewehr zwei Hochdruck-Quecksilberlampen zerschossen, die zur Beleuchtung der Grenzsicherungsanlagen installiert sind.

Durch das MfS sind die erforderlichen Maßnahmen zur Identifizierung der Täter bezüglich der Vorkommnisse am Bahnhof Staaken und im Grenzabschnitt Sonnenallee eingeleitet worden.

30. Juli 1973

6. Information Nr. 738/73 über Probleme und Vorkommnisse der Sicherheit und Ordnung

Quelle: BArch, MfS, ZAIG 2180, Bl. 97–100 (10. Expl.).
Serie: Informationen.
Verteiler: Scheibe, Dickel, Heinz Hoffmann, KGB Berlin-Karlshorst (»AG«) – MfS: Beater, Schröder, Scholz, ZAIG/EG (durch Minister), ZOS/EG (ZAIG), Ablage.
Bemerkung: Die Information liegt in zwei unterschiedlichen Fassungen vor. Nicht ersichtlich, welche Fassung zur Verteilung gelangte. Abweichungen in den Fußnoten kommentiert.
Verweise: Informationen 706/73, 709/73, 714/73, 721/73, 730/73, 741/73, 748/73, 753/73, 762/73, 767/73 und 783/73.

Im Berichtszeitraum waren Sicherheit und Ordnung jederzeit gewährleistet. Die Sicherungsmaßnahmen und der Kräfteeinsatz entsprachen den gegebenen Lagebedingungen.

In Verwirklichung der bekannten Pläne[1] haben am 29.7.1973, in der Zeit von 12.00 bis 16.00 Uhr, auf dem Alexanderplatz 35 Mitglieder der »Jungen Union«,[2] darunter die der BRD Delegation zu den X. Weltfestspielen[3] angehörenden Mitglieder der »Jungen Union«, das »Grundsatzprogramm der Jungen Union« sowie ein Flugblatt mit der Darlegung der mit der Teilnahme der »Jungen Union« verbundenen Absichten dieser Organisation verteilt.[4]

Die überwiegende Mehrzahl dieser Flugblätter wurde von progressiv auftretenden Jugendlichen sofort demonstrativ vernichtet. In zielgerichteten Diskussionen mit FDJ-Mitgliedern und anderen DDR-Bürgern wurde versucht, die gegnerischen Argumente über Freiheit, Demokratie und Menschenrechte zu verbreiten. An diesen Aktivitäten waren beteiligt:

– der CDU-Bundestagsabgeordnete *Rollmann*[5] aus Hamburg,

1 Vgl. die Informationen 709/73, 721/73 und 730/73.

2 Die Jugendorganisation »Junge Union« der beiden christdemokratischen Parteien CDU und CSU vereint und repräsentiert den Nachwuchs beider Parteien sowie parteiennahe Personen vom 15. bis 35. Lebensjahr.

3 Die 10. »Weltfestspiele der Jugend und Studenten« fanden vom 28.7. bis 5.8.1973 in Ostberlin statt.

4 Der Alexanderplatz war während der X. Weltfestspiele eines der Hauptveranstaltungsorte. Dort fanden täglich von vormittags 10 Uhr bis abends 23 Uhr Konzerte und andere Aufführungen statt. Insbesondere die FDJ war hier präsent und trat u. a. mit ihrem Blasorchester mehrfach auf. Vgl. Programmübersicht X. Weltfestspiele. Überarbeitete Fassung vom 10.6.1973. Vgl. BArch, MfS, ZAIG 11441, Bl. 179–325.

5 Dieter Rollmann, Jg. 1932, CDU-Politiker und PR-Berater, 1953 CDU- und JU-Beitritt, zugleich Mitbegründer des RCDS der Universität Hamburg, 1956–63 JU-Landesvorsitzender Hamburg, ab 1956 Mitglied des CDU-Landesvorstandes Hamburg, 1960–76 MdB, 1968–74 CDU-Landesvorsitzender Hamburg, 1977–92 Hauptgeschäftsführer des Bundes-

- der Fraktionsvorsitzende der CDU-Fraktion im Westberliner Abgeordnetenhaus, *Lummer,* [6] sowie
- der Vorsitzende der »Jungen Union« in Westberlin, *Landowsky.* [7]

Aufgrund des offensiven Auftretens und des Wirkens der gesellschaftlichen Kräfte der DDR stellten die Mitglieder der »Jungen Union« gegen 16.00 Uhr ihre Aktivitäten ein.

Von Vertretern der »Jungen Union« wurden jedoch für den 30. bzw. 31.7.1973 erneut Flugblattaktionen angekündigt.

Das Zusammenwirken der Sicherheitsorgane mit den gesellschaftlichen Kräften war jederzeit gewährleistet.

Am 29.7.1973 gelangten im Stadtzentrum von weiteren Mitgliedern der BRD-Festivaldelegation in mehreren tausend Exemplaren das Grundsatzprogramm des DGB und des SHB zur Verteilung.

In den späten Abendstunden des 29.7.1973 verbreiteten Jungsozialisten[8] auf dem Alexanderplatz Flugblätter, die neben Darlegungen über den Charakter dieser Organisation eine Einladung zur Teilnahme an einer Diskussion am 2.8.1973, 16.00 Uhr, im Nationalen Club der BRD[9] in Berlin-Treptow enthalten.

Die Jungsozialisten wollen im Rahmen dieser Veranstaltung mit Jugendlichen aus aller Welt und der gastgebenden Bevölkerung der DDR diskutieren.

Im Berichtszeitraum sind keine die Sicherheit und Ordnung beeinträchtigenden Vorkommnisse aufgetreten.[10]

Beachtenswert ist, dass von Westberliner Seite aus die provokatorischen Handlungen gegen die Staatsgrenze der DDR weiter anhalten.

(Am 29.7.1973,[11] gegen 1.00 Uhr, wurde auf der Westberliner Seite des Potsdamer Platzes am Gerüst der Leuchtschriftanlage des ehemaligen »Stu-

verbands der Freien Berufe in Bonn, ab 1977 freiberuflicher Berater für Kommunikation und Lobby.

6 Heinrich Lummer, Jg. 1932, CDU-Politiker, 1953 CDU-Beitritt, 1962–64 Assistenz am Institut für Politische Wissenschaft, 1965–69 Geschäftsführer der CDU-Fraktion im Berliner Abgeordnetenhaus, ab 1967 Mitglied des Berliner Abgeordnetenhaus und ab 1969 ebenda Fraktionsvorsitzender, ab 1980 Präsident des Berliner Abgeordnetenhauses, 1981–86 Innensenator von Berlin, 1987–98 MdB.

7 Klaus Landowski, Jg. 1942, Jurist und CDU-Politiker, 1957 JU-Beitritt, 1961 CDU-Beitritt, 1972–75 JU-Landesvorsitzender Berlin, 1973–88 Vorstandsassistent, später Justitiar und Vorstandsmitglied der Berliner Pfandbriefbank, zugleich selbstständiger Rechtsanwalt, ab 1975 Mitglied des Abgeordnetenhauses Berlin, ab 1985 CDU-Generalsekretär Berlin, 1988–2001 Vorstandsvorsitzender der Berliner Hypotheken- und Pfandbriefbank, 1990–2001 CDU-Fraktionsvorsitzender im Berliner Abgeordnetenhaus, ab 2001 Rechtsanwalt in Berlin.

8 Die Jugendorganisation der SPD »Arbeitsgemeinschaft der Jungsozialistinnen und -sozialisten in der SPD« (kurz »Jungsozialisten« oder »Jusos«) vereint und repräsentiert SPD-Mitglieder sowie SPD-nahe Jugendliche und junge Erwachsene bis zur Vollendung des 35. Lebensjahres.

9 Angaben zum Nationalen Club der BRD konnten nicht ermittelt werden.

10 Dieser und weitere folgende Abschnitte sind in unterschiedlichen Fassungen überliefert.

11 In der alternativen Fassung heißt es hier: »28.7.1973«.

dios am Stacheldraht«[12] eine zehn Meter lange Losung mit folgendem Inhalt angebracht: »Jugend der Welt, kämpft bis die Mauer fällt!«

Gegen 11.20 Uhr wurde sie durch zwei Westberliner Polizisten entfernt.

Bedingt durch die Orts-, Zeit- und Sichtverhältnisse erreichte die Hetzlosung keine Massenwirksamkeit.

Weitere provokatorische Handlungen beinhalteten das Zerschießen von Lampen und Steinwürfe gegen Grenzsicherungskräfte und Gebäude im Grenzgebiet der DDR.)[13]

Zu den Hinweisen über einen geplanten Anschlag auf die Botschaft der Republik Italien in der DDR wurde ergänzend bekannt, dass diese Drohung angeblich von palästinensischer Seite erfolgt sei. Die eingeleiteten Schutz- und Sicherheitsmaßnahmen werden fortgesetzt.[14]

Am 29.7.1973, gegen 15.45 Uhr, erfolgten beim Chef vom Dienst des DDR-Fernsehens und um 19.25 Uhr beim Objektbeauftragten des Filmtheaters »Camera« anonyme Anrufe, in denen aufgefordert wurde, das Programm bzw. die laufenden Veranstaltungen sofort zu unterbrechen, da Genosse Walter Ulbricht[15] verstorben sei.[16]

12 Sechs Tage nach dem Mauerbau initiierte der Westberliner Senat das mobile »Studio am Stacheldraht«. Es betrieb bis 1956 Lautsprecherwagen, die direkt an der Sektorengrenze postiert waren und ihre Nachrichtensendungen in 15-minütigen Liveprogrammen vor allem an die Grenzposten der DDR richteten. Darüber hinaus unterhielt das Studio in Westberlin drei große Leuchtschriftanlagen, wobei eine seit den 1950er-Jahren am Potsdamer Platz stand. Ihre Demontage erfolgte im Zuge des deutsch-deutschen Entspannungsprozesses seit Beginn der 1970er-Jahre.

13 Diese Abschnitte innerhalb der Klammer wurden in der altenativen Fassung wie folgt zusammengefasst: »Am 28.7.1973 erfolgte das Anbringen einer zehn Meter langen Hetzlosung am Gerüst des ehemaligen ›Studios am Stacheldraht‹ auf dem Potsdamer Platz, weitere provokatorische Handlungen beinhalteten das Zerschießen von Lampen, Steinwürfe u. a.)«.

14 Vgl. Information 730/73.

15 Walter Ulbricht, Jg. 1893, kommunistischer Politiker und SED-Funktionär, 1908 SAJ-Beitritt, 1912 SPD-Beitritt, 1915–18 Kriegsdienst, 1917–20 USPD-Mitglied, 1919 KPD-Mitbegründer in Leipzig, 1920 KPD-Beitritt, 1923/24 Mitglied der KPD-Zentrale, 1926–29 MdL der KPD in Sachsen, 1928–33 MdR, 1929–46 Mitglied des Politbüros des ZK der KPD, 1933/35 Mitglied der Auslandsleitung der KPD in Frankreich, 1935–38 Leiter des ZK der KPD in Prag bzw. Paris, 1938–43 Vertreter des ZK der KPD in Moskau, 1943–45 Mitglied des NKFD, 1945 Rückkehr nach Deutschland als Leiter der Gruppe des ZK der KPD für Berlin (Gruppe Ulbricht), 1946–50 faktischer SED-Parteivorsitzender, 1949–73 Vorsitzender des SED-Politbüros, 1953–71 1. Sekretär des ZK der SED, 1960–71 Vorsitzender des NVR, 1971 Entmachtung, am 1.8.1973 verstorben.

16 In alternativer Fassung lautet der letzte Satz wie folgt: »Am 29.7.1973 gegen 15.45 Uhr erfolgten beim Chef vom Dienst des DDR-Fernsehens und um 19.25 Uhr beim Objektbeauftragten des Filmtheaters ›Camera‹, anonyme Anrufe, in denen aufgefordert wurde, das Programm bzw. die laufenden Veranstaltungen im Zusammenhang mit der Erkrankung des Vorsitzenden des Staatsrates der DDR sofort zu unterbrechen.«

1. August 1973

Information Nr. 747/73 über ein Vorkommnis im Rahmen der ausgelösten Fahndung nach einem Angehörigen der sowjetischen Streitkräfte in der DDR am 30. Juli 1973

Quelle: BArch, MfS, ZAIG 2215, Bl. 1–7 (3. Expl.).
Serie: Informationen.
Verteiler: KGB Berlin-Karlshorst (»AG«) – MfS: AGM/FFG, Ablage.
Vermerk: Laut ZAIG-Postausgangsbuch ZAIG erhielt auch Alfred Scholz ein Exemplar der Information (BArch, MfS, ZAIG 8518, Bl. 272).

Am 30.7.1973, gegen 23.50 Uhr, wurde der Angehörige der Deutschen Volkspolizei Leutnant der VP *Brechlin,* Waldemar,[1] geboren [Tag, Monat] 1926, wohnhaft Luppa, Kreis Oschatz, [Straße, Nr.], Abschnittsbevollmächtigter in Dahlen, Kreis Oschatz, Angehöriger der DVP seit 15.6.1948, Mitglied der SED seit 1948, verheiratet, zwei Kinder (22, 20 Jahre), von einem Angehörigen der Sowjetarmee durch Schüsse aus einer MPi schwer verletzt.

Genosse Brechlin erhielt je einen Durchschuss durch beide Oberschenkel, einen Bruststreifschuss und eine Schussverletzung am rechten Daumen. Es erfolgte die umgehende Einlieferung in das Bezirkskrankenhaus »St. Georg« Leipzig. Nach Angaben der behandelnden Ärzte sind bei den Durchschüssen der Beine keine Knochen-, Gefäß- und Nervenverletzungen erfolgt. Es besteht keine Lebensgefahr. Leutnant Brechlin ist noch nicht vernehmungsfähig.

Die Untersuchungen des MfS zum Ablauf des Vorkommnisses ergaben:

Leutnant Brechlin befand sich unter Benutzung seines Mopeds befehlsgemäß auf dem Weg zu dem im Rahmen der eingeleiteten Fahndungsmaßnahmen an der Straßengabelung Börln – Ochsensaal, Kreis Oschatz, eingerichteten Kontrollpunkt der Deutschen Volkspolizei.

Nach Angaben des Leiters des Kontrollpunktes der Deutschen Volkspolizei, Leutnant der VP *Schädlich,*[2] und der anderen am Kontrollpunkt aufhältlichen VP-Angehörigen wurde um 23.50 Uhr ein »Stoi«-Ruf wahrgenommen.

Unmittelbar danach fielen mehrere Feuerstöße aus einer MPi, nach deren Verstummen Hilferufe gehört wurden.

Die am VP-Kontrollpunkt aufhältlichen VP-Angehörigen gingen nach der Feuereröffnung sofort in Deckung und bewegten sich anschließend gedeckt in Richtung des Tatortes, der sich ca. 300 m südlich des VP-Kontrollpunktes befand und an dem sie den durch Schüsse verletzten Leutnant Brechlin fanden.

1 Waldemar Brechlin, Jg. 1926, Polizist, ab 1948 DVP, weitere Angaben zur Person konnten nicht ermittelt werden.
2 Schädlich, weitere Angaben zur Person konnten nicht ermittelt werden.

Am Ereignisort befanden sich zu dieser Zeit vier Angehörige der Sowjetarmee, die zu verstehen gaben, dass durch sie die Schüsse auf die ihnen bis dahin unbekannte Person abgegeben wurden.

(In diesem Zusammenhang ist festzustellen, dass drei Angehörige der Sowjetarmee gegen 23.30 Uhr am Kontrollpunkt der Deutschen Volkspolizei erschienen waren, vermutlich um eine Auskunft einzuholen. Es kam jedoch keine sprachliche Verständigung zustande.

Die drei Angehörigen der Sowjetarmee hatten sich danach in Richtung des späteren Ereignisortes wieder entfernt.)

Nach Beteiligung an der ersten medizinischen Hilfeleistung entfernten sich die vier Angehörigen der Sowjetarmee vom Ereignisort und begaben sich zu dem gemeinsamen Führungspunkt nach Schöna, um Meldung über das Vorkommnis zu erstatten.

Seitens des Angehörigen der Sowjetarmee, der die Schüsse abgegeben hatte, wurde zum Tatgeschehen angegeben, dass der am Tatort mit drei weiteren Angehörigen der Sowjetarmee eingesetzte Postenführer (Sergeant) eines gedeckten Postens bei Annäherung des Fahrzeuges allein auf die Straße lief und versuchte, den Fahrer des Mopeds durch Handzeichen zum Halten zu bringen. Seinen eigenen Angaben zufolge sei er durch die Blendwirkung des Scheinwerfers am Moped sowie durch das Fahrverhalten der Person zu der Auffassung gelangt, dass er angefahren werde, weshalb er zur Seite sprang. Da die Person weiterfuhr, vermutete der Sergeant, dass es sich um das Fahndungsobjekt handelt, worauf er aus der MPi einen Feuerstoß in die Luft und danach gezielte Schüsse (27) abgab.

Eine Befragung des Leutnants der VP Brechlin zu seinen Wahrnehmungen und Verhaltensweisen konnte noch nicht durchgeführt werden.

Im Ergebnis der Überprüfung der im Rahmen der ausgelösten Fahndung getroffenen Maßnahmen und der Festlegungen des Zusammenwirkens aller eingesetzten Kräfte ist festzustellen:

Durch Befehl des Chefs der Bezirksbehörde der Deutschen Volkspolizei Leipzig, Genosse Oberst *Michalski,*[3] wurde am 30.7.1973 zur Führung des Fahndungseinsatzes eine Führungsgruppe unter Leitung des Stellvertreters Operativ des Chefs der BDVP, Genosse Oberstleutnant *Richter,*[4] gebildet, die gegen 12.00 Uhr in Schöna, Kreis Oschatz, einen Führungspunkt bildete.

Zu diesem Zeitpunkt waren bereits erste Fahndungsmaßnahmen zwischen dem Kommandeur der sowjetischen Einheit in Mockrehna und den Leitern der VPKÄ Eilenburg und Torgau getroffen worden, wie die Aufbereitung der Fahndungswerte und die Einleitung erster Such- und Blockierungsmaßnahmen.

3 Helmut Michalski, Jg. 1931, Polizist, SED-Mitglied, zunächst Offizier in der DVP, 1972–80 und 1982–89 Chef der BdVP Leipzig, ab 1977 Generalmajor der VP, Mitglied der SED-Bezirksleitung Leipzig und Abgeordneter im Bezirkstag Leipzig.

4 Richter, weitere Angaben zur Person konnten nicht ermittelt werden.

Um 12.30 Uhr erfolgte nach gemeinsamer Beurteilung der Lage die Beratung weiterer Maßnahmen der Fahndungsführung im Beisein von Genosse General *Pawlenkow*[5] und dem Kommandeur der sowjetischen Einheit in Mockrehna.

Im Einzelnen wurden folgende Maßnahmen festgelegt:

- Einsatz von Posten der Sowjetarmee als Doppel- und gedeckte Posten in einem konkret festgelegten Raum unter exakter Abgrenzung der Verantwortungsbereiche zu den Kräften der Deutschen Volkspolizei;
- Einsatz von Kräften der Deutschen Volkspolizei zu weiteren Such- und Blockierungsmaßnahmen, Kontrolle von Unterschlupfmöglichkeiten und Einrichtung beweglicher Kontrollpunkte der VP zur Wahrnehmung polizeilicher Aufgaben;
- Absprache gemäß Grundsatz des Einsatzes:
  - gemeinsame Parole,
  - Anwendung der Schusswaffen,
    (Es wurde festgelegt: Schießen nur bei Notwendigkeit, wenn erkennbar ist, dass der Flüchtige die Waffe anwendet.)
  - Tragen von Armbinden durch die Kontrolloffiziere,
  - einheitliche Kopfbedeckung (Stahlhelm) der Absperr- und Suchkräfte.

Auf einer erneuten Lagebesprechung wurden um 18.00 Uhr weitere gemeinsam abgestimmte Festlegungen

- für den Einsatz der Kräfte während der Nachtzeit, insbesondere für den Einsatz von motorisierten Streifen und Horchposten der Deutschen Volkspolizei und von Beobachtungs- und Horchposten der Sowjetarmee,
- sowie die Einrichtung von festen Kontrollpunkten der Deutschen Volkspolizei zur Wahrnehmung polizeilicher Aufgaben (Kontrolle von Personen und Kraftfahrzeugen u. a.) an der Begrenzung des geschaffenen Blockierungsraumes

getroffen.

Zur Festlegung und Absicherung dieser Maßnahmen diente ein Kartenblatt 1 : 50 000 der DVP und 1 : 100 000 der Sowjetarmee des Handlungsraumes.

Sämtliche Festlegungen über die Einsatzorte der Kräfte der DVP und der Sowjetarmee wurden auf der Arbeitskarte im gemeinsamen Führungspunkt in Schöna eingetragen und abgestimmt.

Im Beisein der Offiziere der Sowjetarmee erfolgte die Übertragung der festgelegten Standorte der Posten auf die Kartenblätter durch General Pawlenkow persönlich.

Der Vergleich der Eintragungen auf der Karte des Führungspunktes mit den Eintragungen auf den Kartenblättern des Genossen General Pawlenkow ergab Übereinstimmung.

5 Pawlenkow, weitere Angaben zur Person konnten nicht ermittelt werden.

Die sofort nach Bekanntwerden des Vorkommnisses geführten Überprüfungen und die Rekonstruktion des Vorkommnisses ergaben, dass der ca. 300 m südlich des Kontrollpunktes der Deutschen Volkspolizei gelegene gedeckte Posten der Sowjetarmee in der Stärke 1 : 3 entgegen den getroffenen Festlegungen und ohne Wissen des Leiters der gemeinsamen Führungsgruppe in Schöna an diesem Ort eingesetzt worden war.

(Der festgelegte und abgestimmte Einsatzort dieses gedeckten Postens befand sich, wie in den taktischen Karten auch eingetragen, ca. 300 m nordwestlich des Tatortes, an einer Gabelung der Straße Börln – Frauwald.)

In einer Besprechung bei Genossen General Pawlenkow in der Dienststelle der Sowjetarmee in Mockrehna wurde von ihm im Zusammenhang mit dem Vorkommnis festgestellt, dass die Einweisung der verantwortlichen Offiziere der Sowjetarmee entsprechend den Festlegungen der Führungsgruppe erfolgt sei;

- dass vermutlich durch einen Offizier der Sowjetarmee der Posten ca. 300 m südlicher als festgelegt eingesetzt worden sei (zu den Ursachen erfolgten keine Angaben);
- dass die eingesetzten Kräfte der Sowjetarmee ausdrücklich angewiesen worden seien, keine Kfz-Kontrollen vorzunehmen;
- dass die Anweisung für Horch- und gedeckte Posten darin bestanden hätte, alle Fußgänger zu beobachten, um festzustellen, ob es sich um das gesuchte Objekt handelt und im zutreffenden Falle dessen Festnahme vorzunehmen;
- dass alle Posten der Sowjetarmee angewiesen worden seien, das Magazin in der Magazintasche zu tragen und die Waffen weder durchzuladen noch zu unterladen.

Die Rekonstruktion des Vorkommnisses und die Ergebnisse der bisherigen Untersuchungen haben ergeben, dass die gemeinsam festgelegten Maßnahmen der Fahndungsführung und des abgestimmten Vorgehens den Erfordernissen der Lage entsprochen haben.

Das Vorkommnis wurde offensichtlich durch Mängel in der Einweisung der Kräfte der Sowjetarmee in ihre konkreten Aufgaben und Verhaltensweisen begünstigt.

Diese Tatsache wird u. a. dadurch unterstrichen, dass die vom Genossen General Pawlenkow getroffenen – und mit der Führungsgruppe abgestimmten – Maßnahmen zum taktischen Vorgehen nicht eingehalten wurden.

Die Durchführung polizeilicher Maßnahmen (Versuch des Anhaltens der auf dem Moped fahrenden Person) ist, ebenso wie die den Festlegungen widersprechende Schusswaffenanwendung, ein grober Verstoß gegen die befohlenen, gemeinsam festgelegten und abgestimmten Verhaltensregeln.

Es wird gebeten, das Vorkommnis gründlich auszuwerten, um derartige Zwischenfälle bei weiteren gemeinsamen Maßnahmen auszuschließen.

6. August 1973

Information Nr. 781/73 über Reaktionen und Meinungsäußerungen im Zusammenhang mit dem Ableben des Genossen Walter Ulbricht

Quelle: BArch, MfS, ZAIG 2216, Bl. 1–5 (5. Expl.).
Serie: Informationen.
Verteiler: KGB Berlin-Karlshorst (»AG«) – MfS: Mielke, Beater, Schröder, Ablage.

Im Stimmungsbild der Bevölkerung der DDR nehmen das Ableben des Genossen Walter Ulbricht[1] und die damit im Zusammenhang stehende Vorbereitung der Trauerfeierlichkeiten einen breiten Raum ein. In allen Bevölkerungsschichten werden mit großer Anteilnahme das Leben und die Verdienste des Genossen Walter Ulbricht als Partei- und Staatsfunktionär gewürdigt.

Alle vorliegenden Informationen weisen aus, dass negative Diskussionen, Gerüchte und Spekulationen zwar in allen Bevölkerungsschichten auftraten, jedoch generell als Einzelmeinungen einzuschätzen sind, die keine Massenbasis erreichen.

Die Reaktionen und Meinungsäußerungen der Bevölkerung können in folgenden hauptsächlichen Tendenzen zusammengefasst werden:

- Große Anteilnahme am Ableben, verbunden mit einer hohen Wertschätzung der Tätigkeit des Genossen Walter Ulbricht als Staats- und Parteifunktionär;
- differenzierte Meinungsäußerungen zu den veröffentlichten Meldungen zum Ableben und zur Staatstrauer am 7. August 1973;[2]
- Gerüchte und Spekulationen über personelle Besetzung der Funktion und die Bedeutung des Staatsrates;[3]

1 Walter Ulbricht, Jg. 1893, kommunistischer Politiker und SED-Funktionär, 1908 SAJ-Beitritt, 1912 SPD-Beitritt, 1915–18 Kriegsdienst, 1917–20 USPD-Mitglied, 1919 KPD-Mitbegründer in Leipzig, 1920 KPD-Beitritt, 1923/24 Mitglied der KPD-Zentrale, 1926–29 MdL der KPD in Sachsen, 1928–33 MdR, 1929–46 Mitglied des Politbüros des ZK der KPD, 1933–35 Mitglied der Auslandsleitung der KPD in Frankreich, 1935–38 Leiter des ZK der KPD in Prag bzw. Paris, 1938–43 Vertreter des ZK der KPD in Moskau, 1943–45 Mitglied des NKFD, 1945 Rückkehr nach Deutschland als Leiter der Gruppe des ZK der KPD für Berlin (Gruppe Ulbricht), 1946–50 faktischer SED-Parteivorsitzender, 1949–73 Vorsitzender des SED-Politbüros, 1953–71 1. Sekretär des ZK der SED, 1960–71 Vorsitzender des NVR, 1971 Entmachtung, am 1.8.1973 verstorben.

2 Die Staatstrauer war für den 7.8.1973 angeordnet. Die dreistündige öffentliche Aufbahrung im Amtssitz des Staatsrates, der Staatsakt und die feierliche Beisetzung erfolgten ebenfalls an diesem Tag. Vgl. Festlegungen für die Trauerfeierlichkeiten. In: Neue Zeit v. 2.8.1973, S. 1.

3 Der nach dem Tod des Staatspräsidenten Wilhelm Pieck eingerichtete Staatsrat war von 1960 bis 1990 formell das Staatsoberhaupt der DDR. Unter der Leitung des SED-Generalsekretärs Ulbricht vertrat er nicht nur die DDR nach außen. Ulbricht dehnte auch die Kompetenzen des Staatsrates zu einem Machtinstrument aus, durch das er die Volkskammerausschüsse und den Ministerrat dominierte sowie kontrollierte. Nach Ulbrichts Ablösung als Generalsekretär des ZK der SED und seiner faktischen Entmachtung 1971 verlor auch der Staatsrat

- vereinzelte Meinungsäußerungen zu einer »politischen Abwertung« des Genossen Walter Ulbricht in den letzten zwei Jahren.

Die Anteilnahme am Ableben, verbunden mit der hohen Wertschätzung des politischen Wirkens des Genossen Walter Ulbricht, bildet den Schwerpunkt der Reaktionen und muss als typisch für das Stimmungsbild für alle Bevölkerungsschichten betrachtet werden. Wesentlichen Raum in den Meinungsäußerungen dazu nahmen Argumente ein, wie

- die Würdigung des Wunsches von Genossen Walter Ulbricht zur Fortsetzung der X. Weltfestspiele,[4] was die von ihm immer gezeigte herzliche Verbundenheit zur Jugend nochmals besonders unterstreiche;
- die Betonung der großen Verdienste um die Entwicklung der DDR als sozialistischer Staat;
- die Zustimmung zu den von der Partei- und Staatsführung beschlossenen Maßnahmen der Staatstrauer am 7. August 1973, wobei die Festsetzung des Termins nach den X. Weltfestspielen als »besonders günstig« bezeichnet wird;
- zustimmende Meinungen zum veröffentlichten Nachruf des ZK der SED.[5]

Darüber hinaus wird in einer Reihe von Einschätzungen hervorgehoben, dass selbst solche Personen, die sonst eine negative Position zur DDR beziehen, das Wirken des Genossen Walter Ulbricht positiv bewerten.

Im geringen Umfang, aber in allen Bezirken auftretend, führten die veröffentlichten Meldungen zum Ableben des Genossen Walter Ulbricht und zur angesetzten Staatstrauer zu Diskussionen, die von der Tendenz her zwar keinen staatsfeindlichen Charakter tragen, inhaltlich jedoch den Wahrheitsgehalt der Veröffentlichungen in Zweifel stellen.

Dabei traten mit geringfügigen Abweichungen Meinungen in fast allen Bezirken der Republik auf, in denen

- der Wunsch Walter Ulbrichts zur Fortsetzung der X. Weltfestspiele stark angezweifelt wird, da nach dem ärztlichen Bulletin über die eingetretenen Komplikationen[6] eine solche Reaktion für unwahrscheinlich gehalten wird;
- dieser Wunsch des Genossen Walter Ulbricht als »geschickter taktischer Schachzug« der Parteiführung eingeschätzt wird, der es ermöglicht, die

entscheidend an Kompetenzen. Das Amt des Staatsratsvorsitzenden sank damit in der Praxis auf eine Ehrenposition ohne eigene Machtbasis herab.

4 Die 10. »Weltfestspiele der Jugend und Studenten« fanden vom 28.7. bis 5.8.1973 in Ostberlin statt.

5 Vgl. Das Kämpferleben des Genossen Walter Ulbricht hat sich vollendet. Nachruf. In: ND v. 2.8.1973, S. 1.

6 Die Zentralorgane der SED und der Ost-CDU sowie die Berliner Zeitung hatten seit dem 22.7. regelmäßig über Ulbrichts Gesundheitszustand berichtet, da dieser seit dem 19.7.1973 schwer erkrankt sei. Vgl. Mitteilung über den Gesundheitszustand Walter Ulbrichts. In: ND v. 22.7.1973, S. 1; Erich Honecker besuchte Walter Ulbricht. In: Berliner Zeitung v. 24.7.1973, S. 1; Ärztliche Mitteilung. In: Neue Zeit v. 27.7.1973, S. 1.

X. Weltfestspiele zu beenden, ohne dass irgendwelche Einschränkungen verfügt werden müssten.

Weiter werden von geringen Bevölkerungsteilen, darunter auch teilweise von Parteimitgliedern, Spekulationen angestellt und folgende Diskussionen geführt:

- Die Staatstrauer von einem Tag und die nur dreistündige Aufbahrung seien zu kurz. Die Verdienste Walter Ulbrichts um die DDR wären mindestens so groß, wie die von Wilhelm Pieck[7] und Otto Grotewohl,[8] sodass eine dreitägige Staatstrauer wie bei den beiden genannten Repräsentanten der DDR angemessener wäre.
- Eine Unterbrechung der X. Weltfestspiele – zumindest eine zeitweilige – in Anbetracht der Persönlichkeit Walter Ulbrichts wäre notwendig gewesen. Offensichtlich hätten aber andere Interessen im Vordergrund gestanden, die Auswirkungen auf den Ablauf des Festivals verhindert hätten.
- Es wäre richtiger und notwendig gewesen, ein Gedenkmeeting für Walter Ulbricht zu veranstalten, um ausländischen Delegationen Gelegenheit zu Kondolenzen zu geben.
- Der Nachruf im ND deute auf bisher in der Öffentlichkeit nicht bekannte »politische Fehler« Walter Ulbrichts hin, da seine wichtigste Tätigkeit als erster Sekretär der SED im Vergleich zu den anderen Funktionen »ungenügend gewürdigt« worden sei.

7 Wilhelm Pieck, Jg. 1876, Politiker, 1896–1906 Tischlergeselle in Bremen, 1895 SPD-Beitritt, 1905–10 Mitglied der Bremer Bürgerschaft, 1906–10 hauptamtlicher Sekretär des Sozialdemokratischen Vereins in Bremen, 1915 Haft und anschließend Kriegsdienst, 1916 Entlassung aus Anstellung bei SPD, 1917 Teilnahme am Gründungsparteitag der USPD, 1917 Haft, ab 1918 Mitglied Spartakusbund, 1918/19 Vorsitz des Gründungsparteitags der KPD, 1919 Haft, 1920–24 Leiter des KPD-Organisationsbüros, 1921/22 MdL Preußen, 1924–33 Leiter des ZK bzw. Zentralvorstandes der Roten Hilfe Deutschlands, ab 1925 ebenda Vorsitz, 1925–33 verschiedene Positionen und Beschäftigungen in der KPD, 1928–44 EKKI-Mitglied, 1928–33 MdR, ab 1933 Auslandsabteilung der KPD in Paris, 1945 Rückkehr nach Deutschland und Vorsitz des ZK der KPD, 1946–54 Vorsitz der SED, 1949–60 erster und einziger Präsident der DDR.

8 Otto Grotewohl, Jg. 1894, SPD- und SED-Funktionär, 1908–14 SAJ-Mitglied, 1912 SPD-Beitritt, 1912–14 Buchdrucker, 1914–18 Kriegsdienst, 1918 USPD-Beitritt, ab 1919 Vorsitzender des Arbeiter- und Soldatenrates in Braunschweig, 1921–25 Landtagsabgeordneter in Braunschweig, 1921/22 Mitarbeiter im Innen- und Bildungsministerium Braunschweig, 1922 SPD-Beitritt, 1923/24 Mitarbeiter im Justizministerium Braunschweig, 1925–33 Bezirksvorsitzender SPD-Braunschweig und MdR, 1928–33 Präsident der Landesversicherungsanstalt, 1934–38 selbstständiger Kaufmann in Hamburg und Berlin, 1938–40 zweimal U-Haft, 1940–45 Firmengeschäftsführer in Berlin, 1945 Vorsitz des ZA der SPD, ab 1946 Mitglied SED-Parteivorstand und -Zentralsekretariat, ab 1949 Mitglied SED-Zentralkomitee und -Politbüro, 1946–54 SED-Vorsitzender, 1946–50 Abgeordneter des Landtags Sachsen, 1949–64 Ministerpräsident und später Vorsitzender des Ministerrates der DDR, ab 1960 stellvertretender Vorsitz des Staatsrates.

- Im Zusammenhang damit stünde auch ein Aufenthalt von Lotte Ulbricht[9] im Ausland. (Dabei werden als angebliche Gastländer die Sowjetunion, Schweden, Schweiz und BRD angegeben.)

Spekulationen und Gerüchte um die personelle Neubesetzung des Amtes des Staatsratsvorsitzenden sind vom Umfang her relativ gering und beinhalten vorwiegend die Meinung, dass

- die Genossen Stoph,[10] Ebert[11] oder Sindermann[12] als »erste Anwärter« auf das Amt des Staatsratsvorsitzenden bezeichnet wurden,

9 Charlotte »Lotte« Ulbricht, Jg. 1903, SED-Funktionärin, 1919–21 Stenotypistin in Berlin, 1919–24 KJD, 1921 KPD-Beitritt, 1922/23 Stenotypistin bei der KJI in Moskau, 1923/24 Stenotypistin beim ZK der KPD in Berlin, 1924–26 Stenotypistin bei der RT-Fraktion der KPD, 1927–31 Sekretärin und Stenotypistin in der UdSSR-Handelsvertretung in Berlin, 1931–35 Referentin bei der KI in Moskau, 1931–35 KPdSU-Mitglied, 1938–40 Setzerin in Moskau, 1940/41 Deutschlehrerin in Moskau, 1941–45 Hauptreferentin der KI und Instrukteurin in Moskau, 1945 Rückkehr nach Deutschland, 1945/46 Abteilungsleiterin im ZK der KPD, 1947–53 persönliche Mitarbeiterin von Walter Ulbricht im ZK der SED, 1950 Heirat mit Ulbricht, 1959–73 wissenschaftliche Mitarbeiterin des Instituts für Marxismus-Leninismus beim ZK der SED.

10 Willi Stoph, Jg. 1914, SED-Funktionär, 1931 KPD-Beitritt, 1931–34 Mitarbeiter des KPD-Nachrichtendienstes, 1940–45 Kriegsdienst, 1945 sowjetische Kriegsgefangenschaft, 1945 Wiedereintritt KPD, 1946 SED-Beitritt, 1953–89 Mitglied des SED-Politbüros, 1956–60 Minister für Nationale Verteidigung, 1962–64 1. Stellvertretender Ministerratsvorsitzender, 1964–73 und 1976–89 Ministerratsvorsitzender, 1964–73 und 1976–89 stellvertretender Staatsratsvorsitzender, 1973–76 Staatsratsvorsitzender.

11 Friedrich Ebert, Jg. 1894, SED-Funktionär, 1910 SAJ-Beitritt, 1913 SPD-Beitritt, 1915–18 Kriegsdienst, 1918–33 Redakteur bei sozialdemokratischen Zeitungen, 1928–33 MdR, 1933 Haft, 1933–38 unter Polizeiaufsicht, 1939/40 Kriegsdienst, ab 1940 Hersteller und Werber im Reichsverlagsamt, bis 1945 unter Polizeiaufsicht, 1945/46 SPD-Landesvorsitzender Brandenburg, ab 1946 SED-Landesvorsitz, ab 1946 Mitglied SED-Parteivorstand bzw. des ZK, 1947–50 Mitglied SED-Zentralsekretariat, ab 1949 Mitglied SED-Politbüro, 1948–67 Oberbürgermeister von Ostberlin, 1950 Mitglied der Volkskammer und ihres Präsidiums, 1950–63 und ab 1971 ebenda stellvertretender Präsident, 1957–64 Präsident des Städte- und Gemeindetags, ab 1971 Vorsitzender der SED-Fraktion in der Volkskammer.

12 Horst Sindermann, Jg. 1915, SED-Funktionär, 1929 KJVD-Beitritt, 1932/33 Angestellter der Deutschen Vertriebsgesellschaft für russische Ölprodukte (DEROP), 1933/34 Haft, ab 1934 Politik-Leiter des KJVD in Dresden, 1935–41 Haft, ab 1941–45 KZ-Haft, 1945 KPD-Wiedereintritt, 1945–47 Chefredakteur der »Sächsischen Volkszeitung« in Dresden und der »Volksstimme« in Chemnitz, 1946 SED-Beitritt, 1949/50 Mitglied des kleinen Sekretariats des Politbüros, 1950–55 Chefredakteur der »Freiheit« in Halle, 1955–63 Leiter der Abteilung Agitation und Propaganda des ZK der SED, 1958–63 ZK-Kandidat, 1963–89 ZK-Mitglied, 1963–89 Abgeordneter der Volkskammer, ab 1976 ebenda Präsident, 1967–89 Mitglied des Politbüros, 1963–71 1. Sekretär der SED-Bezirksleitung Halle, 1971–73 1. stellvertretender Vorsitzender und 1973–76 Vorsitzender des Ministerrats, 1976–89 stellvertretender Vorsitzender des Staatsrates.

- das Amt des Staatsratsvorsitzenden und das des Ersten Sekretärs des ZK der SED wohl in einer Person, nämlich bei Genossen Erich Honecker,[13] vereint würden.

In mehreren Fällen wurde durch Einzelpersonen die Existenzberechtigung des Staatsrates der DDR nach dem Erlass des Gesetzes über den Ministerrat infrage gestellt und geäußert, dass die Schaffung eines Präsidentenamtes mit überwiegender Repräsentationsfunktion die wohl beste Lösung wäre.

Gerüchte und Spekulationen über eine angebliche politische Abwertung der Persönlichkeit des Genossen Walter Ulbricht in den letzten zwei Jahren sind nach bisherigen Feststellungen gleichfalls Einzelmeinungen, jedoch in den verschiedensten Bevölkerungsschichten vorhanden.

Sie lassen sich in folgenden Tendenzen zusammenfassen:
- die »politische Abwertung« sowie die »Ablösung« als Erster Sekretär des ZK der SED resultiere vordergründig aus »Meinungsverschiedenheiten« mit den Genossen der KPdSU;
- diese »politische Abwertung« wurde durch die Umbenennung von Betrieben und Einrichtungen (Leuna-Werke,[14] Hochschule für Staat und Recht der DDR,[15] Stadion der Weltjugend[16]), die den Namen Walter Ulbrichts trugen, sowie die immer »stärkere Beschränkung« seiner Befugnisse (Gesetz über den Ministerrat[17]) bestätigt.

Im geringen Umfang erfolgte eine Kommentierung der »Ablösung« Walter Ulbrichts als »Ergebnis innenpolitischer Machtkämpfe« innerhalb der Partei- und Staatsführung der DDR. Die Feststellungen gipfeln in weiteren Einzelmeinungen in der Ansicht, dass diese Maßnahmen wesentlich zum »physischen Verfall« des Genossen Walter Ulbricht beigetragen hätten.

Verschiedentlich wird die zu erwartende Beteiligung von Repräsentanten sozialistischer Staaten an den Trauerfeierlichkeiten am 7. August 1973 als »Maßstab der Wertung der Persönlichkeit des Genossen Walter Ulbricht« betrachtet, wobei eine geringe Beteiligung vorgenannte »Argumente« bestätigen würde.

13 Erich Honecker, Jg. 1912, Politiker und SED-Funktionär, 1930–33 Funktionär des KJVD, 1933–35 illegale Parteiarbeit, 1935 Verhaftung durch die Gestapo und bis 1945 politische Haft, 1946–55 Mitbegründer und 1. Vorsitzender der FDJ, 1958–89 Mitglied des Politbüros, ab 1971 Erster SED-Sekretär, ab 1976 SED-Generalsekretär, 1971–89 Vorsitzender des Nationalen Verteidigungsrates, 1976–89 Vorsitzender des Staatsrates, 18.10.1989 Rücktritt von allen Ämtern, 3.12.1989 SED-Ausschluss.

14 In den 1970er-Jahren erfolgte keine Umbenennung des VEB »Leuna-Werke Walter Ulbricht«.

15 Die 1953 gegründete und in Potsdam ansässige »Deutsche Akademie für Staats- und Rechtswissenschaft ›Walter Ulbricht‹« (DASR) war 1973 in »Akademie für Staats- und Rechtswissenschaft der DDR« (ASR) umbenannt worden.

16 Im Sommer 1973 war das 1950 errichtete »Walter-Ulbricht-Stadion« in Berlin-Mitte in »Stadion der Weltjugend« umbenannt worden.

17 Vgl. Gesetz über den Ministerrat der DDR v. 16.10.1972. In: GBl. I 1962, S. 253–256.

13. August 1973

Information Nr. 802/73 über eine Provokation gegen Fischkutter der DDR-Fischfangflotte im dänischen Hafen Nexø/Bornholm am 13. August 1973

Quelle: BArch, MfS, ZAIG 2219, Bl. 1–3 (6. Expl.).
Serie: Informationen.
Verteiler: Verner, Lamberz, Florin, KGB Berlin-Karlshorst (»AG«) – MfS: Schröder (weiter an HA XVIII), Ablage.
Vermerk: Verteiler wurde nachträglich geändert. Ein ursprünglicher Empfänger ist nicht mehr identifizierbar, Florin und Schröder wurden als Empfänger ergänzt, daraus resultiert eine falsche »Exemplar«-Angabe im Dokumentenkopf.
Verweis: Information 811/73.

Mehrere Schiffseinheiten der dänischen Marine riegelten in der Nacht zum 13.8.1973 den Hafen von Nexø/Bornholm zweieinhalb Stunden hermetisch ab, um DDR-Kutter am Auslaufen zu hindern und die Suche nach angeblichen Flüchtlingen aus der DDR zu sichern.

Ein ursprünglich in den Handlungsort beorderter Einsatztrupp der dänischen Armee kam nicht mehr zum Einsatz.

Diese Provokation wurde von offensichtlich gesteuerten Berichten westdeutscher Touristen ausgelöst. Diese hatten gegenüber dänischen Behörden behauptet, zwei in den Hafen Nexø eingelaufene DDR-Fischkutter würden DDR-Bürger an einer Flucht hindern.

Die angeblichen DDR-Flüchtlinge hätten in einem Motorboot gleichzeitig mit den beiden Fischkuttern den Hafen Nexø erreicht.

Auf diese Äußerungen hin und ohne echte vorherige Prüfung wurden die Besatzungsmitglieder aller im Hafen Nexø ankernden Fischkutter (ca. zehn) von der dänischen Polizei vernommen.

Obwohl sich dabei sehr bald die Haltlosigkeit der Anschuldigungen herausstellte, war schon vorher die Weltöffentlichkeit durch westliche Presseagenturen (AFP, DPA) informiert worden.[1]

Die Insassen des Motorbootes erklärten übereinstimmend mit den Besatzungsmitgliedern der DDR-Fischkutter, von den beiden DDR-Fischkuttern auf ihren Wunsch hin in Schlepp genommen worden zu sein, da ihr Boot eine Panne hatte.

Die ausführliche Aufklärung aller Einzelheiten des Vorfalls sowie seiner Hintermänner erfolgt, wobei auch geprüft wird, welche Verhaltensweisen der DDR-Bürger eine Rolle gespielt haben und wie sie für solche Fälle (Ge-

1 Vgl. Angebliche Flüchtlings-Entführung stellte sich als Havarie-Hilfe heraus. Missverständnis führte zu einer Aktion dänischer Polizisten und Soldaten. In: Der Tagesspiegel v. 14.8.1973, S. 2.

spräche mit Bürgern anderer Staaten, Anlaufen fremder Häfen, Abschleppen usw.) grundsätzlich instruiert werden müssten.

Es wird vorgeschlagen, mit einer entsprechenden Erklärung in der DDR-Presse zu reagieren, da es sich ganz offensichtlich um eine gezielte Aktion gegen den zuverlässigen Schutz der Staatsgrenze der DDR handelt.[2] Diese Provokation zielt eindeutig darauf ab, von den in der jüngsten Vergangenheit erfolgten DDR-Enthüllungen über den Missbrauch des Transitabkommens[3] durch die BRD abzulenken und dazu den 13. August als besonders geeigneten Termin auszunutzen.[4]

Die Provokation zeigt zugleich, dass wegen irgendeiner haltlosen Behauptung westdeutscher Touristen sofort der dänische staatliche Machtapparat gegenüber DDR-Bürgern und damit gegen die DDR in Aktion tritt, ohne dass die auf sich allein gestellten DDR-Bürger sich dagegen wehren können und ohne dass seitens der DDR sofort politische oder staatliche Maßnahmen wirksam werden können.

Andererseits ist völlig unsicher, ob auch die westdeutschen Personen wegen ihrer »Desinformation« zur Rechenschaft gezogen werden.

Nicht zuletzt ist diese dänische Haltung geeignet, Bürger der DDR erst zu ermutigen, auf diesem oder ähnlichem Wege die DDR ungesetzlich zu verlassen.

2 Vgl. BRD-Touristin erfand Flüchtlingsdrama. Übergriff auf DDR-Kutter im Hafen auf Bornholm. In: Berliner Zeitung v. 15.8.1973, S. 5; Erfundenes Flüchtlingsdrama. Hysterie einer BRD-Touristin löste Übergriff auf DDR-Kutter vor Bornholm aus. In: Neue Zeit v. 16.8.1973, S. 2.

3 Das am 3.6.1972 in Kraft getretene Transitabkommen regelte den Schifffahrts-, Bahn- und Straßenverkehr zwischen der Bundesrepublik und Westberlin. Ziel war eine schnellere und humanere Durchführung der Grenzkontrollen und Visavergaben. Der Verkehrsvertrag war die erste Vereinbarung, die im Rahmen der Entspannungspolitik der Regierung Brandt/Scheel auf Regierungsebene zwischen der Bundesrepublik und der DDR abgeschlossen wurde. Vgl. Bekanntmachung über das Inkrafttreten des Abkommens zwischen der Regierung der Deutschen Demokratischen Republik und der Regierung der Bundesrepublik Deutschland über den Transitverkehr von zivilen Personen und Gütern zwischen der Bundesrepublik Deutschland und Berlin (West) v. 3.6.1972. In: GBl. II 1972, S. 349–354.

4 Am 13. August 1961 ließ die SED-Führung die Grenze zwischen Ost- und Westberlin abriegeln. Der Tag markiert den Beginn des Berliner Mauerbaus.

13. August 1973

Information Nr. 806/73 über ein schweres Unglück mit Todesopfern im Kreis Zeulenroda, [Bezirk] Gera

Quelle: BArch, MfS, ZAIG 2118, Bl. 25–27 (6. Expl.).
Serie: Informationen.
Verteiler: Verner, Lamberz, Sindermann – MfS: Beater, Schröder (weiter an HA XVIII), Ablage.

Am 13. August 1973, gegen 11.30 Uhr, ereignete sich im Bezirk Gera ein schweres Unglück, indem an der Straße von Zeulenroda nach Auma, kurz hinter dem Ortsteil Zeulenroda-Klingenberg, die Metallkonstruktion einer im Bau befindlichen Brücke während des Montageprozesses teilweise absackte und den darauf befindlichen 40-t-Montagekran sowie sieben Personen mit in die Tiefe riss.[1]

Der Brückenbau führt über das Tal des Flusses Weida und steht im Zusammenhang mit einem Talsperrenprojekt, welches dort entsteht. Die Gesamtlänge der Brücke beträgt 340 m, die Höhe der Betonpfeiler durchschnittlich 35 m. Bisher waren 60 m der Metallkonstruktion eingefahren und verankert worden. Das Unglück geschah beim Einfahren des zweiten Teilstückes. Als dieses etwa 30 m über den letzten Stützpfeiler hinaus frei in der Luft hing, bog es sich plötzlich nach unten durch.

Bauausführender Betrieb ist das Spezialbaukombinat Magdeburg, Betriebsteil Könnern.

Folgende Angehörige des bauausführenden Betriebes kamen ums Leben:

1. *Dittrich,* Winfried,[2] geboren [Tag, Monat] 1941, wohnhaft Könnern, [Straße, Nr.], Ingenieur, verheiratet, zwei Kinder;
2. *Hegner,* Hans,[3] geboren [Tag, Monat] 1941, wohnhaft Tanne, [Straße, Nr.], verheiratet, ein Kind;
3. *Langer,* Roland,[4] geboren [Tag, Monat] 1954, wohnhaft Bernburg, [Straße, Nr.], ledig.

Schwere Verletzungen erlitten die Betriebsangehörigen:

1. [Name 1, Vorname], wohnhaft Zeitz, [Straße, Nr.];
2. [Name 2, Vorname], wohnhaft Zeitz, [Straße, Nr.].

1 Vgl. Die Schuld der anderen – der Brückeneinsturz von Zeulenroda. In: Boeger, Peter; Catrain, Elise: Stasi in Thüringen. Die DDR-Geheimpolizei in den Bezirken Erfurt, Gera und Suhl. Berlin, 2. Aufl. 2022, S. 81–84.

2 Winfried Dittrich, Jg. 1941, Ingenieur, weitere Angaben zur Person konnten nicht ermittelt werden.

3 Hans Hegner, Jg. 1941, weitere Angaben zur Person konnten nicht ermittelt werden.

4 Roland Langer, Jg. 1954, weitere Angaben zur Person konnten nicht ermittelt werden.

Weiterhin wurden nach ersten Einschätzungen mittelschwer verletzt:
1. [Name 3, Vorname], wohnhaft Gröbzig, Kreis Köthen;
2. [Name 4, Vorname], wohnhaft Ilberstädt, Kreis Bernburg.

Die ersten Ermittlungen ergaben, dass beim Bau der Brücke eine neue Montagetechnologie erstmalig in der DDR angewandt wurde (freitragendes Einfahren der Metallkonstruktion). Es war von vornherein eingeschätzt worden, dass das Einfahren des zweiten Teilstückes den kritischsten Montageteil darstellt, weil mit diesem eine freie Strecke von über 30 m ohne Stützpfeiler überwunden werden musste. Aus diesem Grunde befand sich auch die gesamte Bauleitung einschließlich des Konstrukteurs auf der Baustelle.

Vom Konstrukteur *Rother*[5] werden bisher zwei Versionen zur möglichen Unglücksursache gesehen

- Bolzen eines Widerlagers infolge von Schwingungen herausgerissen
- Materialfehler in der Metallkonstruktion.

Über die weiteren Untersuchungsergebnisse wird nachberichtet.

5 Gisbert Rother, Jg. 1938, Ingenieur, 1962–65 Ingenieur im VEB Stahlbau und Massivbrücken Könnern, ab 1965 Projektant im VE Projektierungsbetrieb des Straßenwesens in Berlin (späterer VEB Entwurfs- und Ingenieurbüro des Straßenwesens), ebenda 1968–70 Arbeit am Brückenbau Zeulenroda.

16. August 1973

Information Nr. 811/73 über weitere Einzelheiten zur Provokation gegen Fischkutter der DDR-Fischfangflotte im dänischen Hafen Nexø/Bornholm am 13. August 1973 (Ergänzung unserer Information Nr. 802/73)

Quelle: BArch, MfS, ZAIG 2219, Bl. 4–6 (6. Expl.).
Serie: Informationen.
Verteiler: Verner, Lamberz, Florin, KGB Berlin-Karlshorst (»AG«) – MfS: Schröder (weiter an HA XVIII), Ablage.
Verweis: Information 802/73.

Nach Beendigung der Europameisterschaften der Finn-Dinghy-Segler[1] in der VR Polen begaben sich die DDR-Sportfunktionäre *Rarrasch,* Kurt,[2] geboren [Tag, Monat] 1927, wohnhaft Rostock, [Straße, Nr.], Trainer beim SC Empor Rostock; *Leschke,* Peter,[3] geboren [Tag, Monat] 1942, Leiter des wissenschaftlichen Zentrums des Bundes Deutscher Segler in Rostock und *Mier,* Jürgen,[4] geboren [Tag, Monat] 1941, Trainer beim Armeesportclub »Vorwärts«, mit dem DDR-Motorboot »Regulus« am 11.8.1973 auf die Rückfahrt nach der DDR.

(Bei den drei Genannten handelt es sich um ständige Reisekader.[5])

Am 12.8.1973, gegen 7.00 Uhr, stellte die Besatzung von »Regulus« ca. vier Seemeilen von der dänischen Insel Bornholm entfernt Motorschaden am Boot fest.

Trotz entsprechender Notsignale wurde die »Regulus« erst gegen 18.00 Uhr durch zwei DDR-Kutter aus Ueckermünde bemerkt und von diesen bis unter Land in Schlepp genommen.

Nach Untersuchung des Schadens lief die »Regulus« gegen 20.15 Uhr in den dänischen Hafen Nexø/Bornholm ein und machte am Warnemünder Kutter WAR – 25 fest.

1 Die Finn-Dinghy-Europameisterschaften im polnischen Wladyslawowo fanden im Zeitraum vom 7. bis 11.7.1973 statt.

2 Kurt Rarrasch, Jg. 1927, Segelsportler, in den 1960er- und 1970er-Jahren Cheftrainer beim SC Empor Rostock und Klassentrainer des Bundes Deutscher Segler für Drachenboote.

3 Peter Leschke, Jg. 1942, Segelsportler, SED-Mitglied, in den 1970er-Jahren Leiter des wissenschaftlichen Zentrums des Bundes Deutscher Segler in Rostock, 1973 DDR-Meister im Segeln (H-Jolle/15-qm-Wanderjolle), war Segel-Trainer des DDR-Olympiakaders, nach 1990 Berlin-Chef eines Hamburger Wassersportausrüsters.

4 Jürgen Mier, Jg. 1941, Segelsportler, in den 1960er- und 1970er-Jahren Segelsportler, 1965 Sieg des Goldcups der Finn-Dinghi-Segler, u. a. 1968 Teilnahme bei den Olympischen Spielen, anschließend Trainer beim Armeesportclub »Vorwärts«.

5 Reisekader waren ausgewählte Personen des Staats- und Parteiapparates, Sportler, Wissenschaftler oder Vertreter der Evangelischen oder Katholischen Kirchen, die aus dienstlichen Gründen in die Bundesrepublik oder andere nichtsozialistische Staaten reisen konnten.

Nachdem sich bereits kurz nach Festmachen mehrere westliche Zeitungs- und Bildreporter auf dem Kai eingefunden hatten, betraten gegen 21.00 Uhr bewaffnete Angehörige der dänischen Polizei sowie ein Zivilbeamter die »Regulus« und nahmen eine Ausweiskontrolle vor.

Im Verlaufe der anschließenden Durchsuchung des Bootes wurden die Besatzungsmitglieder mehrfach nach einer DDR-Familie befragt, die sich angeblich an Bord befände und von der Besatzung am Verlassen der DDR gehindert würde.

Letzteres wurde nach Angaben der in der Zwischenzeit in die DDR zurückgekehrten Besatzungsmitglieder der »Regulus« auch von den anwesenden Reportern und einer bisher unbekannten westdeutschen Bürgerin behauptet. Deshalb wurde die »Regulus« auf Weisung dänischer Beamter an eine andere Pier verlegt und eine Durchsuchung aller in Nexø liegenden acht DDR-Kutter durch eine große Anzahl bewaffneter uniformierter Kräfte durchgeführt.

Gegen 22.00 Uhr begannen die Verhöre der Besatzung der »Regulus« auf der dänischen Polizeistation.

Dabei bestätigte sich, dass die gegenüber dänischen Behörden aufgestellte Behauptung, auf der »Regulus« eine Frau und ein Kind gesehen zu haben, von westdeutschen Bürgern – insbesondere jedoch von der bereits genannten weiblichen Person – ausging.

Die Besatzungsmitglieder wurden durch einen Beamten der politischen Polizei und einen deutschsprechenden Verwaltungsangestellten im Wesentlichen danach befragt, ob

- die »Regulus« Eigentum der Armee sei,
- ein dienstlicher Auftrag zum Anlaufen von Nexø vorliege,
- eine DDR-Familie an der Flucht gehindert worden sei und wo sich diese aufhalte und
- ob sich waffentragende Personen an Bord befänden.

Die Verhöre wurden gegen 4.15 Uhr und die Durchsuchungen gegen 4.45 Uhr des 13.8.1973 abgebrochen.

Nach Absprache mit der Besatzung der »Regulus« und des Kutters WAR – 46 fuhr Genosse Leschke mit dem Kutter zurück und traf gegen 3.15 Uhr in Warnemünde ein.

Die beiden anderen Besatzungsmitglieder kehrten am 14.8.1973 gegen 18.00 Uhr zurück.

Die Aussagen der Besatzung der »Regulus« stimmen vollinhaltlich mit denen der Kutterbesatzung WAR – 46 überein.

20. August 1973

Information Nr. 822/73 über fortgesetzte rowdyhafte Ausschreitungen und strafbare Handlungen eines palästinensischen Studenten der Karl-Marx-Universität Leipzig

Quelle: BArch, MfS, ZAIG 2221, Bl. 1–5 (7. Expl.).
Serie: Informationen.
Verteiler: Verner, Florin – MfS: Schröder (weiter an HA XX), Leiter BV Leipzig (Manfred Hummitzsch), Markowski, Beater, Ablage.

Auf der Grundlage der Regierungsvereinbarung der DDR mit der PLO,[1] wonach aus Westdeutschland ausgewiesene palästinensische Studenten ihr Studium in der DDR fortsetzen können,[2] erfolgte im Januar 1973 durch die Leitung der PLO die Delegierung des palästinensischen Studenten [Name, Vorname], geboren 1945 in Safed (Palästina), wohnhaft zurzeit 7022 Leipzig, [Straße, Nr.], Heimatanschrift Homs, Palästinian Camp (Syrien), Tätigkeit Student des Herder-Institutes der Karl-Marx-Universität Leipzig,[3] Heimatpass-Nr.: 27519 vom 7.3.1972 in die DDR, wo er seit dem 14.1.1973 am Herder-Institut der Karl-Marx-Universität Leipzig die deutsche Sprache erlernt.

Seinen eigenen Angaben zufolge wollte er 1971 in der BRD Medizin studieren, wozu er zunächst in Frankfurt/Main ein Arbeitsverhältnis einging.

Nach den Ereignissen von München (Olympische Spiele)[4] wurde er – seinen eigenen Angaben zufolge – am 19.10.1972 von Frankfurt/Main nach Sy-

1 Die Palästinensische Befreiungsorganisation (PLO) wurde im Mai 1964 in Ost-Jerusalem gegründet, um den nationalen und gewaltsamen Kampf des palästinensischen Volkes um die Erlangung der Freiheit und Selbstbestimmung gegen Israel anzuführen. Sie beanspruchte dazu die vollständige Repräsentation aller Palästinenser von Geburt an. Vgl. Maeke, Lutz: DDR und PLO. Die Palästinapolitik des SED-Staates. (Studien zur Zeitgeschichte, Bd. 92). Berlin, Boston 2017, S. 43 f.

2 Infolge des Terroranschlags während der Olympischen Sommerspiele im September 1972 in München wies die Bundesregierung rund 100 Palästinenser, darunter mehrheitlich Studenten, aus. Daraufhin wandte sich die PLO im Oktober 1972 an die DDR-Regierung mit der Bitte um Aufnahme dieser Studenten an den ostdeutschen Universitäten. Etwa 29 palästinensische Studenten erhielten im Dezember 1972 eine Aufnahmebewilligung aus der DDR. Vgl. Maeke, Lutz: DDR und PLO. Die Palästinapolitik des SED-Staates. (Studien zur Zeitgeschichte, Bd. 92). Berlin, Boston 2017, S. 109–111.

3 Das 1956 als »Institut für Ausländerstudium« an der KMU Leipzig gegründete Herder-Institut war für die Vorbereitung von ausländischen Studenten auf ein Fachstudium an einer ostdeutschen Universität zuständig. Mit dem 1968 eingerichteten Lehrstuhl »Deutsch als Fremdsprache« bildete es ausländische Studenten in ihren Kenntnissen der deutschen Sprache fort und förderte den Erwerb sowie die Weiterbildung deutscher Sprachkenntnisse im Ausland.

4 Während der Olympischen Sommerspiele in München (26.8.–11.9.1972) hatten Mitglieder der palästinensischen Terrororganisation »Schwarzer September« am 5.9.1972 die israelische Herren-Mannschaft überfallen und 13 Mitglieder als Geiseln genommen. Im Zuge dessen starben 17 Personen.

rien abgeschoben mit der Begründung, dass er Mitglied der Generalunion palästinensischer Studenten (GUPS)[5] sei.

Bei [Name] handelt es sich um einen streng gläubigen Muslim und fanatischen Palästinenser. Bereits während des Aufnahmegespräches am Herder-Institut in Leipzig fiel er durch extremes Verhalten auf, indem er plötzlich aufsprang und unter Kampfrufen demonstrierte, wie er einen bewaffneten Israeli mit dem Messer töten könne.

Er äußerte auch, dass er sich von einer Bombe zerreißen lassen würde, falls dadurch 100 Israelis getötet werden könnten.

Auch im privaten Umgang ist [Name] ein sehr jähzorniger Mensch und neigt zu Gewalttätigkeiten.

Durch diese Charaktereigenschaften bedingt, zogen sich die palästinensischen Studenten in Leipzig von [Name] zurück, wobei sogar keiner der Studenten mehr mit dem [Name] in einem Zimmer wohnen will.

Seit Anfang April 1973 machte sich [Name] in mehreren Fällen des Diebstahls, der Körperverletzung, des Raubes und der Erpressung schuldig.

Im April 1973 hat [Name] in zwei Fällen einer DDR-Bürgerin einen Zierdolch im Werte von 50,00 M sowie einen goldenen Ehering im Werte von 100 M entwendet.

Im Juli 1973 trat er in mehreren Fällen durch rowdyhaftes Verhalten in Erscheinung. Am 2.7.1973 hat [Name] auf dem Querbahnsteig des Leipziger Hauptbahnhofes gemeinsam mit zwei algerischen Staatsbürgern einen polnischen Bürger zusammengeschlagen und durch mehrere Fußtritte in den Unterleib sowie durch Faustschläge in das Gesicht an der Gesundheit geschädigt.

[Name] gelang es, sich beim Eintreffen der Deutschen Volkspolizei am Tatort durch Flucht der Verantwortung zu entziehen.

Am 11.7.1973 kam es in der Wohnunterkunft des [Name] zu erpresserischen Handlungen, indem er eine dort anwesende Bürgerin unter Androhung von Gewalt aufforderte, eine Bescheinigung über den angeblichen Diebstahl von 1 000 M auszuschreiben.

Die als Zeugin gehörte Bürgerin stellte lediglich eine Quittung über einen angeblich entwendeten Betrag von 500 M aus. Während des erpressten Ausstellens dieser Bescheinigung kam es zu Gewalttätigkeiten, indem [Name] die Bürgerin etwa zehnmal in das Gesicht schlug. Eine weitere, gleichfalls dort anwesende, weibliche Person wurde im Verlaufe dieses Vorkommnisses ebenfalls durch [Name] mehrmals geschlagen.

5 Die »Generalunion der Palästinensischen Studenten« (GUPS) ist eine weltweit aktive palästinensische Studentenorganisation, die 1959 (nach anderen Quellen 1952 oder 1954) in Kairo gegründet wurde. In der Bundesrepublik wurde die GUPS im Oktober 1972 verboten.

Am 27.7.1973 entwendete [Name] nach dem Besuch einer Gaststätte einer 16-jährigen Schülerin die Handtasche.

Drei Bürger, die der Schülerin Hilfe leisten wollten, wurden von [Name] niedergeschlagen.

Alle angeführten Sachverhalte sind durch Zeugenaussagen bestätigt.

Das vorliegende Beweismaterial ist ausreichend, um gegen [Name] ein Ermittlungsverfahren gemäß § 215 StGB (Rowdytum)[6] einzuleiten und rechtfertigt auf der Grundlage des § 59 StGB (Ausweisung)[7] auf Ausweisung des [Name] aus der DDR zu erkennen.

Nach einer im Juli 1973 erfolgten Rücksprache zwischen Vertretern der DDR-Botschaft in Beirut/Libanon und der Leitung der PLO wurde vereinbart, dass [Name] vom weiteren Studium in der DDR zurückberufen wird.

Bei einem am 3.8.1973 in Berlin geführten Gespräch zwischen dem Beauftragten der PLO, dem Leiter der Abteilung Auswärtige Angelegenheiten der PLO, *Azhary,*[8] mit dem Minister für Hoch- und Fachschulwesen, Genosse Böhme,[9] brachte Azhary zum Ausdruck, dass der [Name] sein Studium in der DDR abzubrechen und zurückzukehren hat und nach seiner Rückkehr bestraft wird.

Bei der am 10.8.1973 durchgeführten Aussprache zwischen dem Leiter des Sekretariats des Komitees für die Angelegenheiten ausländischer Studierender in der DDR, Genossen Dr. Werschky,[10] und dem Verantwortlichen

6 Der § 215 StGB – Rowdytum – lautete: »(1) Wer sich an einer Gruppe beteiligt, die aus Mißachtung der öffentlichen Ordnung oder der Regeln des sozialistischen Gemeinschaftslebens Gewalttätigkeiten, Drohungen oder grobe Belästigungen gegenüber Personen oder böswillige Beschädigungen von Sachen oder Einrichtungen begeht, wird mit Freiheitsstrafe bis zu fünf Jahren oder mit Haftstrafe bestraft. (2) Ist die Tatbeteiligung von untergeordneter Bedeutung oder ist die Tat ohne Beteiligung an einer Gruppe begangen, kann der Täter mit Freiheitsstrafe bis zu zwei Jahren oder Verurteilung auf Bewährung, mit Haftstrafe oder mit Geldstrafe bestraft werden. (3) Der Versuch ist strafbar.« In: Ministerium der Justiz (Hg.): Strafgesetzbuch der Deutschen Demokratischen Republik – StGB. Textausgabe mit Sachregister. Berlin 1968, S. 80.

7 Der § 59 StGB – Ausweisung – lautete: »Gegenüber Tätern, die nicht Bürger der Deutschen Demokratischen Republik sind, kann anstelle oder zusätzlich zu der im verletzten Gesetz angedrohten Strafe auf Ausweisung erkannt werden.« In: Ministerium der Justiz (Hg.): Strafgesetzbuch der Deutschen Demokratischen Republik – StGB. Textausgabe mit Sachregister. Berlin 1968, S. 30.

8 Azhary, weitere Angaben zur Person konnten nicht ermittelt werden.

9 Hans-Joachim Böhme, Jg. 1931, SED-Funktionär, 1952 SED-Beitritt, 1953–55 Assistenz an der KMU Leipzig, 1955–59 1. stellvertretender Sekretär der SED-Kreisleitung an der KMU Leipzig, 1959–66 ebenda SED-Sekretär, 1966–68 Abteilungsleiter an der DDR-Botschaft in Moskau, 1968–70 Staatssekretär und stellvertretender Minister im Ministerium für Hoch- und Fachschulwesen, 1970–89 ebenda Minister, ab 1970 zugleich Professur an der HU Berlin, 1971–73 Kandidat, 1973–89 Mitglied des ZK der SED.

10 Norman Werschky, weitere Angaben zur Person konnten nicht ermittelt werden.

für die im Januar 1973 eingereisten palästinensischen Studenten Mahmud *Al-Labadi,*[11] Student an der Handelshochschule Leipzig, konnte keine Einigung über die Ausreise von [Name] erzielt werden.

Al-Labadi machte bei diesem Gespräch darauf aufmerksam, dass [Name] bei der Ausreise zu unüberlegten gewalttätigen Handlungen fähig sei, wenn nicht die entsprechenden Sicherheitsvorkehrungen getroffen würden.

Al-Labadi erklärte sich bereit, bei entsprechender Absprache mit dem zuständigen Büro der PLO in der DDR die Begleitung des [Name] bis Damaskus/Syrien zu übernehmen.

Unter Berücksichtigung der bereits auf verschiedenen Ebenen zwischen Vertretern der DDR und der PLO erfolgten Absprachen und der dabei getroffenen Festlegungen wird vorgeschlagen, eine Entscheidung über die Ausweisung des palästinensischen Studenten [Name] aus der Deutschen Demokratischen Republik herbeizuführen.

11 Mahmud al-Labadi, Jg. 1940, palästinensicher Journalist und Politker, Studium zunächst in Bonn, dann bis 1973 an der Handelshochschule Leipzig, 1974 Mitarbeiter des Büros für ausländische Beziehungen der Fatah, 1974–83 Assistent von Yasser Arafat, 1975–82 Leiter des PLO-Auslandsbüros im Libanon, zugleich 1975–83 Pressesprecher der PLO für die ausländische Presse, 1977–82 öffentlicher Sprecher des Palästinensischen Nationalrats, 1982–84 griechisches Exil und Anschluss an PLO in Tunis, 1984–95 Schriftsteller und Journalist, 1995–97 Generaldirektor des palästinensischen Wirtschafts- und Handelsministeriums, 1997–99 Abteilungsleiter beim Palestinian Economic Council for Development and Recunstruction, 1999–06 Generaldirektor des Palestinian Legislative Council.

23. August 1973

Information Nr. 848/73 über rowdyhafte Handlungen mit Körperverletzung und pflichtwidriges Verhalten gegenüber einem polnischen Bürger am 11. August 1973

Quelle: BArch, MfS, ZAIG 2225, Bl. 1–5 (10. Expl.).
Serie: Informationen.
Verteiler: Verner, Florin, Dickel – MfS: Schröder (weiter an HA XVIII), Abteilung X, HA VII, HA XX, HA IX, BV Berlin, Ablage.
Bemerkungen: Dem Dokument liegt die Abschrift eines Schreibens der Verwaltung Groß-Berlins vom 23.8.1973 zur weiteren Bearbeitung des Vorfalls bei. Beinhaltet die weiteren Ermittlungsergebnisse der Verwaltung für Staatssicherheit Groß-Berlin und der Deutschen Volkspolizei. Es wurde ein Ermittlungsverfahren mit Haft gegen die hier als »[Name 3, Vorname]« anonymisierte Person eingeleitet.

Am 11.8.1973 suchten die zeitweilig in der DDR beschäftigten polnischen Staatsbürger [Name 1, Vorname], geboren [Tag, Monat] 1953 und [Name 2, Vorname], geboren [Tag, Monat] 1936, beide wohnhaft Berlin-Niederschöneweide, [Straße, Nr.], beide tätig im Getränkekombinat Berlin, Brauerei Bärenquell, Berlin-Niederschöneweide, Schnellerstraße 137, die HO-Gaststätte »Lindenschenke« in Berlin-Johannisthal auf, wo sie Mittagessen einnahmen und ein Bier tranken. Nach Aussagen des bedienenden Kellners benahmen sie sich dabei korrekt. Nachdem sie die Zeche bezahlt hatten, kauften sie an der Theke der Gaststätte jeder eine Flasche Wein.

Dabei strich [Name 1] einer vor ihm stehenden DDR-Bürgerin über den Rücken, was diese sich mit einer kurzen Bemerkung verbat. Ohne Auseinandersetzung verließ diese anschließend in Begleitung ihres Verlobten die Gaststätte.

Unabhängig davon ging daraufhin der mit einem Bekannten an der Theke sitzende [Name 3, Vorname], geboren am [Tag, Monat] 1952, wohnhaft Berlin-Niederschöneweide, [Straße, Nr.], zuletzt beschäftigt als Hilfsverkäufer in einer Farbenhandlung, im April 1971 wegen unbefugter Benutzung von Kfz zu acht Monaten Freiheitsentzug mit Bewährung verurteilt, gegen den polnischen Bürger [Name 1] tätlich vor. [Name 1], der der deutschen Sprache nicht mächtig ist, versuchte vergeblich, den [Name 3] zu beruhigen.

Letzterer drängte den polnischen Bürger aus dem Lokal und versetzte diesem mehrere Faustschläge ins Gesicht, bis er bewusstlos zusammenbrach.

Der polnische Bürger [Name 2], der schlichtend eingreifen wollte, wurde von [Name 3] ebenfalls tätlich angegriffen. Auf Drängen des Bürgers [Name 2] wurden ein Rettungswagen sowie ein Funkstreifenwagen der DVP gerufen.

Der polnische Bürger [Name 1] wurde durch den Rettungswagen zum Achenbach-Krankenhaus Berlin-Köpenick[1] transportiert, wo der diensthа-

1 Vermutlich gemeint: »Städtisches Krankenhaus Köpenick«, die heutigen DRK-Kliniken Berlin-Köpenick, an der Achenbachstraße, die seit 1973 Salvador-Allende-Straße heißt.

bende Oberarzt [Name 4] die Bewusstlosigkeit des [Name 1] laut Eintragung als Volltrunkenheit diagnostizierte.

Der Beschuldigte [Name 3] war zwischenzeitlich mit dem polnischen Bürger [Name 2] zwecks Klärung des Sachverhaltes der VP-Inspektion Berlin-Treptow zugeführt worden, wo die Straftat des [Name 3] – basierend auf einer telefonischen Mitteilung des Achenbach-Krankenhauses, wonach [Name 1] keine Verletzungen aufweise – lediglich als Ordnungswidrigkeit qualifiziert wurde.

Obwohl der inzwischen durch die DVP herbeigerufene polnische Betreuer [Name 5] bei der Volkspolizei und am gleichen Tage auch beim diensthabenden Arzt im Achenbach-Krankenhaus intervenierte, dass die Bewusstlosigkeit des [Name 1] nicht auf Alkoholgenuss zurückzuführen sei, wurde sein Antrag auf Blutalkoholuntersuchung von einem Mitarbeiter der VP-Inspektion Berlin-Treptow mit der Begründung abgelehnt, eine Blutalkoholanalyse sei zu kostspielig.

Trotzdem [Name 5] das Übernehmen der Kosten anbot, wurde keine derartige Untersuchung eingeleitet.

Der Beschuldigte [Name 3] wurde infolge des Fehlverhaltens der beteiligten Organe am 11.8.1973, gegen 20.00 Uhr, ohne Einleitung strafrechtlicher Maßnahmen und ohne schriftliche Vernehmung oder Befragung entlassen.

Es wurde lediglich die vor dem Vorkommnis in der Gaststätte anwesende DDR-Bürgerin befragt, die bestätigte, von [Name 1] gestreichelt worden zu sein, ohne dass es deshalb zu Auseinandersetzungen gekommen sei.

Am 12.8.1973, gegen 11.00 Uhr, suchte der Betreuer [Name 5] seinen Landsmann im Krankenhaus auf und stellte Lähmungserscheinungen rechtsseitig und Sprachstörungen fest, die jedoch vom Diensthabenden [Name 6] als »Simulieren« eingeschätzt wurden.

Am 13.8.1973 wurde [Name 1] auf erneutes Drängen von [Name 5] und der deutschen Betreuerin der polnischen Gruppe, [Name 7], in die neurologische Klinik der Charite zur Spezialbehandlung verlegt.

Durch das Institut für gerichtliche Medizin wird eindeutig eingeschätzt, dass es sich bei den gegenwärtig unvermindert anhaltenden Lähmungserscheinungen und zentralen Sprachstörungen des polnischen Bürgers [Name 1] keinesfalls um alkoholbedingte Störungen, sondern um die Folgen einer Gewalteinwirkung auf den Schädel handelt, die zu linksseitig im Gehirn liegenden Gewebeschädigungen geführt hat.

In Anbetracht der gesamten Tatumstände wurde auf Veranlassung des MfS durch die DVP am 17.8.1973 gegen [Name 3] ein Ermittlungsverfahren wegen dringenden Verdachts des Rowdytums und schwerer vorsätzlicher Körperverletzung eingeleitet und am 18.8.1973 durch das Stadtbezirksgericht Berlin-Mitte Haftbefehl erlassen.

Entsprechende Maßnahmen zur Persönlichkeitsaufklärung des Beschuldigten und zur Herausarbeitung dessen Beweggründe und der gesamten Tatumstände sind eingeleitet.

Gegenwärtig wird geprüft, warum eine ungenügende Aufklärung des Sachverhalts sowie eine sofortige Einleitung strafrechtlicher Maßnahmen gegen [Name 3] unterblieben sind.

Im Zusammenwirken mit dem Institut für gerichtliche Medizin wird ein Gutachten erarbeitet, mit dem Ziel zu prüfen, inwieweit eine ärztliche Pflichtverletzung im strafrechtlichen Sinne vorliegt.

Ein entsprechender Protest des Generalstaatsanwaltes von Groß-Berlin an den Stadtrat für Gesundheits- und Sozialwesen, Prof. Dr. Schorr,[2] und Mitteilungen an den Oberbürgermeister der Hauptstadt sowie den Minister für Gesundheitswesen sollen zur Veränderung der unverantwortlichen Arbeitsweise des Städtischen Krankenhauses Köpenick beitragen.

2 Reimer Schorr, Jg. 1926, Stadtrat und Mediziner, SED-Mitglied, 1952–58 Assistenzarzt in der Universitäts-Kinderklinik Leipzig, 1958–61 Fachreferent beim Staatssekretariat für das Hoch- und Fachschulwesen, zugleich Oberarzt am Hygieneinstitut der Charité, ab 1959 Facharzt für Kinderheilkunde, ab 1965 Facharzt für Sozialhygiene, 1967–75 Stadtrat für das Gesundheits- und Sozialwesen im Magistrat von Ostberlin, 1975 Professur für Sozialhygiene an der Charité, 1975–79 Prorektor für Medizin der HU Berlin, 1979–89 Lehre und Forschung am Hygieneinstitut der Charité.

27. August 1973

Information Nr. 855/73 über die missbräuchliche Benutzung eines Wirtschaftsflugzeuges der Interflug zum ungesetzlichen Verlassen der DDR

Quelle: BArch, MfS, ZAIG 2172, Bl. 25–28 (5. Expl.).
Serie: Informationen.
Verteiler: Verner – MfS: Beater, Schröder (weiter an HA XX), HA XIX, Ablage.

Am 25.8.1973, gegen 17.10 Uhr, wurde festgestellt, dass ein Wirtschaftsflugzeug der Interflug die Staatsgrenze der DDR im Raum Dechow, Kreis Gadebusch, in etwa 300 m Höhe in Richtung Ratzeburg/BRD überflog. Die daraufhin eingeleiteten Überprüfungen ergaben, dass mit diesem Wirtschaftsflugzeug vom Typ Z-37, Kennzeichen DM – SQL, folgende Personen die DDR ungesetzlich verlassen haben:

- [Name 1, Vorname 2], geboren am [Tag, Monat] 1950 in Dresden, Mechaniker bei der Interflug, Betriebsagrarflug, Produktionsbereich Kyritz, wohnhaft Gadebusch, [Straße, Nr.],
- seine Ehefrau [Name 1], geborene [Name 2, Vorname], geboren am [Tag, Monat] 1951 in Dresden-Klotzsche, Sekretärin im Aviochemischen Zentrum Gadebusch und
- ihr Sohn [Name 1, Vorname 2], , geboren am [Tag, Monat] 1971 in Radebeul.

Nach bisherigen Hinweisen ist das Flugzeug auf dem Sportflugplatz für Segel- und Motorflugzeuge Blankensee bei Lübeck gelandet.

Das betreffende Flugzeug war zur Durchführung vertraglich gebundener Aufgaben für die Landwirtschaft auf dem Arbeitsflugplatz Ganzow, Kreis Gadebusch, stationiert.

Die Stammbesetzung des Flugzeuges besteht seit Februar dieses Jahres aus dem Flugzeugführer [Name 3, Vorname], geboren am [Tag, Monat] 1949 in Zielow, Ingenieur für Landtechnik (Arbeitsstätte und Wohnanschrift wie [Name 1]) und dem oben genannten Mechaniker [Name 1, Vorname 1], der keine Erlaubnis zum Führen eines Luftfahrzeuges besitzt und auch nicht dafür ausgebildet ist.

Die bisherigen Ermittlungen führten zu folgenden Ergebnissen:

Für den 25. August [1973] war kein Flugbetrieb vorgesehen. Das Flugzeug war auf dem Arbeitsflugplatz Ganzow entsprechend den Vorschriften der Interflug (Betriebsordnung Nr. 99) ordnungsgemäß gesichert.[1]

1 Das Flugzeug war von einem Wächter bewacht worden. Zudem befanden sich am Flugzeug ingesamt drei Sicherheitsvorkehrungen, die mit jeweils einem Schlüssel abgeschlossen waren. Die Inbetriebnahme des Flugzeuges war nur durch die Nutzung aller drei Schlüssel möglich. Zwei Schlüssel befanden sich in der Obhut des Flugzeugführers. Der Stationsmechaniker

Gemäß dieser Vorschriften befanden sich die Schlüssel für die Sicherungen am Steuerknüppel und am Gashebel beim Flugzeugführer und für die Sicherung am Gasgestänge beim Mechaniker [Name 1] .

Am 25.8.1973, gegen 13.00 Uhr, erschien [Name 1] bei dem diensthabenden Wächter (*Oltersdorf*, Gustav,[2] geboren am [Tag, Monat] 1896) und teilte diesem mit, dass er etwa ab 16.00 Uhr am Flugzeug Pflegearbeiten ausführt. Gegen 14.00 Uhr erschien [Name 1] beim Flugzeugführer [Name 3] und verlangte unter Hinweis auf die Durchführung der angewiesenen notwendigen Umrüstungsarbeiten für den Einsatz am 27.8.1973 den Schlüssel für die Sicherung am Gashebel, um das Flugzeug an die Waschanlage rollen zu können. Die Pflegearbeiten zu diesem Zeitpunkt erschienen dem Flugzeugführer als nichts Ungewöhnliches, da der Mechaniker sich seine Zeit außerhalb des Flugbetriebes weitgehend selbst einteilen würde.

Vorschriftswidrig händigte der Flugzeugführer [Name 3] dem Mechaniker [Name 1] den von ihm gewünschten Schlüssel aus. Er war an der Erledigung der Arbeiten, ohne selbst mitwirken zu müssen, interessiert und begründete die Schlüsselaushändigung damit, dass er zu [Name 1] Vertrauen hatte.

Gegen 16.00 Uhr erschien [Name 1] auf dem Arbeitsflugplatz Ganzow und übernahm vom diensthabenden Wächter vorschriftsmäßig (Quittung im Wachbuch) das Flugzeug und erklärte dem Wächter, dass er seinen Dienst beenden könne, da er am Flugzeug arbeite und die Bewachung selbst übernehme. Der Wächter verließ daraufhin den Flugplatz.

(Der zweite Wächter, der gegen 17.30 Uhr seinen Dienst antrat, konnte dann nur noch das Fehlen des Flugzeuges feststellen.)

Wie weiter ermittelt wurde, hatte [Name 1] das Flugzeug aufgetankt. Die Schlüssel für die Betankungsanlage befanden sich entsprechend den bestehenden Bestimmungen in seinem Besitz; die Plomben des Tankwagens hat er aufgebrochen. Außerdem ist offensichtlich, dass er die Sicherung des Steuerknüppels, zu der er keinen Schlüssel besaß, gewaltsam entfernt hat. Seine Ehefrau kam per Fahrrad zum Flugplatz (Aussagen von Zeugen und Auffinden des Fahrrades). Der Start des Flugzeuges wurde nicht beobachtet.

Nach bisherigen Feststellungen hatte [Name 1] auf dem Gebiet des Fliegens zwar keine praktischen Kenntnisse und Erfahrungen, war aber im Besitz der Rollgenehmigung und dadurch im Allgemeinen mit der Bedienung des Flugzeuges vertraut. Beim Flug kamen ihm offensichtlich die günstigen Witterungsbedingungen entgegen.

Die Motive und Ursachen des ungesetzlichen Verlassens der DDR konnten bisher nicht aufgeklärt werden. Es gibt auch noch keine Hinweise auf entsprechende Vorbereitungsmaßnahmen. In der Wohnung sind keine Verände-

verwahrte den dritten Schlüssel. Vgl. Minister für Verkehrswesen: Bericht v. 6.9.1973; BArch, DY 30/39388, o. Pag.

2 Gustav Oltersdorf, Jg. 1896, weitere Angaben zur Person konnten nicht ermittelt werden.

rungen festzustellen (für das Wochenende waren Einkäufe getätigt.) Die Familie [Name 1] lebte in materiell gesicherten Verhältnissen. Sie besaßen eine modern eingerichtete Zweieinhalb-Zimmer-Wohnung und einen Pkw Skoda.

[Name 1] ist parteilos und von Beruf Kfz-Schlosser (Kraftverkehrskombinat Dresden). Während seines Dienstes in der NVA (2.11.1970 bis 27.4.1972, Kfz-Schlosser und Kraftfahrer) zeichnete er sich bei Einsätzen und Übungen durch gute Leistungen aus. Am 1.10.1972 begann er in Leipzig seine Ausbildung als Stationsmechaniker der Interflug und arbeitet seit dem 1.2.1973 als solcher im Produktionsbereich Kyritz. Er hatte die Perspektive der Ausbildung als Flugzeugführer. Er galt als ein impulsiver, etwas verwegener und mitunter etwas unbeherrschter Mensch. In seiner fachlichen Arbeit zeigte er gute Leistungen. Westverbindungen oder Verbindungen zu negativen Personenkreisen sind nicht bekannt.

Seitens des MfS wurden die notwendigen weiteren Maßnahmen (Ermittlungsverfahren und Maßnahmen zur Aufklärung der Motive, Ursachen, möglicher Verbindungen, Zusammenhänge usw.) eingeleitet. Der Flugzeugführer [Name 3] ist vorerst für einen weiteren Einsatz als Flugzeugführer gesperrt.

28. August 1973

Information Nr. 857/73 über Vorschlag zur Durchführung einer Versammlung zur Auswertung des ungesetzlichen Verlassens der DDR von Ärzten und medizinischem Personal aus dem Städtischen Krankenhaus Berlin-Friedrichshain

Quelle: BArch, MfS, ZAIG 2227, Bl. 1–7 (7. Expl.).
Serie: Informationen.
Verteiler: Verner, Lamberz – MfS: Beater, Schröder (weiter an HA XX), Schwanitz (BV Berlin), HA IX, Ablage, Beater, Hager, Mielke, Dokumentation (ZAIG).
Vermerk: Die Verteilerstellen 8 bis 11 sind in anderer Farbe und Handschrift geschrieben, an Stelle 8 im Verteiler hinter Beater »(3.9.)«, an Stelle 9 im Verteiler hinter Hager »(11.9.)«.
Verweis: Information 924/73.

[Faksimile von Deckblatt]

Der Vorschlag zur Durchführung einer Versammlung im Städtischen Krankenhaus Berlin-Friedrichshain wird aufgrund des gefährlichen Schwerpunktes, der sich dort durch vermehrte Republikfluchten von Ärzten und medizinischem Personal entwickelt hat, und auf der Grundlage der derzeit möglichen Auswertung bisheriger Untersuchungs- bzw. Ermittlungsergebnisse unterbreitet. Bei diesem Vorschlag wird mit davon ausgegangen, die Möglichkeit und Zweckmäßigkeit weiterer Maßnahmen vor allem auf publizistischem Gebiet zu prüfen.

Seit Oktober 1972 haben insgesamt 18 Ärzte und fünf Krankenschwestern bzw. medizinisch-technische Assistenten des Krankenhauses Berlin-Friedrichshain ungesetzlich die DDR verlassen.

Die bisherigen Untersuchungen ergaben, dass die Mehrzahl dieser Personen durch Menschenhändlerorganisationen[1] geschleust wurde.

Eine Reihe Versuche des ungesetzlichen Verlassens der DDR durch weitere Ärzte wurde verhindert. Drei im Auftrage von Menschenhändlerorganisationen tätige Schleuser wurden festgenommen. Zwei Ärzte traten von sich aus selbsttätig von ihrem Vorhaben, die DDR ungesetzlich zu verlassen, zurück.

Bei dem genannten Personenkreis – außer den Schleusern – handelt es sich um qualifiziertes medizinisches Personal vor allem aus den Bereichen Chirurgie, Urologie/Nierentransplantationszentrum, Anästhesie und Gynäkologie.

Dadurch ist im Krankenhaus Friedrichshain eine schwierige Arbeitskräftesituation entstanden, die, zusammenhängend damit, höhere persönliche Be-

1 Als Menschenhändlerorganisation, -zentrale oder -bande wurden in der DDR Gruppen von Menschen bezeichnet, die die Flucht von Personen aus der DDR organisierten. Ihr Handeln wurde in der DDR als staatsfeindlicher Menschenhandel und organisiertes Verbrechen strafrechtlich verfolgt.

lastungen, Unruhe und Missstimmung unter den Beschäftigten auslöste und eine erhebliche Beeinträchtigung der medizinischen Betreuung und Versorgung der Bevölkerung zur Folge hat.

Die vorgeschlagene Versammlung sollte im Krankenhaus Friedrichshain mit einem ausgewählten Personenkreis wie z. B.

- Ärztlicher Direktor Parteileitung[2]
- Mitglieder der Ärztlichen Direktion (Chefärzte)
- Kaderleiter
- Vorsitzende der BGL
- FDJ-Sekretär
- Leiter der ABI[3] und
- Verwaltungsdirektor

durchgeführt werden. Die Zielstellung müsste darin bestehen, die Aufmerksamkeit und das klassenmäßige Verständnis der Parteifunktionäre, der staatlichen Leiter sowie der Funktionäre gesellschaftlicher Organisationen des Krankenhauses stärker auf folgende Probleme und Zusammenhänge zu lenken:

Entlarvung

- der politischen Hintergründe der skrupellosen Abwerbung und Ausschleusung durch die Menschenhändlerorganisationen,
- der dabei zutage tretenden Rolle Westberliner und westdeutscher politischer und staatlicher Organe,
- der Versuche zum Unterlaufen und Missbrauch des Transitabkommens,[4]
- des zielgerichteten Vorgehens gegen das Gesundheitswesen der DDR und der speziellen Tätigkeit gegen das Krankenhaus Friedrichshain.

2 Die zahlreichen SED-Mitglieder in den DDR-Betrieben organisierten sich im Rahmen einer Betriebsparteiorganisation (BPO). Von Fall zu Fall verschieden, verfügten insbesondere die mitgliederstarken BPO über einen straff organisierten Apparat an haupt- und ehrenamtlichen Funktionären, die sich wiederum abteilungs- und bereichsweise etwa in Abteilungsparteiorganisationen (APO) sowie Parteigruppen zusammenfanden. Vgl. Reichel, Thomas: Die »durchherrschte Arbeitsgesellschaft«. Zu den Herrschaftsstrukturen und Machtverhältnissen in DDR-Betrieben. In: Hürtgen, Renate; Reichel, Thomas (Hg.): Der Schein der Stabilität. DDR-Betriebsalltag in der Ära Honecker. Berlin 2001, S. 85–110, hier 91–96.

3 Die Arbeiter- und Bauern-Inspektion (ABI) sollte die Erfüllung des Wirtschaftsplanes kontrollieren und garantieren. Sie war der SED und dem DDR-Ministerrat direkt unterstellt und ihnen rechenschaftspflichtig. Dazu hatte sie u. a. Kommissionen in Betrieben und Kombinaten eingerichtet, deren ehrenamtliche ABI-Mitarbeiter die Arbeit ihrer Kollegen inspizierten und mitunter auch Weisungen erteilen sowie disziplinarische Maßnahmen anordnen konnten.

4 Das am 3.6.1972 in Kraft getretene Transitabkommen regelte den Schifffahrts-, Bahn- und Straßenverkehr zwischen der Bundesrepublik und Westberlin. Ziel war eine schnellere und humanere Durchführung der Grenzkontrollen und Visavergaben. Der Verkehrsvertrag war die erste Vereinbarung, die im Rahmen der Entspannungspolitik der Regierung Brandt/Scheel auf Regierungsebene zwischen der Bundesrepublik und der DDR abgeschlossen wurde. Vgl. Bekanntmachung über das Inkrafttreten des Abkommens zwischen der Regierung der Deutschen Demokratischen Republik und der Regierung der Bundesrepublik Deutschland über den Transitverkehr von zivilen Personen und Gütern zwischen der Bundesrepublik Deutschland und Berlin (West) v. 3.6.1972. In: GBl. II 1972, S. 349–354.

Diese Darlegungen sollen vor allem mit der Zielstellung erfolgen, die Basis für eine verstärkte politisch-ideologische Offensive durch Parteiorganisation und staatliche Leitung des Krankenhauses zu erweitern, um insbesondere noch vorhandene politisch-ideologische Unklarheiten bei einer Reihe von Mitarbeitern des Krankenhauses Friedrichshain hinsichtlich der Wirkung feindlicher Angriffe zu überwinden.

Weiter könnte diese Veranstaltung genutzt werden, solche Probleme darzulegen, die begünstigend für die feindlichen Angriffe wirken und durch die Leitung des Krankenhauses selbstständig und kurzfristig beseitigt werden sollen.

In Anbetracht der großen politischen Bedeutsamkeit des gesamten Problems sollte das Ministerium für Gesundheitswesen der Träger dieser Veranstaltung sein, wobei der Minister, Genosse Professor Dr. *Mecklinger,*[5] möglichst selbst grundsätzliche Ausführungen machen und auch für das Schlusswort verantwortlich zeichnen müsste.

Neben dem vorgeschlagenen Teilnehmerkreis wäre zu erwägen, dass auch der Generalstaatsanwalt von Groß-Berlin mit einem entsprechenden Beitrag auftritt und die zurzeit für die Öffentlichkeit auswertbaren Tatsachen der feindlichen Angriffe gegen das Krankenhaus Friedrichshain darlegt.

In der Versammlung können anhand von Tatsachen

- die zielgerichtete Abwerbung und Ausschleusung von Ärzten des Krankenhauses Berlin-Friedrichshain,
- die dabei zutage getretene Linie des Vorgehens der Menschenhändlerorganisationen und die von ihnen angewandten raffinierten und skrupellosen Methoden

nachgewiesen werden. Das soll vor allem durch die Darlegung auswertbarer Tatsachen aus Ermittlungsverfahren geschehen, die gegen den im Krankenhaus Friedrichshain als Gynäkologen beschäftigten bulgarischen Arzt Dr. Anton *Georgieff*[6] und seine Ehefrau (DDR-Bürgerin), [Vorname Name 1] sowie

5 Ludwig Mecklinger, Jg. 1919, Mediziner, Jurist und SED-Funktionär, 1945 Praxis in Bayern, 1945 KPD-Beitritt, 1945–47 Mitarbeiter für Seuchenbekämpfung der Provinzialverwaltung Sachsen-Anhalt, 1947/48 Mitarbeiter Landesgesundheitsamt, 1948–52 Mitarbeiter im Ministerium für Arbeit und Gesundheit Sachsen-Anhalt, 1949–54 Jura-Fernstudium, 1955–57 stellvertretender Chef des Medizinischen Dienstes der KVP bzw. NVA, 1957–64 Sektionsleiter für Militärmedizin der Universität Greifswald, ebenda zugleich 1959–64 nebenamtlicher Abteilungsleiter für Sozialhygiene, 1964–69 Stellvertretender Minister für Gesundheitswesen, zugleich 1969–71 ebenda Staatssekretär, 1971–89 Minister für Gesundheitswesen, 1976 ZK-Kandidat, 1986–89 Mitglied des ZK der SED.

6 Anton Georgieff, Jg. 1939, bulgarischer Gynäkologe, 1957–63 Medizinstudium an der HU Berlin, 1965/66 Wehrdienst in Bulgarien, ab 1966 Arzt in der Charité Berlin, ab 1968 Arzt im Krankenhaus Friedrichshain, 1971–73 Facharzt für Gynäkologie und Geburtenhilfe, 1973–75 Haft, 1987 Dissertation an der TU München.

gegen die Angehörigen Westberliner Schleuserorganisationen [Vorname Name 2][7], [Vorname Name 3][8], [Vorname Name 4][9] eingeleitet wurden.

Hinsichtlich der Praktiken und Methoden der Menschenhändlerorganisationen, die nachweisbar bei der erfolgten bzw. versuchten Abwerbung und Schleusung von Ärzten des Krankenhauses Berlin-Friedrichshain angewandt wurden, sollen – um einige Fakten beispielhaft und stichwortartig anzuführen – hervorgehoben werden:

- Überfallartiges Überraschen der Abwerbungskandidaten und Versprechen guter Entwicklungs- und Verdienstmöglichkeiten, sofortiger Bankkredite, einer Wohnung usw.;
- Beeinflussung durch bereits geschleuste »Berufskollegen« (Überbringen von Grüßen und Bekräftigung der Versprechungen) bzw. Ausnutzung entsprechender Verbindungen zur Gewinnung weiterer Schleusungskandidaten;
- Versprechen der »kurzfristigen und risikolosen« Ausschleusung;
- Einbeziehung der für die Ausschleusung vorgesehenen Personen in Machenschaften der Menschenhändlerorganisationen, um sie »in der Hand zu haben« sowie Einschüchterung, Erpressung und Drohung (teilweise auch Hervorrufen von Unsicherheit durch anonyme Anrufe);
- Ausnutzung geschleuster Personen durch die im Rahmen des Notaufnahmeverfahrens tätigen Geheimdienste (Spionageinformationen und Ansatzpunkte für weitere Abwerbungsaktionen) und damit gleichzeitig Ausübung von Druck zur Verhinderung ihrer Rückkehr.

Weiter sollen in diesem Zusammenhang – neben der Erläuterung des Tatbestandes § 105 StGB (Staatsfeindlicher Menschenhandel)[10] – speziell Gesichtspunkte des Vorgehens des Schleusers (und Rauschgifthändlers und selbst Rauschgiftsüchtigen) [Name 2] dargelegt werden.

7 Die Person, die hier als »[Vorname Name 2]« anonymisiert ist, ist dieselbe Person, die in Information 670/73 als »[Name 1, Vorname]«, in Information 924/73 als »[Name 1]« und im Bericht K 2/43 vom Oktober 1973 als »[Name]« anonymisiert ist.

8 Die Person, die hier als »[Vorname Name 3]« anonymisiert ist, ist dieselbe Person, die in Information 810/73 als »[Name, Vorname]« und in Information 924/73 als »[Name 3]« anonymisiert ist.

9 Die Person, die hier als »[Vorname Name 4]« anonymisiert ist, ist dieselbe Person, die in Information 670/73 als »[Name 2, Vorname]« und in Information 924/73 als »[Name 2]« anonymisiert ist.

10 Der § 105 StGB – Staatsfeindlicher Menschenhandel – lautete: »Wer es 1. mit dem Ziel, die Deutsche Demokratische Republik zu schädigen; 2. in Zusammenhang mit Organisationen, Einrichtungen, Gruppen oder Personen, die einen Kampf gegen die Deutsche Demokratische Republik führen, oder, mit Wirtschaftsunternehmen oder deren Vertretern unternimmt, Bürger der Deutschen Demokratischen Republik in außerhalb ihres Staatsgebietes liegende Gebiete oder Staaten abzuwerben, zu verschleppen, auszuschleusen oder deren Rückkehr zu verhindern, wird mit Freiheitsstrafe nicht unter zwei Jahren bestraft.« In: Ministerium der Justiz (Hg.): Strafgesetzbuch der Deutschen Demokratischen Republik – StGB. Textausgabe mit Sachregister. Berlin 1968, S. 46.

[Name 2] hat [Name 5] und seine Familie ausgeschleust, unternahm mehrere weitere erfolglose Abwerbungsversuche und wurde bei der versuchten Ausschleusung einer Ärztin aus dem Bezirk Frankfurt/Oder auf frischer Tat gestellt.

Die Ausführungen über die vorstehenden Tatsachen, besonders durch den Generalstaatsanwalt von Groß-Berlin, werden durch das Auftreten der Ärzte [Name 6] und Dr. *Braun*[11] überzeugend bekräftigt.

[Name 6] war Chirurg am Krankenhaus Friedrichshain, trat selbsttätig vom Versuch der Ausschleusung zurück und ist bereit, aufgrund eigenen Erlebens die verbrecherischen Praktiken der Menschenhändlerorganisationen darzulegen.

Im Zusammenhang mit [Name 6] wird der Generalstaatsanwalt eine Erläuterung zu den §§ 25 (Absehen von Maßnahmen der strafrechtlichen Verantwortlichkeit)[12] und 111 StGB (Außergewöhnliche Strafmilderung und Absehen von Strafe)[13] geben, um damit die in unserem Strafrecht bestehende Möglichkeit hervorzuheben, bei umfassenden wahrheitsgemäßen Aussagen und Bereitschaft zur Wiedergutmachung Straffreiheit zu gewähren.

Dr. *Braun* ist Oberarzt der Abteilung Urologie im Krankenhaus Friedrichshain. Er ist in der Lage und dazu auch bereit, die durch eigene Erfahrungen bei der Entlarvung der Menschenhändlerorganisationen gewonnenen Erkenntnisse über deren verbrecherische Mittel und Methoden darzulegen.

11 Ernst Braun, Jg. 1927, Mediziner, bis 1944 Mechaniker-Lehre, 1945/46 Wehrmacht und britische Kriegsgefangenschaft, 1949–57 Medizinstudium, 1956 SED-Beitritt, 1957/58 Assistenz an der Chirurgischen und II. Medizinischen Klinik der Charité, 1958–63 Assistenz an der Chirurgischen Klinik der Charité, 1962 Promotion, ab 1963 Facharzt für Chirurgie, ab 1963 Arzt in der Urologischen Klinik des Krankenhauses Friedrichshain, 1963–65 ebenda Stationsarzt, ab 1965 ebenda Facharzt für Urologie, ab 1967 ebenda 1. Oberarzt, ab 1971 ebenda Abteilungsleiter und stellvertretender Chefarzt der Urologie.

12 Der § 25 StGB – Absehen von Maßnahmen der strafrechtlichen Verantwortlichkeit – lautete: »Von Maßnahmen der strafrechtlichen Verantwortlichkeit ist abzusehen, 1. wenn der Täter durch ernsthafte, der Schwere der Straftat entsprechende Anstrengungen zur Beseitigung und Wiedergutmachung ihrer schädlichen Auswirkungen oder durch andere positive Leistungen beweist, dass er grundlegende Schlußfolgerungen für ein verantwortungsbewußtes Verhalten gezogen hat und deshalb zu erwarten ist, dass er die sozialistische Gesetzlichkeit einhalten wird; 2. wenn die Straftat infolge der Entwicklung der sozialistischen Gesellschaftsverhältnisse keine schädlichen Auswirkungen hat.« In: Ministerium der Justiz (Hg.): Strafgesetzbuch der Deutschen Demokratischen Republik – StGB. Textausgabe mit Sachregister. Berlin 1968, S. 14.

13 Der § 111 StGB – Außergewöhnliche Strafmilderung und Absehen von Strafe – lautete: »(1) Bei den in diesem Kapitel genannten Verbrechen kann auf eine geringere als die angedrohte Mindeststrafe erkannt, oder es kann von Strafe abgesehen werden, wenn sich der Täter den Sicherheitsorganen stellt und das Verbrechen und seine Kenntnis über die Zusammenhänge des Verbrechens offenbart. (2) Ist der Täter wegen des Unternehmens eines Staatsverbrechens strafrechtlich verantwortlich, so kann eine geringere als die angedrohte Mindeststrafe festgesetzt werden, wenn der Tatbeitrag unter Berücksichtigung aller Umstände des Verbrechens sehr gering ist.« In: Ministerium der Justiz (Hg.): Strafgesetzbuch der Deutschen Demokratischen Republik – StGB. Textausgabe mit Sachregister. Berlin 1968, S. 47 f.

Außerdem liegt ein Brief einer nach der BRD republikflüchtig gewordenen Ärztin vor, aus dem hervorgeht, wie sehr sie diesen Schritt bereut, welche große psychologische Belastung und inneren Konflikte ihr daraus erwachsen sind. Dieser Brief kann mit zur Verlesung kommen.

Es wäre weiter die Zweckmäßigkeit zu prüfen, vorher unter Hinzuziehung von Vertretern der SED-Bezirksleitung einem eng begrenzten Personenkreis (z.B. Parteisekretär, Ärztlicher Direktor, Kaderleiter) Zweck und Inhalt der vorgesehenen Veranstaltung näher zu erläutern, damit von ihnen Einfluss auf einen erfolgreichen Versammlungsverlauf genommen werden kann, insbesondere, um wirkungsvoll die spezifischen Bedingungen im Krankenhaus Friedrichshain, die Psyche der Ärzte und des medizinischen Personals zu berücksichtigen.

Es wird gebeten, über die Durchführung dieser politisch bedeutsamen Veranstaltung, den dargelegten wesentlichen Inhalt und eine entsprechend zweckmäßige Auswertung sowie über dazu notwendige Maßnahmen eine Entscheidung herbeizuführen und einen Verantwortlichen zu bestimmen, mit dem die Vorbereitung, die Erarbeitung der notwendigen Materialien und alle Fragen der Realisierung so abgestimmt werden können, dass das MfS in Durchführung dieser Veranstaltung nicht offiziell in Erscheinung tritt.

28. August 1973

Information Nr. 872/73 über die Festnahme eines BRD-Bürgers wegen des Verdachts des staatsfeindlichen Menschenhandels

Quelle: BArch, MfS, ZAIG 2114, Bl. 107–109 (5. Expl.).
Serie: Informationen.
Verteiler: Verner – MfS: Beater, Schröder (weiter an HA XX/5), HA IX, Ablage.

Am 25.8.1973, gegen 17.00 Uhr, wurde an der Grenzübergangsstelle Bahnhof Friedrichstraße der mit Visum zum Tagesaufenthalt in die Hauptstadt eingereiste BRD-Bürger [Name 1, Vorname], geboren [Tag, Monat] 1937, wohnhaft Leonberg/Baden Württemberg, [Straße, Nr.], zuletzt tätig als Kranmonteur bei der Firma Fehrmann Waiblingen,[1] festgenommen.

Im Ergebnis der Grenzabfertigung waren bei [Name 1] schriftliche Aufzeichnungen und Fotos festgestellt worden, aus denen sich der dringende Verdacht ergab, dass [Name 1] zum Zwecke der Vorbereitung und Organisierung der Ausschleusung von DDR-Bürgern in die Hauptstadt der DDR einreiste.

Die bisherigen Untersuchungen des MfS ergaben, dass sich [Name 1] im Juni/Juli 1973 bereit erklärte, im Auftrag eines »Arbeitskollegen« aus »Gefälligkeit« einen Bürger der DDR in einem Pkw versteckt unter Missbrauch des Transitabkommens[2] nach der BRD auszuschleusen.

Zum Zwecke der Erfüllung dieses Auftrages reiste [Name 1] am 25.8.1973 mit seinem Pkw im Transitverkehr von der BRD nach Berlin (West) und von dort aus ohne Pkw mit dem Ziel in die Hauptstadt der DDR, sich mit dem zur Ausschleusung vorgesehenen DDR-Bürger zu treffen und diesem Instruktionen über die Durchführung der Ausschleusung zu übermitteln.

Im Ergebnis der durchgeführten Überprüfungen konnte am gleichen Tage der DDR-Bürger Dr. med. *Wessollek,* Siegfried,[3] geboren [Tag, Monat] 1930, wohnhaft Brandenburg/Havel, [Straße, Nr.], zuletzt tätig als Arzt im Bezirkskrankenhaus Brandenburg/Havel als der zur Ausschleusung vorgesehene DDR-Bürger ermittelt und festgenommen werden.

1 Vermutlich Heinz Fehrmann Bau- und Industriemaschinen Waiblingen.

2 Das am 3.6.1972 in Kraft getretene Transitabkommen regelte den Schifffahrts-, Bahn- und Straßenverkehr zwischen der Bundesrepublik und Westberlin. Ziel war eine schnellere und humanere Durchführung der Grenzkontrollen und Visavergaben. Der Verkehrsvertrag war die erste Vereinbarung, die im Rahmen der Entspannungspolitik der Regierung Brandt/Scheel auf Regierungsebene zwischen der Bundesrepublik und der DDR abgeschlossen wurde. Vgl. Bekanntmachung über das Inkrafttreten des Abkommens zwischen der Regierung der Deutschen Demokratischen Republik und der Regierung der Bundesrepublik Deutschland über den Transitverkehr von zivilen Personen und Gütern zwischen der Bundesrepublik Deutschland und Berlin (West) v. 3.6.1972. In: GBl. II 1972, S. 349–354.

3 Siegfried Wessolek, Jg. 1930, Radiologe, 1956–59 NVA, bis 1973 leitender Radiologe im Bezirkskrankenhaus Brandenburg, 1973–75 Haft, 1975 Entlassung in die Bundesrepublik.

Bisherigen Untersuchungen zufolge trägt sich Dr. *Wessollek* seit etwa Ende 1972 wegen angeblicher beruflicher und familiärer Schwierigkeiten mit dem Gedanken des ungesetzlichen Verlassens der DDR.

Dieser Entschluss sei insbesondere durch das ihm bekannt gewordene ungesetzliche Verlassen der DDR durch den mit ihm aus gemeinsamer Studienzeit seit 1955 befreundeten [Name 2] (ehemals wohnhaft und tätig im Kreis Querfurt) im September 1972 ausgelöst worden.

[Name 2] hat seit Anfang 1973 dem Dr. *Wessollek* Unterstützung beim ungesetzlichen Verlassen der DDR zugesichert und ihm in der Folgezeit mehrmals Instruktionen über die Realisierung des Vorhabens übermittelt.

Gegen den BRD-Bürger [Name 1] wurde gemäß § 105 StGB (Staatsfeindlicher Menschenhandel)[4] und gegen den DDR-Bürger Dr. *Wessollek* gemäß § 213 StGB (Ungesetzlicher Grenzübertritt)[5] Ermittlungsverfahren eingeleitet und auf der gleichen Rechtsgrundlage Haftbefehle erlassen.

Die Untersuchungen des MfS werden fortgesetzt.

4 Der § 105 StGB – Staatsfeindlicher Menschenhandel – lautete: »Wer es 1. mit dem Ziel, die Deutsche Demokratische Republik zu schädigen; 2. in Zusammenhang mit Organisationen, Einrichtungen, Gruppen oder Personen, die einen Kampf gegen die Deutsche Demokratische Republik führen, oder, mit Wirtschaftsunternehmen oder deren Vertretern unternimmt, Bürger der Deutschen Demokratischen Republik in außerhalb ihres Staatsgebietes liegende Gebiete oder Staaten abzuwerben, zu verschleppen, auszuschleusen oder deren Rückkehr zu verhindern, wird mit Freiheitsstrafe nicht unter zwei Jahren bestraft.« In: Ministerium der Justiz (Hg.): Strafgesetzbuch der Deutschen Demokratischen Republik – StGB. Textausgabe mit Sachregister. Berlin 1968, S. 46.

5 Der § 213 StGB – Ungesetzlicher Grenzübertritt – lautete: »(1) Wer widerrechtlich in das Gebiet der Deutschen Demokratischen Republik eindringt oder sich darin widerrechtlich aufhält, die gesetzlichen Bestimmungen oder auferlegte Beschränkungen über Ein- und Ausreise, Reisewege und Fristen oder den Aufenthalt nicht einhält oder wer durch falsche Angaben für sich oder einen anderen eine Genehmigung zum Betreten oder Verlassen der Deutschen Demokratischen Republik erschleicht oder ohne staatliche Genehmigung das Gebiet der Deutschen Demokratischen Republik verlässt oder in dieses nicht zurückkehrt, wird mit Freiheitsstrafe bis zu zwei Jahren oder mit Verurteilung auf Bewährung, Geldstrafe oder öffentlichem Tadel bestraft. (2) In schweren Fällen wird der Täter mit Freiheitsstrafe von einem Jahr bis zu fünf Jahren bestraft. Ein schwerer Fall liegt insbesondere vor, wenn 1. die Tat durch Beschädigung von Grenzsicherungsanlagen oder Mitführen dazu geeigneter Werkzeuge oder Geräte oder Mitführen von Waffen oder durch die Anwendung gefährlicher Mittel oder Methoden durchgeführt wird; 2. die Tat durch Missbrauch oder Fälschung von Ausweisen oder Grenzübertrittsdokumenten, durch Anwendung falscher derartiger Dokumente oder unter Ausnutzung eines Verstecks erfolgt; 3. die Tat von einer Gruppe begangen wird; 4. der Täter mehrfach die Tat begangen oder im Grenzgebiet versucht hat oder wegen ungesetzlichen Grenzübertritts bereits bestraft ist. (3) Vorbereitung und Versuch sind strafbar.« In: Ministerium der Justiz (Hg.): Strafgesetzbuch der Deutschen Demokratischen Republik – StGB. Textausgabe mit Sachregister. Berlin 1968, S. 79.

28. August 1973

Thesenhafte Darstellung von Meinungen aus dem medizinischen Bereich, welche Faktoren und Erscheinungen bei der Entschlussfassung zum ungesetzlichen Verlassen der DDR durch Ärzte als subjektive Ursachen, Motive und Anlässe dargestellt werden bzw. eine begünstigende Rolle spielen [Bericht K 1/41b]

Quelle: BArch, MfS, ZAIG 5019, Bl. 1–11 (5. Expl.).
Serie: Ablage K 1 (Verschiedenes).
Verteiler: Kein Nachweis für externe Verteilung – MfS: Beater, Seidel (ZAIG), Hackenberg (ZAIG), HA XX, Ablage.
Bemerkungen: Nummerierung durch Bearbeiterin. Im Original der Reihe »K 2« zugeordnet, vermutlich später umsortiert; Bericht liegt in derselben Akte wie Bericht K 1/41a.
Verweis: Bericht K 1/41a.

Aus den vom MfS eingeleiteten Ermittlungsverfahren gegen Ärzte und medizinisches Personal sowie aus inoffiziell ermittelten Stimmungen und Meinungen ergibt sich folgendes, thesenartig zusammengefasstes Stimmungs- und Meinungsbild unter Ärzten und medizinischem Personal in der DDR.

- Nichteinverständnis mit der angeblichen Beurteilung der Person des Arztes nach seinem gesellschaftlichen und politischen Engagement und nicht in erster Linie nach dem fachlichen und wissenschaftlichen Profil.
- Ablehnung, sich politisch zu engagieren (Aufforderung zum Besuch von Versammlungen, zum Diskussionsbeitrag, zum Gestalten von Wandzeitungen,[1] zur Übernahme von Funktionen).
- Eingeschränkte Reisemöglichkeiten in das kapitalistische Ausland anlässlich gewünschter Besuche fachlicher Kongresse und zu Privatbesuchen.
- Ungenügende Möglichkeiten zur Führung eines luxuriösen Lebensstils infolge eingeschränkter Verdienstmöglichkeiten und des Mangels entsprechender Konsumgüter.
- Kritik am ungesicherten Studienplatz für Ärztekinder.
- Unzureichende Möglichkeiten zur Hospitation an Instituten anderer sozialistischer Staaten trotz bestehender Freundschaftsverträge; fehlende Kontaktmöglichkeiten zu anerkannten sowjetischen Kliniken und Lehranstalten.
- Ungenügende »Freiheit« hinsichtlich der Wahl des Arbeitsplatzes.
- Ungenügende Möglichkeiten und »Freiheiten« zur Eröffnung einer Privatpraxis.

1 Wandzeitungen sind auf einer ausgewählten Wandfläche angeheftete Informationen und Zeitungsartikel, die in der DDR vor allem in Betrieben und Institutionen der Information dienten.

- Die staatliche Vermittlung der Ärzte nach Abschluss ihres Studiums an Krankenhäuser, Ambulatorien bzw. Arztpraxen in ländlichen Gebieten wird als »Zwangsverpflichtung« angesehen, die zu verbreiteter Unlust führe.
- Die Orientierung der Stationskollektive der Krankenhäuser im sozialistischen Wettbewerb auf wirtschaftlich-rationelles Handeln in der Patientenversorgung sowie auf gesellschaftlich nützliche Arbeiten in den Stationen stehe im Widerspruch zur Entscheidung des Arztes über die individuelle Patientenbehandlung und bedinge, dass die Versorgung der Patienten zu kurz komme und zu Klagen führe.
- Die zunehmende Verwaltungsarbeit und die Forderungen, gesellschaftspolitische Arbeit zu leisten, werden als Belastungen empfunden, die die Ärzte davon abhielten, ihre eigentlichen Aufgaben wahrzunehmen.
- Schwierigkeiten bei der Zuteilung von Antibiotika, Mängel in der Medikamentenversorgung, bei der Ausrüstung mit medizinischen Geräten, durch geringe Krankenhausneubauten sowie durch fehlendes Pflege-, Reinigungs- und Hilfspersonal.
- Angebliche Vorgabe von »Normen« für die Arbeitsintensität durch das Ministerium für Gesundheitswesen.
- Kritiken an Leitungstätigkeit würden von keiner Stelle beachtet.
- Mangelhaftes Arbeitsklima durch Spannungen zwischen Ärzten und Schwestern (Überlastung durch berufsfremde Arbeiten); Vorschläge von Schwestern und Ärzten fänden bei Leitern wenig oder keine Beachtung.
- Angebliche Widersprüche zwischen in Reden und Beschlüssen von Partei und Regierung erklärten Zielen und ihrer praktischen Verwirklichung im Gesundheitswesen der DDR.
- Enttäuschung und Resignation hinsichtlich des angeblich ausbleibenden Fortschritts beim Neubau und bei der vollständigen Rekonstruktion von Krankenhäusern.
- Aufgrund des Alters von Gebäuden (Krankenhäuser und medizinische Institute) sind häufig handwerkliche Instandsetzungsarbeiten erforderlich, die große Einschränkungen des medizinischen Personals (besonders räumlich gesehen) über lange Zeiträume erforderlich machen; zum anderen wird durch veraltete Installationen die Inbetriebnahme bzw. der Anschluss moderner Geräte erschwert oder unmöglich gemacht.
- Infolge Fehlens geeigneter Gebäude (z. B. zum Einrichten von Unfall-Stationen) und Nutzung von Räumlichkeiten, die ursprünglich für andere Zwecke gedacht waren, ergeben sich Unzulänglichkeiten und nichterfüllbare Forderungen (z. B. nach Erweiterung sanitärer Anlagen, nach Anschluss moderner Medizintechnik).
- Zum Teil sind leitende medizinische Personale vordergründig oder während eines großen Teils ihrer Arbeitszeit mit der Beschaffung von Handwerkern und Baumaterialien beschäftigt. Zu viel Zeitaufwand sei für Organisationsfragen im Zusammenhang mit der Instandhaltung notwendig.

- Ärger über nicht vorhandene oder nicht geplante finanzielle Mittel und Unbeweglichkeit der Pläne im Zusammenhang mit kurzfristig notwendigen Neuanschaffungen und Reparaturen medizinischer Geräte.
- Kritik an der ungenügenden Höhe der Gehälter.
- Häufige Vergleiche zwischen dem Einkommensdurchschnitt der Ärzte in der DDR und der BRD. Hervorhebung der höheren Einkommen von Ärzten in der BRD. Kritik an der geringen Vergütung von Bereitschafts- und Nachtdiensten im Verhältnis zur BRD.
- Vergleiche des Verdienstes zwischen Ärzten und Angehörigen von Dienstleistungskombinaten (z. B. der Glasreiniger) bei deren Einsatz auf Krankenstationen führten oft zu gleichhohem Einkommen.
- Keine Neuzulassung für Behandlung von Privatpatienten (sei nur wenigen Medizinern vorbehalten) und damit Entfall erheblicher Verdienstmöglichkeiten.
- Unzureichende Möglichkeiten zur weiteren Qualifizierung auf dem jeweiligen spezifischen Arbeitsgebiet, zur weiteren Anerkennung als Spezialist und zur Erreichung bestimmter akademischer Titel und Auszeichnungen.
- Entwicklung wissenschaftlicher Kader werde nicht gesteuert (Selbstlauf).
- An vielen Kliniken und medizinischen Einrichtungen bestehe keine einheitliche Forschungskonzeption.
- Hochspezielle medizinische Betreuung durch Hochschul-Einrichtungen (z. B. Charité) sinke immer mehr auf das Niveau der einer Poliklinik des territorialen Gesundheitswesens.
- Wichtige materielle Voraussetzungen, wie hochspezielle Werkstoffe und Materialien, fehlten für wissenschaftliche Arbeiten.
- Nachwuchs hochqualifizierter Zahntechniker sei nicht gesichert.
- Häufiges Nichteinhalten von Versprechen Vorgesetzter bzw. staatlicher Leiter hinsichtlich Beseitigung vorgetragener Unzulänglichkeiten.
- Anleitung junger wissenschaftlicher Mitarbeiter durch qualifizierte Fachärzte reiche nicht aus.
- Ungenügende fachliche Entwicklungsmöglichkeiten durch Vorhandensein relativ junger Vorgesetzter; demgegenüber Kenntnis über akuten Ärztemangel in der BRD.
- Infolge räumlicher Einschränkungen in den Einrichtungen des Gesundheitswesens seien echte wissenschaftliche Arbeiten nicht möglich (Assistenzärzte würden zum Teil in Räumen arbeiten, die von vielen – bis zu 20 – Personen als Arbeitsraum genutzt werden müssen).
- Völlige Überlastung der Bereiche Gynäkologie, besonders seit der Gesetzesordnung zum § 153 des StGB.[2] Die Schwangerschaftsunterbrechungen

2 Der § 153 – unzulässige Schwangerschaftsunterbrechung – lautete: »(1) Wer entgegen den gesetzlichen Vorschriften die Schwangerschaft einer Frau unterbricht, wird mit Freiheitsstrafe

würden von Ärzten und medizinischem Personal mit Widerwillen durchgeführt. Sie fühlten sich als »Schlächter«, obwohl sie doch berufen seien, Leben zu erhalten.[3]

- Unverständnis für das angeblich seit Jahren deutlicher werdende Zurückbleiben der Medizintechnik gegenüber den kapitalistischen Ländern (Geräte aus der DDR seien teurer, störanfälliger).
- Weiterhin Einsatz veralteter medizinischer Technik ohne Ausblick auf Veränderung; demgegenüber Kenntnis über angeblich bessere Verhältnisse im medizinischen Bereich der BRD.
- Mangelhafte Qualität vieler medizinischer Instrumente; bei Ausfall stünden Ersatzgeräte nicht zur Verfügung.
- Einengung der Anwendung medizinischer Kenntnisse durch fehlende moderne medizinische Geräte.
- Zunehmender Bürokratismus; Belastung mit Verwaltungsarbeiten; großer Zeitaufwand für geforderte Teilnahme an Sitzungen; zunehmendes Berichterstattungswesen (zum Teil doppelte Berichterstattung an MfG und MHF).
- Aufwenden von Arbeitszeit der Ärzte infolge berufsfremder Arbeit, wie z. B. Sauberhaltung von Aufenthaltsräumen. (Zu einigen Fällen Forderung nach Ablegen der Fahrstuhlprüfung durch Ärzte infolge Fehlens von Krankenpflegern.)
- Zusätzliche Belastung durch Erfüllung von Wettbewerbs- und Kollektivverpflichtungen (Wandzeitung, Subbotniks)[4]. Es gäbe Beispiele, dass Ärzte als Brandschutzverantwortliche eingesetzt werden und dazu Schulungen besuchen müssen.
- Kritik am Informationsfluss auf fachlichem Gebiet.
- Kritik an Literaturversorgung (Fachliteratur) aus dem NSW.
- Kritik an Fernsehsendungen der DDR. Im Fernsehen der DDR würde – im Gegensatz zum Fernsehen der BRD – ungenügend über medizinische und andere wissenschaftliche Probleme berichtet.
- Kritik am Informationsaustausch mit sozialistischen Ländern auf medizinischem Gebiet.

bis zu drei Jahren oder mit Verurteilung auf Bewährung bestraft. (2) Ebenso wird bestraft, wer eine Frau dazu veranlaßt oder sie, dabei unterstützt, ihre Schwangerschaft selbst zu unterbrechen oder eine ungesetzliche Schwangerschaftsunterbrechung vornehmen zu lassen. Die Strafverfolgung verjährt in drei Jahren.« In: Ministerium der Justiz (Hg.): Strafgesetzbuch der Deutschen Demokratischen Republik – StGB. Textausgabe mit Sachregister. Berlin 1968, S. 59.

3 Gemeint ist die Debatte um das 1972 erlassene »Gesetz über die Unterbrechung der Schwangerschaft«. Seitdem war es Schwangeren »in eigener Verantwortung« erlaubt, ihre Schwangerschaft bis zum Ende der 12. Schwangerschaftswoche durch einen ärztlichen Eingriff abbrechen zu lassen. Vgl. Gesetz über die Unterbrechung der Schwangerschaft v. 9.3.1972. In: GBl. I 1972, S. 89 f.

4 Subbotnik ist ein in Sowjetrussland entstandener Begriff für einen unbezahlten Arbeitseinsatz am Sonnabend, der in den Sprachgebrauch in der DDR übernommen wurde.

- Ungenügende Nutzung zum Informationsaustausch der bestehenden Verbindungen zu medizinischen Einrichtungen des sozialistischen Auslandes.
- Fehlende Informierung durch Nichtdurchführung medizinischer Kongresse innerhalb der sozialistischen Länder.
- Ernste ungelöste Wohnungsprobleme seit Jahren.
- Unzulänglichkeiten bei der Zurverfügungstellung von Urlaubsplätzen.
- Fehlen von leistungsstarken Betriebsverkaufsstellen für Ärztinnen und Schwestern.
- Mängelerscheinungen in den Betriebsküchen (durch Personalmangel kein Wahlessen; Mahlzeiten werden bereits erkaltet ausgeliefert).
- Ungenügende Aufenthalts- und Essenräume für Ärztepersonal; zum Teil Anstellzeiten für eine warme Mahlzeit bis 30 Minuten; mangelhafte Sitzgelegenheiten in Essenräumen.
- Ungenügende hygienische Bedingungen in Räumen des Ärztepersonals infolge akuten Mangels an Reinigungs- und Bedienungskräften.
- Kritische Gesamtsituation im Schwesternbereich. Durch ungenügende Besetzung mit Schwestern werden Pflegearbeiten an Ärzte delegiert.
- Starke Fluktuation der Schwestern und des Hilfspersonals.
- Gehaltsprobleme bei Schwestern nicht geklärt. Nachtzuschläge, Zuschläge für Dienstjahre und Leistungszulagen seien zu gering.
- Völlig ungenügende Zahl der Reinigungskräfte; Delegierung der Arbeit des Geschirrspülens an das Schwesternpersonal; dadurch Übernahme der anfallenden Pflegearbeiten durch Ärzte.

Die Tatsache, dass viele Ärzte und medizinisches Personal in der DDR derartige Auffassungen vertreten und sich über solche, zum Teil tatsächlich vorhandene, in einer Reihe von Fällen aber auch nur konstruierte Missstände, Mängel, Unzulänglichkeiten usw. untereinander in breitem Maße austauschen, ist dem Gegner durch seine Spionage- und Abschöpftätigkeit bekannt.

Er nutzt diese Kenntnis in letzter Zeit verstärkt zu einer breit angelegten, zentral gelenkten politisch-ideologischen Diversion und Abwerbungskampagne gegen das Gesundheitswesen der DDR.

Nach vorliegenden internen und vom MfS in Ermittlungs- und Untersuchungsverfahren erarbeiteten Hinweisen findet diese breit angelegte und zentral gelenkte Kampagne des Gegners in folgendem, thesenhaft dargestellten Vorgehen ihren Ausdruck:

- Alle republikflüchtigen Bürger der DDR müssen, um in den Besitz von Personaldokumenten der BRD zu kommen, das staatlich sanktionierte sogenannte Notaufnahmeverfahren durchlaufen.[5] Im Rahmen dieses Ver-

5 Um als politische Flüchtlinge anerkannt zu werden, mussten Flüchtlinge aus der DDR in einem der drei zentralen Notaufnahmelager Berlin-Marienfelde, Gießen und Uelzen das Bundesnotaufnahmeverfahren durchlaufen. Vgl. Kimmel, Elke: Das Notaufnahmeverfahren. In:

fahrens, in das erwiesenermaßen westliche Geheimdienste eingeschaltet sind, erfolgt ihre eingehende Befragung z. B. über:

- ihre Fluchtgründe und -wege,
- die Situation auf ihrer Arbeitsstelle in der DDR, die Meinung und Ansichten von Mitarbeitern ihrer Arbeitsstelle in der DDR bis hin zur ausführlichen Charakterisierung dieser Personen,
- die Stimmung im Verwandten- und Bekanntenkreis u. a.m.

– Ähnliche Befragungen erfolgen durch staatliche Organe und Berufsorganisationen der BRD im Rahmen des Approbationsverfahrens, das Ärzte aus der DDR durchlaufen müssen.
– Die Ergebnisse dieser Befragung dienen den Geheimdiensten, staatlichen Organen und Berufsorganisationen zur Überprüfung und Vervollständigung gesammelter Spionageinformationen, der Erarbeitung von Einschätzungen über die Situation in der DDR (u. a. auch zur Verwendung für die gegen die DDR und ihr Gesundheitswesen geführte politisch-ideologische Diversion und Abwerbungskampagne).
– Besonders aussagewillige und käufliche Elemente unter den Republikflüchtigen werden direkt den Massenmedien der BRD (Rundfunk, Fernsehen, Presse) zugeführt bzw. wird durch entsprechende Hinweise auf sie aufmerksam gemacht, um sie in Interviews durch zielgerichtete Fragen als »Beweise« für die Richtigkeit gegnerischer Parolen und Verleumdungen über die Situation im Gesundheitswesen und in der DDR allgemein auszunutzen (Ziel: unter Mitarbeitern und Bürgern ihres früheren Wirkungskreises durch ihr öffentliches Auftreten »beispielgebend zu wirken« und Fluchtgedanken und Fluchtbereitschaft hervorzurufen).
– Außerdem werden Republikflüchtige angehalten und ausgenutzt durch briefliche Rückverbindungen an Mitarbeiter ihrer Arbeitsstellen direkt (zielgerichtet) oder indirekt die Abwerbungskampagne zu unterstützen. Zum Beispiel werden solche Briefe, in denen Republikflüchtige über ihre Anstellung, Bezahlung, Aufnahme u. a. in der BRD berichten, in Krankenhäusern und Kliniken herumgereicht und [es] soll dadurch Fluchtbereitschaft geweckt werden.
– Über Verbindungen zu Mitarbeitern der im »Notaufnahmeverfahren« tätigen westlichen Geheimdienste (z. B. des »Bundesamtes für Verfassungsschutz«) sowie durch Hinweise von besonders aussagewilligen und käuflichen Elementen unter Republikflüchtigen erhalten Menschenhändlerorganisationen[6] Tipps auf weitere »fluchtwillige« Ärzte und Angehörige

Effner, Bettina; Heidemeyer, Helge (Hg.): Flucht im geteilten Deutschland. Berlin 2005, S. 115–133.

6 Als Menschenhändlerorganisation, -zentrale oder -bande wurden in der DDR Gruppen von Menschen bezeichnet, die die Flucht von Personen aus der DDR organisierten. Ihr Handeln wurde in der DDR als staatsfeindlicher Menschenhandel und organisiertes Verbrechen strafrechtlich verfolgt.

des medizinischen Personals in der DDR, die sie durch Mittelsmänner aufsuchen und wenn keine Fluchtwilligkeit vorliegt, durch anonyme Drohungen erpressen lassen (z. B. anonyme Anrufe, dass sie vom MfS überwacht würden).

- Ärztevereinigungen, medizinische Gesellschaften und Pharmaziekonzerne betreiben die Abwerbung durch eine Vielzahl lukrativer Stellenangebote in den medizinischen Fachzeitschriften der BRD sowie durch persönliche Einwirkung in Gesprächen, Zusammenkünften usw. anlässlich von Tagungen, Kolloquien und anderen internationalen wissenschaftlichen Veranstaltungen sowie ebenfalls in Zusammenarbeit mit den Menschenhändlerorganisationen unter Ausnutzung entsprechender, im Rahmen des Approbationsverfahrens gewonnener Hinweise sowie bestehender Rückverbindungen geflüchteter Ärzte.

3. September 1973

Information Nr. 875/73 über einen Antrag von Dertinger, Maria (Witwe des ehemaligen Außenministers der DDR) auf Übersiedlung in die BRD

Quelle: BArch, MfS, ZAIG 2229, Bl. 1–3 (5. Expl.).
Serie: Informationen.
Verteiler: Verner, Sindermann – MfS: Schröder (weiter an HA XX), HA IX, Ablage.

Dem MfS wurde bekannt, dass die *Dertinger,* Maria, geborene Freiin von Neuenstein,[1] geboren am [Tag, Monat] 1905 (68 Jahre alt), wohnhaft Leipzig, [Straße, Nr.], einen Antrag auf Übersiedlung in die BRD gestellt hat.

Sie ist Rentnerin, geht aber noch regelmäßig ihrer Arbeit als Architektin im Projektierungsbüro Bauwesen Leipzig nach. Sie hat angegeben, zu ihrem Sohn *Dertinger,* Rudolf,[2] geboren am [Tag, Monat] 1937, wohnhaft Bonn-Tannenbusch, [Straße, Nr.], tätig als Journalist beim »Deutschen Depeschendienst«,[3] der 1957 die DDR ungesetzlich verlassen hat, übersiedeln zu wollen.

Ebenfalls im Jahre 1957 hat ihre Tochter *Carstarphen,* geborene Dertinger, Oktavia,[4] geboren am [Tag, Monat] 1939 die DDR ungesetzlich verlassen und lebt jetzt in Texas/USA.

Ein weiterer Sohn, *Dertinger,* Christian,[5] geboren am [Tag, Monat] 1944, hat an der Karl-Marx-Universität in Leipzig studiert.

Er ist verheiratet, hat zwei Kinder und wohnt in Leipzig, [Straße, Nr.]. Er übt die Tätigkeit eines Programmierers im VEB Datenverarbeitung aus.

1 Maria Octavie Karoline Dertinger (geb. Freiin von Neuenstein-Rodeck), Jg. 1905, Architektin, 1945 CDU-Beitritt, 1947/48 CDU-Bezirksverordnete in Berlin-Charlottenburg, ab 1948 Bauleiterin beim Bezirksamt Berlin-Mitte, parallel Autorin für die Zeitung »Neue Zeit«, 1953 Verhaftung, 1954 Verurteilung zu acht Jahren Gefängnis, 1960 vorzeitige Entlassung, 1975 Übersiedlung nach Bonn.

2 Rudolf Dertinger, Jg. 1937, Journalist, 1953–56 Haft, 1957 Ausreise in die Bundesrepublik.

3 Die Nachrichtenagentur »Deutscher Depeschendienst« (ddp) ist 1971 in Westberlin gegründet worden und war für die in- und ausländische Berichterstattung zu westdeutschen Themen zuständig.

4 Oktavia Carstarphen (geb. Dertinger), Jg. 1939, Mechanikerin und Juristin, 1953/54 Haft, 1954 Zwangsmigration in die ČSSR, 1954–57 Ausbildung und Beschäftigung als Mechanikerin, 1957 Flucht in die Bundesrepublik, 1965 Ausreise in die USA, 1972–79 Psychologie- und Jurastudium, ab 1979 tätig als Rechtsanwältin.

5 Christian Dertinger, Jg. 1944, Programmierer, weitere Angaben zur Person konnten nicht ermittelt werden.

Bekanntlich wurde der Ehemann der Antragstellerin, der ehemalige zweite Vorsitzende und Generalsekretär der CDU und Außenminister der DDR, *Dertinger,* Georg,[6] 1954 durch das Oberste Gericht der DDR zu 15 Jahren Freiheitsentzug verurteilt.

Seine Verurteilung erfolgte wegen seiner aktiven staatsfeindlichen Tätigkeit, der zu diesem Zweck von ihm unterhaltenen engen staatsfeindlichen Verbindungen zu führenden Vertretern der USA, Großbritanniens und der BRD und des Missbrauchs seiner gesellschaftlichen Funktionen. Am 20.4.1964 wurde seine Haft aus Gesundheitsgründen unterbrochen. Diese Haftunterbrechung blieb bis zu seinem Tod im Jahre 1968 wirksam.

Die Antragstellerin, *Dertinger,* Maria, die die staatsfeindliche Tätigkeit ihres Ehemannes aktiv unterstützt hatte, wurde 1954 durch das Oberste Gericht der DDR zu acht Jahren Freiheitsentzug verurteilt und 1960 durch Gnadenerweis vorzeitig entlassen.

Es wird gebeten, über die weitere Behandlung des Antrages zu entscheiden. Seitens des MfS gibt es gegen die Übersiedlung der *Dertinger,* Maria in die BRD keine Einwände.

Dabei wird auch mit davon ausgegangen, dass mögliche Aktivitäten bestimmter BRD-Institutionen gegen die DDR unter Ausnutzung der nach ihrer Übersiedlung weniger wirkungsvoll sein dürften, als im Falle der Ablehnung ihrer Übersiedlung.

6 Georg Dertinger, Jg. 1902, Journalist und CDU-Funktionär, 1923–25 Redaktionssekretär, später Redakteur bei der »Magdeburgischen Zeitung«, 1925–27 Redakter der Bundeszeitung des »Stahlhelm«, 1927–30 Berlin-Korrespondent deutscher Regionalzeitungen, DNVP-Beitritt, ab 1930 verantwortlicher Schriftleiter des »Dienstes nationaler Tageszeitungen«, 1934/35 Redakteur des »Dienstes für Deutschland«, ab 1935 Geschäftsführer des »Dienstes nationaler Tageszeitungen«, ab 1938 dort Hauptgeschäftsführer, 1939–44 journalistische und publizistische Tätigkeit für verschiedene Zeitungen, 1945 CDU-Beitritt in Berlin und Pressereferent der CDU-Geschäftsstelle, 1946–49 CDU-Generalsekretär (Ost), 1948/49 Mitglied der DWK und des Deutschen Volksrates, 1949–53 CDU-Abgeordneter der Volkskammer, ab 1952 stellvertretender CDU-Vorsitzender (Ost), 1949–53 Minister für Auswärtige Angelegenheiten, 1953 Verhaftung, 1954 Geheimprozess und Verurteilung zu 15 Jahren Zuchthaus, 1954–64 Haft, 1964 Begnadigung, 1964–67 Lektor beim katholischen St.-Benno-Verlag in Leipzig, 1967/68 Sachbearbeiter bei der Caritas in Dresden.

5. September 1973

Information Nr. 888/73 über den Aufenthalt der Ehefrau des Bundespräsidenten der BRD, Hilda Heinemann, in der Hauptstadt der DDR am 1. September 1973

Quelle: BArch, MfS, ZAIG 2232, Bl. 1–3 (5. Expl.).
Serie: Informationen.
Verteiler: Kohl – MfS: Beater, HA VI, HA VIII, Ablage.
Vermerk: Weitere handschriftliche Datierung unter Datumsstempel »4.9.73«.
Bemerkungen: Dem Dokument liegt ein Entwurf der vorliegenden Information bei, datiert auf den 3.9.1973, der von der versandten Variante in Details abweicht.

Am 1.9.1973, um 9.55 Uhr, reiste die Ehefrau des Bundespräsidenten der BRD Hilda Heinemann[1] in Begleitung ihrer Enkelkinder [Name 1, Vorname 1] (15 Jahre) und [Name 1, Vorname 2] (13 Jahre) sowie eines Kriminalbeamten ([Name 2, Vorname]) und des Kraftfahrers ([Name 3, Vorname]) mit einem Pkw vom Typ Mercedes, polizeiliches Kennzeichen BD 30 – 1 (Fahrzeug des Bundesministers für »innerdeutsche Beziehungen«) über die Grenzübergangsstelle Heinrich-Heine-Straße auf Visum zum Tagesaufenthalt in die Hauptstadt der DDR ein.

Während die Abfertigung der Heinemann, der Enkelkinder und des Kriminalbeamten reibungslos erfolgte, forderte [Name 3], der als Fahrer der Verhandlungsdelegation der BRD unter Leitung von Bahr[2] im Besitz eines Ausweises des Büros des Ministerrates der DDR ist, auf vorgenanntem Ausweis unabgefertigt einreisen zu dürfen. Er berief sich dabei auf eine Weisung von Minister Bahr, im Falle einer Ablehnung dieser Forderung durch die zuständigen Organe der DDR zurückreisen zu müssen.

Diese Forderung wurde abgelehnt. [Name 3] wurde ebenfalls entsprechend den gültigen Festlegungen und gesetzlichen Bestimmungen abgefertigt und erhielt eine Anlage zu seinem Westberliner Personalausweis.

Danach erfolgte die Einreise der vorgenannten Personen.

1 Hilda Heinemann, geb. Ordemann, Jg. 1896, Hausfrau, 1926 Hochzeit mit Gustav Heinemann, 1934–45 aktives Mitglied der Bekennenden Kirche, während der Bundespräsidentschaft ihres Mannes (1969–74) Schirmherrin u. a. des Müttergenesungswerkes, amnesty international und des Deutschen Frauenringes, 1970 Gründung der Hilda-Heinemann-Stiftung.

2 Egon Bahr, Jg. 1922, Journalist und SPD-Politiker, 1942–44 Kriegsdienst, ab 1945 Journalist in Berlin bei verschiedenen Zeitungen (u. a. »Berliner Zeitung«, »Neue Zeitung«), 1948–50 Korrespondent des »Tagesspiegels« in Hamburg und Bonn, 1950–60 Chefkommentator des RIAS in Bonn, 1956 SPD-Beitritt, 1960–66 Leiter des Presse- und Informationsamtes des Berliner Senats, 1966–69 Sonderbotschafter und Leiter Planungsstab beim AA, 1969–72 Staatssekretär im Bundeskanzleramt, 1972–90 MdB, 1972–74 Bundesminister für besondere Aufgaben, 1974–76 Bundesminister für wirtschaftliche Zusammenarbeit, 1976–81 SPD-Bundesgeschäftsführer und -Präsidiumsmitglied, 1984–94 Direktor des Instituts für Friedensforschung an der Universität Hamburg.

Alle Insassen des Pkw fuhren zunächst zur Straße Unter den Linden und parkten ihr Fahrzeug in Höhe der Staatsbibliothek. Danach besichtigten sie interessiert die Schaufensterauslagen der umliegenden Geschäfte und begaben sich unmittelbar darauf zum Pergamon-Museum, wo sie in den Ausstellungsräumen der Ostasiatischen und Vorderasiatischen Abteilung weilten.

Während des Aufenthaltes im vorgenannten Museum veranlasste die Heinemann – nachdem sie zuvor mit dem Verkäufer gesprochen hatte – den sie begleitenden Kriminalbeamten, am Souvenirstand das Buch »Stilkunst im 19. Jahrhundert in Deutschland« sowie Dia-Bildserien zu kaufen.

Anschließend setzten die Heinemann und ihre Begleitung die Fahrt fort und alle Personen besichtigten in der Folgezeit die Gebäude und Sehenswürdigkeiten am Alexanderplatz.

Danach unternahmen sie – ohne auszusteigen – eine Stadtrundfahrt, wobei sie unter anderem die Karl-Marx-Allee, die Frankfurter Allee, die Karlshorster Straße und die Stralauer Allee befuhren.

Gegen 13.40 Uhr reisten alle Personen über die Grenzübergangsstelle Heinrich-Heine-Straße aus der Hauptstadt der DDR aus.

Während ihres Aufenthaltes in der Hauptstadt Berlin wurden von der Heinemann und den sie begleitenden Personen keine Versuche von Kontaktaufnahmen mit DDR-Bürgern unternommen. DDR-Bürger schenkten dem Besuch der Heinemann keine Beachtung.

[ohne Datum]

Information Nr. 958/73 über die Ausschleusung von Bürgern der DDR durch einen Diplomaten der Arabischen Republik Ägypten

Quelle: BArch, MfS, ZAIG 2114, Bl. 126–127 (4. Expl.).
Serie: Informationen.
Verteiler: Kein Nachweis für externe oder interne Verteilung (siehe Vermerk).
Datum: Einsortierung durch die Bearbeiterin: nach Information 957/73.
Vermerk: Im Dokumentenkopf handschriftlich »nicht rausgegangen«.
Bemerkungen: Nicht realisierter Verteilervorschlag: Honecker, Winzer – MfS: Beater (durch HA VI).
Verweise: Informationen 90/73 und 92/73.

Dem Ministerium für Staatssicherheit ist zuverlässig bekannt, dass der Staatsbürger der Arabischen Republik Ägypten [Name 1, Vorname], geboren am [Tag, Monat] 1938, Diplomatischer Kurier des Außenministeriums der Arabischen Republik Ägypten, Diplomaten-Pass Nr. 351, im Auftrag einer in Westberlin ansässigen Menschenhändlerorganisation[1] unter vorsätzlichem Missbrauch seines diplomatischen Status Bürger der DDR nach Westberlin ausschleust.

Vorliegenden Hinweisen zufolge nutzt [Name 1] seine häufigen »diplomatischen« Fahrten zwischen Berlin (West) und der Hauptstadt der DDR, Berlin, zielgerichtet dazu aus, um im Auftrag der Menschenhändlerorganisation in der Hauptstadt der DDR Bürger der DDR in dem von ihm jeweils gesteuerten Pkw aufzunehmen und im Kofferraum versteckt über die Grenzübergangsstelle Friedrich-/Zimmerstraße nach Berlin (West) auszuschleusen.

Bei der Durchführung seiner verbrecherischen Machenschaften zur Ausschleusung von Bürgern der DDR nach Berlin (West) benutzt [Name 1] seinen Diplomatenpass, der ihn und das Schleusungsfahrzeug beim Passieren der Grenzübergangsstelle der DDR von einer Kontrolle befreit.

Zur Abdeckung der feindlichen Handlungen seitens [Name 1] sind bei seinen Schleusungsfahrten noch weitere Diplomaten – größtenteils Mitarbeiter der Botschaft der Arabischen Republik Ägypten in der DDR – als Mitfahrer in seinem Pkw anwesend.

Bekannt ist ferner, dass [Name 1] und weitere ihn begleitende Diplomaten enge Verbindungen zu dem Staatsbürger des Kuweit, [Name 2][2] (ehemaliger Presseattaché der Botschaft des Kuweit in Italien), unterhielten, der am

1 Als Menschenhändlerorganisation, -zentrale oder -bande wurden in der DDR Gruppen von Menschen bezeichnet, die die Flucht von Personen aus der DDR organisierten. Ihr Handeln wurde in der DDR als staatsfeindlicher Menschenhandel und organisiertes Verbrechen strafrechtlich verfolgt.

2 Die Person, die hier als »[Name 2]« anonymisiert ist, ist dieselbe Person, die in den Informationen 90/73 und 92/73 als »[Name 1, Vorname]« anonymisiert wurde.

27.1.1973 durch die Organe des MfS auf frischer Tat festgenommen wurde, als er im Auftrag der Westberliner Menschenhändlerorganisation *Fuchs*[3] unter missbräuchlicher Benutzung seines Diplomatenpasses versuchte, Bürger der DDR nach Berlin (West) auszuschleusen.

Seitens des MfS ist vorgesehen, [Name 1] bei einer erneuten Einreise in die Hauptstadt der DDR zum Zwecke der auftragsgemäßen Ausschleusung von Bürgern der DDR auf frischer Tat festzunehmen und gegen ihn gemäß § 105 StGB (Staatsfeindlicher Menschenhandel)[4] ein Ermittlungsverfahren durchzuführen.

3 Wolfgang Fuchs, Jg. 1939, Fluchthelfer, 1953–57 Lehrling und später Facharbeiter in der optischen Betriebsleitung des VEB Carl Zeiss Jena, 1957 Flucht aus der DDR, 1962–68 Fluchthelfer erst für Familienangehörige, dann auch für andere Fluchtwillige u. a. mithilfe von selbst gegrabenen Tunneln und präparierten Autos, ab 1964 auch Fluchthilfe für die Westberliner CDU bzw. für Angehörige der Exil-CDU in der DDR, ab 1967 Inhaber und Betreiber von Drogerien.

4 Der § 105 StGB – Staatsfeindlicher Menschenhandel – lautete: »Wer es (1) mit dem Ziel, die Deutsche Demokratische Republik zu schädigen; (2) in Zusammenhang mit Organisationen, Einrichtungen, Gruppen oder Personen, die einen Kampf gegen die Deutsche Demokratische Republik führen, oder, mit Wirtschaftsunternehmen oder deren Vertretern unternimmt, Bürger der Deutschen Demokratischen Republik in außerhalb ihres Staatsgebietes liegende Gebiete oder Staaten abzuwerben, zu verschleppen, auszuschleusen oder deren Rückkehr zu verhindern, wird mit Freiheitsstrafe nicht unter zwei Jahren bestraft.« In: Ministerium der Justiz (Hg.): Strafgesetzbuch der Deutschen Demokratischen Republik – StGB. Textausgabe mit Sachregister. Berlin 1968, S. 46.

28. September 1973

Information Nr. 980/73 über Aktivitäten des freischaffenden Schriftstellers Stefan Heym zur Organisierung einer Zusammenkunft mit anderen Literaturschaffenden der DDR in der englischen Botschaft in der Hauptstadt der DDR

Quelle: BArch, MfS, ZAIG 2243, Bl. 1–2 (4. Expl.).
Serie: Informationen.
Verteiler: Hager, Hans-Joachim Hoffmann (durch HA XX) – MfS: Mittig (durch HA XX), Ablage.
Vermerk: Weitere handschriftliche Datierung unter Datumsstempel »25.9.73«.
Verweis: Information 965/73.

Dem MfS wurde intern bekannt, dass sich Stefan *Heym*[1] gegenwärtig aktiv für eine Zusammenkunft mit anderen Literaturschaffenden der DDR in der englischen Botschaft in der Hauptstadt der DDR einsetzt.

In diesem Zusammenhang wurde festgestellt, dass Stefan *Heym* von der englischen Botschaft in der Hauptstadt der DDR eine Einladung »zu einer kleinen Feier mit einem kleinen Essen« für Ende des Monats September 1973 erhielt. Gleichzeitig wurde er aufgefordert, nach eigenem Ermessen noch sechs bis sieben weitere DDR-Schriftsteller mitzubringen, wobei diese Schriftsteller möglichst in England schon bekannt bzw. deren literarische Arbeiten dort bereits verlegt worden sein sollen.

Heym setzte sich unmittelbar nach Erhalt der Einladung mit dem Schriftsteller Stephan *Hermlin*[2] in Verbindung, der sofort zusagte, an dieser Feier teilzunehmen.

1 Stefan Heym, Jg. 1913, Schriftsteller, 1933 Emigration in die ČSR, 1937–39 Chefredakteur des »Deutschen Volksechos« in New York, ab 1943 Angehöriger der US Army, 1952 Übersiedlung in die DDR, ab 1953 Mitglied des PEN-Zentrums Ost und West. 1953–56 Kolumnist der »Berliner Zeitung«, Vorstandsmitglied des Deutschen Schriftstellerverbandes, 1979 Ausschluss aus dem Schriftstellerverband und fortan Erstveröffentlichung seiner Bücher in der Bundesrepublik, 1994–96 MdB und Alterspräsident des Deutschen Bundestages.

2 Stephan Hermlin, Jg. 1915, Schriftsteller, ab 1931 Mitglied des Sozialistischen Schülerbundes Berlin und KJVD, 1936 Emigration u. a. nach Ägypten, Palästina, England, Paris und der Schweiz, 1940–43 Hilfssoldat und Internierung, 1945 Rückkehr nach Deutschland, Rundfunkredakteur in Frankfurt/Main, 1947 Übersiedlung nach Berlin und SED-Beitritt, Mitarbeiter der Zeitschriften »Ulenspiegel« und »Aufbau«, ab 1947 freischaffender Schriftsteller, ab 1948 Mitglied des PEN-Zentrums Deutschland, 1950–63 Vizepräsident des Deutschen Schriftstellerverbandes, 1952–63 Sektionssekretär in der DAK, 1962–90 Präsidiumsmitglied des PEN-Zentrums Ost, engagiert sich in DDR gegen zu scharfe Zensurpraxis, ab 1975 Vizepräsident des internationalen PEN-Zentrums, 1990 PDS-Beitritt, Vizepräsident der AdK Ost.

Mit *Hermlin* beriet *Heym,* wen man weiter mit zu diesem »Essen« in die englische Botschaft nehmen könnte. Beide einigten sich, nachfolgende DDR-Schriftsteller anzusprechen:

Prof. Heinz *Kamnitzer,*[3] Günter *Kunert,*[4] Peter *Hacks,*[5] Wolf *Biermann,*[6] Jurek *Becker*[7] und Christa *Wolf*[8] mit Ehemann. Der Schriftsteller Hermann *Kant*[9] wurde für ungeeignet befunden. Außerdem soll Georg

3 Heinz Kamnitzer, Jg. 1917, Schriftsteller, ab 1931 Mitglied Sozialistischer Schülerbund, 1933 Haft, 1933–46 Emigration nach England (zwischenzeitlich 1935/36 Lehrling und Hilfsarbeiter in Palästina und 1940/41 Internierung in Kanada), ab 1936 Journalist, 1938–40 und ab 1945 KPD-Mitglied, ab 1939 Geschäftsführung des »I.N.G.«-Verlages in London, 1939/40 Chefredakteur von »Inside Nazi Germany«, 1942–46 Redakteur der Zeitung »Petroleum Press Service«, 1946 Rückkehr nach Deutschland und SED-Beitritt, ab 1947 Dozent an der HU Berlin, 1950 Promotion, 1950–54 Geschichtsprofessur, 1952–54 Direktor des Instituts für Geschichte des deutschen Volkes und Dekan an der HU Berlin, 1953–55 Herausgeber der »Zeitschrift für Geschichtswissenschaft«, ab 1955 freischaffender Schriftsteller, ab 1958 Mitglied des PEN-Zentrums Ost und West, 1967–70 Vizepräsident des PEN-Zentrums Ost, 1970–89 ebenda Präsident.

4 Günter Kunert, Jg. 1929, Schriftsteller, ab 1947 freischaffender Schriftsteller, 1949–77 SED, ab 1965 Mitglied des PEN-Zentrums, 1972/73 Gastprofessur in Texas/USA, 1976–92 Mitglied der AdK Westberlin, 1979 Ausreise in die Bundesrepublik.

5 Peter Hacks, Jg. 1928, Schriftsteller, 1951 Promotion, 1951–55 freischaffender Schriftsteller in München, 1955 Übersiedlung nach Ostberlin, ab 1955 Dramaturg am Berliner Ensemble, 1960–63 Dramaturg am Deutschen Theater Berlin, ab 1964 Präsidiumsmitglied des PEN-Zentrums, 1972–91 DAK-Mitglied (ab 1974 AdK), ab 1963 freischaffender Schriftsteller.

6 Wolf Biermann, Jg. 1936, Liedermacher, 1953 Übersiedlung in die DDR, 1957–59 Schauspielschüler am Berliner Ensemble, 1961–63 Aufbau des Arbeiter- und Studententheaters »b.a.t.« in Berlin (Verbot), ab 1963 freischaffender Liedermacher, ab 1964 mehrere Gastspielaufenthalte in der Bundesrepublik, ab 1965 Veröffentlichung von Liedern, Gedichten und Büchern in der Bundesrepublik und vollständiges Auftritts- und Publikationsverbot in der DDR, 1976 Ausbürgerung und Übersiedlung nach Hamburg.

7 Jurek Becker, Jg. 1937, Schriftsteller, aufgewachsen im Ghetto Łódź, KZ Ravensbrück und Sachsenhausen, 1957 SED-Beitritt, 1962–70 DEFA-Drehbuchautor, ab 1970 freiberuflicher Schriftsteller in Ostberlin, 1977 Austritt aus dem Schriftstellerverband und SED-Ausschluss, 1977 Übersiedlung nach Westberlin, ab 1977 Gastprofessuren in den USA sowie in Essen und Augsburg.

8 Christa Wolf, Jg. 1929, Schriftstellerin, 1945 Aussiedlung von Oberschlesien nach Mecklenburg, 1949–89 SED-Mitglied, 1953–55 wissenschaftliche Mitarbeiterin des Deutschen Schriftstellerverbandes, 1958/59 Redakteurin der Zeitschrift »Neue Deutsche Literatur«, 1959–62 freischaffende Lektorin am Mitteldeutschen Verlag in Halle, ab 1962 freischaffende Schriftstellerin, 1963–67 ZK-Kandidatin, ab 1965 Mitglied des PEN-Zentrums Ost und West, 1974–93 AdK-Mitglied, ab 1978 Gastvorlesungen in Westeuropa und den USA, 1981–93 Mitglied der AdK West, 1983 Ehrendoktorin an der Ohia State University und 1985 an der Universität Hamburg.

9 Hermann Kant, Jg. 1926, Schriftsteller, Wehrmacht, 1945–49 Kriegsgefangenschaft, 1949 SED-Beitritt, 1956/57 wissenschaftlicher Assistent am germanistischen Institut der HU Berlin, ab 1959 freischaffender Schriftsteller, 1959–62 zugleich Mitarbeiter der Zeitschrift »Neue Deutsche Literatur«, 1964–91 Mitglied des PEN-Zentrums Ost und West, ab 1969–78 Vizepräsident der DAK (ab 1974 AdK), 1974–79 Mitglied der SED-Bezirksleitung Berlin, 1978–90 Präsident des Schriftstellerverbandes, 1981–90 Abgeordneter der Volkskammer, 1986–89 Mitglied des ZK der SED.

Knepler,[10] Professor der Musikwissenschaften, als Teilnehmer dieses Zusammentreffens gewonnen werden.

Heym beabsichtigte, in dieser Angelegenheit ein Gespräch mit dem Minister für Kultur zu führen, den er darüber informieren wollte, dass eine Einladung von der englischen Botschaft für ein Essen vorliege. Er wollte sich bei diesem Gespräch die Sanktionierung der offiziellen Teilnahme durch den Minister für Kultur bestätigen lassen.

Hermlin und *Heym* waren sich jedoch darüber einig, dass sie sich in keiner Form durch den Minister für Kultur »hineinreden lassen« wollen, wen sie mit in die englische Botschaft nehmen.

Stefan *Heym* war erst kürzlich als Initiator und Verleger für die Herausgabe einer Anthologie von DDR-Prosa im Kindler Verlag München/BRD in Erscheinung getreten.[11] (Siehe Information Nr. 965/73 vom 18.9.1973)

Diese Information ist nur zur persönlichen Kenntnisnahme bestimmt und darf wegen Quellengefährdung auf keinen Fall öffentlich ausgewertet werden.

10 Georg Knepler, Jg. 1906, österreichischer Musikwissenschaftler und Pianist, ab 1929 Korrepetitor und Kapellmeister der Wiener Volksoper, des Wiener Stadttheaters sowie an Theatern in Mannheim und Wiesbaden, 1928–31 pianistischer Begleiter von Karl Kraus, 1931–33 tätig in Berlin u. a. mit Bertolt Brecht und Hanns Eisler, 1933 Rückkehr nach Wien, 1934 KPÖ-Beitritt sowie Inhaftierung und Emigration nach England, 1946 Rückkehr nach Österreich und KPÖ-Kulturreferent in Wien, 1949 Übersiedlung in die DDR und SED-Beitritt, 1950–59 Gründung und Leitung der »Hochschule für Musik« in Berlin, 1959–70 Professur und Leitung des Musikwissenschaftlichen Instituts der HU Berlin.

11 Eine Veröffentlichung der Anthologie konnte nicht ermittelt werden.

28. September 1973

Information Nr. 993/73 über die Verhinderung eines Grenzdurchbruches nach Berlin (West) am 25. September 1973 im Bezirk Potsdam

Quelle: BArch, MfS, ZAIG 2130, Bl. 38–41 (6. Expl.).
Serie: Informationen.
Verteiler: Honecker, Heinz Hoffmann – MfS: Beater (durch HA VI), HA I, HA IX, Ablage.

Am 25.9.1973, gegen 19.50 Uhr, wurden an der Staatsgrenze zu Berlin (West) im Grenzabschnitt Kleinmachnow – Kohlhasenbrück durch Grenzsicherungskräfte der NVA unter Anwendung der Schusswaffe die Schüler [Name 1, Vorname], geboren [Tag, Monat] 1960, wohnhaft Güterfelde, [Straße, Nr.], Schüler der 7. Klasse der POS Stahnsdorf; [Name 2, Vorname], geboren [Tag, Monat] 1958, wohnhaft Güterfelde, [Straße, Nr.], Schüler der 7 Klasse der POS 3 Teltow; [Name 3, Vorname], geboren [Tag, Monat] 1959, wohnhaft Güterfelde, [Straße, Nr.], Schüler der siebten Klasse der POS Stahnsdorf; [Name 4, Vorname], geboren [Tag, Monat] 1961, wohnhaft Güterfelde, [Straße, Nr.], Schüler der 6. Klasse der POS Stahnsdorf beim Versuch des ungesetzlichen Grenzübertritts festgenommen. Sie erlitten keinerlei Verletzungen.

Insgesamt wurden durch die Grenzsicherungskräfte der NVA (zwei Postenpaare) 80 Schuss abgegeben, wobei durch die Feuerführung mehrere Geschosse in ein auf Westberliner Seite stehendes Haus einschlugen.

Die durch das MfS bisher geführten Untersuchungen ergaben:

Am 25.9.1973, gegen 14.30 Uhr, fuhren die genannten Schüler gemeinsam mit Fahrrädern von Güterfelde zum Südwestfriedhof Stahnsdorf und begaben sich von dort aus, nachdem sie die Fahrräder auf dem Friedhof versteckt hatten, unter Ausnutzung des Waldgeländes zu Fuß in die unmittelbare Nähe der Staatsgrenze.

Nach Einbruch der Dunkelheit versuchten sie gegen 19.50 Uhr, die Grenzsicherungsanlagen zu überwinden und wurden ca. 30 m vor der unmittelbaren Grenzlinie festgenommen, nachdem sie zuvor den Signalzaun unterkrochen hatten, ein weiteres Sicherungsgerät überkletterten und den Kolonnenweg überwanden.

Die Untersuchungen der Persönlichkeitsbilder ergaben, dass die genannten Schüler der Arbeiterklasse entstammen. Die Schüler [Name 3], [Name 2] und [Name 4] sind in geordneten Familienverhältnissen aufgewachsen, jedoch wurde im Elternhaus wenig Wert auf die staatsbürgerliche Erziehung gelegt.

Die Familien unterhalten aktive Verbindungen zu Verwandten in Berlin (West) bzw. in der BRD.

Der Stiefvater des [Vorname Name 1] verließ im Frühjahr 1973 unter Ausnutzung einer Reise in dringenden Familienangelegenheiten in die BRD ungesetzlich die DDR. Er war als Kraftfahrer beim VEB Bau Stahnsdorf[1] tätig.

Die Mutter des [Name 1] stellte daraufhin bei den zuständigen staatlichen Organen der DDR einen Antrag auf legale Übersiedlung in die BRD. In Gesprächen brachte sie Bekannten gegenüber zum Ausdruck, im Falle der Ablehnung ihres Antrages die DDR ungesetzlich verlassen zu wollen.

[Vorname Name 1], der ein gutes Verhältnis zu seinem Stiefvater hatte und sich deshalb zu diesem hingezogen fühlt, entschloss sich Ende September 1973 – bedingt durch die politisch negative Beeinflussung seiner Mutter und da er durch diese bei aufgetretenen erzieherischen Problemen teilweise ungerecht behandelt wurde – zum ungesetzlichen Grenzübertritt.

Am 23. und 24.9.1973 bezog der [Vorname Name 1] nacheinander seine Schul- und Spielkameraden [Vorname Name 2], [Vorname Name 3] und [Vorname Name 4] in sein Vorhaben ein, die sich aus Abenteuerlust und infolge kindlicher Leichtfertigkeit zur Teilnahme entschlossen.

Nach der erfolgten Festnahme wurden durch die DDR-Grenzsicherungskräfte im westlichen Vorfeld zahlreiche Aktivitäten Westberliner Sicherheitsorgane (Schutzpolizei, Bereitschaftspolizei, Militärpolizei) sowie von Zivilpersonen festgestellt.

Weiterhin erschienen in der Nacht vom 25. zum 26.9.1973 auf Westberliner Seite mehrere Bildreporter und fotografierten den Tatort.[2]

Provokatorische Handlungen gegenüber den Grenzsicherungskräften der NVA wurden nicht festgestellt.

Die Untersuchungen zur umfassenden Aufklärung der weiteren Ursachen, Motive und begünstigenden Bedingungen werden fortgesetzt.

1 Gemeint ist möglicherweise der VEB Bau- und Montagekombinat Ost, Betonwerk Stahnsdorf.

2 »Der Tagesspiegel« berichtete zwei Tage nach dem Sachverhalt: Stadtkommandanten verurteilen Schüsse der DDR-Grenzposten. »Grobe Mißachtung von Leben und Eigentum« – Ernsthafte Gefährdung. In: Tagesspiegel v. 27.9.1973, S. 1.

28. September 1973

Information Nr. 994/73 über die Entwicklung des grenzüberschreitenden Verkehrs zwischen der DDR und den sozialistischen und nichtsozialistischen Staaten sowie Berlin (West) in der Zeit vom 1. Januar 1972 bis 25. September 1973

Quelle: BArch, MfS, ZAIG 2199, Bl. 11–12 (5. Expl.).
Serie: Informationen.
Verteiler: Fischer – MfS: Mielke, Mielke, Wolf, Ablage.

In der Zeit vom 1.1.1972 bis 25.9.1973 reisten

- *14 Millionen* (*13 917 392*) Bürger nichtsozialistischer Staaten und aus Berlin (West) in die DDR ein
  (darunter 6 119 352 Bürger der BRD, *1 894 448* Bürger anderer nichtsozialistischer Staaten und *5 903 592* Personen mit ständigem Wohnsitz in Berlin/West);
- *19,5 Millionen* (*19 481 966*) Personen im Transitverkehr[1] zwischen der BRD und Berlin (West) und in umgekehrter Richtung;
- *3 240 009* Bürger der DDR in das nichtsozialistische Ausland und nach Berlin (West)
  (darunter *1 989 901* DDR-Bürger nach der BRD, *334 273* DDR-Bürger nach anderen nichtsozialistischen Staaten, *915 835* DDR-Bürger nach Berlin/West).

(*Anmerkung:* Darunter befanden sich *73 700* Bürger der DDR, die Reisen in dringenden Familienangelegenheiten durchführten.

Von den 73 700 DDR-Bürgern, die bisher derartige Reisen durchführten, reisten

- 20 417 in der Zeit vom 17.10.* bis 31.12.1972
- 53 283 in der Zeit vom 1.1. bis 25.9.1973.

[* Original-Fußnote: Zeitpunkt des Inkrafttretens]

Zum Reiseverkehr nur von Rentnern in das nichtsozialistische Ausland liegen keine offiziell auswertbaren Angaben vor.)

- *18,5 Millionen* (*18 522 407*) Bürger sozialistischer Staaten in die DDR ein (davon vom 1.1. bis 25.9.1973 = *6 322 090*)

1 Transitstrecken waren die durch das »Transitabkommen« vom 3.6.1972 definierten Verkehrswege für den Grenzverkehr zwischen der Bundesrepublik und Westberlin. Vgl. Bekanntmachung über das Inkrafttreten des Abkommens zwischen der Regierung der Deutschen Demokratischen Republik und der Regierung der Bundesrepublik Deutschland über den Transitverkehr von zivilen Personen und Gütern zwischen der Bundesrepublik Deutschland und Berlin (West) v. 3.6.1972. In: GBl. II 1972, S. 349–354.

- *21,5 Millionen* (*21 509 186*) DDR-Bürger nach anderen sozialistischen Staaten aus.
  (davon vom 1.1. bis 25.9.1973 = *8 151 674*).

Insgesamt reisten somit in der Zeit vom 1.1.1972 bis 25.9.1973 über *76,7* Millionen Menschen in der Ein- und Ausreise bzw. im Transitverkehr über die Grenzübergangsstellen der DDR.

28. September 1973

Information Nr. 995/73 über den Einsturz einer Zwischendecke im Casino des Chemischen Kombinates Bitterfeld

Quelle: BArch, MfS, ZAIG 2118, Bl. 32–34 (8. Expl.).
Serie: Informationen.
Verteiler: Honecker, Stoph, Mittag, Norden, Warnke – MfS: Mittig, HA IX, Ablage.

Am 28.9.1973, gegen 2.20 Uhr, stürzte aus bisher ungeklärter Ursache ca. 75 m^2 Zwischendecke im Casino des Chemischen Kombinats Bitterfeld (CKB)[1] ein.

Zum Zeitpunkt des Einsturzes befand sich in diesem Raum eine Gewerkschaftsdelegation aus Berlin (West), die vom 27.9. bis 30.9.1973 im CKB weilt.

Beim Einsturz der Zwischendecke erlitt der Westberliner Bürger *Seidel*, Peter,[2] geboren [Tag, Monat] 1943, wohnhaft Berlin (West), [Straße, Nr.], tödliche Verletzungen.

Die Westberliner Bürger [Name 1, Vorname], geboren am [Tag, Monat] 1947, wohnhaft Berlin (West), [Straße, Nr.], und [Name 2, Vorname], geboren [Tag, Monat] 1955, wohnhaft Berlin (West), [Straße, Nr.], erlitten schwere Verletzungen.

Die weiteren anwesenden Delegationsmitglieder [Name 3, Vorname], geboren [Tag, Monat] 1955, wohnhaft Berlin (West), [Straße, Nr.]; [Name 4, Vorname], geboren [Tag, Monat] 1950, wohnhaft Berlin (West) 65, [Straße, Nr.], und [Name 5, Vorname], geboren [Tag, Monat] 1940, wohnhaft Berlin (West) 21, [Straße, Nr.], sowie der Leiter der Delegation, der DDR-Bürger *Fischer*, Otto,[3] geboren [Tag, Monat] 1910, wohnhaft Berlin-Lichtenberg, [Straße, Nr.], wurden leicht verletzt.

Alle Verletzten wurden umgehend in die Poliklinik des CKB eingeliefert, wo ihnen alle erdenkliche ärztliche Hilfe und Fürsorge geleistet wird.

Die bisherigen Untersuchungen ergaben, dass diese Zwischendecke 1966 in diesem 6 × 30 m großen Raum (Konferenzsaal) eingezogen und mittels Haken und Drähten an der ursprünglichen Decke befestigt worden war.

Die Untersuchungen zur umfassenden Aufklärung der Ursachen und begünstigenden Bedingungen für dieses Vorkommnis und seine tragischen Folgen werden fortgesetzt.

1 1969 als Zusammenschluss des VEB Elektrochemisches Kombinat Bitterfeld (EKB) und der Farbenfabrik Wolfen entstanden, gehörte es zu den drei großen Chemiestandorten der DDR. Mit mehr als 4 500 Einzelerzeugnissen wies es eine große Produktpalette auf. Vgl. Schiefer, Mark: Profiteur der Krise. Staatssicherheit und Planwirtschaft im Chemierevier der DDR 1971–1989 (Analysen und Dokumente, Bd. 52). Göttingen 2018, S. 54.

2 Peter Seidel, Jg. 1943, weitere Angaben zur Person konnten nicht ermittelt werden.

3 Otto Fischer, Jg. 1910, weitere Angaben zur Person konnten nicht ermittelt werden.

5. November 1973

Information Nr. 1106/73 über die Begehung von Straftaten gegen die Volkswirtschaft der DDR durch zwei leitende Mitarbeiter des VEB Kombinat Baukeramik Boizenburg, [Bezirk] Schwerin

Quelle: BArch, MfS, ZAIG 2253, Bl. 1–7 (6. Expl.).
Serie: Informationen.
Verteiler: Sindermann, Krolikowski, Greiner-Petter – MfS: Schröder (weiter an HA XVIII), HA IX, Ablage.
Verweis: Information 417/73.

Durch das MfS wurden gegen die Personen *Janetschek,* Rudolf,[1] geboren am [Tag, Monat] 1918, ehemaliger Direktor für Beschaffung und Absatz im VEB Kombinat Baukeramik Boizenburg,[2] wohnhaft Boizenburg, [Straße, Nr.], Mitglied der SED und [Name 1, Vorname], geboren am [Tag, Monat] 1941, ehemaliger Absatzleiter im VEB Kombinat Baukeramik Boizenburg, wohnhaft Boizenburg, [Straße, Nr.], Mitglied der SED, wegen dringenden Verdachtes begangener Straftaten gegen die Volkswirtschaft der DDR Ermittlungsverfahren mit Haft eingeleitet.

Beide Personen haben die ihnen im Rahmen ihrer verantwortlichen Tätigkeit übertragene Verfügungs- und Entscheidungsbefugnis missbraucht und entgegen verbindlicher Rechtsvorschriften Entscheidungen getroffen, durch die sie vorsätzlich der Volkswirtschaft der DDR bedeutenden Schaden zufügten.

Seit 1970 haben beide, gemeinschaftlich handelnd, kapitalistischen Wirtschaftsunternehmen – insbesondere einer Westberliner Firma und zwei Firmen der BRD – unberechtigt und zum Nachteil der Volkswirtschaft der DDR Vorteile verschafft, indem sie

- unbegründete Rabatte gewährten,
- ungerechtfertigte Reklamationen anerkannten,
- Falschdeklarierungen bei Exportlieferungen durchführten und
- unter Umgehung des Außenhandelsmonopols ungesetzliche Exporte organisierten.

Wie die Untersuchungen weiter ergaben, haben die Beschuldigten insbesondere durch Qualitätsmanipulationen sowjetischer Außenhandelspartner des Kombinates betrogen.

1 Rudolf Janetschek, Jg. 1918, Kaufmann, ab 1937 Korrespondent und Buchhalter der Firma H. Elder und Co. in Reichenberg, 1938 NSDAP- und SA-Beitritt, 1939–45 Luftwaffe, 1945–47 britische Kriegsgefangenschaft, ab 1947 Lagerarbeiter im VEB Kombinat Baukeramik in Boizenburg, ab 1948 ebenda Einkäufer, ab 1954 ebenda Abteilungsleiter, ab 1969 ebenda Direktor für Absatz und Beschaffung, 1973–77 Haft, bis 1974 SED-Mitglied.

2 Seit 1973 waren die »Fliesenwerke Boizenburg« der Stammbetrieb des »VEB Kombinat Baukeramik Boizenburg«, der u. a. Fliesen- und Wandplattenproduktion umfasste.

So bevorteilten die Beschuldigten z. B. kapitalistische Handelsfirmen, insbesondere der BRD und Westberlins, zum Nachteil der DDR durch Rabattgewährungen, die zum Teil 50 % des Gesamtwertes getätigter Exportlieferungen betrugen.

Bei der Bearbeitung von durch NSW-Kunden vorgebrachten Reklamationen schalteten die Beschuldigten in zunehmendem Maße den betrieblichen Kontrollmechanismus aus und bevorteilten insbesondere die drei genannten Firmen durch »kulante« Reklamationsregulierungen.

Auch in Fällen, wo die Technische Kontrollorganisation des Kombinates und der Produktionsdirektor berechtigt eine Anerkennung geltend gemachter Reklamationsansprüche ablehnten, verfügten die Beschuldigten eigenmächtig die Begleichung der ungerechtfertigten Forderungen.

Die Beschuldigten schmälerten die Außenwirtschaftsergebnisse weiterhin dadurch erheblich, indem sie bei Preisverhandlungen mit NSW-Kontrahenten deren unbegründeten und ungerechtfertigten Preisreduzierungsforderungen bewusst nachgaben.

Die ungerechtfertigte Bevorteilung kapitalistischer Wirtschaftsunternehmen wird weiter durch die Tatsache bestätigt, dass Warenlieferungen der I. Qualität als solche II. oder III. Qualität[3] in Rechnung gestellt wurden.

Durch mithilfe der Beschuldigten vorgenommene falsche Gewichtsdeklarierungen konnten sich BRD-Reexportfirmen ebenfalls Vorteile zum Schaden der DDR verschaffen.

Die Beschuldigten fälschten zu diesem Zweck die entsprechenden Lieferdokumente in Form von Unterfakturierung der Warenlieferungen und verwendeten nicht den Tatsachen entsprechende Preisangaben, Warenbezeichnungen, Mengenangaben und Mengeneinheiten.

Besonders verwerflich war das Vorgehen der Beschuldigten im Rahmen des Exportgeschehens mit der UdSSR.

So wurden seit 1972 bei Exporten in die UdSSR den vertraglich vereinbarten Fliesen I. Qualität solche II. Qualität untergemischt, ohne davon die sowjetische Seite zu informieren und notwendige Preiskorrekturen vorzunehmen.

Neben den Betrugshandlungen gegenüber der UdSSR erfolgte in diesem Zusammenhang gleichzeitig eine Manipulierung des Betriebsergebnisses.

Durch vorgenannte Handlungen der Beschuldigten wurde der Volkswirtschaft der DDR vorsätzlich ein hoher finanzieller Schaden zugefügt, der sich bisher nachweislich auf 2,3 Mio. Valutamark und 0,4 Mio. Mark beläuft.

3 Gemeint sind hier die in der DDR zur Anwendung gebrachten Güteklassen, die die Qualität eines Produktes im Vergleich zum Weltmarkt klassifizierten. Die Qualität I zeichnete eine hervorragende und über dem Durchschnitt des Weltmarktes gelegene Qualität aus (Gütezeichen Q), Qualität II eine gute und durchschnittliche (Güteklasse 1) und Qualität III eine genügende und im Vergleich zum Weltmarkt unterdurchschnittliche Ausführung (Güteklasse 2).

Die Ermittlungen über die effektiv eingetretenen finanziellen Verluste und den verursachten handelspolitischen Schaden dauern noch an.

Obwohl die Untersuchungen zu den Straftaten der Beschuldigten noch nicht abgeschlossen sind, ist erwiesen, dass beide bewusst und skrupellos ihre Pflichten verletzten, gegen eindeutige staatliche Weisungen verstießen und die eingetretenen volkswirtschaftlichen Schäden in Kauf genommen haben.

Charakteristisch für die Haltung der Beschuldigten ist weiter der Umstand, dass sie sich im Gegensatz zum nach außen hin positiven Auftreten durch Vertreter kapitalistischer Firmen materiell korrumpieren und ideologisch negativ beeinflussen ließen.

Ob den begangenen Straftaten außer der Erlangung persönlicher Vorteile andere Motive zugrunde lagen, kann beim derzeitigen Stand der eingeleiteten Untersuchungen noch nicht beurteilt werden.

Es wird gegenwärtig geprüft, ob die Straftaten der Beschuldigten im Zusammenhang mit den aufgedeckten feindlichen Aktivitäten gegen die Glas- und Keramikindustrie der DDR stehen.[4]

Der Beschuldigte *Janetschek* hat im Zusammenwirken mit dem zu zehn Jahren Freiheitsentzug rechtskräftig verurteilten ehemaligen stellvertretenden Generaldirektor des VE AHB Glas-Keramik, Rudolph,[5] unter Täuschung der Zollorgane der DDR und der damit verbundenen Verletzung des Außenhandelsmonopols ungesetzliche Exporte in die BRD und nach Westberlin vorgenommen, indem über den Rahmen vorliegender Bezugsgenehmigungen hinaus Fliesenlieferungen in die BRD und nach Westberlin erfolgten.

Zu diesem Zweck wurden die entsprechenden Währungsfakturen gefälscht und Falschdeklarierungen der gelieferten Waren vorgenommen. In diesem Zusammenhang wurde von den Beschuldigten bereits teilweise auf einzelne Lieferbetriebe dahingehend Einfluss genommen, auf der Verpackung keine bzw. falsche Mengen- und Gewichtsangaben anzubringen.

Im Rahmen der Untersuchungen zur Aufklärung der Straftaten von *Janetschek* und [Name 1] wurden zugleich Mängel in der Leitungs- und Kontrolltätigkeit – insbesondere die Außenwirtschaftsbeziehungen auf dem Gebiet Glas-Keramik und den VEB Kombinat Baukeramik Boizenburg betreffend – bekannt, die die strafbaren Handlungen der Personen begünstigten.

Bereits im Verlaufe der Aufklärungsarbeit wurden deshalb vom MfS im engen Zusammenwirken mit den zuständigen staats- und wirtschaftsleitenden Organen sowie gesellschaftlichen Organisationen zweckmäßige Maß-

4 Vgl. Information 417/73.

5 Wilhelm Rudolph, Jg. 1927, Kaufmann und Ökonom, 1943–45 Luftwaffe und Marine, 1945–50 Lehrling und später Mitarbeiter in der Steingutfabrik Colditz, 1948–50 Aushilfslehrer in der Berufsschule Colditz, ab 1950 Disponent im AHB Glas-Keramik, 1956–64 ebenda Verkaufsdirektor, 1958–63 Fernstudium der Ökonomie mit Diplomabschluss, ab 1964 SED-Mitglied, 1964–70 Direktor für Export und stellvertretender Generaldirektor im AHB Glas-Keramik, ab 1970 ebenda 1. Stellvertreter des Generaldirektors.

nahmen eingeleitet, um diese begünstigenden Bedingungen weiter einzuschränken und den gegen die Glas- und Keramikindustrie der DDR gerichteten Aktivitäten entgegenzuwirken.

Außer der Realisierung von Maßnahmen, die sich direkt aus der aufgedeckten Feindtätigkeit im Industriezweig Glas und Keramik ergaben, wurde im Zusammenhang mit der Situation im VEB Kombinat Baukeramik Boizenburg bisher u. a. Folgendes unternommen:

- Im November 1971 wurde aufgrund vorliegender Hinweise auf Unregelmäßigkeiten im Verantwortungsbereich des *Janetschek* gegen den stellvertretenden Leiter der Bilanzstelle im VEB Fliesenwerke Boizenburg, [Name 2], ein Verfahren vor dem Kreisgericht Schwerin angestrengt, in dessen Ergebnis [Name 2] wegen passiver Bestechung rechtskräftig verurteilt wurde.

Janetschek, dem die Bilanzstelle unterstand, wurde damals bereits auf Pflichtverletzungen und Manipulationen in seinem Direktionsbereich hingewiesen, war jedoch bemüht, die erhobenen Vorwürfe abzuwerten.

- Zur Untersuchung der strafbaren Handlungen von *Janetschek* und [Name 1] insbesondere auf dem Gebiet der Exporttätigkeit wurde vom MfS eine Expertenkommission eingesetzt, deren Aufgabe darin bestand, neben der Erarbeitung von Beweismaterial zum Nachweis der Pflichtverletzungen des J. und [Name 1] weitere Kräfte zur Herstellung der gesetzlichen Ordnung und zur Durchsetzung der Prinzipien von Sicherheit und Ordnung zu mobilisieren.
- Eine weitere Expertenkommission, die im November 1973 ihre Tätigkeit aufnimmt, soll sowohl die subjektiven als auch objektiven Ursachen, die zu den vorgefundenen Missständen im VEB Kombinat Baukeramik geführt haben, allseitig aufdecken und entsprechende Vorschläge zu deren Überwindung unterbreiten.
- Es ist seitens des MfS weiter vorgesehen, die zuständigen staats- und wirtschaftsleitenden Organe bei der Überwindung aufgedeckter Mängel und Schwächen in geeigneter Form zu unterstützen sowie zur Stabilisierung der Leitungstätigkeit im Direktionsbereich Beschaffung und Absatz des VEB Kombinat Baukeramik und zum schrittweisen Abbau der Störeinflüsse speziell im Bereich der Exporttätigkeit des Kombinates beizutragen.

10. November 1973

Information Nr. 1260/73 über die Kollision eines Dienstbootes der Grenztruppen der DDR mit einem BRD-Tankmotorschiff auf der Elbe am 10. Dezember 1973

Quelle: BArch, MfS, ZAIG 2267, Bl. 1–2 (7. Expl.).
Serie: Informationen.
Verteiler: Kein Nachweis für externe oder interne Verteilung.
Vermerk: Handschriftlich über Verteilervorschlag: »nicht rausgegangen«.
Bemerkungen: Nicht realisierter Verteilervorschlag im Dokumentenkopf: Heinz Hoffmann, Heinz Hoffmann, Scheibe – MfS: Beater (durch HA VII), HA I, HA IX, Ablage.

Am 10.12.1973, gegen 10.50 Uhr, kollidierte am Elb-Kilometer 505,2, in der Nähe der ehemaligen Elbbrücken bei Dömitz, das Dienstboot G 110 der Grenztruppen der DDR mit dem BRD-Tankmotorschiff »Lichterfelde« (DT 47).

Das Dienstboot G 110 der Grenztruppen der DDR ist sofort im Ort der Kollision, ca. 80 m vom DDR-Ufer entfernt, gesunken. Von der dreiköpfigen Besatzung des Dienstbootes der Grenztruppen der DDR sind seit der Kollision zwei Matrosen vermisst.

Wie die bisher geführten Untersuchungen ergaben, trieb das Dienstboot G 110 der Grenztruppen der DDR zum Zeitpunkt der Kollision infolge Maschinenschadens manövrierunfähig stromabwärts, während das BRD-Tankmotorschiff »Lichterfelde« in Talmitte die Elbe talabwärts befuhr.

Vermutlich bedingt durch die Manövrierunfähigkeit ist das Dienstboot G 110 in die Fahrrinne des BRD-Tankmotorschiffes geraten und wurde durch das BRD-Tankmotorschiff mit dem Bug unter Wasser gedrückt.

Während der Bootsführer des Dienstbootes der Grenztruppen der DDR, Obermaat [Name, Vorname], das sinkende Boot noch verlassen und schwimmend das DDR-Ufer erreichen konnte, sind die beiden anderen Besatzungsmitglieder des Dienstbootes G 110, Obermaat *Kunath*[1] und Obermaat *Balschuweit,*[2] mit dem Boot gesunken und werden seitdem vermisst. Beide befanden sich zum Zeitpunkt der Kollision im Maschinenraum, um den Schaden zu beheben.

Auf dem gesunkenen Dienstboot befinden sich ferner die befehlsgemäß mitgeführten Dienstunterlagen und die Waffen aller drei Besatzungsmitglieder.

1 Hans-Joachim Kunath, Jg. 1953, NVA-Soldat, ab 1972 Grundwehrdienst, 1973 bei diesem Unfall verstorben.

2 Otfried Balschuweit, Jg. 1954, NVA-Soldat, ab 1973 Grundwehrdienst und Ausbildung zum NVA-Schützen und Funker, 1973 bei diesem Unfall verstorben.

Der betreffende Elbabschnitt ist seit 11.00 Uhr für den Wasserstraßenverkehr vorübergehend gesperrt.

Zur Durchführung der Such- und Bergungsmaßnahmen sind unverzüglich Kräfte und Mittel der Grenztruppen der DDR und der Wasserschutzpolizei eingesetzt worden.

Seit ca. 13.30 Uhr befinden sich im Abschnitt der Kollision auf BRD-Seite drei mit Hubschrauber herangeflogene Taucher des BGS sowie das BRD-Zollgrenzboot »Gatow« im Einsatz.

Gegen 13.40 Uhr wurde ein durch den BGS unterbreitetes Hilfsangebot zur Unterstützung der Such- und Bergungsmaßnahmen angenommen und eine schwere Tauchergruppe des BGS Lüneburg eingesetzt.

Im Ergebnis der Such- und Bergungsmaßnahmen wurden gegen 16.35 Uhr die beiden vermissten Angehörigen der Grenztruppen der DDR tot geborgen und das Dienstboot G 110 der Grenztruppen der DDR von Grund gehievt. Nach Beendigung der Such- und Bergungsmaßnahmen des BGS wurden die zwei toten Angehörigen der Grenztruppen der DDR und das Dienstboot G 110 von Kräften und Mitteln der Grenztruppen der DDR an das DDR-Ufer gebracht.

Das BRD-Tankmotorschiff »Lichterfelde« befindet sich noch am Ort der Kollision.

Die Untersuchungen über die konkreten Ursachen der Kollision sowie die damit im Zusammenhang stehenden weiteren Umstände werden fortgesetzt. Über das Ergebnis wird nachberichtet.

15. November 1973

Information Nr. 1172/73 über Äußerungen Bischof Fränkels/ Görlitz auf einem Gemeindeabend der Bekennenden Evangelisch-Lutherischen Kirche Sachsens in Dresden

Quelle: BArch, MfS, ZAIG 2260, Bl. 1–25 (4. Expl.).
Serie: Informationen.
Verteiler: Verner, Barth – MfS: Schröder (weiter an HA XX), Ablage, Carlsohn.
Vermerk: Im Verteiler hinter Carlssohn handschriftlich »(21.11.)«.
Anlage 1: Denkschrift des Bruderrates (Abschrift).
Anlage 2: Rede Hans-Joachim Fränkels.

Am 8.11.1973, um 19.30 Uhr, fand in der Dresdener Annenkirche ein Gemeindeabend der Bekennenden Evangelisch-Lutherischen Kirche Sachsens[1] statt, der dem 40. Jahrestag des Beginns des Kirchenkampfes 1933 bis 1945 gewidmet war.[2]

Im Auftrag des Landesbruderrates der Bekennenden Kirche hielt Bischof *Fränkel*[3] einen Vortrag zum Thema: »Was haben wir aus dem Kirchenkampf gelernt?«[4]

An der Veranstaltung nahmen ca. 320 bis 350 vorwiegend ältere Personen teil, davon 150 Theologen sowie zehn Mitglieder einer Abordnung des Dresdener Diakonissenhauses. Die übrigen Personen waren vornehmlich Vertreter handwerklicher Berufe und der Intelligenz.

In Vorbereitung dieses Gemeindeabends hatte es vonseiten der Sächsischen Landeskirche Gespräche mit Bischof *Fränkel* gegeben, wobei dieser aufgefor-

1 Hervorgegangen aus dem »Pfarrernotbund« und den sogenannten Bekenntnisgemeinschaften, hatte sich die »Bekennende Kirche« 1934 unter der Leitung eines Reichsbruderrates konstituiert. Sie proklamierte sich als die rechtmäßige evangelische Kirche in Deutschland. Damit verweigerte und widersetzte sie sich der Gleichschaltung der evangelischen Kirchen durch die Deutschen Christen, einer Vereinigung protestantischer Nationalsozialisten. Das NS-Regime stufte die »Bekennende Kirche« als staatsfeindlich ein. Viele ihrer Mitglieder erhielten Rede- und Publikationsverbote sowie Gefängnis- bis hin zu Lagerhaft. In der DDR lebte die Bekennende Kirche als staatlich anerkannte Bekenntnisgemeinschaft fort, führte hier jedoch ein Nischendasein.

2 Während die Bezeichnung des Kirchenkampfes bereits auf die Konflikte zwischen Kirche und Staat im deutschen Kaiserreich 1871 bis 1918 zurückgeht, meint der Begriff für die Zeit des Nationalsozialismus (1933–1945) den Konflikt zwischen NS-Regime und denjenigen Vertretern der evangelischen Kirche, die sich einer Gleichschaltung widersetzten.

3 Hans-Joachim Fränkel, Jg. 1909, evangelischer Theologe, Mitglied Pfarrernotbund und Bekennende Kirche, wiederholt Gestapo-Haft, 1940–43 Kriegsdienst, 1943–45 Pfarrvikar in Breslau, ab 1946 Mitglied der schlesischen Kirchenleitung und Ausweisung aus Polen, 1951 Oberkonsistorialrat in Görlitz, 1964–79 Bischof der Evangelischen Kirche von Schlesien (ab 1968 Kirchenprovinz Görlitz), 1972/73 Vorsitzender des Rats der EKU.

4 Vgl. Hans-Joachim Fränkel: Was haben wir aus dem Kirchenkampf gelernt? v. 8.11.1973; BArch, DY 30/95290, Bl. 135–151.

dert worden war, in seinem Vortrag keine politischen Provokationen zu unternehmen.

Während seines Vortrages führte *Fränkel* u. a. Folgendes aus:

Im Zeitalter der Wissenschaft und Technik sei der Weltfrieden eine dringende Notwendigkeit geworden.

Er möchte in seinem Vortrag aber nicht von politischen Wandlungen sprechen. In der Welt stünden sich heute »sozialistische Weltanschauungsstaaten« und »Demokratien des Westens« gegenüber. Nach 1945 sei die Volkskirche zusammengebrochen, eine »innere Erneuerung« der Menschen habe es nicht gegeben und die »Spaltung unseres Volkes«. Die Kirche bestehe heute in einer atheistischen Umwelt. Dass sie in dieser Umwelt nicht untergehe, habe sie im Kirchenkampf gelernt; dafür sei die Barmer Erklärung[5] auch heute noch gültig.

Der Kirche werde eine »unwissenschaftliche Welterklärung« unterstellt. Die Ergebnisse der modernen Wissenschaft würden zur atheistischen Welterklärung benutzt. Aber Gott stehe über allen Wissenschaften und Weltbildern – auch über Karikaturen von Weltbildern. Die »Ideologisierung der Wissenschaft« führe sie zur Unfreiheit.

Die Mitglieder der Bekennenden Kirche könnten meinen, sie wären Antifaschisten. Dann wären sie aber einer Ideologie verfallen.[6] Wenn sie (die Bekennende Kirche) – weil man von der Einigkeit von Christen und Marxisten spricht – in Versuchung käme, zur jetzigen Gesellschaftsordnung »nein« zu sagen, würde sie sich und somit den christlichen Glauben in unserem Staat selbst liquidieren, dann wäre sie einer Anti-Ideologie verfallen.[7]

5 Die »Barmer Theologische Erklärung« ist auf der Ersten Bekenntnissynode 1934 in Wuppertal-Barmen verabschiedet worden. Sie gilt als theologisches Fundament der Bekennenden Kirche im Nationalsozialismus und als Zeichen der Abgrenzung zu den »Deutschen Christen«. Zahlreiche Gliedkirchen der EKD haben das Glaubenszeugnis in ihre Grundordnungen aufgenommen, in einigen Kirchen dient sie als Bekenntnisgrundlage für die Ordination von Pfarrern. Siehe weiterführend Schneider, Thomas Marin: Wem gehört Barmen? Das Gründungsdokument der Bekennenden Kirche und seine Wirkungen. Leipzig 2017.

6 Dieses indirekte Zitat gibt die Äußerungen nur unzureichend wieder. Die Passage lautete gemäß Mitschrift der Rede: »Wir haben der damals herrschenden Ideologie das Bekenntnis zur Herrschaft Jesu Christi entgegengestellt. Man könnte uns daher mit einem gewissen Recht in die Front der Antifaschisten einreihen. Aber damit würde man uns doch im Grunde ideologisch missverstehen. Denn unser Neid zur damaligen herrschenden rassistischen Ideologie kam nicht aus einer Antiideologie, sondern aus dem alle Ideologien überlegenen sie begrenzenden und den Menschen rettenden und richtenden Worte Gottes!«. Vgl. Rede Hans-Joachim Fränkels: Was haben wir aus dem Kirchenkampf gelernt? v. 8.11.1973; Anlage 1 dieser Information bzw. BArch, DY 30/95290, Bl. 135–151, hier 139.

7 Dieses indirekte Zitat gibt die Äußerungen nur unzureichend wieder. Die Passage lautete gemäß Mitschrift der Rede: »Von daab könnte sich die Versuchung […] nahelegen, die Kirche müsse zu unserer Gesellschaft ein totales Nein sagen. […] Ich will einmal ganz davon absehen, dass eine Kirche, die ein solches totales Nein spräche, sich selbst zur Liquidierung in unserem Staate anmelden würde. Ich gebe viel mehr Folgendes zu Bedenken. Wir würden mit diesem totalen Nein die Marxisten in ihrer Vermutung bestärken, dass unser Glaube

Es dürfe aber keine Ideologisierung der Kirche geben.

Die Gebote der sozialistischen Moral könne die Kirche anerkennen, soweit sie dem Nächsten helfen. Sie müsse ihnen aber z.B. in Fragen der Jugendweihe[8] energisch widerstehen. Wer nichts zur Erziehung der Kinder zum Hass sage, stimme ihr zu.[9]

Die Presse lege Meinungen und Äußerungen von Geistlichen einseitig und ideologisch aus.

Das Evangelium sei zwar kein Mittel politischer Erziehung, es habe aber die Verantwortung, sich zu Fragen des Lebens zu äußern. Religion sei nicht Privatsache, und die öffentliche Verantwortung der Kirche sei heute besonders nötig.

Die Synode 1943 in Breslau[10] habe als einzige gegen die Hitlerherrschaft Stellung genommen.[11] Auch heute dürfe ein Rückzug auf innerkirchliche Räume nicht zugelassen werden.

Das Engagement für den Frieden in der Welt müsse auch dort geschehen, wo das Risiko am größten sei (nicht nur auf große Entfernungen, wie z.B. Vietnam[12]). Der Christ müsse das hier, in unserem Raum, tun.

In der Verfassung der DDR seien Glaubens- und Gewissensfreiheit garantiert. Es sei aber eine sozialistische Verfassung, wonach alle Bürger zu sozialistischen Persönlichkeiten erzogen werden sollten. Und daraus ergebe sich eine besondere Spannung bei der Verwirklichung der Menschenrechte

weiter nichts sei als eine Antiideologie. Wir würden damit vergessen, was wir im Kirchenkampf gelernt haben: Die Macht hat Gott allein!« Hans-Joachim Fränkel: Was haben wir aus dem Kirchenkampf gelernt? v. 8.11.1973; BArch, DY 30/95290, Bl. 135–151, hier 139 f.

8 Die Jugendweihe ist eine freireligiöse oder säkulare Initiationsfeier für Jugendliche, die in der Regel im 14. Lebensjahr stattfindet. Sie geht in ihren Ursprüngen auf das 19. Jahrhundert zurück und wurde bald von der Arbeiterbewegung aufgegriffen. Nach anfänglichem Zögern beschloss das SED-Politbüro im März 1954 die Jugendweihe in der DDR als Alternative zur christlichen Konfirmation und Kommunion einzuführen. Die evangelischen und katholischen Kirchen betonten von Beginn an die Unvereinbarkeit des neuen Ritus mit dem christlichen Glauben, sahen seit den 1970er-Jahren aber von einem Kirchenausschluss bei Teilnahme an der Jugendweihe ab.

9 Diese letzte Aussage ist dem Inhalt der Redeabschrift nicht zu entnehmen. Vgl. Hans-Joachim Fränkel: Was haben wir aus dem Kirchenkampf gelernt? v. 8.11.1973; BArch, DY 30/95290, Bl. 135–151.

10 Die zwölfte und letzte Bekenntnissynode der Altpreußischen Union (ab 1953 EKU) fand vom 16. bis 17.10.1943 in Breslau statt. Zahlreiche Teilnehmer sowie synodale Veröffentlichungen übten in diesem Rahmen erstmals öffentlich deutliche Kritik an der Verfolgungs- und Vernichtungspraxis der Nationalsozialisten.

11 Dieses indirekte Zitat gibt die Äußerungen nur unzureichend wieder. Die Passage lautete gemäß Mitschrift der Rede: »Und im Kirchenkampf hat selbst in der bekennenden Kirche nur das Bekenntnis zur Note in Breslau 1943 als einzige öffentlich ihre Stimme gegen den Mord an den Juden erhoben.« Hans-Joachim Fränkel: Was haben wir aus dem Kirchenkampf gelernt? v. 8.11.1973; BArch, DY 30/95290, Bl. 135–151, hier 145.

12 Der Vietnamkrieg zwischen dem kommunistisch regierten Nord- und dem von den USA unterstützten Südvietnam dauerte von 1955 bis 1975 an.

und der Freiheit. »Besonders schwere Fälle« z.B. der Benachteiligung von Christen in Bildungs- und Erziehungsfragen konnten zwar bereinigt werden, es gehe aber um einen »grundlegenden Wandel«. Die Alternative – EOS oder Konfirmation – führe zu großen Problemen, sei ein Widerspruch zur Verfassung und eine Verletzung der Gewissensfreiheit. Die gegenwärtige Atmosphäre sei unerträglich.

Das weltanschauliche Erziehungsziel müsse unbedingt Glaubens- und Gewissensfreiheit respektieren, das sei Grundrecht für alle Menschen. Das müsse auch im Jugendgesetz[13] verankert sein. Im Zusammenhang mit den Ausführungen des Genossen Breschnew[14] auf dem Weltkongress der Friedenskräfte in Moskau[15] erklärte *Fränkel,* dass die friedliche Koexistenz unteilbar sei. Sie könne nicht nur zwischen den Machtblöcken bestehen, sondern müsse erst zwischen den Menschen in unserer Gesellschaft geschaffen werden.[16]

Das christliche Gewissen verlange eine »Strategie der Toleranz«. 1933 bis 1945 habe die Kirche gelernt, dass der Protest aller gegen Diskriminierung nötig ist. Heute müsse sie ebenfalls danach handeln.

Es könnte geschehen, dass hauptamtliche Kirchenleute gesellschaftlich abgleiten, hier müssten die Gemeinden die Gefahr erkennen.

Man habe aus dem Kirchenkampf gelernt, dass niemand Prognosen für die Umwelt stellen kann. Gott habe das 1 000-jährige Reich nur zwölf Jahre alt werden lassen.

13 Im Januar 1974 trat das »Gesetz über die Teilnahme der Jugend der Deutschen Demokratischen Republik an der Gestaltung der entwickelten sozialistischen Gesellschaft und über ihre allseitige Förderung in der Deutschen Demokratischen Republik« in Kraft, das das bis dahin geltende Jugendgesetz von 1964 aufhob. Vgl. Gesetz über die Teilnahme der Jugend an der Gestaltung der entwickelten sozialistischen Gesellschaft und über ihre allseitige Förderung in der Deutschen Demokratischen Republik – Jugendgesetz der DDR – v. 28.1.1974. In: GBl. I 1974, S. 45–59.

14 Leonid Breschnew, Jg. 1906, sowjetischer Parteifunktionär, 1952–82 Mitglied des ZK der KPdSU, 1956–82 Mitglied des Politbüros der KPdSU, 1946–57 1. Parteisekretär u. a. in der Moldawischen SSR und Kasachstan, 1964–82 Generalsekretär der KPdSU, 1960–64 sowie 1977–82 Vorsitzender des Präsidiums des Obersten Sowjets.

15 Der »Weltkongress der Friedenskräfte« fand vom 25. bis 31.10.1973 in Moskau statt und entstand in Reaktion auf die internationale Phase der Entspannung. Einerseits Propagandainstrument, um die Sowjetunion und ihre Verbündeten als Kräfte des Friedens zu präsentieren, sollte der Kongress andererseits die Gemeinschaft der Ostblockstaaten stärken und allgemeinen Lockerungstendenzen entgegenwirken. Die DDR entsandte eine große Delegation nach Moskau, an der sich auch Vertreter der großen Kirchen sowie der CDU beteiligten. Vgl. Der Frieden hängt auch von Dir ab. Otto Hartmut Fuchs, Vorsitzender des Präsidiums der Berliner Konferenz, zum Moskauer Weltkongress. In: Neue Zeit v. 25.10.1973, S. 4.

16 Breschnew hatte sich in seiner Rede für einen globalen Friedensprozess und die Schaffung eines »kollektiven Sicherheitssystems in Europa und dann auch in Asien« ausgesprochen. Basierend auf einem »System internationaler Beziehungen, das auf der friedlichen Koexistenz beruht«, sollte die »Teilung der Welt in militärpolitische Blöcke« allmählich überwunden werden. Leonid Breschnew: Auszüge. Rede von Leonid Breschnew auf dem Kongress. In: Friedenskurier. Publikations des Weltfriedensrates v. November 1973, S. 8.; BArch, DZ 9/ 3231, o. Pag.

Die Kinder würden in Zukunft auch mit Gott und Christus leben. Der Glaube an diese Zukunft sei mehr wert als eine Karriere in unserer Zeit.

Die Ausführungen *Fränkels* wurden mit lebhaftem Beifall aufgenommen.

Im Anschluss an den Vortrag wurde ein Material verteilt, das die Ziele der Bekennenden Kirche formuliert. u. a. wird darin zu »Glaubensfreiheit« und »Freiheit weltanschaulicher Diskussion und christlichen Bekennens«, gegen die »Einengung zur Kulturkirche«, gegen »Einschränkung oder Verbot von Formen christlicher Lebensgemeinschaft«, zur »Bewältigung der Not christlicher Eltern, Jugendlicher und Kinder« usw. Stellung genommen.

Unterzeichnet ist dieses Material vom Landesbruderrat der Bekennenden Evangelisch-Lutherischen Kirche Sachsens.

(Dieses Material sowie der volle Wortlaut des Vortrages von *Fränkel* sind als Anlage beigefügt.)

Wie dem MfS intern bekannt wurde, gibt es in leitenden kirchlichen Kreisen der Landeskirche Sachsen zum vorgenannten Auftreten *Fränkels* und in diesem Zusammenhang zur Rolle *Fränkels* und der Bekennenden Kirche überhaupt folgende Reaktion:

Die Bekennende Kirche und ihr Leitungsgremium, der Landesbruderrat, sei an und für sich eine überholte Einrichtung, deren Existenzberechtigung in kirchlichen Kreisen angezweifelt wird. Sie sollte mehr oder weniger aus Tradition bestehen, denn man muss fragen, gegen wen will sie denn etwas bekennen.

Sie spiele auch innerhalb des kirchlichen Rahmens eine zum Teil üble Rolle, indem sie immer die Gefahr der Spaltung der Landeskirche provoziere. Auch die Übertragung des genannten Vortrages an Bischof *Fränkel* kann mit bestimmter Absicht geschehen sein, oder es habe sich im sächsischen Raum niemand bereitgefunden, ein solches anrüchiges Thema zu behandeln.

Die Behandlung des Themas durch *Fränkel* habe dann auch gezeigt, dass er sich nicht geändert hat und auch nicht ändern werde.

Dieses bezieht sich sowohl auf seine politische als auch auf seine theologische Stellung. *Fränkel* bringe immer wieder dieselbe Platte. Neben der politischen Aussage, mit der man sich nicht einverstanden erklären kann, seien auch theologisch falsche Aussagen enthalten.

Es sei jedoch schwierig, gegen einen Bischof einer anderen Landeskirche Stellung zu nehmen.

Diese Information darf aus Gründen der Sicherheit der Quelle nicht öffentlich ausgewertet werden.

Anlage 1 zur Information Nr. 1172/73

Denkschrift des Bruderrates

Der Landesbruderrat | Der Bekennenden Evangelisch-Lutherischen Kirche Sachsens | Dresden, den Oktober 1973 | Nur für innerkirchlichen Dienstgebrauch!

Was will die Bekennende Kirche heute?

Die Bekennende Kirche ist eine freie unabhängige Bruderschaft bekennender Christen innerhalb der Kirche und innerhalb der Gemeinden. In unserer Zeit, wo die Kirche in der Gefahr steht, sich hinter Kirchenmauern zurückzuziehen, oder umgekehrt, anderen Mächten und Gewalten dienstbar zu werden als ihren Herrn, und in einer Situation, wo sie sich innerkirchlich zerstreitet, fragen wir uns: Was will der Dreieinige Gott heute von uns?

Wir suchen die Antwort im lebendigen Gotteswort Alten und Neuen Testaments, in den Bekenntnissen unserer Evangelisch-Lutherischen Kirche sowie in der Barmer Theologischen Erklärung von 1934.

Wir bezeugen:

1. Jesus Christus ist unser Heiland. Sein Kreuz ist das Zentrum unseres Glaubens. Seine Auferstehung ist die Quelle unserer Kraft. Jesus ist nicht nur Vorbild. Am Kreuz geschieht tatsächlich die Erlösung. Ostern bringt die Überwindung des Todes durch die leibliche Auferstehung.

Alles, was in Kirche und Ökumene nicht aus diesem Glauben kommt und nicht zu diesem Glauben führt, ist überflüssig oder schädlich.

2. Jesus Christus ist der Heiland der Welt. Darum bekennen wir Christen seinen Namen und sein Wort vor allen Menschen und in aller Öffentlichkeit. Die Welt soll wissen, was Gott von ihr fordert und was er ihr schenkt.

Darum widerstehen wir jedem Versuch, die Kirche Gottes zur Kultkirche einzuengen oder zum Sprechsaal auszuweiten. Wir treten ein für die Freiheit der Verkündigung des Evangeliums.

3. Im Gottesdienst dient Gott den Menschen durch sein Wort und durch die Sakramente, durch die Vergebung und den Segen.

Im Gottesdienst dient der Mensch dem Herrn durch sein Hören und Beten, Loben und Danken. Der Gottesdienst ist Mitte und Ursprung des Christenlebens in der Welt.

Die Meinung ist irrig, dass der Gottesdienst nebensächlich sei oder seine Berechtigung ausschließlich als eine Vorbereitung des Dienstes der Christen in der Welt habe.

4. Die Gemeinde braucht die Gliedschaft ihrer Glieder untereinander.

Darum wenden wir uns gegen jeden Versuch, Rüstzeiten oder andere Formern christlicher Lebensgemeinschaft einzuschränken oder zu verbieten.

5. Die Gemeinde braucht ihre Jugend. Darum sind Junge Gemeinde sowie christliche Erziehung und Unterweisung unaufgebbare Teile kirchlichen Le-

bens. Wir wollen christlichen Eltern, Jugendlichen und Kindern zu einem Bekenntnis vor den Menschen helfen und zur geistlichen Bewältigung ihrer Not beitragen.

Wir widerstehen einer atheistischen Schulerziehung christlicher Kinder als einen Vorstoß gegen den Willen Gottes, wie er sich z. B. in den Menschenrechten widerspiegelt. Wir fordern die Freiheit weltanschaulicher Diskussion und christlichen Bekennens für unsere Jugendlichen in allen Schulen und Ausbildungsstätten aufgrund der Glaubens- und Gewissensfreiheit.

6. Wir wissen, dass Gott uns in die Deutsche Demokratische Republik zur Erfüllung seines Willens gestellt hat, und dass wir für unsere Mitarbeit im öffentlichen Leben vor Gott und Menschen verantwortlich sind. Wir danken Gott für den Frieden, den er uns bis heute schenkt und bitten ihn, dass er »Krieg und alle wohlverdienten Strafen« (Agende I) von uns gnädig abwende. Es ist selbstverständlich, dass wir als bekennende Christen uns dafür auch politisch und praktisch einsetzen.

Eine in ihrem Inhalt einseitig weltlich begrenzte Friedensarbeit innerhalb der Kirche halten wir für ebenso unmöglich, wie die Verwechslung von Gottes Heil mit dem irdischen Frieden.

7. Der Herr schafft die Einheit seiner Kirche. Wir wollen im Gehorsam gegen ihn, diese Einheit auch praktisch fördern, und bitten darum um seinen Heiligen Geist.

Wir warnen aber davor, dass Menschen eine Einheit proklamieren, ohne dass vorher die Grundlage eines gemeinsamen Bekennens und Verkündigens in einem kirchlichen Bekenntnis gefunden ist.

Jesus spricht: Ich bin der Weg und die Wahrheit und das Leben; niemand kommt zum Vater denn durch mich.

Gott, der Vater schafft die Welt durch sein Wort und gibt uns sein Gebot. Wir vertrauen und gehorchen der Kraft des Wortes, durch das Gott alle Dinge trägt.

Wir bitten Gott um seinen Heiligen Geist, damit wir Jesus vor der Welt bekennen und unserer Umwelt in Liebe beistehen können.

Anbetung, Zeugnis und Dienst gehören zusammen.

Wir rufen alle, die diesen Grundsätzen beistimmen, dazu auf, sich mit uns in dieser Arbeit zu verbinden.

Der Landesbruderrat | der Bekennenden Evangelisch-Lutherischen Kirche Sachsens

gez. Dr. Ihmels, Rochlitz | Walter Dehnel, Zschorlau | Horst Ditter, Eibenstock | Joachim Drese, Döbeln | Werner Fehlberg, Leipzig | Ernst Kanig, Dresden | Dr. Hermann Klemm, Meißen | Carl Lange, Zwickau | Kurt Lehmann, Dresden | Wolfgang Lommatzsch, Dresden Christoph Müller, Glaubitz | Werner Müller, Dresden | Werner Rein, Falkenau | Hans Rißmann, Dresden | Elfriede Rosenmüller, Dresden | Paul Schmidt, Leipzig | Gottfried Schöne, Großröhrsdorf | Alfred Stühmeier, Scheibenberg | Werner Zacharias, Adorf.

Anlage 2 zur Information Nr. 1172/73

[Rede Hans-Joachim Fränkels]

Barmer theologische Erklärung

Liebe Brüder und Schwestern!

Was haben wir aus dem Kirchenkampf gelernt?

Dieses Thema ist hier für den heutigen Vortrag gestellt worden.

Ich verstehe das Thema so, dass damit danach gefragt wird, was die damals im Kirchenkampf gewonnenen Erkenntnisse und geistigen Erfahrungen für unsere Situation heute bedeuten. Es kann sich ja nicht darum handeln, dass wir das Wort wie einst im Kirchenkampf, zum Beispiel in der Barmer theologischen Erklärung, bekannt haben, einfach nur zitieren, sondern es geht darum, es in unsere Lage hineinzulegen, also es zu interpretieren.

Lassen Sie mich einleitend ein Wort zur Einführung sagen. Es ist uns heute viel stärker als vor 40 Jahren bewusst, dass wir in einem beispiellosen weltgeschichtlichen Wandel stehen. Dabei denke ich nicht in erster Linie an das, was aus unserem deutschen Vaterland in diesen vier Jahrzehnten politisch geworden ist. Ich denke in erster Linie an die atemberaubenden Umwälzungen auf dem Gebiet der Wirtschaft und der Technik, denen wir uns gegenübersehen und deren Ende noch nicht abzusehen ist. Fortschritte, wie sie früher in Jahrhunderten gemacht wurden, vollziehen sich heute in Jahrzehnten. Die Wirklichkeit überholt die Phantasie, aber damit wachsen auch die Weltprobleme. Gerade das Tempo des Wandels verrät, wie schnell der Umbruch der Zeiten ist, in denen wir stehen. Das Zeitalter des …[17] und bodengebundenen Menschen, das sich vom Übergang des Nomadentums zur Sesshaftigkeit vollzog, geht zu Ende. Das bedeutet einen tiefen Wandel im Weltgefühl der vielen altver… Auflösung erreicht.

Hitlers Blut- und Bodenmythologie war der ebenso romantische wie verzweifelte und vergebliche Versuch, dem Rad der Geschichte in die Speichen zu fallen.

Ein Ereignis markiert in besonderer Weise den Umbruch. Das ist die vor wenigen Jahren erfolgte Mondlandung.[18] Ermöglicht wurde der Schritt ins Kosmische durch die technisch-wissenschaftliche Zivilisation. Mit ihr vollzieht sich eine früher ungeahnte Weltbemächtigung. Aber, so gewiss die Wissenschaft, die hier ihre Triumphe feiert, unaufhebbar ist, so gewiss müssen wir auch ihre Zweideutigkeit sehen. Sie hat nicht nur ihre positive, sondern sie hat auch ihre negative Seite. Zum Beispiel der medizinische Fortschritt, der den Tot zurückdrängt, hat doch zugleich durch Überbevölkerung das große Gespenst des Hungertodes für Millionen in unserer Zeit …

17 Hier und im Folgenden bei Auslassungspunkten vermutlich Fehler in der Mitschrift.

18 Die erste Landung von Menschen auf dem Mond erfolgte am 20.7.1969 durch die NASA-Raumfahrtmission Apollo 11.

Der Mensch steuert heute die kompliziertesten Apparaturen und wird zugleich durch deren Leistung in seiner eigenen Leistung fast verdrängt. Hier wird der Mensch in seinem Humanum gefährdet.

Die Atomkraft ermöglicht ein Leben in einer Weltgesellschaft, in der die früheren Nöte gebannt werden können und bedroht zugleich die Menschheit mit Selbstvernichtung und Auslöschung ihrer Geschichte. Diese Äquivalenz ist darum so bedrohlich, weil die rationale Mündigkeit der Menschen in einem erschreckenden Missverhältnis zu seiner ethischen Unreife steht. In dieser Welt der technisch-wissenschaftlichen Zivilisation ist der Weltfriede zur Notwendigkeit geworden, wenn die Menschheit überleben will. Aber er kann, dieser Friede, kann nur errungen werden, wenn die Menschheit die erforderliche ethische Reife gewinnt. Hierin liegt eine Herausforderung an die Kirche, die Heilsbotschaft so zu sagen, dass die in dieser Botschaft liegende Hilfe recht verstanden wird. Dass dieser Wandel der Welt auch die Kirche nicht unberührt lässt, ist selbstverständlich.

Die große Epoche unserer abendländischen Geschichte, in der die Kirche der Mittelpunkt der Gesellschaft war, ist unwiderruflich zu Ende.

Dies tritt im Bereich der sozialistischen Weltanschauungsstaaten viel klarer zutage als in den Demokratien des Westens.

Wir erleben in unserem Bereich unter der politischen Herrschaft der Ideologie des dialektischen Materialismus das Zusammenbrechen der Volkskirche von früher. Die Statistiken über … Raum, Konfirmation, sogar über die kirchliche Bestattung und über die Kirchenaustritte sprechen eine beredte Sprache.

Konnte es unmittelbar nach dem Zusammenbruch von 1945 für eine Zeit so aussehen, als ob sich unter den notvollen Verhältnissen damals eine stärkere Hinwendung zur Kirche vollziehen würde, die über das Interesse von Hilfssendungspaketen hinausgeht, so zeigte sich doch bald, dass eine innere Erneuerung der Menschen unseres Volkes versagt blieb. Was bedeutet, dass doch damals im Zusammenbruch aller deutschen Institutionen in unserem Vaterland nur die Kirche erhalten blieb, das wurde nicht erkannt und die Chance verspielt.

Dass in der sich ständig vertiefenden Spaltung unseres Volkes gerade die evangelische Kirche ein Band der Einheit hätte sein können. Ich sage das nicht, weil ich etwa meine, dass es die Aufgabe der Kirche sei, politischen Wünschen zu dienen. Gerade das würde die Kirche in ihrem Wesen korrumpieren. Man kann Christus nur um seinetwillen und nicht um anderer Zwecke willen wollen. Es anders zu halten, ist eine trügerische Versuchung. Aber ich sage das alles, weil die Erhaltung der Kirche im Zusammenbruch von 1945 ein echtes Angebot von Gott war, am ersten nach dem Reiche Gottes zu trachten und es Gott zu glauben, dass es uns auch damit alles andere schenken würde. Wir haben, ohne alle Illusionen, zu sehen, da wir zu einer Kirche der Minderheit in einer atheistischen Umwelt geworden sind, wie wir damit fertig werden.

Daran wird sich entscheiden, ob wir Kirche sind, die ihrem Herren allein vertraut und gehorcht oder den Versuchungen der Zeit erliegt.

Das, was wir einst im Kirchenkampf gelernt haben, kann uns auch heute eine echte Hilfe zu Glaube und Gehorsam sein. Wir haben gelernt, Verkündigung der Kirche und Glauben gründen sich auf Christus allein. Christus ist das eine Wort Gottes. So haben wir es damals in Barmen bekannt. Damit ist uns für die Begründung unseres Glaubens an Gott in der Auseinandersetzung mit dem Atheismus eine wichtige Hilfe gegeben. Vonseiten der Atheisten wird ja unser Glaube an Gott immer wieder im Sinne einer unwissenschaftlichen Welterklärung verstanden. Es wird uns unterstellt, wir setzten überall dort, wo noch Lücken in einer wissenschaftlichen Erklärung der Welt sind, Gott als Mittel der Erklärung ein.

Damit wird Gott sozusagen in den Lücken unserer Erkenntnis ange… Diesem Irrtum haben wir freilich selbst manchmal Vorschub geleistet. Ich will hier nur ein kleines Beispiel nennen. Es kommt auch heute noch vor, dass manche Christen angesichts fortschreitender Erfolge der Wissenschaft fast triumphierend feststellen: aber das Wetter können sie doch nicht machen. Eine solche Feststellung soll dann zur Begründung des Glaubens dienen. Doch das heißt, Gott zum Lückenbüßer zu machen und gerade damit die irrige These von der Unvereinbarkeit von Glauben und Wissenschaft zu stützen. Aber was haben wir im Kirchenkampf gelernt? Dass Gott für uns nicht in den Dingen der Welt, weder in jenen, wie wir erklären, noch in denen, die wir nicht erklären können, zu finden ist, sondern allein in Christus, wie auch die Wahrung Gottes in Christus bedeutet, totale Entgötterung der Welt und die damit zum Gegenstand wissenschaftlicher Forschung wird.

Ich bitte einmal darüber nachzudenken, warum das, was wir die moderne Wissenschaft nennen, ausgerechnet im Abendland entstanden ist.

Aber die Offenbarung in Christus verwehrt es uns, dass in solcher wissenschaftlichen Forschung gewonnene Teilwissen unter Leugnung Gottes als die eine, alles umfassende Wahrheit auszugeben, als die letzte Wahrheit, in der alle Fragen, auch die Grundfragen unserer Existenz, beantwortet seien.

Erst in der Begegnung mit Jesus Christus erschließen sich Wahrheit und Bestimmung des Menschen, Gottesgegenüber und des Menschen Nächster zu sein. So, so werden wir frei für sachgemäße wissenschaftliche Forschung und zugleich vor einer Ideologisierung der Wissenschaft bewahrt. In dieser Freiheit sind wir davon frei, wissenschaftliche Ergebnisse auf Zweckinteressen zu verfälschen oder Karikaturen des Geschichtsbildes zu zeichnen. Wir haben der damals herrschenden völkischen Ideologie das Bekenntnis zur Herrschaft Jesu Christi entgegengestellt. Man könnte uns daher mit einem gewissen Recht in die Front der Antifaschisten einreihen. Aber damit würde man uns doch im Grunde ideologisch missverstehen. Denn unser Nein zur damals herrschenden rassistischen Ideologie kam nicht aus einer Antiideologie, sondern aus dem alle Ideologien überlegenen, sie begrenzenden und den Menschen rettenden und richtenden Worte Gottes!

Das hat für unsere Haltung als Christen und Kirche in unserer vom dialektischen Materialismus geprägten Gesellschaft eine entscheidende Bedeutung.

Darin, dass das Evangelium von Jesus Christus und der dialektische Materialismus in unüberbrückbarem Gegensatz stehen, darin sind sich Christen und Marxisten einig.

Von da ab könnte die Versuchung, ich sage absichtlich die Versuchung, naheliegen, die Kirche müsse zu unserer Gesellschaft ein totales Nein sagen.

Ich weiß, dass das manche durchaus im Grunde ihres Herzens meinen, wenn wirs auch nicht glauben. Ich will einmal ganz davon absehen, dass eine Kirche, die ein solches totales Nein spräche, sich selbst zur Liquidierung in unserem Staat anmelden würde. Ich gebe vielmehr Folgendes zu bedenken. Wir würden mit diesem totalen Nein die Marxisten in ihrer Vermutung bestärken, dass unser Glaube weiter nichts sei als eine Antiideologie. Wir würden damit vergessen, was wir im Kirchenkampf gelernt haben: Die Macht hat Gott allein!

Wir haben daher, und darauf kommt es an, auch über dieser unserer Gesellschaft, in welcher der dialektische Materialismus als die sogenannte wissenschaftliche Weltanschauung für alle bindendes Gesetz werden sollte, an die Macht des Schöpfers und Erlösers zu glauben. Durch diese überlegene Macht unseres Gottes wird jeder, aber wirklich jeder ideologische Absolutanspruch begrenzt. Weil der entschlossene Wille, den dialektischen Materialismus für alle verbindlich durchzusetzen, Gott nicht hindern kann, uns in unserer Gesellschaft Gutes zu tun mit deren Willen, ohne deren Willen und auch gegen deren Willen.

So wäre es … Es wäre undankbar gegen Gott, wenn wir übersehen wollten, wieviel seit 1945 zum Wohle der Menschen in unserer Gesellschaft geschehen ist.

Wir haben im Kirchenkampf in der Barmer theologischen Erklärung bekannt, dass uns durch »Jesus Christus frohe Befreiung« aus den gottlosen Bindungen dieser Welt dankbarer Dienst an Gottesgeschöpfen widerfährt. Darin aber liegt die Chance der Freiheit zum Dienst in unserer Gesellschaft.

Wer, wer aus dem totalen Anspruch der marxistischen Ideologie folgert, und zwar unter Berufung auf den Herrschaftsanspruch Jesu Christi, folgert, dass eine Nichtarbeit in unserer Gesellschaft weder erlaubt noch verboten sei, der würde gesellschaftliche Macht mit der Allmacht des barmherzigen Schöpfers verwechseln und die uns in Christus geschenkte Befreiung verleugnen.

Die heimliche Flucht aus gesellschaftlicher Verantwortung wäre der Verzicht auf die Freiheit der Kinder Gottes.

Was bedeutet diese Freiheit für die Mitarbeit der Christen in dieser unserer Gesellschaft? Ich weiß natürlich, dass der Marxismus-Leninismus nicht in der untrennbaren Einheit aller seiner Bestandteile, also auch des prinzipiellen Atheismus, zu verstehen ist. Aber gerade gegenüber diesem Selbstverständlich sind wir frei, die atheistische Komponente auszuklammern. Als die durch Christus von den gottlosen Bindungen dieser Welt Befreiten, nehmen wir uns die Freiheit, in dieser unserer Gesellschaft zwischen dem gebotenen Dienst an der Erhaltung des Lebens und der gebotenen Verweigerung der atheistischen Bindung zu unterscheiden.

Das bedeutet zum Beispiel unser Verhältnis zu den Geboten der sozialistischen Moral. Soweit wir in den Geboten der sozialistischen Moral Hilfen für unsere Mitarbeit in der Gesellschaft als die am nächsten empfangen, nehmen wir in der Freiheit der Kinder Gottes diese Hilfe an, und in derselben Freiheit widerstehen wir dort, wo uns im Anspruch der Gebote der sozialistischen Moral der Herrschaftsanspruch des sich selbst erlösenden Menschen unterbreitet werden soll. Es gehört zur seelsorgerischen Aufgabe der Kirche, ihre Glieder in dieser Unterscheidung vom gebotenen Dienst am Nächsten und gebotener Verweigerung der atheistischen Bindung einzugehen. Darum haben wir ein glasklares Nein zur atheistischen Jugendweihe gesagt. Dabei werden wir im Einzelfall die Erfahrung machen, dass manche Christen schon dort eine atheistische Bindung sehen, wo sie für andere Christen noch nicht erkennbar ist. Wir werden uns hier ein verschiedenes Maß an Erkenntnis zubilligen dürfen, solange wir zu dem Bekenntnis zu der uns in Christus geschenkten Freiheit von allen gottlosen Bindungen einig sind und auch bereit sind, uns durch Christus die Gewissen schärfen zu lassen.

So wie wir im Kirchenkampf vertiefte Erkenntnis von Christus als Grund unseres Glaubens und unserer Freiheit empfangen haben, so haben wir auch neu erkannt, was es um den Auftrag der Kirche ist. Und in der sechsten Barmer These heißt es: Der Auftrag der Kirche, in welchem ihre Freiheit begründet ist, besteht darin, an Christi statt die Botschaft von der freien Gnade Gottes auszurichten an alles Volk. Vorgemerkt an alles Volk. Damit wird die Reichweite des Evangeliums angesprochen. Niemand soll ausgenommen sein.

Ich darf daran erinnern, dass damals in der Hitlerzeit treue Christen diejenigen Brüder und Schwestern, die den Judenstern tragen mussten, zum Gottesdienst, begleitet haben und somit ihren persönlichen Einsatz bezeugt haben, dass Gottes Gnade nicht vor Rassengrenzen halt macht.

Aber es hat, das müssen wir zu unserer Beschämung sagen, Gemeindekirchenräte gegeben, die beschlussmäßig die Taufe von Juden untersagt haben. Die Versuchung, in dieser Weise die Reichweite des Evangeliums zu beschränken, besteht heute nicht mehr. Wohl aber besteht die Versuchung, dass die Kirche sich trotz aller Betonung ihrer missionarischen Wendung doch aus dem Kreis ihrer Glieder zurückzieht. Damit aber lässt man sich die Zuständigkeit der Kirche von der Welt her vorschreiben und beschränkt sich auf die, die dem Urteil der Atheisten nach in religiösen Vorurteilen befangen sind, denen unbegreiflicherweise auch heute noch nicht das befreiende Licht des Atheismus aufgegangen ist.

Aber unser Herr Jesus Christus ist kein Museumsdirektor und auch kein Chef eines Naturschutzparkes für rückständige Gemüter. Er ist für alle gestorben, und er ist der Herr aller Menschen.

Damit hat sich die Kirche mit ihrem Auftrag auch in unserer Gesellschaft für alle zuständig zu wissen. Eine Kirche, die sich auf diejenigen beschränken ließe, die noch sogenannte religiöse Bedürfnisse haben, wäre der Versuchung erlegen, ihre Sendung für die Welt zu verleugnen.

So wenig wie die Botschaft von der freien Gnade Gottes eine Begrenzung ihrer Reichweite erträgt, so wenig duldet sie eine Verkürzung ihres Inhaltes.

Jesus Christus, so haben wir's im Kirchenkampf gelernt, ist Gottes Zuspruch der Vergebung aller unserer Sünden und mit gleichem Ernst Gottes Anspruch auf unser ganzes Leben. Davon ist nichts abzumachen.

Ich habe nichts dagegen, wenn heute auf die Bedeutung des Engagements der Kirche im Kampf gegen die Nöte der Welt und für das Wohl der Menschen besonders hingewiesen wird. Aber ich habe alles dagegen, wenn die Bedürfnislage der Welt zum Maßstab unserer Verkündigung gemacht wird. Die Vergebung der Sünden ist in der Welt kein gefragter Artikel, aber das ändert nichts daran, dass sie die entscheidende, den Menschen rettende Hilfe Gottes ist, für deren Verkündigung es kein Moratorium geben darf. Wo das vergessen wird, da verflacht das Evangelium von Jesus Christus zum moralischen Aufruf zur Nichtmenschlichkeit. Dem haben wir zu widerstehen. Wie wir Gottes Zuspruch der Vergebung aller unserer Sünden nicht zu verflachen haben, so haben wir auch Gottes Anspruch auf unser ganzes Leben nicht zu verkürzen.

Wer zum Beispiel noch so wunderbar von der Liebe Gottes predigt, aber nicht klar sagt, dass wir um dieser Liebe willen bei der Erziehung unserer Kinder zum Hass nicht mitmachen werden, der hat die Liebe Gottes nicht gepredigt.

Wer die Gebote Gottes nur so weit predigt, als er dabei der Zustimmung der politischen Gewalten Gewicht gibt, muss wissen, dass er damit auch die Botschaft von der Vergebung der Sünden verkürzt.

Die Versuchung ist groß, nur den angenehmen Teil der Wahrheit zu sagen. In diesem Zusammenhang muss ich an so manche Presseberichte über Erklärungen von Geistlichen erinnern. Viele unserer treuen Gemeindeglieder fühlen sich dadurch mit Recht beirrt, weil diese Erklärungen oft gerade dadurch, was sie nicht sagen, nicht mehr wahrhaftig sind. Wer als Prediger des Evangeliums zu politischen Fragen redet, darf auch das, was weniger gern gehört wird, nicht verschweigen, damit nicht das Evangelium zum Mittel politischer Zielsetzung wird.

Jesus Christus hat seine Kirche nicht als Institut für politischen Kredit gestiftet. Das bedeutet freilich nicht, dass das Evangelium keinen Bezug auf öffentliche Fragen, wie z.B. Politik, Wirtschaft und Recht, hätte und es dementsprechend keine öffentliche Verantwortung der Kirche gäbe.

Wir haben damals im Kirchenkampf bekannt, dass wir in allen Bereichen unseres Lebens der Herrschaft Jesu Christi unterstehen. Damit ist uns aber eine Beschränkung der Verantwortung auf dem innerkirchlichen Bereich und eine Flucht in die private Erbauung verwehrt. Gerade unter dem Ansturm des Atheismus ist die sogenannte Innerlichkeit eine große Verführung. Hier wird die Erbauung der Gemeinde verstanden im Sinne der inneren Erbauung des Herzens. Hier wünsche ich mich ungestört von der Welt, ihren Fragen und Forderungen, frommer Betrachtung hinzugeben. Eine Predigt, die in die Verkündung des Evangeliums die großen öffentlichen Fragen des Rechts, der Wirtschaft und des Friedens einbezieht, wird als störend empfunden. Der

Friede des Herzens ist alles. Der Friede der Welt aber eine rein politische Sache, die mit dem Evangelium nichts zu tun hat.

Das aber bedeutet die Preisgabe der öffentlichen Bereiche an ihre Eigengesetzlichkeit und die Privatisierung des Christseins. Das läuft dann auf den bekannten, auch von den Marxisten behaupteten Satz hinaus: Religion ist Privatsache.

Doch dieser Satz widerspricht dem Evangelium, denn Christus ist nicht Privatperson, sondern ihm ist gegeben alle Gewalt im Himmel und auf Erden. Er ist der Herr der Welt. Weil Gott in Christus die Welt mit sich selber versöhnte, ist im Auftrag diese Versöhnung zu proklamieren und die öffentliche Verantwortung der Kirche unausweichlich begründet.

Nun weiß ich wohl, dass die Kirche in der Vergangenheit dieser Verantwortung oft nicht entsprochen hat. Sie hat zum Beispiel angesichts der sozialen Nöte des vorigen Jahrhunderts zwar den Dienst der Liebe nicht vergessen, aber die Frage nach dem Recht nicht gestellt.

Und im Kirchenkampf hat selbst in der Bekennenden Kirche nur die Bekenntnissynode in Breslau 1943 als einzige öffentlich ihre Stimme gegen den Mord an den Juden erhoben.

Es könnte naheliegen, angesichts der Versäumnisse der Kirche, in der Vergangenheit zu sagen, nun seid aber mal hübsch bescheiden und haltet euch zurück. Aber die im Auftrag der Evangeliumsverkündung sich gründende öffentliche Verantwortung der Kirche wird auch nicht durch Versagen in Vergangenheit und Gegenwart außer Kraft gesetzt.

Buße, Buße heißt nicht Lähmung angesichts der Schuld, sondern besserer Gehorsam gegenüber dem Auftrag. Es darf keinen Rückzug aus dem inneren kirchlichen Bereich geben. Als man sich im Kirchenkampf der Hitlerzeit Fragen der liturgischen Erneuerung zuwandte, da hat Dietrich Bonnhöfer gesagt: Nur wer für die Juden schreit, darf auch gregorianisch singen.

Und heute müssen wir sagen: Nur, nur wer mit Leidenschaft für einen Frieden in der Welt eintritt, in welchem Menschenrechte und Menschenwürde gewahrt sind, darf sich des Herzensfrieden erfreuen.

Dem wird Jesus Christus Wahrhaftigkeit bedeuten.

Nun hat man gewiss in der Weltchristenheit erkannt, dass die Kirche sich im Kampf für den Frieden und das … Wohl der Menschen und gegen offenbare Unrechtsituationen engagieren muss. Aber dieses Engagement darf nicht einseitig sein, sodass man dort am lautesten und klarsten redet, wo das Risiko am geringsten ist. Wir haben über unseren Einsatz für den fernen Nächsten nicht den nahen Nächsten zu vergessen.

Unser Einspruch gegen den Terror in Chile[19] wird umso glaubwürdiger sein, je ernster wir als Kirche unsere öffentliche Verantwortung im eigenen

19 Der chilenische sozialistische Staatspräsident Salvador Allende regierte seit den Parlamentswahlen im März 1973 ohne eigene Regierungsmehrheit. Aufgrund seiner geschwächten

Raum wahrnehmen. In jeder Gesellschaft, in jeder Gesellschaftsordnung bleibt der Mensch ein Sünder. Darum ist es Irrtum zu meinen, dass die Qualität des Sozialismus die öffentliche Verantwortung der Kirche überflüssig mache.

Nun kann darüber kein Streit sein, dass in unserer Verfassung grundlegende Menschenrechte verankert sind. Hier ist an erster Stelle das entscheidende Recht der Glaubens- und Gewissensfreiheit zu nennen. Andererseits ist unsere Verfassung eine sozialistische Verfassung, und das bedeutet nicht nur, dass für unsere Gesellschaftsordnung die Vergesellschaftung der Produktionsmittel grundlegend ist, sondern das bedeutet weit darüber hinaus, dass unsere Gesellschaft durch den Marxismus-Leninismus geprägt ist unter der Zielsetzung, alle Bürger zu sozialistischen Persönlichkeiten heranzubilden.

Damit aber ist notwendig eine Spannung zwischen dieser Zielsetzung und grundlegenden Menschenrechten wie der Religionsfreiheit, der Glaubensfreiheit und Gewissensfreiheit, der Meinungsfreiheit und Gleichberechtigung gegeben. Diese Spannung lässt sich auch nicht dadurch auflösen, dass diese Menschenrechte an das Maß der Leistung für den Sozialismus gebunden und also nachträglich aufgrund erfüllter Bedingungen den Bürgern zugesprochen werden. Denn dadurch werden Menschenrechte und die damit verbundenen Freiheiten und Grundrechte in ihrem Wesen verkannt. Sie sind das, was sie sind, wenn sie als dem Menschen vorgegeben anerkannt und nicht unter das Soll einer bestimmten Gesinnung gestellt werden. Dieses Vorgegebensein ist in Gottes Schöpfung und Erlösung begründet. Die Anerkennung, die Anerkennung dieses Vorgegebenseins ist ein unbewältigtes Problem in unserer Gesellschaft.

Dieses Problem stellt sich heute in besonderer Schärfe auf dem Bildungs- und Erziehungssektor. Die Nöte, die christliche Eltern und Kinder hier haben, sind allgemein bekannt und auf allen Synoden der evangelischen Landeskirchen wie auch auf der Bundessynode so oft zur Sprache gekommen, dass ich jetzt nicht im Einzelnen darauf einzugehen brauche.

Es soll auch anerkannt werden, dass einige besonders schwere Fälle der Benachteiligung christlicher Kinder bereinigt werden konnten. Aber ich kann meine tiefe Enttäuschung nicht verbergen, dass trotz aller Bemühungen der Kirche, Eltern und Kindern zu helfen, bisher ein grundlegender Wandel noch nicht eingetreten ist. Noch immer müssen wir es erleben, dass zum Beispiel Eltern gesagt wird, ihr Kind soll auf die erweiterte Oberschule kommen, aber es besucht den Konfirmantenunterricht. Sie müssen sich entscheiden.

Machtposition und infolge seines umstrittenen Reformprogramms war es im Juni 1973 zu einem Putschversuch gekommen, der niedergeschlagen werden konnte. Im August 1973 sprach ihm das Parlament sein Misstrauen aus. Am 11.9.1973 putschte schließlich das chilenische Militär erfolgreich. Während sich Allende noch am gleichen Tag das Leben nahm, errichtete der auf ihn folgende Staatschef General Augusto Pinochet in Chile eine Militärdiktatur. Pinochet und seine Anhänger leiteten eine Welle der Verfolgung und Ermordung von politischen Gegnern ein, der mehrere Tausend Menschen zum Opfer fielen.

So wie jedem einzelnen Fall nachzugehen ist, und wir den Eltern Mut machen müssen, müssen wir doch erkennen, dass es nicht nur um einzelne Fälle geht, sondern hinter allen diesen Nöten steht der Widerspruch zwischen dem Erziehungsziel, sich den dialektischen Materialismus anzueignen, und dem christlichen Glauben, der sich eine atheistische Weltanschauung nicht zueigenmachen kann. Jeder Versuch, diesen Widerspruch durch Verletzung der Gewissen aufzulösen, macht die Atmosphäre unerträglich.

Dieser Widerspruch kann nur so ertragen werden, dass das Toleranzprinzip grundlegend zur Geltung kommt. Echte Toleranz bedeutet den prinzipiellen Verzicht darauf, das weltanschauliche Erziehungsziel mit administrativen Mitteln, mit Bruch oder irgendwelchen Benachteiligungen erreichen zu wollen. Echte Toleranz bedeutet die echte Respektierung der Gewissen. Die damit gegebene Spannung zwischen dem weltanschaulichen Erziehungsziel und dem Toleranzprinzip muss aufgehalten werden. Das ist die Zumutung, die die Gesellschaft unserer christlichen Gemeinde stellt. Darum müssen wir die Erwartung aussprechen, dass auch in dem neuen Jugendgesetz die Glaubens- und Gewissensfreiheit eine feste Verankerung findet.

Nun weiß ich natürlich, dass, wenn das Toleranzprinzip mit aller Klarheit angesprochen wird, die Sorge auftaucht, es würde eine Liberalisierung gefordert, die eine Erweichung fester Standpunkte und Überzeugungen mit sich bringt. Ich meine aber, man muss zwischen echter Toleranz und einer Liberalisierung, die zur Unverbindlichkeit führt, unterscheiden. Ich habe Verständnis für die Sorge vor einer ins Unverbindliche auflösenden Liberalisierung, und an einer solchen Liberalisierung liegt mir auch nicht. Aber ich muss darauf bestehen, dass die Glaubens- und Gewissensfreiheit als Grundrecht, als vorgegeben anerkannt wird, und die damit gegebene Spannung zwischen weltanschaulichen Zielen einerseits und dem Toleranzprinzip andererseits getragen wird.

Man sage nicht, das sei unmöglich. Im Atomzeitalter ist der Weltfriede zu einer ehernen Notwendigkeit geworden, wenn die Menschheit überleben will. Das erfordert zwingend die friedliche Koexistenz und das umsomehr, als die das Leben der Menschheit bedrohenden Gefahren der Umweltvergiftung nur in weltweiter Zusammenarbeit gelöst werden können.

In diesem Zusammenhang möchte ich aus der Rede Breschnews, die er am 26. Oktober auf dem Weltkongress der Friedenskräfte in Moskau gehalten hat, ein Wort zitieren.

Es heißt: Die langen Jahre des kalten Krieges haben ihre Spuren im Bewusstsein der Menschen, und zwar nicht nur bei Berufspolitikern hinterlassen. Es sind die Vorurteile, Argwohn, ungenügende Kenntnis der wirklichen Standpunkte und Möglichkeiten der anderen, ja mangelnder Wille, diese kennenzulernen, und die Umstellung ist gewiss nicht leicht. Man muss lernen zusammenzuarbeiten.

Man sollte diesen Worten Breschnews besondere Beachtung schenken. Friedliche Koexistenz ist unteilbar, das heißt, sie bedeutet nicht nur die Koexistenz von Machtblöcken und Völkern, sondern grundsätzlich auch immer die Koexistenz von Menschen, wie sie in den elementaren Menschenrechten ihren Ausdruck findet.

Unser Staat ist als Mitglied der Vereinten Nationen in die Verantwortung der Durchsetzung der Menschenrechte in allen Kontinenten einbezogen und hat auch die Konvention gegen die Diskriminierung im Bildungswesen angenommen. Mit dem allem, was in unserer Gesellschaft Hilfen und moralische Argumente sind, ist echte Toleranz zu öffnen.

Die christliche Gemeinde sollte in jeder Weise dazu Mut machen und eine umfassende Strategie der Toleranz entwickeln und entfalten.

Wenn ich wiederholt von der christlichen Gemeinde gesprochen habe, dann habe ich dabei nicht in erster Linie an uns Pastoren gedacht, sondern an unsere Laien. Was wären wir denn damals im Kirchenkampf ohne unsere Laien gewesen? Als angesichts der die Kirche verwüstenden Irrlehren nicht nur Pastoren protestierten, sondern die Gemeinden aufstanden, wurde die Bekennende Kirche gegründet.

Als uns das Führerprinzip und der Glaube an Blut und Boden zugemutet wurde, haben wir das rechte Verhältnis von Amt und Gemeinde neu verstehen gelernt, und bekannten die Kirche als die Gemeinde von Brüdern.

Was wir damals gelernt haben, hat heute für die Kirche als Zeugnis- und Dienstgemeinschaft eine besondere Bedeutung.

In einer Zeit, in der alle, die der Kirche hauptamtlich dienen, zunehmend in das gesellschaftliche Abseits geraten, gewinnt der Zeugendienst unserer Laien immer mehr an Gewicht, denn sie sind an Orten unserer Gesellschaft präsent. Sie sind den Amtsträgern weithin unerreichbar geworden. Das aber bedeutet, dass die öffentliche Verkündigung des Evangeliums nicht ohne Rückkopplung zu den Erfahrungen unserer Laien geschehen kann, und dass wiederum unsere Laien der Zurüstung durch ihre Pastoren für ihren Zeugendienst bedürfen. Solche Zurüstung sollte in bruderschaftlichen Kreisen geschehen, in denen alle Beteiligten zugleich Gebende und Nehmende sind und gegenseitig die so notwendige Stärkung im Glauben empfangen.

Das haben wir im Kirchenkampf gelernt.

Lassen Sie mich am Schluss noch das eine sagen: Wir haben gelernt, dass zuletzt doch alles auf den Glauben ankommt, der den Zusagen unseres Gottes traut und sich nicht von den Prognosen seiner Umwelt imponieren lässt. Wir waren in der Bekennenden Kirche im Kirchenkampf gewiss keine Heldengarde, wir waren eine kleine zusammengeschmolzene Schar, aber wir waren kein verlorener Haufen. Gott hat uns doch getragen, Gott hat die damals proklamierten tausend Jahre des Dritten Reiches auf zwölf Jahre zusammengequetscht.

Das sollten wir nicht vergessen. Es sind niemals die von außen die Kirche treffenden Bedrängnisse die schlimmste Gefahr. Viel gefährlicher sind die inneren Anfechtungen, die uns zur Resignation verleiten wollen, jene Sünde des Unglaubens, der nichts mehr zu hoffen wagt.

Aber wir haben keine Veranlassung, der Resignation zu verfallen, denn Christus hält den Posten des Erlösers fest besetzt und denkt nicht daran, ihn zu räumen. Wir brauchen ihn, um uns in unserer Sorge und um unser Kinder Fortkommen und Zukunft nicht zu verzehren, denn wir stehen mit unseren Kindern in Gottes Hand. Er wird auch Wege finden, da kein Fuß stehen kann. Der Segen Gottes in uns und unseren Kindern ist uns mehr wert, als die größte Karriere in unserer Gesellschaft. Wir brauchen nicht mehr dem Wort zu unterliegen, die wie eine Seuche umging, denn der Terrorbrecher Christus ist bei uns.

Das haben wir im Kirchenkampf gelernt.

28. November 1973

Information Nr. 1204/73 über Vorwürfe westdeutscher politisch-klerikaler Kräfte gegen die evangelischen Kirchen in der DDR

Quelle: BArch, MfS, ZAIG 2265, Bl. 1–4 (6. Expl.).
Serie: Informationen.
Verteiler: Honecker, Sindermann, Verner, Barth – MfS: Schröder (weiter an HA XX), Ablage.

Dem MfS wurde intern zuverlässig bekannt, dass im August 1973 in Schweden eine Zusammenkunft zwischen Bischof *Schönherr,* [1] DDR, Bischof *Scharf,* [2] Berlin (West), einem namentlich bisher nicht bekannten Bischof aus der BRD und einem Vertreter der imperialistischen Finanzkreise der BRD stattfand. (Dieses Zusammentreffen fand während des Urlaubsaufenthaltes *Schönherrs* in Schweden statt.) Organisiert wurde dieses Treffen von dem Westberliner Konsistorialpräsidenten *Flor,* [3] nach seinen eigenen Ausführungen im Auftrage von Bundeskanzler Brandt[4] und dem Regierenden Bürgermeister von Berlin (West) Schütz.[5] (*Flor,* ehemals Mitarbeiter des Bonner Auswärtigen Amtes, unterhalte engen Kontakt zu Bundeskanzler Brandt.)

1 Albrecht Schönherr, Jg. 1911, evangelischer Theologe, ab 1934 Mitglied Bekennende Kirche, 1940–45 Kriegsdienst, 1946 Superintendent des Kirchenkreises Brandenburg/Havel, 1962 Generalsuperintendent des Sprengels Eberswalde, 1967–81 zunächst Verwalter des Bischofsamtes der EKBB Region Ost, ab 1973 ebenda Bischof, 1969–81 Vorsitzender des BEK.

2 Kurt Scharf, Jg. 1902, evangelischer Theologe, 1933 Mitbegründer des Pfarrernotbundes, ab 1934 Mitglied Bekennende Kirche, wiederholt Gestapo-Haft, 1946–61 Propst und Abteilungsleiter im Evangelischen Kirchenbund, 1957–60 Vorsitzender des Rates der EKU, 1961–67 Vorsitzender des Rates der EKD, 1961 Rückreise von West- nach Ostberlin verwehrt und damit Ausweisung aus der DDR, 1966–72 Bischof der EKBB, 1972–76 nach der Spaltung der EKBB Bischof der EKBB Region West, 1980–84 Vorsitzender der Aktion Sühnezeichen/Friedensdienste.

3 Im Original: »Flohr«. Georg Flor, Jg. 1920, Jurist, 1952/53 Angestellter im Bundesamt für Verfassungsschutz, 1953–58 Hilfsreferent im Bundesministerium der Verteidigung, 1958/59 Persönlicher Referent der Staatssekretärin im Bundesministerium für Familien- und Jugendfragen, zugleich bis 1970 ebenda Referatsleiter, 1970–71 ebenda Gruppenleiter, 1971–85 Leiter des Konsistoriums der EKBB Region West.

4 Willy Brandt, Jg. 1913, SPD-Politiker, 1931 SAPD-Beitritt, 1933–45 Exil in Norwegen und Schweden, 1944 SPD-Beitritt in Stockholm, 1945–47 skandinavischer Korrespondent in Deutschland, 1949–92 MdB (mit Unterbrechungen), 1950–69 Mitglied des Abgeordnetenhauses von Berlin, 1955–59 dessen Präsident, 1957–66 Bürgermeister von Berlin, 1964–87 SPD-Vorsitzender, 1966–69 Bundesaußenminister, 1969–74 Bundeskanzler.

5 Klaus Schütz, Jg. 1926, SPD-Politiker und Diplomat, 1944/45 Kriegsdienst, 1946 SPD-Beitritt, 1951–61 Assistenz am Institut für Politische Wissenschaften an der FU Berlin, 1954–57 Mitglied des Berliner Abgeordnetenhauses, 1957–61 MdB, 1961–65 Wahlhelfer von Willy Brandt, 1961–66 Senator für Bundesangelegenheiten und für das Post- und Fernmeldewesen in Berlin, ab 1966/67 Staatssekretär im Auswärtigen Amt, 1967–77 Regierender Bürgermeister von Berlin, 1968–77 SPD-Landesvorsitzender, ab 1970 Mitglied des SPD-Bundesvors-

Bei dieser Aussprache soll gegen Bischof *Schönherr* der Vorwurf erhoben worden sein, unter seiner Leitung betreibe die evangelische Kirche in der DDR eine den »gesamtdeutschen« Interessen widersprechende Politik. Führende klerikale Kreise in der BRD und in Berlin (West) hätten die Gründung des Bundes der Evangelischen Kirchen in der DDR[6] als eine den Verhältnissen entsprechende notwendige taktische Variante angesehen. Die von Bischof *Schönherr* danach betriebene Politik der eigenständigen Entwicklung der evangelischen Kirchen in der DDR finde jedoch weder bei der Bundesregierung, dem Senat von Berlin (West), den Vertretern der evangelischen Kirchen in der BRD noch in westdeutschen Finanzkreisen Zustimmung. Nach Meinung von Bundeskanzler Brandt und des Regierenden Bürgermeisters von Berlin (West) Schütz seien die evangelischen Kirchen in der DDR dazu prädestiniert, politisch-ideologischen Einfluss im westlichen Sinne auf die Bürger der DDR zu nehmen. *Schönherr* dagegen unterstütze die Interessen der DDR.

Die Teilnehmer an der Aussprache, insbesondere Bischof *Scharf*, sollen gefordert haben, dass Bischof *Schönherr* unverzüglich seine Haltung ändert und eine Kirchenpolitik betreibt, die den »gesamtdeutschen« und »gesamteuropäischen« Interessen entspricht. Sollte er dieser Forderung nicht nachkommen, so würden in Zukunft die den evangelischen Kirchen in der DDR gewährten finanziellen Zuwendungen seitens der BRD (Bundesregierung, Leitung der »Evangelischen Kirche Deutschlands«) völlig eingestellt werden.[7]

Bischof *Schönherr* soll entgegnet haben, er könne seine Haltung nicht ändern, sonst würden sich die ohnehin vorhandenen Schwierigkeiten im Verhältnis zwischen Staat und Kirche in der DDR weiter zuspitzen. Man könnte den evangelischen Kirchen dann den Vorwurf machen, »fünfte Kolonne« zu sein.

Das würde nach seiner Meinung auch nicht den Interessen einer »gesamtdeutschen« Politik entsprechen.

Er habe mit einem so massiven Druck auf die evangelischen Kirchen der DDR nicht gerechnet. Er würde jedoch gegebenenfalls die Mitarbeiter der

tands, ab 1977–81 deutscher Botschafter in Israel, 1981–87 Intendant der Deutschen Welle in Köln, 1987–93 Direktor der Landesanstalt für Rundfunk in NRW.

6 Bei dem Bund der evangelischen Kirchen in der DDR (BEK) handelte es sich um den Zusammenschluss aller evangelischen Landeskirchen in der DDR. Mit seiner Gründung 1969 war die Teilung der EKD juristisch und organisatorisch endgültig vollzogen worden.

7 Ein großer Teil der kirchlichen Finanzmittel stammte aus der Bundesrepublik, von wo aus etwa die EKD die ostdeutschen Kirchen im Sinne einer gesamtdeutschen Kircheneinheit finanziell unterstützte. Auch die Bundesregierung, insbesondere das Bundesministerium für gesamtdeutsche Fragen, sandte wiederholt Gelder über die EKD oder die Diakonie an die DDR-Kirchen. Die ostdeutschen Kirchen waren auf diese Finanzmittel angewiesen, da der Einzug der Kirchensteuer hier nicht staatlich geregelt war und somit auf einer freiwilligen Entrichtung basierte. Zudem sanken ihre Einnahmen angesichts schrumpfender Gemeinden und ausbleibender staatlicher Unterstützung stetig. Vgl. Brechenmacher, Thomas: Im Sog der Säkularisierung. Die deutschen Kirchen in Politik und Gesellschaft (1945–90). Sonderausgabe für die Bundeszentrale für politische Bildung. Bonn 2022, S. 145–151.

evangelischen Kirchen in der DDR aufrufen, auf finanzielle Zuwendungen aus der BRD zu verzichten.

Bischof *Scharf* soll dazu erklärt haben, er sei mit *Schönherrs* Haltung keineswegs einverstanden. Er – *Scharf* – würde deshalb in absehbarer Zeit von sich aus Verbindungen zu leitenden kirchlichen Amtsträgern in der DDR aufnehmen bzw. aktivieren, um diese für das obengenannte Ziel zu gewinnen.

Bischof *Schönherr* ließ unmittelbar nach seiner Rückkehr aus Schweden mit dem Hinweis auf strengste Geheimhaltung durch Mitarbeiter des Finanzausschusses des Bundes bereits Berechnungen darüber anstellen, welche Auswirkungen der Wegfall der finanziellen Zuwendungen aus der BRD haben würde. Dabei ist festgestellt worden, dass sich die Gehälter der kirchlichen Amtsträger und Angestellten im Durchschnitt um ca. 27 bis 30 % verringern würden. Noch schwieriger sei der Wegfall von Sachzuwendungen (Pkw, Benzinschecks u. Ä.), die über GENEX[8] erfolgen.

Dem MfS wurde weiter intern bekannt, dass am 9. und 10.10.1973 in Potsdam eine interne Konferenz aller Bischöfe, Chef-Juristen und Finanzexperten der evangelischen Landeskirchen der DDR stattfand, auf der die sich durch einen möglichen Wegfall der Zuwendungen aus der BRD ergebende finanzielle Lage des Bundes der Evangelischen Kirchen in der DDR beraten wurde.

Den Finanzexperten wurde dabei der Auftrag erteilt, in Vorbereitung eines solchen Falles ein »Notprogramm« zu erarbeiten.

Gegenwärtig werden von »zuverlässigen« Finanzexperten der Landeskirchen Überlegungen und Berechnungen im Zusammenhang mit der Erarbeitung eines »Notprogrammes« angestellt.

Diese Information ist nur zur persönlichen Kenntnisnahme und wegen Quellengefährdung nicht zur öffentlichen Auswertung bestimmt.

8 Die 1956 gegründete und 1963 in »Genex Geschenkdienst GmbH« umbenannte Firma ermöglichte es DDR-Bürgern, hochwertige Konsumgüter wie vor allem Pkw oder Haushaltsgeräte überwiegend aus DDR-Produktion relativ kurzfristig und zu nominal günstigeren Preisen als in der DDR zu beziehen. Diese Waren konnten aus der Bundesrepublik und dem westlichen Ausland per Katalog und Vorkasse bestellt werden. Das von Angehörigen des ZK der SED als Gesellschafter verwaltete Unternehmen ermöglichte es der SED-Partei- und Staatsführung auf diese Weise, an Valuta aus Privathand zu gelangen.

21. Dezember 1973

Information Nr. 1285/73 über die Reaktion der evangelischen Kirche in der DDR auf die sozialpolitischen Maßnahmen im Bereich des Gesundheitswesens der DDR

Quelle: BArch, MfS, ZAIG 2268, Bl. 1–5 (4. Expl.).
Serie: Informationen.
Verteiler: Barth (durch HA XX/4), Mecklinger (durch HA XX/1) – MfS: Schröder (weiter an HA XX), Ablage.
Vermerk: Weitere Datierung unter Datumsfeld »17.12.73«.

Wie dem MfS zuverlässig bekannt wurde, sind die evangelischen Bischöfe der DDR in einem vertraulichen Schreiben des Direktors des evangelischen Hilfswerkes, Dr. *Bosinski,*[1] über den Inhalt eines Gesprächs informiert worden, das zwischen dem Justitiar der Inneren Mission und evangelischen Hilfswerkes *Hamann*[2] und Beauftragten des Präsidenten der Volkskammer der DDR im Zusammenhang mit den sozialpolitischen Maßnahmen im Bereich des Gesundheitswesens stattfand.

Wie aus diesem vertraulichen Schreiben hervorgeht, wurden im Verlaufe des Gesprächs durch *Hamann* zu folgenden Problemen Fragen gestellt, die seitens der Beauftragten des Präsidenten der Volkskammer wie folgt beantwortet worden seien:

Im Zusammenhang mit der *Bereitstellung weiterer Facharztstellen und der Einbeziehung in die Absolventenlenkung,* so wurde *Hamann* erläutert, werden die evangelischen Krankenhäuser nach den gleichen Kriterien wie bisher mit einbezogen, wobei sich im Zusammenhang mit der Erweiterung der fachärztlichen Ausbildung insgesamt auch die Zahl der zugewiesenen Facharztbewerber im konfessionellen Bereich erhöhen wird.[3]

Es werden auch keine Einwände dagegen erhoben, dass religiös gebundene Bewerber sich um einen Einsatz und die Ausbildung in evangelischen

1 Gerhard Bosinski, Jg. 1911, evangelischer Theologe, 1936–39 Vikar der Pfarrei Woosten, später Militärpfarrer in der Wehrmacht, 1945–57 Domprediger in Güstrow, 1957–59 Domprediger in Magdeburg, 1959–68 Landessuperintendent des Kirchenkreises Stargard, 1967 Promotion, 1968–76 Direktor der »Inneren Mission« und des »Hilfswerks«.

2 Bruno Hamann, Jg. 1909, Jurist, bis 1974 Justitiar der Inneren Mission und des Diakonischen Werks, 1972 1. Stellvertreter des Bischofswahlkollegiums der EKBB.

3 In einem gemeinsamen Beschluss mit dem Ministerrat und dem Bundesvorstand des FDGB hatte das Politbüro der SED im September 1973 Maßnahmen im Gesundheitswesen beschlossen, die u. a. einen Ausbau von Facharztstellen in den Krankenhäusern der DDR ab 1976 und eine verstärkte Nachwuchsgewinnung vorsahen. Vgl. Anlage zur 74. Sitzung des Präsidiums des Ministerrats v. 27.9.1973. Weitere Maßnahmen zur Durchführung des sozialpolitischen Programms des VIII. Parteitages der SED; BArch, DC 20-I/4/2945, Bl. 53–68, hier 60 f.

Krankenhäusern bemühen, da der Status des sozialistischen Staatsbürgers christlichen Glaubens eine solche Behandlung einschließe.[4]

Auf die Frage nach der *Perspektive der Ambulanzen* wurde dargelegt, dass sie erhalten bleiben und Erweiterungen bei der poststationären Betreuung denkbar seien. Ebenso könnte es sein, dass Ärzte der evangelischen Krankenhäuser in staatlichen Ambulanzen tätig werden.[5]

Zum *Perspektivprogramm für Investitionen* wurde darauf hingewiesen, dass Anträge auf Aufnahme in die Baubilanzen über die jeweiligen Kreisärzte an die örtlichen Organe der Staatsmacht zu richten sind.[6]

Der Kreisarzt sei mit dafür verantwortlich, berechtigte Anträge der entsprechenden evangelischen Einrichtungen, die einer effektiven Nutzung dienen, bei der Aufstellung der Baubilanzen mit zu berücksichtigen.

Die Bereitstellung von Baukennziffern führt dabei keinesfalls zur Schmälerung des Sonderbauprogramms (der Kirche), da dieses nicht in den örtlichen Baubilanzen enthalten sei.

Für die *Umgestaltung der pflegerischen Facharbeiterausbildung zur Fachschulausbildung* sei auf die entsprechende Fragestellung *Hamanns* erklärt worden, dass Träger der Fachschulausbildung nur eine staatliche Einrichtung sein kann. Endgültige Entscheidungen würden dazu noch nicht vorliegen. Es werde erwartet, dass die evangelischen Kirchen der DDR geeignete Vorschläge unterbreiten.[7]

4 Albert Norden (SED) prägte die Formel vom »Staatsbürger christlichen Glaubens« auf dem 13. CDU-Parteitag (Ost) in Erfurt. Sie stellte einen Versuch dar, die Christen in der DDR in das sozialistische System zu integrieren und ihnen ein Angebot der Mitarbeit zu machen. Vgl. Aktive Mitstreiter für die edelste Sache der Menschheit. Aus der Ansprache Albert Nordens auf dem 13. CDU-Parteitag. In: ND v. 12.10.1972, S. 5.

5 Der gemeinsame Beschluss des SED-Politbüros, des Ministerrats und des FDGB-Bundesvorstandes sah einen Ausbau ambulanter Betreuungsmöglichkeiten insbesondere in Neubaugebieten vor, etwa durch den verstärkten Bau von Polikliniken und Ambulatorien. Vgl. Anlage zur 74. Sitzung des Präsidiums des Ministerrats v. 27.9.1973. Weitere Maßnahmen zur Durchführung des sozialpolitischen Programms des VIII. Parteitages der SED; BArch, DC 20-I/4/2945, Bl. 53–68, hier 56.

6 Der Ministerrat der DDR hatte am 13.12.1972 ein Sonderbauprogramm Kirche beschlossen. Demgemäß sollten im Zeitraum von 1973 bis 1975 an ausgewählten Kirchengebäuden in der DDR Instandsetzungs- und Restaurierungsarbeiten durchgeführt, Erweiterungsbauten an Pflegeheimen und Fertigteilhäuser für medizinisches und Pflegepersonal errichtet werden. Die westdeutschen Kirchenleitungen der EKD und der katholischen Kirche finanzierten das Programm mit Devisen. Vgl. Büro des Ministerrates: Beschluss über die Instandhaltung und Restaurierung von Kirchengebäuden und Neubau von Gesundheitserweiterungsbauten zur Pflege von schwergeschädigten und geistig behinderten Bürgern sowie Fertighäuser für medizinisches und Pflegepersonal. Beschluss des Ministerrates v. 13.12.1972 mit zwei Anlagen; BArch DC 20-I/4/2771, Bl. 126–161.

7 Ein Beschluss des Politbüros des ZK der SED, des Ministerrates der DDR und des FDGB-Bundesvorstandes vom 25.9.1973 hatte verfügt, die Berufsausbildung für die mittleren medizinischen Berufe in eine medizinische Fachschulausbildung umzuwandeln. Eine ähnliche Umwandlung der medizinischen Ausbildung an kirchlichen Gesundheitseinrichtungen war dabei allerdings nicht vorgesehen, da eine Erhebung der kirchlichen Ausbildungsstätten von

Die jährlich wiederkehrende Sondervergütung am Tag des Gesundheitswesens[8] und ihre Anwendung auf die Mitarbeiter in evangelischen Einrichtungen des Gesundheits- und Sozialwesens konnte nicht endgültig beantwortet werden.

Im Prinzip würden die Mitarbeiter der evangelischen Einrichtungen des Gesundheits- und Sozialwesens, die mit diesen in einem Arbeitsrechtsverhältnis stehen, die jährliche zusätzliche Vergütung erhalten.

Diakonissen und Diakonissenschwestern können jedoch die zusätzliche Vergütung nicht erhalten, da diese eine seelsorgerische Tätigkeit ausüben und gemäß »Anordnung über die arbeitsrechtliche Stellung der in kirchlichen Einrichtungen beschäftigten Arbeiter und Angestellten vom 18.1.1958«[9] in einem kirchlichen Beschäftigungsverhältnis stehen.

Die *Ehrung der Mitarbeiter in den evangelischen Einrichtungen durch Verleihung von Medaillen am Tag des Gesundheitswesens* erfolge in gleicher Weise für diejenigen, die zehn und mehr Jahre ununterbrochen im Dienst stehen, unabhängig von ihrem Anstellungsverhältnis. Die Anträge für die Verleihung von Medaillen können daher auch für Vorsteher, Diakonissen und Diakonissenschwestern eingereicht werden. Als problematisch seien, so wäre von den Beauftragten des Präsidenten der Volkskammer ausgeführt worden, die gegenwärtig gültigen Beschlüsse der Konferenz der Diakonissen-Mutterhäuser Kaiserswerther Prägung[10] in der DDR anzusehen, die die Annahme kirchlicher bzw. staatlicher Auszeichnungen durch Diakonissen bzw. Diako-

Einrichtungen der Erwachsenenqualifizierung zu Fachschulen und somit ihre Gleichstellung mit staatlichen Ausbildungsstätten vermieden werden sollte. Vgl. Staatssekretär für Kirchenfragen, Abteilung Gesundheitspolitik, Arbeitsgruppe Kirchenfragen: Information o. D; BArch, DO 4/6161, Bl. 4–9; Anlage zur 74. Sitzung des Präsidiums des Ministerrats v. 27.9.1973. Weitere Maßnahmen zur Durchführung des sozialpolitischen Programms des VIII. Parteitages der SED; BArch, DC 20-I/4/2945, Bl. 53–68.

8 Seit 1961 stand der 11.12., der Geburtstag des Mediziners Robert Koch, in der DDR im Zeichen des Gesundheitswesens. Zu diesem Anlass wurde den Angehörigen des Gesundheits- und Sozialwesens besonders gedacht. Ärzte und Pflegekräfte erhielten Danksagungen und mitunter kleinere Dankesgaben, ausgewählte Personen wurden für besondere Leistungen ausgezeichnet.

9 Gemäß § 1 und 2 dieser Anordnung unterlagen diejenigen Beschäftigten in kirchlichen Einrichtungen nicht den arbeitsrechtlichen Bestimmungen, die »seelsorgerisch tätig sind und in einem kirchlichen Beschäftigungsverhältnis auf Lebenszeit« standen. Vgl. Anordnung über die arbeitsrechtliche Stellung der in kirchlichen Einrichtungen beschäftigten Arbeiter und Angestellten v. 18.1.1958. In: GBl. I. 1973, S. 84 f.

10 Das erste Diakonissenhaus im Düsseldorfer Stadtteil Kaiserswerth widmete sich seit seiner Gründung 1836 der Ausbildung von ledigen, evangelisch geprägten Frauen in Berufen der Krankenpflege, Sozialhilfe und Erziehung. Da die Auszubildenden zugleich gemeinsam im Diakonissenhaus lebten, entstand hier eine Lebens- und Dienstgemeinschaft. Nach diesem Vorbild wurden rasch weltweit weitere Diakonissenhäuser errichtet. Seit 1861 kommen Delegierte der einzelnen Mutterhäuser regelmäßig zu einer Generalkonferenz zusammen, um hier, basierend auf ihrer seit 1901 geltenden Grundordnung, gemeinsame und grenzüberschreitende Beschlüsse zu fassen.

nissenschwestern ablehnen. Dem Justitiar *Hamann* sei angedeutet worden, dass eine Annahme der Sondervergütung und die Ablehnung der Medaille keine konsequente Haltung darstelle und eine solche Haltung unter Umständen günstige Maßnahmen torpedieren würde.

(In diesem Zusammenhang wurde in dem vertraulichen Brief an die evangelischen Bischöfe auf einen Beschluss der Konferenz der Diakonissen-Mutterhäuser Kaiserswerther Prägung in der DDR vom 14.11.1973 aufmerksam gemacht, welcher bedenkenswert wäre und in dem es u. a. heißt:

»Aus gegebenem Anlass haben die Schwesternräte der 24 Diakonissen-Schwesternschaften Kaiserswerther Prägung in der DDR ihre Stellung zur Annahme von Auszeichnungen geprüft. Aufgrund der dabei getroffenen Entscheidungen stellt die Konferenz der Diakonissen-Mutterhäuser Kaiserswerther Prägung in der DDR auf ihrer turnusmäßigen Tagung am 14.11.1973 einmütig Folgendes fest:

Wir begrüßen die Stiftung einer Medaille als eine würdige Form der staatlichen Anerkennung für treue Dienste im Gesundheits- und Sozialwesen.

Wir – Diakonissen, Oberinnen und Vorsteher der Mutterhäuser – nehmen jedoch weder kirchliche noch staatliche Auszeichnungen an, da eine solche Ehrung mit unserer Auffassung des Dienstes am Menschen in der Nachfolge Jesu Christi nicht vereinbar ist. Wir bitten alle kirchlichen und staatlichen Instanzen, diese unsere Entscheidung zu respektieren …«)[11]

Für die Mitarbeiter der evangelischen Einrichtungen sei eine *Erhöhung der von den Arbeitsjahren abhängigen Steigerungsbeträge von 1 % auf 1,5 % bei der Sozialversicherungsrente* nicht vorgesehen.[12] Da die entsprechenden gesetzlichen Regelungen zurzeit noch nicht erlassen sind, sei von Justitiar *Hamann* auf schwerwiegende Folgen eines Ausschlusses der Mitarbeiter evangelischer Einrichtungen aus der allgemeinen Rentenverbesserung hingewiesen worden.[13]

11 Der Beschluss bzw. das Schreiben konnte nicht ermittelt werden.

12 Im Gemeinsamen Beschluss des SED-Politbüros, des Ministerrates und des FDGB-Bundesvorstandes hieß es dazu: »In Würdigung der physischen und psychischen persönlichen Belastungen im Beruf und des selbstlosen Einsatzes bei der Behandlung und Pflege kranker Menschen wird für alle Mitarbeiter mit der ununterbrochenen Berufstätigkeit von zehn und mehr Jahren im staatlichen Gesundheits- und Sozialwesen die Rentenversorgung ab 1.7.1974 verbessert. Der Steigerungsbetrag zur Berechnung der Rente wird für alle Mitarbeiter des Gesundheits- und Sozialwesens auf 1,5 % für jedes Jahr der Beschäftigung erhöht.« Anlage zur 74. Sitzung des Präsidiums des Ministerrats v. 27.9.1973. Weitere Maßnahmen zur Durchführung des sozialpolitischen Programms des VIII. Parteitages der SED; BArch, DC 20-I/4/2945, Bl. 53–68.

13 Die »Rentenverordnung« wurde schließlich im Mai 1947 erlassen. Der hier diskutierte Steigerungsbetrag um 1,5 % galt für Mitarbeiter des Gesundheits- und Sozialwesens, die mehr als zehn Jahr ununterbrochen sozialversicherungspflichtig im Gesundheits- oder Sozialwesen tätig gewesen waren. Eine ausdrückliche Einbeziehung diakonischer Bereiche erfolgte nicht. Vgl. § 47, Verordnung über die Gewährung und Berechnung von Renten der Sozialversicherung – Rentenverordnung – v. 4.4.1974. GBl. I 1974, S. 201–215, hier 208.

Zur Frage der *zusätzlichen Altersversorgung der Ärzte in evangelischen Einrichtungen des Gesundheits- und Sozialwesens* sei dargelegt worden, dass die Beträge auf 700 Mark monatlich angehoben werden. Eine Gleichstellung der zusätzlichen Altersversorgung der Ärzte im konfessionellen Bereich mit der zusätzlichen Altersversorgung der Ärzte im staatlichen Bereich sei nicht vorgesehen.

Im Rahmen der weiteren *Entwicklung und Profilierung der Krankenhäuser* sei nicht beabsichtigt, neue konfessionelle Krankenhäuser einzurichten.

Erweiterungsmaßnahmen seien nur bei Einrichtungen für psychisch kranke Kinder und Jugendliche bzw. in geriatrischen Einrichtungen denkbar. Das bedeute nicht, dass die bestehenden evangelischen Einrichtungen entsprechend umprofiliert werden sollen.

Sollten dennoch Maßnahmen zur Umprofilierung evangelischer Krankenhäuser notwendig werden, können diese Maßnahmen keineswegs administrativ angeordnet werden. Sie müssten dann auf dem Weg von Vereinbarungen mit den örtlichen Organen der Staatsmacht geklärt werden. Das Ministerium für Gesundheitswesen sei in diesen Fällen bereit, sich vermittelnd einzuschalten.

Diese Information ist wegen Quellengefährdung nicht zur öffentlichen Auswertung bestimmt.

28. Dezember 1973

Information Nr. 1318/73 über die Vorbereitung und Durchführung terroristischer Handlungen durch eine Gruppe von sechs Angehörigen der Nationalen Volksarmee

Quelle: BArch, MfS, ZAIG 2272, Bl. 1–4 (7. Expl.).
Serie: Informationen.
Verteiler: Honecker, Heinz Hoffmann/Poppe, Scheibe – MfS: HA I, HA IX, Mittig, Ablage.

Am 25.12.1973, gegen 2.30 Uhr, überfiel der Angehörige der Nationalen Volksarmee, Gefreiter [Name 1, Vorname], geboren [Tag, Monat] 1948, wohnhaft Demmin, [Straße, Nr.], NVA seit 3.11.1972 (Grundwehrdienst), Kanonier in der 8. Batterie des Artillerie-Regiments 5, stationiert in Dabel, Kreis Sternberg, mit dem Ziel, sich in den Besitz des Waffenkammerschlüssels zu bringen und weitere geplante terroristische Handlungen zu begehen, den zu dieser Zeit als Unteroffizier vom Dienst eingesetzten Unteroffizier [Name 2, Vorname], geboren [Tag, Monat] 1952 in Parchim wohnhaft Griebow-Mühle, NVA seit [Tag, Monat] 1971, Gruppenführer in der 8. Batterie des Artillerie-Regiments 5 und brachte ihm mittels eines Kreuzmeißels schwere Kopfverletzungen bei.

Durch Hilferufe des Unteroffiziers [Name 2] gelang es [Name 1] nicht, weitere geplante Verbrechen zu begehen.

Bedingt durch die aufgrund der erlittenen Verletzungen gegebene Handlungsunfähigkeit des Unteroffiziers [Name 2] war es [Name 1] möglich, ohne Mitführung von Waffen und Munition zu fliehen.

Er wurde am 27.12.1973, gegen 18.00 Uhr, im Zuge der eingeleiteten Fahndungsmaßnahmen durch Angehörige der Kriminalpolizei in Dabel, Kreis Sternberg, festgenommen.

Die bisherigen Untersuchungen des MfS ergaben:

Am 24.12.1973, etwa ab 23.30 Uhr, nach Beendigung einer in der Dienstenheit durchgeführten Weihnachtsfeier, trafen die Angehörigen der 8. Batterie des Artillerie-Regiments 5, der bereits erwähnte Gefreite [Name 1] sowie die NVA-Angehörigen Unteroffizier [Name 3, Vorname], geboren [Tag, Monat] 1953, wohnhaft in Breechen, Kreis Greifswald, NVA seit 1.11.1971 (Soldat auf Zeit), Kraftfahrer; Unteroffizier [Name 4, Vorname], geboren [Tag, Monat] 1952, wohnhaft in Ladeburg, Kreis Zerbst, [Straße, Nr.], NVA seit 2.11.1971 (Soldat auf Zeit), Kraftfahrer; Soldat [Name 5, Vorname], geboren [Tag, Monat] 1953, wohnhaft in Goldberg, Kreis Lübz, [Straße, Nr.], NVA seit 3.11.1972 (Grundwehrdienst), Kanonier; Soldat [Name 6, Vorname], geboren [Tag, Monat] 1953, wohnhaft in Fahrenholz, Kreis Schwerin-Land, NVA seit 4.5.1973 (Grundwehrdienst), Kanonier, zusammen, nahmen weitere alkoholische Getränke zu sich und erörterten dabei, ausgehend von der bei diesen

NVA-Angehörigen vorhandenen negativen Einstellung zur Ableistung des Wehrdienstes, Möglichkeiten für eine Fahnenflucht nach der BRD.

Bei dieser Zusammenkunft, auf der [Name 1] als Wortführer auftrat, wurden nach bisher übereinstimmenden Aussagen der NVA-Angehörigen [Name 3], [Name 4], [Name 5] und [Name 6] folgende Festlegungen zur Realisierung der geplanten Verbrechen getroffen:

1. Dem UvD der 8. Batterie die Waffenkammerschlüssel zu entwenden,
2. in die Waffenkammer einzubrechen, sich mit Pistolen, Maschinenpistolen und Handgranaten zu bewaffnen,
3. den Nachrichtenbunker außer Betrieb zu setzen,
4. in den Gefechtspark einzudringen und sich in den Besitz einer Tatra-Zugmaschine zu setzen,
5. in Sternberg (oder in der NVA-Wohnsiedlung Dabel) ca. *15 Personen* (Frauen und Kinder) als Geiseln zu nehmen,
6. die Staatsgrenze der DDR zur BRD zu überwinden und möglichen Widerstand mit Waffengewalt zu brechen.

Der Überfall des [Name 1] auf den UvD, Unteroffizier [Name 2], war der erste Schritt der Realisierung der geplanten weiteren Terror- und Gewaltverbrechen.

Im Ergebnis der bisherigen Untersuchungen ist einzuschätzen, dass der Entschluss zur Planung und Durchführung der Verbrechen vermutlich spontan gefasst wurde.

Alle Täter standen zum Zeitpunkt der Zusammenkunft, bei welcher die Festlegungen für die geplanten Verbrechen und deren Realisierung getroffen wurden, unter Alkoholeinfluss.

Gegen [Name 1] wurde gemäß §§ 101 StGB (Terror)[1], 112 StGB (Mord)[2], 254 StGB (Fahnenflucht)[3] und 267 StGB (Angriff, Widerstand und Nötigung

1 Der § 101 StGB – Terror – lautete: »(1) Wer es mit dem Ziel, Widerstand gegen die sozialistische Staats- oder Gesellschaftsordnung oder die Ordnung an der Staatsgrenze der Deutschen Demokratischen Republik zu leisten oder hervorzurufen, unternimmt, Sprengungen durchzuführen, Brände zu legen, Zerstörungen herbeizuführen oder andere Gewaltakte zu begehen, wird mit Freiheitsstrafe nicht unter drei Jahren bestraft. (2) In besonders schweren Fällen kann auf lebenslängliche Freiheitsstrafe oder Todesstrafe erkannt werden.« In: Ministerium der Justiz (Hg.): Strafgesetzbuch der Deutschen Demokratischen Republik – StGB. Textausgabe mit Sachregister. Berlin 1968, S. 44.

2 Der § 112 StGB – Mord – lautete: »(1) Wer vorsätzlich einen Menschen tötet, wird mit Freiheitsstrafe nicht unter zehn Jahren oder mit lebenslänglicher Freiheitsstrafe bestraft. (2) Auf Todesstrafe kann erkannt werden, wenn die Tat 1. ein Verbrechen gegen die Souveränität der Deutschen Demokratischen Republik, den Frieden, die Menschlichkeit und die Menschenrechte oder ein Kriegsverbrechen ist oder aus Feindschaft gegen die Deutsche Demokratische Republik begangen wird; 2. mit gemeingefährlichen Mitteln oder Methoden begangen wird oder Furcht und Schrecken unter der Bevölkerung auslösen soll; 3. heimtückisch oder in besonders brutaler Weise begangen wird; 4. mehrfach begangen wird oder der Täter bereits wegen vorsätzlicher Tötung bestraft ist; 5. nach mehrfacher Bestrafung wegen Gewaltverbrechen (§§ 116, 117, 121, 122, 126, 216) begangen wird. (3) Vorbereitung und Ver-

gegen Vorgesetzte, Wachen, Streifen oder andere Militärpersonen)[4] ein Ermittlungsverfahren eingeleitet und Haftbefehl erlassen.

Gegen die NVA-Angehörigen [Name 3], [Name 4], [Name 6] und [Name 5] wurden gemäß §§ 101, 254 und 267 StGB Ermittlungsverfahren eingeleitet und auf der gleichen Rechtsgrundlage Haftbefehle erlassen und vollstreckt.

Die Untersuchungen werden fortgesetzt. Über das Ergebnis wird nachberichtet.

such sind strafbar.« In: Ministerium der Justiz (Hg.): Strafgesetzbuch der Deutschen Demokratischen Republik – StGB. Textausgabe mit Sachregister. Berlin 1968, S. 48.

3 Der § 254 StGB – Fahnenflucht – lautete: »(1) Wer seine Truppe, seine Dienststelle oder einen anderen für ihn bestimmten Aufenthaltsort verlässt oder ihnen fernbleibt, um sich dem Wehrdienst zu entziehen, wird mit Freiheitsstrafe von einem Jahr bis zu sechs Jahren bestraft. (2) In schweren Fällen wird der Täter mit Freiheitsstrafe von zwei bis zu zehn Jahren bestraft. Ein schwerer Fall liegt insbesondere vor, wenn die Tat 1. mit dem Ziel begangen wird, das Staatsgebiet der Deutschen Demokratischen Republik zu verlassen oder diesem fernzubleiben; 2. unter Mitnahme einer Waffe erfolgt oder zur Verwirklichung der Tat Gewalt gegen andere Personen angewandt oder mit Gewalt gedroht wird; 3. von mindestens zwei Militärpersonen gemeinschaftlich begangen wird. (3) Vorbereitung und Versuch sind strafbar. (4) Wer die Tat im Verteidigungszustand begeht, wird mit Freiheitsstrafe nicht unter drei Jahren bestraft.« In: Ministerium der Justiz (Hg.): Strafgesetzbuch der Deutschen Demokratischen Republik – StGB. Textausgabe mit Sachregister. Berlin 1968, S. 91 f.

4 Der § 267 StGB – Angriff, Widerstand und Nötigung gegen Vorgesetzte, Wachen, Streifen oder andere Militärpersonen – lautete: »(1) Wer einen Vorgesetzten, einen Angehörigen einer Wache oder Streife oder eine andere Militärperson während oder wegen der Erfüllung dienstlicher Pflichten tätlich angreift oder durch Widerstand an der Erfüllung dienstlicher Pflichten hindert oder bei Ausübung der Dienstpflichten nötigt, eine Handlung vorzunehmen oder zu unterlassen, wird mit Freiheitsstrafe bis zu fünf Jahren oder mit Verurteilung auf Bewährung oder mit Strafarrest bestraft. (2) Wer die Tat unter Anwendung oder Androhung des Gebrauchs von Waffen begeht, wird mit Freiheitsstrafe von einem Jahr bis zu acht Jahren bestraft. (3) Im Verteidigungszustand wird die Tat nach Abs. 1 mit Freiheitsstrafe nicht unter einem Jahr und die Tat nach Abs. 2 mit Freiheitsstrafe nicht unter drei Jahren bestraft.« In: Ministerium der Justiz (Hg.): Strafgesetzbuch der Deutschen Demokratischen Republik – StGB. Textausgabe mit Sachregister. Berlin 1968, S. 95 f.

Abkürzungsverzeichnis

AA	Auswärtiges Amt
ABI	Arbeiter- und Bauern-Inspektion
Abs.	Absatz
Abt.	Abteilung
Abt. VII	Abteilung VII – Überwachung von Polizei und MdI
Abt. X	Abteilung X – Internationale Verbindungen
ABV	Abschnittsbevollmächtigter (DVP)
ACHEMA	Ausstellung chemischer Apparate
AdK	Akademie der Künste
AdW	Akademie der Wissenschaften
AEG	Allgemeine Elektrizitäts-Gesellschaft
Aeroflot	Russische Luftfahrtlinien
AFP	Agence France-Presse
AG	Aktiengesellschaft
AG	Arbeitsgruppe
Agfa	Aktiengesellschaft für Anilinfabrikation
AGM	Arbeitsgruppe des Ministers
AHB	Außenhandelsbetrieb
AIG	Auswertungs- und Informationsgruppe
AKG	Auswertungs- und Kontrollgruppe
APO	Abteilungsparteiorganisation
APuZ	Aus Politik und Zeitgeschichte
ARD	Arbeitsgemeinschaft der öffentlich-rechtlichen Rundfunkanstalten der Bundesrepublik Deutschland
Art.	Artillerie
ASR	Arbeitsgruppe Sicherung des Reiseverkehrs (im MfS)
BArch	Bundesarchiv
BdL	Büro der Leitung
BDVP	Bezirksbehörde der Deutschen Volkspolizei
BEK	Bund der Evangelischen Kirchen (in der DDR)
BF	Bildung und Forschung
BGL	Betriebsgewerkschaftsleitung
BGS	Bundesgrenzschutz
BK/O	Berlin Kommandatur/Order (Befehl der alliierten Berliner Kommandatur)
BMD	Bund der Mitteldeutschen
BND	Bundesnachrichtendienst
BPO	Betriebsparteiorganisation
BRD	Bundesrepublik Deutschland
BStU	Bundesbeauftragte(r) für die Unterlagen des Staatssicherheitsdienstes der ehemaligen Deutschen Demokratischen Republik
BV	Bezirksverwaltung
BZ	Berliner Zeitung (West)
CDU	Christlich Demokratische Union Deutschlands
CKB	Chemiekombinat Bitterfeld
ČSR	Tschechoslowakische Republik

ČSSR	Tschechoslowakische Sozialistische Republik
CSU	Christlich-Soziale Union
DAK	Deutsche Akademie der Künste
DASR	Deutsche Akademie für Staats- und Rechtswissenschaft
DAW	Deutsche Akademie der Wissenschaften
DBB	Deutsche Bundesbank
DDR	Deutsche Demokratische Republik
DEFA	Deutsche Film AG
DEROP	Deutsche Vertriebsgesellschaft für Russische Öl-Produkte
DFF	Deutscher Fernsehfunk der DDR
DFG	Deutsche Forschungsgesellschaft
DGB	Deutscher Gewerkschaftsbund
DIN	Deutsche Industrienorm/en
DM	Deutsche Mark
DNVP	Deutschnationale Volkspartei
DO	Dienstordnung
DP	Deutsche Partei
DPA	Deutsche Presseagentur
DRK	Deutsches Rotes Kreuz
DSF	Gesellschaft für Deutsch-Sowjetische Freundschaft
DTSB	Deutscher Turn- und Sportbund
DVP	Deutsche Volkspolizei
DWK	Deutsche Wirtschaftskommission
EDV	Elektronische Datenverarbeitung
EG	Einsatzgruppe
EKB	Elektrochemisches Kombinat Bitterfeld
EKBB	Evangelische Kirche Berlin-Brandenburg
EKD	Evangelische Kirche in Deutschland
EKKI	Exekutivkomitee der Kommunistischen Internationale
EKO	Eisenhüttenkombinat Ost
EKU	Evangelische Kirche der Union
EOS	Erweiterte Oberschule
epd	Evangelischer Pressedienst
ESK	Europäische Sicherheitskonferenz
FAZ	Frankfurter Allgemeine Zeitung
FDGB	Freier Deutscher Gewerkschaftsbund
FDJ	Freie Deutsche Jugend
FFG	Fahndungsführungsgruppe
FU	Freie Universität (Westberlin)
GBl.	Gesetzblatt
Gen.	Genosse
GENEX	Geschenkdienst und Kleinexport GmbH (DDR)
GmbH	Gesellschaft mit beschränkter Haftung
GST	Gesellschaft für Sport und Technik
GÜST	Grenzübergangsstelle
GUPS	Generalunion der palästinensischen Studenten
GVS	Geheime Verschlusssache
HA	Hauptabteilung

HA I	Hauptabteilung I – Militärabwehr
HA II	Hauptabteilung II – Spionageabwehr
HA VI	Hauptabteilung VI – Passkontrolle, Tourismus, Interhotel
HA VII	Hauptabteilung VII – Bereich Inneres, MdI, Volkspolizei, Strafvollzug
HA VIII	Hauptabteilung VIII – Konspirative Observation und Ermittlung, Festnahmen, Durchsuchungen
HA IX	Hauptabteilung IX – Strafrechtliche Ermittlungen (Untersuchungsorgan des MfS)
HA XVIII	Hauptabteilung XVIII – Volkswirtschaft
HA XIX	Hauptabteilung XIX – Verkehr, Post, Nachrichten
HA XX	Hauptabteilung XX – Staat, Kirche, Untergrund, Parteien
Hg.	Herausgeber/herausgegeben …
HNO	Hals-Nasen-Ohren (Arzt)
HO	(staatliche) Handelsorganisation
HU	Humboldt-Universität
HV	Hauptverwaltung
HV A	Hauptverwaltung A (Aufklärung)
IG	Industriegewerkschaft
IMEKO	Internationale Messtechnische Konföderation
INC	Indian National Congress
JU	Junge Union
K-Reihe	ZAIG-Ablage K (Verschiedenes)
KEK	Konferenz Europäischer Kirchen
Kfz	Kraftfahrzeug
KGB	Komitet Gossudarstwennoj Besopasnosti (pri Sowjete Ministrow SSSR) – (russ.) Komitee für Staatssicherheit (beim Ministerrat der UdSSR)
KI	Kommunistische Internationale
KJD	Kommunistische Jugend Deutschlands
KJI	Kommunistische Jugendinternationale
KJVD	Kommunistischer Jugendverband Deutschlands
KKL	Konferenz der Evangelischen Kirchenleitungen
KMU	Karl-Marx-Universität
KPÖ	Kommunistische Partei Österreichs
KPD	Kommunistische Partei Deutschlands
KPD/ML	Kommunistische Partei Deutschlands/Marxisten-Leninisten
KPdSU	Kommunistische Partei der Sowjetunion
KPUSA	Kommunistische Partei der USA
KSZE	Konferenz über Sicherheit und Zusammenarbeit in Europa
KVDR	Koreanische Volksdemokratische Republik (Nordkorea)
KVP	Kasernierte Volkspolizei
KZ	Konzentrationslager
Lkw	Lastkraftwagen
LPG	Landwirtschaftliche Produktionsgenossenschaft
LWB	Lutherischer Weltbund
MdB	Mitglied des Bundestages
MdI	Ministerium des Innern

MdL	Mitglied des Landtages
MdR	Mitglied des Reichstags
MfAA	Ministerium für Auswärtige Angelegenheiten
MfG	Ministerium für Gesundheitswesen
MfNV	Ministerium für Nationale Verteidigung
MfS	Ministerium für Staatssicherheit
MHF	Ministerium für Hoch- und Fachschulwesen
MPi	Maschinenpistole
MW	Megawatt
NASA	National Aeronautics and Space Administration (Nationale Aeronautik- und Raumfahrtbehörde)
ND	Neues Deutschland
NDPD	National-Demokratische Partei Deutschlands
NKFD	Nationalkomitee Freies Deutschland
NRW	Nordrhein-Westfalen
NS	Nationalsozialismus/nationalsozialistisch
NSDAP	Nationalsozialistische Deutsche Arbeiterpartei
NSW	nichtsozialistisches Wirtschaftsgebiet
NVA	Nationale Volksarmee
NVR	Nationaler Verteidigungsrat
NW	Nebenwohnung
O-Reihe	ZAIG-Ablage O (Reaktionen der Bevölkerung)
ÖRK	Ökumenischer Rat der Kirchen
ORWO	Original Wolfen – Filmfabrik
OvD	Offizier vom Dienst
PD	Panzerdivision
PDS	Partei des Demokratischen Sozialismus
PEN	Poets – Essayists – Novellists (internationale Schriftstellervereinigung)
Pkw	Personenkraftwagen
PLO	Palestine Liberation Organization
POS	Polytechnische Oberschule
PR	Panzerregiment
PVAP	Polnische Vereinigte Arbeiterpartei
RCDS	Ring Christlich-Demokratischer Studenten
RGW	Rat für gegenseitige Wirtschaftshilfe
RIAS	Rundfunk im amerikanischen Sektor
RT	Referat Reisen und Touristik
SA	Sturmabteilung
SAG	Sowjetische Aktiengesellschaft
SAJ	Sozialistische Arbeiterjugend
SAPD	Sozialistische Arbeiterpartei Deutschlands
SBZ	Sowjetische Besatzungszone
SC	Sportclub
SE	Societas Europaea (Europäische Aktengesellschaft)
SED	Sozialistische Einheitspartei Deutschlands
SFB	Sender Freies Berlin (Westberlin)
SFRJ	Sozialistische Föderative Republik Jugoslawien

SHB	Sozialdemokratischer Hochschulbund
SMA	Sowjetische Militäradministration
SMAD	Sowjetische Militäradministration in Deutschland
SPD	Sozialdemokratische Partei Deutschlands
SPK	Staatliche Plankommission
SR	Sozialistische Republik
SR	Sozialistische Republik
SS	Schutzstaffel
SSR	Sozialistische Sowjetrepublik
StGB	Strafgesetzbuch
StUG	Gesetz über die Unterlagen des Staatssicherheitsdienstes der ehemaligen Deutschen Demokratischen Republik
SVK	Sozialversicherungskasse
SWT	Sektor Wissenschaft und Technik
TAV	Tagesaufenthaltsvisum
TDM	Tausend Deutsche Mark
Trapo	Transportpolizei
TU	Technische Universität
UdSSR	Union der Sozialistischen Sowjetrepubliken
UHA	Untersuchungshaftanstalt
UNO	United Nations Organization
US	United States
USA	United States of America
USPD	Unabhängige Sozialdemokratische Partei Deutschlands
UvD	Unteroffizier vom Dienst
VAR	Vereinigte Arabische Republik
VBK	Verband Bildender Künstler
VE AHB	Volkseigener Außenhandelsbetrieb
VEB	Volkseigener Betrieb
VEG	Volkseigenes Gut
VEK	Volkseigenes Kombinat
VELKD	Vereinigte Evangelisch-Lutherische Kirche Deutschlands
VP	Volkspolizei
VPKÄ	Volkspolizeikreisämter
VR	Volksrepublik
VVB	Vereinigung Volkseigener Betriebe
VVS	Vertrauliche Verschlusssache
VWR	Volkswirtschaftsrat
WB	Westberlin
WDR	Westdeutscher Rundfunk
WKR	Weltkirchenrat
ZA	Zentralausschuss
ZAIG	Zentrale Auswertungs- und Informationsgruppe
ZDF	Zweites Deutsches Fernsehen
ZIG	Zentrale Informationsgruppe
ZK	Zentralkomitee
ZOS	Zentraler Operativstab
ZV	Zoll- und Devisenbescheinigung

Gesamtübersicht der Dokumente 1973

Alle im folgenden Verzeichnis aufgelisteten Dokumente befinden sich neben den übrigen Texten dieses Buches in der unter https://1973.ddr-im-blick.de aufzurufenden Online-Datenbank und sind dort über verschiedene Ansichts-und Suchfunktionen erschlossen. Die im Verzeichnis fett hervorgehobenen und mit einer Seitenzahl versehenen Dokumente sind im vorliegenden Buch abgedruckt.

Januar 1973

3. Januar 1973	Information Nr. 4/73 über einen versuchten gewaltsamen Grenzdurchbruch nach Westberlin an der Grenzübergangsstelle Heinrich-Heine-Straße am 1. Januar 1973	
5. Januar 1973	Information Nr. 15/73 über einen Metallsplittereinschlag im Haus der Ministerien am 4. Januar 1973	
5. Januar 1973	Information Nr. 17/73 über die Verhinderung einer versuchten Ausschleusung von Bürgern der DDR	
5. Januar 1973	Information Nr. 6/73 über die Inhaftierung eines DDR-Bürgers wegen Falschbeurkundung zum Zwecke des Verschweigens seiner faschistischen Vergangenheit	
9. Januar 1973	Information Nr. 21/73 über eine Störung im System der Energieversorgung für die chemische Industrie am 6. Januar 1973	
11. Januar 1973	Information Nr. 29/73 über die Selbsttötung eines Offiziers der Nationalen Volksarmee	
11. Januar 1973	Information Nr. 30/73 über die Ursachen von Schadensfällen an 100-MW-Generatoren des VEB Bergmann-Borsig/Berlin	
23. Januar 1973	Information Nr. 18/73 über die Reaktionen kirchlicher Amtsträger der evangelischen Kirchenleitung Berlin-Brandenburg zur Ablehnung einer offiziellen Einreise von Bischof Scharf/Westberlin in die Hauptstadt der DDR	
23. Januar 1973	Information Nr. 31/73 über die Ursachen der qualitätsgeminderten Herstellung von Rohren für die Erdgasleitung Sowjetunion – ČSSR – DDR »Nordlicht« im VEB Rohrwerke Bitterfeld	
23. Januar 1973	**Information Nr. 64/73 über die vorgesehene Aufnahme diplomatischer Beziehungen zwischen dem Vatikan – DDR**	89
26. Januar 1973	Information Nr. 79/73 über Manipulationen im Neuererwesen durch leitende Mitarbeiter des VEB Geräte- und Reglerwerk Teltow, Betriebsteil Berlin, Storkower Straße, in den Jahren 1970 und 1971	
27. Januar 1973	Information Nr. 89/73 über ein besonderes Vorkommnis mit einer Maschine der Aeroflot auf dem Zentralflughafen Berlin-Schönefeld	
[ohne Datum]	Information Nr. 83/73 über Ursachen von Schadensfällen an 100-MW-Generatoren des VEB Bergmann-Borsig	
[ohne Datum]	Information Nr. 90/73 über die Verhinderung einer Personenschleusung und die Festnahme eines Presseattachés Kuwaits und zwei weiterer Bürger arabischer Staaten	
29. Januar 1973	Information Nr. 92/73 über die Beteiligung eines Staatsbürgers des Scheichtums Kuwait an der Ausschleusung von DDR-Bürgern nach Westberlin	
30. Januar 1973	**Information Nr. 104/73 über die widerrechtliche Festnahme zweier Angehöriger der Transport-Kriminalpolizei durch die Westberliner Polizei am 31. Januar 1973**	93

30. Januar 1973 Information Nr. 84/73 über die Erarbeitung einer Niederschrift der Sektion Bildhauer des Berliner Verbandes bildender Künstler und deren vorgesehene Weiterleitung an das ZK der SED

30. Januar 1973 Information Nr. 94/73 über eingeschleuste Hetzschriften

31. Januar 1973 Information Nr. 96/73 über die Eislaufassistenz-Trainerin beim SC Karl-Marx-Stadt, Genossin Rüger-Seyfert

Februar 1973

1. Februar 1973 Information Nr. 102/73 über die Zerschlagung einer Gruppe jugendlicher Terroristen im Kreis Apolda, Bezirk Erfurt 96

7. Februar 1973 Information Nr. 117/73 über die Verhinderung eines ungesetzlichen Grenzübertrittes DDR – Westberlin durch Anwendung der Schusswaffe am 6. Februar 1973

8. Februar 1973 Information Nr. 122/73 über die für den 10. Februar 1973 im Berliner Ensemble vorgesehene Brecht-Ehrung 1973

10. Februar 1973 Information Nr. 123/73 über einige Probleme im Zusammenhang mit der am 11. Februar 1973 vorgesehenen Einführung von D. Albrecht Schönherr in sein Amt als Bischof der Evangelischen Kirche in Berlin-Brandenburg

10. Februar 1973 Information Nr. 124/73 über einen Raubüberfall durch unbekannte Täter auf eine Staatsbürgerin der UdSSR am 9. Februar 1973

12. Februar 1973 Information Nr. 129/73 über die am 11. Februar 1973 erfolgte Einführung von D. Albrecht Schönherr in sein Amt als Bischof der Evangelischen Kirche in Berlin-Brandenburg

16. Februar 1973 Information Nr. 144/73 über die Festnahme von zwei Westberliner Jugendlichen auf dem Nord-Süd-Bahnsteig des S-Bahnhofes Berlin-Friedrichstraße am 12. Februar 1973

16. Februar 1973 Information Nr. 145/73 über den Selbstmord des Parteisekretärs der Ingenieurhochschule Wismar, Herbert Lentzsch, am 20. Januar 1973 in Berlin-Karlshorst

16. Februar 1973 Information Nr. 156/73 über die Schusswaffenanwendung eines NVA-Sicherungspostens gegenüber bulgarischen Staatsangehörigen an der Autobahnbrücke Bademeusel, Kreis Forst (Staatsgrenze der DDR zur VR Polen)

18. Februar 1973 Information Nr. 159/73 über das Versenden von Schreiben des Westberliner Generalstaatsanwaltes bei dem Landgericht an Angehörige der Bahnpolizei in Westberlin

20. Februar 1973 Information Nr. 161/73 über den Sexualmord an einer sowjetischen Schülerin in der Nähe von Ohrdruf, Bezirk Erfurt, am 15. Februar 1973

23. Februar 1973 Information Nr. 164/73 über Unzufriedenheit mit lohnpolitischen Maßnahmen auf dem Transport- und Verarbeitungsschiff »Junge Welt«

28. Februar 1973 Information Nr. 192/73 über Vereinbarungen mit kapitalistischen Staaten über technische und praktische Fragen im Zusammenhang mit der gegenseitigen Errichtung diplomatischer Vertretungen

März 1973

2. März 1973 Information Nr. 196/73 über die Ausschleusung von zehn DDR-Bürgern durch eine Menschenhändlerorganisation nach der BRD 102

6. März 1973 Information Nr. 194/73 über die Tagung der Konferenz der Kirchenleitungen am 12. und 13. Januar 1973 in Bad Saarow

14. März 1973 Information Nr. 224a/73 über den Umfang der Einreisen von Angehörigen der in Westberlin stationierten drei westlichen Besatzungstruppen in die Hauptstadt der DDR, Berlin, in ausgewählten Monaten der Jahre 1971 und 1972 sowie in den Monaten Januar und Februar 1973

14. März 1973 Information Nr. 263/73 über den Umgang des grenzüberschreitenden Verkehrs in den Monaten Januar und Februar 1973

14. März 1973 Information Nr. 264/73 über die Festnahme von drei Kurieren der Westberliner Menschenhändlerorganisation Löffler

14. März 1973 Information Nr. 268/73 über das Verbreiten von Flugblättern an Angehörige der Deutschen Reichsbahn in Westberlin

16. März 1973 Information Nr. 233/73 über den Umsturz eines Teleskopkranes der westdeutschen Firma Rheinstahl/Dortmund auf dem Gelände der Technischen Messe in Leipzig am 13. März 1973

16. März 1973 Information Nr. 251/73 über einige Vorbereitungen zur Ersten Vollversammlung der Pastoralsynode der katholischen Kirche der DDR in der Zeit vom 22. bis 25. März 1973 in Dresden

16. März 1973 Information Nr. 265/73 über die Herstellung und Verteilung selbst gefertigter Plakate mit Hetzlosungen durch zwei Jugendliche im Kreis Perleberg, Bezirk Schwerin

19. März 1973 Information Nr. 276/73 über demonstrative Versammlungen im Zusammenhang mit der Zahlung von Jahresendprämien im VEB Tiefbau Riesa

19. März 1973 Information Nr. 277/73 über die Entwicklung des grenzüberschreitenden Verkehrs zwischen der BRD und der DDR und umgekehrt

19. März 1973 Information Nr. 283/73 über die Festnahme eines Kuriers der Westberliner Menschenhändlerorganisation Löffler

20. März 1973 Information Nr. 278/73 über die Festnahme eines Kuriers der Menschenhändlerorganisation Löffler und dreier Westberliner Bürger wegen staatsfeindlichen Menschenhandels

26. März 1973 Information Nr. 274/73 über Meinungsäußerungen zum vorgesehenen Verkauf von Kunstgegenständen aus den Beständen der staatlichen Kunstsammlungen der DDR 108

26. März 1973 Information Nr. 298/73 über die Verhinderung von Ausschleusungen von Bürgern der DDR

April 1973

2. April 1973 Information Nr. 238/73 über Mängel und Missstände bei der Leitung und Planung der Entwicklung und Erzeugung hochwertiger Eiweißnahrungsmittel und Eiweißfuttermittel

2. April 1973 Information Nr. 243/73 über aufgedeckte feindliche Aktivitäten im Industriezweig Leichtchemie

2. April 1973 Information Nr. 292/73 über das ungesetzliche Verlassen der DDR durch den [Vorname Name 1], wissenschaftlicher Mitarbeiter am Institut für Hochenergiephysik der Akademie der Wissenschaften der DDR

2. April 1973 Information Nr. 293/73 über begangene strafbare Handlungen durch Angehörige der Zollverwaltung der DDR 112

2. April 1973 Information Nr. 308/73 über einen vorsätzlich verursachten Schaden im VEB Kombinat Lausitzer Dachziegelwerke in Langenburkersdorf, Kreis Sebnitz, Bezirk Dresden am 28. März 1973

2. April 1973 — Information Nr. 316/73 über die Verhinderung der Ausschleusung von DDR-Bürgern nach Westberlin

2. April 1973 — Information Nr. 317/73 über die feindliche Tätigkeit in Verbindung mit dem Anfertigen und Verbreiten sogenannter Hetzverse durch den Jugendlichen [Name, Vorname], Schwerin

3. April 1973 — Information Nr. 322/73 über einen Brief des evangelischen Bischofs Schönherr an die Superintendenten der Landeskirche Berlin-Brandenburg wegen angeblicher Behinderung der freien Religionsausübung

4. April 1973 — Information Nr. 328/73 über die Entwicklung des grenzüberschreitenden Reise-, Post- und Telefonverkehrs zwischen der DDR und der BRD sowie der DDR und Westberlin in der Zeit vom 1. Januar 1972 bis 31. März 1973

5. April 1973 — Information Nr. 321/73 über die Festnahme eines argentinischen Staatsbürgers wegen Verdacht des staatsfeindlichen Menschenhandels

6. April 1973 — Information Nr. 335/73 über die Festnahme eines Schweriner Bürgers wegen staatsfeindlicher Hetze

6. April 1973 — **Information Nr. 338/73 über das ungesetzliche Verlassen der DDR durch Dr. Lübbe, Peter, Auslandskader des Ministeriums für Hoch- und Fachschulwesen der DDR** 114

7. April 1973 — Information Nr. 329/73 über die Verteilung von Flugblättern und das Anbringen von Losungen mit Lohnforderungen in Westberliner Reichsbahneinrichtungen am 2. April 1973

7. April 1973 — Information Nr. 339/73 über die Festnahme von Bürgern der BRD wegen versuchter Ausschleusung von DDR-Bürgern

9. April 1973 — **Information Nr. 334/73 über stattfindende bemerkenswerte zentrale Tagungen der evangelischen Kirche und einige damit im Zusammenhang stehende Probleme** 115

11. April 1973 — **Information Nr. 336/73 über die in der Zeit vom 30. März bis 2. April 1973 in der Frauenkirche in Görlitz stattgefundene Frühjahrssynode der Evangelischen Kirche des Kirchengebietes Görlitz** 119

12. April 1973 — Information Nr. 310/73 über die Entwicklung des pass- und visafreien Reiseverkehrs zwischen der DDR – VR Polen sowie der DDR – ČSSR im I. Quartal 1973

12. April 1973 — Information Nr. 349/73 über die Festnahme des Lipfert, Abteilungsleiter im Ministerium für Post- und Fernmeldewesen der DDR

16. April 1973 — Information Nr. 362/73 über die im Zusammenhang mit der Einreise Westberliner Bürger in die DDR und Hauptstadt Berlin in der Zeit vom 20. bis 23. April 1973 zu erwartenden Reiseströme

16. April 1973 — Information Nr. 363/73 über die zu erwartenden Reiseströme im grenzüberschreitenden Verkehr in der Zeit vom 20. bis 23. April 1973

16. April 1973 — Information Nr. 364/73 über die zu erwartenden Einreisen von Bürgern Westberlins, der BRD und anderer nichtsozialistischer Staaten in die Hauptstadt der DDR in der Zeit vom 20. bis 23. April 1973

16. April 1973 — Information Nr. 366/73 über demonstrative Handlungen von studierenden jemenitischen Bürgern in der DDR am 12. April 1973 in der Hauptstadt Berlin

18. April 1973	**Information Nr. 368/73 über den Versuch der Ausschleusung von zwei minderjährigen Kindern nach Westberlin durch ein in der DDR amnestiertes und in die BRD entlassenes Ehepaar**	127
[ohne Datum]	Ausführungen zur Begründung der »Direktive über Geheimnisträger« (Sitzung des Ministerrates am 18.4.1973) [Bericht K 2/44]	
19. April 1973	Information Nr. 367/73 über die Verhinderung des Versuchs des ungesetzlichen Verlassens der DDR durch mehrere Angehörige der medizinischen Intelligenz und zwei Studentenehepaare	
21. April 1973	Information Nr. 382/73 über die Verhinderung eines gewaltsamen Grenzdurchbruches DDR – BRD an der Grenzübergangsstelle Marienborn am 21. April 1973	
23. April 1973	Information Nr. 383/73 über die Einreisen von Bürgern Westberlins, der BRD und anderer nichtsozialistischer Staaten in die DDR und über den Transitverkehr zwischen der BRD und Westberlin in der Zeit vom 20. April bis 22. April 1973	
23. April 1973	Information Nr. 389/73 über das Werfen zweier Nebelkörper von Westberliner Seite auf das Territorium der Grenzübergangsstelle Friedrich-/Zimmerstraße am 22. April 1973	
24. April 1973	Information Nr. 385/73 über einen verhinderten ungesetzlichen Grenzübertritt DDR – Westberlin	
24. April 1973	Information Nr. 390/73 über den Umfang des grenzüberschreitenden Reise- und Touristenverkehrs im Zeitraum vom 20. April bis 23. April 1973	
25. April 1973	Information Nr. 392 über die Einreisen von Bürgern Westberlins, der BRD und anderer nicht-sozialistischer Staaten in die Hauptstadt der DDR in der Zeit vom 20. April bis 23. April 1973	
26. April 1973	Information Nr. 400/73 über das ungesetzliche Verlassen der DDR durch fünf DDR-Bürger über die Staatsgrenze DDR – BRD	
30. April 1973	**Information Nr. 406/73 über einen verhinderten Grenzdurchbruch DDR – Westberlin im Bereich Berlin-Mitte, Reichstagsufer, am 27. April 1973**	130
Mai 1973		
3. Mai 1973	Information Nr. 411/73 über die Festnahme von zwei Bürgern der BRD und einem Westberliner Bürger im Zusammenhang mit der Vorbereitung und Durchführung von Personenschleusungen in die BRD	
4. Mai 1973	Information Nr. 359/73 über die Frühjahrssynode der Evangelisch-Lutherischen Landeskirche Sachsens vom 31. März bis 4. April 1973 in Dresden	
4. Mai 1973	**Information Nr. 375/73 über die Festnahme von zwei Angehörigen der Nationalen Volksarmee wegen dringenden Verdachts der Spionage und Fahnenflucht**	133
7. Mai 1973	Information Nr. 422/73 über die Verhinderung der Ausschleusung von Bürgern der DDR in die BRD bzw. nach Westberlin	
9. Mai 1975	Information Nr. 428/73 über die Jahreshauptversammlung der Goethe-Gesellschaft im Juni 1973 in Weimar	
17. Mai 1973	**Information Nr. 407/73 über die Begehung von Straftaten gegen die Volkswirtschaft der DDR durch zwei leitende Angestellte des Fotoehemischen Kombinates VEB Filmfabrik Wolfen**	136
17. Mai 1973	**Information Nr. 417/73 über aufgedeckte feindliche Aktivitäten gegen den Industriezweig Technisches Glas der DDR**	142

18. Mai 1973	Information Nr. 452/73 über die Sitzung der Konferenz der Kirchenleitungen des Bundes Evangelischer Kirchen in der DDR vom 11. Mai bis 12. Mai 1973 in der Hauptstadt der DDR	
18. Mai 1973	Information Nr. 459/73 über das ungesetzliche Verlassen der DDR durch eine wissenschaftliche Mitarbeiterin der Sektion Wirtschaftswissenschaften der Humboldt-Universität Berlin	
21. Mai 1973	Information Nr. 464/73 über die Verhinderung der Ausschleusung von Bürgern der DDR in die BRD	
[ohne Datum]	Information Nr. 417a/73 über aufgedeckte feindliche Aktivitäten gegen den Industriezweig Technisches Glas der DDR	
22. Mai 1973	**Information Nr. 466/73 über den ungesetzlichen Grenzübertritt Westberlin – DDR durch einen Westberliner Bürger am 19. Mai 1973**	156
24. Mai 1973	Information Nr. 470/73 über eine vorsätzliche Brandstiftung in der LPG Typ III [Ort], [Kreis] Altentreptow, [Bezirk] Neubrandenburg, am 2. Mai 1973	
25. Mai 1973	**Information Nr. 474/73 über die versuchte Abwerbung des Generaldirektors der Gemischten Vertriebsgesellschaft des VEB Carl Zeiss in Frankreich, Genosse [Name]**	158
26. Mai 1973	Information Nr. 478/73 über die Synode des Bundes der Evangelischen Kirchen in der DDR vom 25. bis 29. Mai 1973 in Schwerin	
28. Mai 1973	Information Nr. 484/73 über die Verhinderung der Ausschleusung von Bürgern der DDR in die BRD bzw. nach Westberlin	
30. Mai 1973	Information Nr. 486/73 über die Synode des Bundes der Evangelischen Kirche in der DDR vom 25. bis 29. Mai 1973 in Schwerin	
30. Mai 1973	Information Nr. 495/73 über den vorgesehenen Besuch des Generalsekretärs des ökumenischen Rates der Kirchen, Philip Potter, in der DDR	
30. Mai 1973	Hinweis über Vorkommnisse, Handlungen und Erscheinungen im Zusammenhang mit anonymen Anrufen, Bombendrohungen, Versenden von Drohbriefen u. a. beachtenswerten Aktivitäten [Bericht K 2/37]	
31. Mai 1973	Information Nr. 496/73 über die Synode des Bundes der Evangelischen Kirchen in der DDR vom 25. bis 29. Mai 1973 in Schwerin	

Juni 1973

4. Juni 1973	**Information Nr. 503/73 über das gewalttätige Vorgehen gegen den Sekretär für Landjugend der FDJ-Kreisleitung Angermünde, [Kreis] Frankfurt (Oder), Genosse Lüdtke, Ludolf, am 1. Juni 1973**	160
5. Juni 1973	Information Nr. 500/73 über einen tätlichen Angriff auf zwei sowjetische Staatsbürger in Motzen, Kreis Königs Wusterhausen, Bezirk Potsdam	
5. Juni 1973	Information Nr. 506/73 über die Festnahme von Staatsbürgern der SFRJ und Israels wegen Beihilfe zum ungesetzlichen Grenzübertritt	
5. Juni 1973	Information Nr. 507/73 über die Verhinderung der Ausschleusung von DDR-Bürgern nach der BRD bzw. nach Berlin (West)	
6. Juni 1973	Information Nr. 511/73 über den Versuch der Durchfuhr von Rauschgift durch einen USA-Bürger am 2. Juni 1973	
7. Juni 1973	Information Nr. 516/73 über die Verhinderung eines ungesetzlichen Grenzübertritts an der Staatsgrenze DDR – Berlin (West) am 5. Juni 1973	

8. Juni 1973	Information Nr. 523/73 über die Ausschleusung von Bürgern der DDR unter Missbrauch des diplomatischen Status durch den bisherigen Ersten Handelssekretär der Republik Mali in der DDR	
12. Juni 1973	Information Nr. 539/73 über den grenzüberschreitenden Reiseverkehr in der Zeit vom 8. Juni bis 11. Juni 1973	
12. Juni 1973	Information Nr. 542/73 über den Versuch der Abwerbung und Ausschleusung eines Mitarbeiters der Passkontrolleinheit des MfS an der Grenzübergangsstelle Stralsund/Hafen	
13. Juni 1973	Information Nr. 530/73 über die zu erwartenden Einreisen von Bürgern aus Berlin (West), der BRD und anderer nichtsozialistischer Staaten in die Hauptstadt der DDR im Zeitraum vom 8. Juni bis 11. Juni 1973	
13. Juni 1973	**Information Nr. 540/73 über die Haltung staatlicher Organe der VR Polen zu grundsätzlichen Fragen des Einsatzes polnischer Arbeitskräfte in der Volkswirtschaft der DDR**	162
13. Juni 1973	**Information Nr. 543/73 über die Einleitung von Ermittlungsverfahren mit Haft gegen zwei BRD- und zwei DDR-Bürger wegen Spionagehandlungen**	166
14. Juni 1973	Information Nr. 519/73 über Verletzungen der Prinzipien von Ordnung und Sicherheit in den Gebäuden der Druckerei »Neues Deutschland«, Neubaukomplex Franz-Mehring-Platz	
15. Juni 1973	Information Nr. 554/73 über die Entwicklung des pass- und visafreien Reiseverkehrs zwischen der DDR und der Volksrepublik Polen	
18. Juni 1973	Information Nr. 546/73 über den Besuch des Generalsekretärs des ökumenischen Rates der Kirchen (ÖRK) Philip Potter in der DDR	
18. Juni 1973	Information Nr. 560/73 über ein Vorkommnis mit einem Westberliner Bürger auf dem Bahn-Haltepunkt Rosenwinkel, Kreis Pritzwalk	
18. Juni 1973	Information Nr. 561/73 über die Einschleusung von Hetzmaterial mit Ballons am 17. Juni 1973	
18. Juni 1973	Information Nr. 562/73 über die Festnahme eines Westberliner Bürgers wegen des Versuchs der Ausschleusung von DDR-Bürgern	
19. Juni 1973	Information Nr. 565/73 über eine Kinderbrandstiftung in einem Rinderstall der LPG [Ort], Kreis Malchin, Bezirk Neubrandenburg, am 17. Juni 1973	
[ohne Datum]	Information Nr. 567/73 über die Fronleichnamsprozessionen der katholischen Kirche am 21. Juni 1973 in der DDR	
22. Juni 1973	Information Nr. 574/73 über den Richter beim Stadtbezirksgericht Berlin-Mitte Reiner Breddin	
25. Juni 1973	Information Nr. 579/73 über die Entwicklung des grenzüberschreitenden Reiseverkehrs in der Zeit vom 1. Januar 1973 bis 31. Mai 1973	
25. Juni 1973	Information Nr. 589/73 über die Festnahme eines Brandstifters aus [Ort], Kreis Brand-Erbisdorf, Bezirk Karl-Marx-Stadt, am 20. Juni 1973	
25. Juni 1973	Information Nr. 591/73 über die verhinderte Ausschleusung einer DDR-Bürgerin durch Bürger der BRD	
25. Juni 1973	**Information Nr. 596/73 über das ungesetzliche Verlassen der DDR durch den Segelflieger Elke, Udo, wohnhaft gewesen in Eisenhüttenstadt**	167

[ohne Datum]	Information Nr. 697/73 über die Entlarvung einer staatsfeindlichen Gruppe im Kreis Hildburghausen, [Bezirk] Suhl	
28. Juni 1973	**Information Nr. 570/73 über vermutlichen ungesetzlichen Grenzübertritt des Prof. Dr. rer. nat. habil. Karras vom Kombinat Robotron Dresden**	171
28. Juni 1973	Information Nr. 572/73 über Brandstiftungen in der LPG Typ III [Ort], Kreis Angermünde, Bezirk Frankfurt (Oder), in der Zeit vom 15. Mai 1973 bis 15. Juni 1973	
28. Juni 1973	Information Nr. 598/73 über die Verhinderung der Ausschleusung eines DDR-Bürgers in die BRD am 22. Juni 1973	
28. Juni 1973	Information Nr. 612/73 über das ungesetzliche Verlassen der DDR durch die Ansagerin des Fernsehens der DDR, Hubig, Renate	

Juli 1973

2. Juli 1973	Information Nr. 609/73 über einige Probleme bei der Realisierung von Maßnahmen zur Sicherung eines reibungslosen U-Bahnverkehrs in der Hauptstadt der DDR, Berlin, unter besonderer Berücksichtigung eines störfreien Verkehrs während der X. Weltfestspiele der Jugend und Studenten	
2. Juli 1973	Information Nr. 618/73 über die Verhinderung der Ausschleusung von DDR-Bürgern	
3. Juli 1973	Information Nr. 620/73 über das ungesetzliche Eindringen eines österreichischen Staatsbürgers in die Hauptstadt der DDR am 1. Juli 1973	
3. Juli 1973	**Information Nr. 586/73 über die Aktivitäten der insbesondere von der BRD und Berlin (West) aus gegen die DDR operierenden Menschenhändlerbanden zur Organisierung und Durchführung der Abwerbung und Ausschleusung von Bürgern der DDR**	173
3. Juli 1973	Information Nr. 619/73 über ein ungesetzliches Eindringen von zwei Personen der BRD in das Gebiet der DDR	
9. Juli 1973	Information Nr. 641/73 über eine von Westberlin ausgehende Provokation gegen die Staatsgrenze der DDR im Zusammenhang mit dem verhinderten Grenzdurchbruch eines Bürgers der VR Polen	
9. Juli 1973	**Information Nr. 642/73 über zu erwartende Einreise von Bürgern der BRD, Westberlins und anderer nichtsozialistischer Länder in die Hauptstadt der DDR, Berlin, im Zeitraum der X. Weltfestspiele**	183
12. Juli 1973	**Information Nr. 648/73 über den Ausbruch von zwei Untersuchungsgefangenen aus der Untersuchungshaftanstalt (UHA) des Präsidiums der Deutschen Volkspolizei Berlin, Keibelstraße**	185
12. Juli 1973	Information Nr. 652/73 über die Verhinderung der Ausschleusung von Bürgern der DDR in die BRD	
12. Juli 1973	Information Nr. 653/73 über die Verhinderung der Ausschleusung eines DDR-Bürgers in das Königreich Schweden	
13. Juli 1973	Information Nr. 662/73 über die Verhinderung der Ausschleusung von Bürgern der DDR	
16. Juli 1973	Information Nr. 622/73 über die vorgesehene Sitzung des Exekutivkomitees des Lutherischen Weltbundes (LWB) vom 26. Juli bis 4. August 1973 in der DDR	
16. Juli 1973	Information Nr. 631/73 über das Anbringen einer Hetzlosung an der Eingangstür der SED-Kreisleitung Dessau, [Bezirk] Halle	

16. Juli 1973	**Information Nr. 644/73 über die Jugendwallfahrt des Katholischen Kommissariats Magdeburg auf dem Petersberg bei Halle am 17. Juni 1973**	188
16. Juli 1973	Information Nr. 650/73 über die interne Informationstagung der Synodalen der »Evangelischen Kirche der Union« am 23. Juni 1973 in Berlin-Karlshorst	
16. Juli 1973	Information Nr. 659/73 über Brandstiftungen im VEB Getreidekombinat Neubrandenburg, Betriebsteil Neustrelitz, und in der LPG Flatow, [Kreis] Oranienburg, [Bezirk] Potsdam	
16. Juli 1973	Information Nr. 663/73 über das ungesetzliche Eindringen von Bürgern der BRD in die DDR	
16. Juli 1973	Information Nr. 666/73 über das ungesetzliche Eindringen durch zwei Bürger aus Berlin (West) in das Territorium der Hauptstadt der DDR	
16. Juli 1973	Information Nr. 667/73 über einen ungesetzlichen Grenzübertritt Berlin (West) – DDR durch den Bürger aus Berlin (West) Slawinski	
17. Juli 1973	Information Nr. 627/73 über das Auftreten und die Haltung der chinesischen Delegation anlässlich des VI. Kongresses der Internationalen Messtechnischen Konföderation (IMEKO VI) in Dresden	
17. Juli 1973	Information Nr. 670/73 über die verhinderte Ausschleusung einer DDR-Bürgerin nach Berlin (West)	
18. Juli 1973	Information Nr. 684/73 über die Entwicklung des grenzüberschreitenden Reiseverkehrs in der Zeit vom 1. Juni bis 30. Juni 1973	
[ohne Datum]	Information Nr. 698/73 über die Festnahme eines DDR-Bürgers wegen Verbreitens von Hetzschriften im Kreis Reichenbach/Bezirk Karl-Marx-Stadt am 17. Juli 1973	
20. Juli 1973	Information Nr. 687/73 über die Festnahme eines jordanischen Staatsbürgers wegen versuchter Ausschleusung eines DDR-Bürgers nach Berlin (West)	
23. Juli 1973	Information Nr. 686/73 über eine vorsätzliche Brandstiftung in der LPG [Ort], Kreis Kyritz, Bezirk Potsdam am 11. Juli 1973	
23. Juli 1973	Information Nr. 691/73 über den Stand der Antragstellung und die bisherige Entwicklung der Einreisen von Bürgern der BRD zum Tagesaufenthalt in die grenznahen Gebiete der DDR	
23. Juli 1973	Information Nr. 692/73 über die Verhinderung der Ausschleusung von Bürgern der DDR in die BRD bzw. nach Berlin (West)	
23. Juli 1973	Information Nr. 693/73 über die Verhinderung der Ausschleusung einer Bürgerin der DDR in die BRD am 22. Juli 1973	
23. Juli 1973	**Information Nr. 696/73 über provokatorische Handlungen vom Westberliner Territorium aus gegen die Staatsgrenze der DDR**	197
24. Juli 1973	Information Nr. 699/73 über provokatorische Handlungen von Westberliner Territorium aus gegen die Staatsgrenze der DDR	
24. Juli 1973	**1. Information Nr. 706/73 über Probleme und Vorkommnisse der Sicherheit und Ordnung**	198
25. Juli 1973	Information Nr. 704/73 über den ungesetzlichen Grenzübertritt eines Westberliner Bürgers von Westberlin aus in die DDR am 21. Juli 1973	
25. Juli 1973	Information Nr. 707/73 über weitere grenzprovokatorische Handlungen an der Staatsgrenze zwischen der DDR und Berlin (West)	
25. Juli 1973	**2. Information Nr. 709/73 über Probleme und Vorkommnisse der Sicherheit und Ordnung**	199

26. Juli 1973	Information Nr. 668/73 über die Festnahme eines Bürgers der BRD wegen Vorbereitung der Ausschleusung einer DDR-Bürgerin	
26. Juli 1973	**3. Information Nr. 714/73 über Probleme und Vorkommnisse der Sicherheit und Ordnung**	201
27. Juli 1973	Information Nr. 716/73 über weitere grenzprovokatorische Handlungen an der Staatsgrenze zwischen der DDR und Berlin (West)	
28. Juli 1973	**Information Nr. 720/73 über einen schweren Grenzdurchbruch an der Staatsgrenze der DDR zu Westberlin mittels eines Tunnels**	202
28. Juli 1973	4. Information Nr. 721/73 über Probleme und Vorkommnisse der Sicherheit und Ordnung	
28. Juli 1973	Information Nr. 724/73 über die Verhinderung der Ausschleusung von Bürgern der DDR und der VR Polen nach der BRD	
29. Juli 1973	Information Nr. 725/73 über die Festnahme eines belgischen Staatsbürgers	
29. Juli 1973	Information Nr. 726/73 über die außerordentliche Konferenz der katholischen Bischöfe der DDR am 18.7.1973 in der Hauptstadt Berlin	
29. Juli 1973	Information Nr. 727/73 über die Verhinderung eines ungesetzlichen Grenzübertrittes DDR/Westberlin am 27. Juli 1973	
29. Juli 1973	Information Nr. 728/73 über von Westberlin erfolgte Grenzprovokationen gegen die Staatsgrenze der DDR am 27. Juli 1973	
29. Juli 1973	5. Information Nr. 730/73 über Probleme und Vorkommnisse der Sicherheit und Ordnung	
29. Juli 1973	Information Nr. 731/73 über das Fehlen des DDR-Emblems auf einer Staatsflagge in der Programm-Broschüre für die X. Weltfestspiele	
29. Juli 1973	**Information Nr. 732/73 über weitere von Westberlin erfolgte Grenzprovokationen gegen die Staatsgrenze der DDR am 28. und 29. Juli 1973**	204
30. Juli 1973	Information Nr. 733/73 über eine Provokation an der Staatsgrenze zur DDR vom Westberliner Territorium am 28. Juli 1973	
30. Juli 1973	Information Nr. 737/73 über verhinderte Störaktion linksextremistischer Kräfte	
30. Juli 1973	Information Nr. 737a/73 über eine Grenzprovokation am 29. Juli 1973 im Grenzabschnitt Großensee, Kreis Mühlhausen, Bezirk Erfurt	
30. Juli 1973	**6. Information Nr. 738/73 über Probleme und Vorkommnisse der Sicherheit und Ordnung**	206
31. Juli 1973	Information Nr. 736/73 über weitere grenzprovokatorische Handlungen vom Westberliner Gebiet aus gegen die Staatsgrenze der DDR in der Zeit vom 28. Juli bis 30. Juli 1973	
31. Juli 1973	7. Information Nr. 741/73 über Probleme und Vorkommnisse der Sicherheit und Ordnung	

August 1973

1. August 1973	Information Nr. 740/73 über die Konferenz der Religionsgemeinschaft »Siebenten-Tags-Adventisten« vom 28. Juni 1973 bis 1. Juli 1973 in Friedensau	
1. August 1973	Information Nr. 742/73 über Fehldrucke in der »DDR-Revue« – englischsprachige Ausgabe – und in der für Lateinamerika bestimmten Zeitschrift »Puente«	

1. August 1973	**Information Nr. 747/73 über ein Vorkommnis im Rahmen der ausgelösten Fahndung nach einem Angehörigen der sowjetischen Streitkräfte in der DDR am 30. Juli 1973**	209
1. August 1973	8. Information Nr. 748/73 über Probleme und Vorkommnisse der Sicherheit und Ordnung	
2. August 1973	Information Nr. 752/73 über eine Provokation an der Staatsgrenze der DDR – BRD im Grenzabschnitt Göttengrün, Kreis Schleiz, Bezirk Gera	
2. August 1973	9. Information Nr. 753/73 über Probleme und Vorkommnisse der Sicherheit der Ordnung	
2. August 1973	Information Nr. 755/73 über weitere grenzprovokatorische Handlungen vom Westberliner Gebiet aus gegen die Staatsgrenze der DDR in der Zeit vom 29. Juli bis 1. August 1973	
2. August 1973	Information Nr. 758/73 über den Stand der Antragstellung und die bisherige Entwicklung der Einreisen von Bürgern der BRD zum Tagesaufenthalt in die grenznahen Gebiete der DDR	
3. August 1973	10. Information Nr. 762/73 über Probleme und Vorkommnisse der Sicherheit und Ordnung	
4. August 1973	Information Nr. 766/73 über die verhinderte Ausschleusung eines DDR-Bürgers nach Berlin (West) am 3. August 1973	
4. August 1973	11. Information Nr. 767/73 über Probleme und Vorkommnisse der Sicherheit und Ordnung	
6. August 1973	Information Nr. 770/73 über ein Vorkommnis mit einem sowjetischen Armeeangehörigen am 3. August 1973	
6. August 1973	Information Nr. 772/73 über eine verhinderte Ausschleusung von Bürgern der DDR in die BRD	
6. August 1973	Information Nr. 779/73 über die Festnahme eines USA-Bürgers deutscher Nationalität wegen versuchter Ausschleusung polnischer Staatsbürger nach Berlin (West)	
6. August 1973	**Information Nr. 781/73 über Reaktionen und Meinungsäußerungen im Zusammenhang mit dem Ableben des Genossen Walter Ulbricht**	213
6. August 1973	Information Nr. 782/73 über eine Grenzprovokation an der Staatsgrenze nach Westberlin am 4. August 1973	
6. August 1973	Information Nr. 783/73 über Probleme und Vorkommnisse der Sicherheit und Ordnung	
6. August 1973	Information Nr. 784/73 über die Festnahme ausländischer Staatsbürger wegen des Versuchs des ungesetzlichen Grenzübertritts	
6. August 1973	Zusammenfassung der Ergebnisse der Analyse und Überprüfung von Veröffentlichungen der Westpresse über verstärktes ungesetzliches Verlassen der DDR durch Ärzte und medizinisches Personal [Bericht K 1/41a]	
7. August 1973	Information Nr. 791/73 über die Festnahme eines Westberliner Bürgers wegen des Versuchs der Ausschleusung von DDR-Bürgern nach Berlin (West)	
9. August 1973	Information Nr. 734/73 über die Festnahme eines Westberliner Bürgers am 28. Juli 1973	
9. August 1973	Information Nr. 788/73 über die Aufklärung einer anonymen Bombendrohung für den 5. August 1973	
13. August 1973	Information Nr. 588/73 über die stattfindende Regional-Konferenz der Religionsgemeinschaft »Kirche Jesu Christi – der Heiligen der letzten Tage« (Mormonen) vom 24. bis 26. August 1973 in München/BRD	

13. August 1973	Information Nr. 799/73 über das ungesetzliche Verlassen der DDR durch einen Arzt des Krankenhauses Berlin-Friedrichshain	
13. August 1973	**Information Nr. 802/73 über eine Provokation gegen Fischkutter der DDR-Fischfangflotte im dänischen Hafen Nexø/Bornholm am 13. August 1973**	218
13. August 1973	Information Nr. 803/73 über die Festnahme von Mitgliedern einer in Westberlin ansässigen Menschenhändlerorganisation wegen Verbrechen gegen die Deutsche Demokratische Republik	
13. August 1973	Information Nr. 805/73 über die Festnahme ausländischer Staatsbürger wegen Verbrechen gegen die Deutsche Demokratische Republik	
13. August 1973	**Information Nr. 806/73 über ein schweres Unglück mit Todesopfern im Kreis Zeulenroda, [Bezirk] Gera**	220
14. August 1973	Ergänzung zur Information Nr. 807/73 über die Festnahme ausländischer Staatsbürger wegen Verbrechen gegen die DDR (Nr. 805/73 vom 13.8.1973)	
15. August 1973	Information Nr. 800/73 über widerrechtliche Handlungen der Westberliner Polizei auf dem Territorium der DDR in Westberlin	
15. August 1973	Information Nr. 810/73 über die Festnahme eines Angehörigen der Schleuserorganisation Jensch wegen Verbrechen gegen die DDR	
16. August 1973	Information Nr. 808/73 über die Festnahme eines Westberliner Bürgers wegen versuchter Ausschleusung einer DDR-Bürgerin nach Westberlin	
16. August 1973	**Information Nr. 811/73 über weitere Einzelheiten zur Provokation gegen Fischkutter der DDR-Fischfangflotte im dänischen Hafen Nexø/Bornholm am 13. August 1973 (Ergänzung unserer Information Nr. 802/73)**	222
16. August 1973	Information Nr. 814/73 über provokatorische Handlungen von Westberlin aus gegen die Staatsgrenze der DDR am 14. August 1973	
16. August 1973	Information Nr. 818/73 über ein Vorkommnis in der Anmeldung des Hauses des ZK der SED	
17. August 1973	Information Nr. 819/73 über die Festnahme eines BRD-Bürgers wegen versuchter Ausschleusung einer DDR-Bürgerin nach der BRD	
20. August 1973	**Information Nr. 822/73 über fortgesetzte rowdyhafte Ausschreitungen und strafbare Handlungen eines palästinensischen Studenten der Karl-Marx-Universität Leipzig**	224
20. August 1973	Information Nr. 827/73 über Verletzung der Wachsamkeit und Verstöße gegen Sicherheit und Ordnung im Umgang mit dem Nachlass der Genossin Edith Baumann	
20. August 1973	Information Nr. 828/73 über die widerrechtliche Festnahme eines Schrankenwärters des Bahnhofs Berlin-Marienfelde durch zwei Angehörige der Westberliner Schutzpolizei	
20. August 1973	Information Nr. 829/73 über die Verhinderung eines ungesetzlichen Grenzübertritts DDR – Westberlin nach Schusswaffenanwendung durch die Grenzsicherungskräfte der NVA	
20. August 1973	Information Nr. 832/73 über die Festnahme eines BRD-Bürgers wegen des Versuchs der Ausschleusung einer DDR-Bürgerin nach der BRD	
20. August 1973	Information Nr. 833/73 über eine Falschmeldung der westdeutschen Nachrichtenagentur DPA zu einem Vorkommnis an der Staatsgrenze DDR/BRD am 18. September 1973	

23. August 1973	Information Nr. 844/73 über einen Grenzdurchbruch DDR – BRD durch Überwindung der Grenzsicherungsanlagen unter Auslösung von Minen	
23. August 1973	**Information Nr. 848/73 über rowdyhafte Handlungen mit Körperverletzung und pflichtwidriges Verhalten gegenüber einem polnischen Bürger am 11. August 1973**	228
23. August 1973	Information Nr. 849/73 über das Erscheinen amerikanischer Wissenschaftler in Uniform der US-Armee auf einem medizinischen Symposium in der Hauptstadt der DDR	
27. August 1973	**Information Nr. 855/73 über die missbräuchliche Benutzung eines Wirtschaftsflugzeuges der Interflug zum ungesetzlichen Verlassen der DDR**	231
28. August 1973	Information Nr. 812/73 über die Entwicklung des grenzüberschreitenden Reiseverkehrs seit 1971 bis einschließlich I. Halbjahr 1973	
28. August 1973	**Information Nr. 857/73 über Vorschlag zur Durchführung einer Versammlung zur Auswertung des ungesetzlichen Verlassens der DDR von Ärzten und medizinischem Personal aus dem Städtischen Krankenhaus Berlin-Friedrichshain**	234
28. August 1973	Information Nr. 858/73 über die beabsichtigte Einreise des katholischen Bischofs Dr. Josef Stangl aus Würzburg nach Meiningen, [Bezirk] Suhl	
28. August 1973	Information Nr. 868/73 über die Entwicklung des grenzüberschreitenden Reiseverkehrs in der Zeit vom 1. Juli bis 30. Juli 1973	
28. August 1973	Information Nr. 869/73 über die Festnahme einer BRD-Bürgerin wegen des Versuchs der Ausschleusung eines DDR-Bürgers nach der BRD	
28. August 1973	Information Nr. 870/73 über die Festnahme eines Einwohners von Berlin (West) wegen des Versuchs des staatsfeindlichen Menschenhandels	
28. August 1973	**Information Nr. 872/73 über die Festnahme eines BRD-Bürgers wegen des Verdachts des staatsfeindlichen Menschenhandels**	240
28. August 1973	Information Nr. 874/73 über die Festnahme von zwei Einwohnern von Berlin (West) wegen des Versuchs des staatsfeindlichen Menschenhandels	
28. August 1973	**Thesenhafte Darstellung von Meinungen aus dem medizinischen Bereich, welche Faktoren und Erscheinungen bei der Entschlussfassung zum ungesetzlichen Verlassen der DDR durch Ärzte als subjektive Ursachen, Motive und Anlässe dargestellt werden bzw. eine begünstigende Rolle spielen [Bericht K 1/41b]**	242
September 1973		
3. September 1973	**Information Nr. 875/73 über einen Antrag von Dertinger, Maria (Witwe des ehemaligen Außenministers der DDR) auf Übersiedlung in die BRD**	249
3. September 1973	Information Nr. 884/73 über die beabsichtigte Einreise des Ministerpräsidenten des Landes Niedersachsen (BRD), Kubel, Alfred zum Tageaufenthalt in die grenznahen Gebiete der DDR	
[ohne Datum]	Hinweise [zur neuen Einschätzung der Krim-Konferenz] [Bericht K 1/40]	
4. September 1973	Information Nr. 885/73 über einen schweren Verkehrsunfall am Schrankenposten neun zwischen den S-Bahnhöfen Mariendorf und Marienfelde in Berlin (West) am 2. September 1973	

4. September 1973	Information Nr. 886/73 über die Festnahme eines BRD-Bürgers wegen des dringenden Verdachts des staatsfeindlichen Menschenhandels	
5. September 1973	Information Nr. 887/73 über die Festnahme eines BRD-Bürgers wegen Beteiligung an der Ausschleusung von DDR-Bürgern	
5. September 1973	**Information Nr. 888/73 über den Aufenthalt der Ehefrau des Bundespräsidenten der BRD, Hilda Heinemann, in der Hauptstadt der DDR am 1. September 1973**	251
5. September 1973	Information Nr. 896/73 über die Verhinderung eines ungesetzlichen Grenzübertritts über die Ostsee	
6. September 1973	Information Nr. 907/73 über die Festnahme von zwei polnischen Staatsbürgern an der Grenzübergangsstelle Bahnhof Friedrichstraße	
6. September 1973	Information Nr. 908/73 über die Festnahme eines BRD-Bürgers wegen des dringenden Verdachts der Vorbereitung der Ausschleusung einer DDR-Bürgerin	
7. September 1973	Information Nr. 922/73 über den Umfang des grenzüberschreitenden Reiseverkehrs zwischen der DDR und den anderen Warschauer Vertragsstaaten sowie zwischen der DDR und weiteren interessierenden Staaten in der Zeit vom 1. Januar bis 31. August 1973	
10. September 1973	Information Nr. 935/73 über den Aufenthalt des BRD-Finanzministers Helmut Schmidt am 7. September 1973 in Leipzig anlässlich der Herbstmesse	
11. September 1973	Information Nr. 924/73 über eine am 6. September 1973 mit ausgewähltem Personenkreis im Städtischen Krankenhaus Berlin-Friedrichshain durchgeführte Versammlung	
12. September 1973	Information Nr. 939/73 über die Festnahme von zwei Westberliner Bürgern wegen des Versuchs der Ausschleusung eines DDR-Bürgers	
12. September 1973	Information Nr. 940/73 über die Festnahme einer Staatsbürgerin des Königreichs der Niederlande wegen dringenden Verdachts der Beihilfe zum ungesetzlichen Grenzübertritt	
12. September 1973	Information Nr. 947/73 über provokatorische Handlungen einer Westberliner Bürgerin gegen das Gebäude des Staatsrates der DDR am 12. September 1973	
13. September 1973	Information Nr. 946/73 über die Verhinderung einer Ausschleusung einer DDR-Bürgerin in die BRD	
14. September 1973	Information Nr. 937/73 über den Versuch der Kontaktaufnahme durch die »Arbeitsgemeinschaft Literatur, Butzbach« (BRD) zu Literaturschaffenden der DDR	
[ohne Datum]	**Information Nr. 958/73 über die Ausschleusung von Bürgern der DDR durch einen Diplomaten der Arabischen Republik Ägypten**	253
[ohne Datum]	Information Nr. 961/73 über die Verhinderung einer Ausschleusung von Bürgern der DDR nach Berlin (West)	
17. September 1973	Information Nr. 950/73 über einige Reaktionen leitender Persönlichkeiten der katholischen Kirche der DDR zu aktuellen kirchenpolitischen Fragen	
17. September 1973	Information Nr. 956/73 über einen Schusswaffengebrauch durch Angehörige der NVA-Grenze bei einer Kontrollhandlung in unmittelbarer Nähe der Grenzübergangsstelle Bornholmer Straße am 15. September 1973	

17. September 1973	Information Nr. 957/73 über die Verhinderung eines ungesetzlichen Grenzübertrittes nach Westberlin in Berlin-Mitte, Jerusalemer Straße, am 16. September 1973	
17. September 1973	Information Nr. 959/73 über provokatorische Handlungen von Westberlin aus gegen die Staatsgrenze der DDR	
17. September 1973	Information Nr. 962/73 über die Verhinderung einer Ausschleusung einer DDR-Bürgerin über die Grenzübergangsstelle Horst am 16. September 1973	
18. September 1973	Information Nr. 965/73 über die im Kindler-Verlag München vorgesehene Herausgabe einer Anthologie von DDR-Prosa	
[ohne Datum]	Information Nr. 972/73 über die Festnahme von zwei Arabern auf dem Zentralflughafen Berlin-Schönefeld am 20. September 1973	
21. September 1973	Information Nr. 973/73 über eine Brandstiftung in der LPG »Einigkeit« [Ort], Kreis Delitzsch, Bezirk Leipzig, am 16. September 1973	
21. September 1973	Information Nr. 974/73 über eine Grenzprovokation an der Staatsgrenze der DDR zu Berlin (West) am 20. September 1973	
25. September 1973	Information Nr. 981/73 über die Festnahme eines BRD-Bürgers wegen des Versuchs der Ausschleusung einer DDR-Bürgerin nach der BRD	
25. September 1973	Information Nr. 982/73 über die Verhinderung der Ausschleusung von fünf DDR-Bürgern (ein Ehepaar und drei Kinder) in die BRD	
28. September 1973	**Information Nr. 980/73 über Aktivitäten des freischaffenden Schriftstellers Stefan Heym zur Organisierung einer Zusammenkunft mit anderen Literaturschaffenden der DDR in der englischen Botschaft in der Hauptstadt der DDR**	255
28. September 1973	Information Nr. 983/73 über den Umfang des grenzüberschreitenden Verkehrs im Monat August 1973	
28. September 1973	Information Nr. 987/73 über die Stellungnahme der Berliner Ordinarienkonferenz zum Entwurf des Jugendgesetzes	
28. September 1973	Information Nr. 991/73 über eine Brandstiftung in der LPG Typ III [Ort], Kreis Kyritz, Bezirk Potsdam, am 17. September l973	
28. September 1973	Information Nr. 992/73 über die Festnahme einer Person mit ständigem Wohnsitz in Berlin (West)	
28. September 1973	**Information Nr. 993/73 über die Verhinderung eines Grenzdurchbruches nach Berlin (West) am 25. September 1973 im Bezirk Potsdam**	258
28. September 1973	**Information Nr. 994/73 über die Entwicklung des grenzüberschreitenden Verkehrs zwischen der DDR und den sozialistischen und nichtsozialistischen Staaten sowie Berlin (West) in der Zeit vom 1. Januar 1972 bis 25. September 1973**	260
28. September 1973	**Information Nr. 995/73 über den Einsturz einer Zwischendecke im Casino des Chemischen Kombinates Bitterfeld**	262
28. September 1973	Information Nr. 999/73 über einen Großbrand im VEB Gummiwerk »John Scheer« in Schönebeck/Elbe, Bezirk Magdeburg, am 19. September 1973	
[ohne Datum]	Übersicht über Probleme des Zusammenwirkens der Organe des Ministeriums für Staatssicherheit mit der Verwaltung Aufklärung und anderen Organen des Ministeriums für Nationale Verteidigung [Bericht K 2/5]	

Oktober 1973

1. Oktober 1973	Information Nr. 1000/73 über die Verhinderung der Ausschleusung von Bürgern der DDR in die BRD	

3. Oktober 1973	Information Nr. 1003/73 über den Versand einer schriftlichen Aufforderung durch den »Bund der Mitteldeutschen« (BMD) e.V., Bonn, zur »Änderung der Grenzsicherungsanlagen der DDR«	
4. Oktober 1973	Information Nr. 1014/73 über die Verhinderung der Ausschleusung einer Bürgerin der DDR	
5. Oktober 1973	Information Nr. 1016/73 über die Festnahme der Täter des Raubüberfalls im S-Bahnhof Adlershof	
5. Oktober 1973	Information Nr. 1017/73 über die Verhinderung der Ausschleusung von Bürgern der DDR nach der BRD	
17. Oktober 1973	Information Nr. 1056/73 über den Umfang des grenzüberschreitenden Reise-, Touristen- und Transitverkehrs im Monat September 1973 und für die Zeit vom 1. Januar bis 31. August 1973	
17. Oktober 1973	Information Nr. 1057/73 über den Umfang des grenzüberschreitenden Verkehrs im Monat September 1973	
18. Oktober 1973	Information Nr. 1067a/73 über die Entwicklung der Einreisen von Personen aus der BRD, anderen nichtsozialistischen Staaten und Berlin (West) in die DDR und Hauptstadt Berlin seit 1. Januar 1972	
22. Oktober 1973	Information Nr. 1040/73 über die Reaktion von Wissenschaftlern und Geistesschaffenden der DDR auf die antisowjetischen Aktivitäten Intellektueller in der UdSSR	
23. Oktober 1973	Information Nr. 1088/73 über die Entwicklung des Einreiseverkehrs aus nichtsozialistischen Staaten und Berlin (West) in die DDR in der Zeit vom 1. Januar 1972 bis 30. September 1973 sowie der Einnahmen aus dem verbindlichen Mindestumtausch	
26. Oktober 1973	Information Nr. 1099/73 über einige Probleme beim Probebetrieb im Polyurethankomplex des VEB Synthesewerkes Schwarzheide	
26. Oktober 1973	Information Nr. 1101/73 über einen Brand im Steinkohlenwerk »Martin Hoop« Zwickau am 21. Oktober 1973	
26. Oktober 1973	Information Nr. 1105/73 über einen geplanten Einwand gegen die Artikelserie »Geheimnisse aus dem Beichtstuhl« des »Horizont« im katholischen »St. Hedwigsblatt«	
30. Oktober 1973	Information Nr. 1116/73 über die Sitzung des Ordinariats der Katholischen Kirche des Bistums Berlin am 25. Oktober 1973	
Oktober 1973	Zu einigen Aspekten der feindlichen subversiven Tätigkeit [Bericht K 2/43]	
31. Oktober 1973	Information Nr. 1119/73 über das Ergebnis der Untersuchung einer Explosion mit Brandfolge im VEB Faserplattenwerk Ribnitz-Damgarten am 24. September 1973 und daraus resultierende Maßnahmen	

November 1973

5. November 1973	**Information Nr. 1106/73 über die Begehung von Straftaten gegen die Volkswirtschaft der DDR durch zwei leitende Mitarbeiter des VEB Kombinat Baukeramik Boizenburg, [Bezirk] Schwerin**	263
8. November 1973	Information Nr. 1124 über die zweite Vollversammlung der Pastoralsynode der katholischen Kirche in der DDR vom 19. bis 21. Oktober 1973 in Dresden	
8. November 1973	Information Nr. 1139/73 über die Begehung von Straftaten gegen die Volkswirtschaft der DDR beim Aufbau des Investvorhabens »Glasseidenwerk Oschatz«	
[ohne Datum]	Information Nr. 1152/73 über die Versorgungssicherheit mit Elektroenergie, Gas und festen Brennstoffen im Winterhalbjahr 1973/74	

Dezember 1973